대한민국의 주권은 미국으로부터 나온다

허수아비와 그림자 권력

정상모 지음

백산서당

국제적 종속에서 평화주권 확립으로!!!

"아! 하는 무서운 소리와 함께 섬광이 번쩍했다. 그 뒤로는 어떻게 된 것인지 기억할 수가 없다. 그 충격의 순간은 기억이 없다. 짧은 침묵이 히로시마를 덮었다. 그 침묵을 넘기고 살아남은 사람들이 꿈틀거리기 시작했다."

1945년 8월 6일 아침 미국의 B-29기가 일본 히로시마 상공에 12.5kt 위력의 원자폭탄을 터트린 뒤 핵 지옥의 실체의 한 단면이 드러났다. 인류 역사상 처음으로 드러낸 핵 지옥의 실체였다. 일제에 의해 강제로 끌려간 한민족 재일동포들은 일본인들보다도 더 가혹한 핵 지옥 참상의 피해자들이었다.

100만분의 1초 사이에 원폭이 폭발한 순간, 인간의 기억에 남을 수 없을 만큼 극히 빠른 속도로 참극이 발생했다. 참극은 인간의 인식이 불가능한 공백기에 벌어졌다. 피폭자들이 정신을 차렸을 때는 핵 지옥의 참상이 벌어진 뒤였다.

원폭 화구(火口)의 중심부는 그 온도가 수천 도에 달했으며, 직경은 150m나 됐다. 폭심지 부근에서는 엄청난 고열을 받은 사람이 순간적으로 기체로 돼 증발해 버렸다. 어떤 콘크리트 통에는 인간의 흔적만이 남아 있었다. 피폭자의 증언에 따르면, 순식간의 열 방출로 불에 탄 사람의 앞과 뒤를 구별할 수 없었고, 얼굴로는 누구인지 알 수 없을 정도였다고 한다.

폭심에서 5백m까지는 기와가 녹았으며, 2.5km까지는 신문지가 타 없어지고, 3km 지점에서도 전신주나 수목이 탔으며, 4km 떨어진 곳에서도 노출된 피부는 화상을 입었다. 원폭의 폭발로 1분에 20km 풍속의 폭풍이 일어나 폭심지 부근의 빌딩이 붕괴해 버렸고, 800m 떨어진 빌딩의 3분의 2가 무너졌다. 열 폭풍과 함께 시내 곳곳에서는 화재가 발생해 강한 바람으로 불이 걷잡을 수 없이 번져나갔다. 폭발 후 순간적인 기억 상실에서 화재 발생까지는 몇 초의 짧은 순간에 불과했다.

폭발 순간 방출된 방사선으로 인해 히로시마, 나가사키 모두 폭심으로부터 500m 이내에서는 즉사했으며, 1km 이내에서는 절반 가량이 사망했고, 2km 이내에서는 방사선 장애를 일으켰다. 방사선 장애는 급성 장애, 만성장애, 유전적 장애 등으로 분류된다. 급성장애를 극복하고 살아남더라도 오랜 세월이 지난 뒤에 만성장애가 나타나 불치의 원자병에 시달리며, 대개는 각종 암 환자로 전락한다. 뿐만 아니라 유전적 장애를 일으켜 기형아를 낳는 등 방사선 후유증은 후손까지로 이어진다.

한반도 정세는 2022년 이후 급속히 악화돼 핵전쟁도 불사하겠다는 '선제타격론'이 오가며 전쟁 위기론까지 등장했다. 이 해 3월 미국의 '핵 태세 검토 보고서'에서 핵 선제 사용을 명시하는가 하면, 이에 편승한 서욱 국방부 장관의 선제 타격 발언이 나왔다. 북한의 김여정 부부장 담화(2022년 4월 2일과 4일)에서도 '선제타격론'이 제기됐다. 한민족의 절멸을 위협하는 핵 지옥의 실체를 안다면, 마치 전쟁 게임 놀이 하듯 '선제타격론'을 다투어 과시할 수는 없는 노릇이다.

핵 지옥의 실체가 일본에서는 히로시마와 나가사키에서 일단 끝났지만, 한반도에서는 6·25 전쟁 때 그 위기가 저승사자의 유령처럼 등장한 이후 간단없이 나타났다. 그 대표적인 예가 2017년 한반도 핵전쟁 위기였다. 당시 도널드 트럼프 미 대통령은 "전 세계가 지금껏 보지 못한 화염과 분노의 노골적 힘에 맞닥트릴 것"이라며 북한을 핵무기로 선제 공격하려고 했다. 자칫하면 한반도에서 핵 지옥의 실체가 드러날 뻔했다.

한국 정부는 나름대로 북한 핵문제의 해결과 한반도 평화의 실현을 위한 자주적 노력을 기울였다. 1998년 8월 김대중 정부는 북한의 금창리 지하 핵시설 의혹이 불거지고, 대포동 미사일 발사와 함께 위기가 고조되자 '북폭론'까지 주장했던 강경파 윌리엄 페리 전 국방장관을 설득했다. 그 결과 북한이 핵·미사일 프로그램을 중단하면, 경제 제재 해제 및 북·미 관계 개선을 약속하는 '페리 프로세스'가 나왔다. '페리 프로세스'는 2000년 남북 정상회담, 남북 경협의 기초가 됐다.

노무현 정부도 북한을 '악의 축'으로 규정했던 미국 조지 부시 행정부의 적대적인 분위기를 뚫고, 2003년 8월 첫 북핵 문제 해결을 위한 6자 회담 틀을 만들었다. 6자 회담은 한반도 및 동북아 평화체제를 협의키로 한 9·19 공동성명의 성과를 이룩했다. 문재인 대통령 역시 2017년 핵전쟁의 위기를 마주했다. 평창 겨울올림픽을 계기로 남북 대화의 창을 연 문 대통령은 2018년 6월 역사상 첫 북·미 정상회담과 2019년 6월 판문점 남·북·미 정상 회동 등을 성사시킴으로써 한반도 평화의 진전에 대한 기대감을 불러일으켰다.

그러나 북핵 문제의 해결과 한반도 평화의 진전이 이루어질 고비 때마다 미국의 의혹 제기로 파탄이 나는 악순환이 벌어졌다. 북핵 문제의 악순환 끝에 2017년 11월 북한은 '핵무력 체계 완성 선언'을 하기에 이르렀다. 북한은 핵무력 체계의 완성 단계에서 핵무력의 질적, 양적 강화에 돌입했다. 미국의 선제 핵공격 위협이 북한의 생존전략을 위한 핵개발을 조장한 측면이 있다. 북핵 문제의 해결을 위한 미국의 대북

정책은 사실상 실패로 끝난 셈이다.

실패의 요인은 무엇인가. 중국을 견제하려는 미국 패권전략의 핵심인 미·일 군사동맹의 강화와 미사일방어체계 구축 등의 명분이 '북한 위협론'에서 비롯되기 때문인가. 미국이 '북한 문제'를 패권전략 추진의 전략적 자산으로 삼기 때문인가. 한반도의 평화를 내심 바라지 않기 때문인가.

일본도 일본의 군사력 증강과 군사대국화의 명분을 북핵 위기에서 찾는다. 북핵 문제를 전략적 자산으로 삼는 미국과 일본이 북핵 문제의 해소와 한반도 평화의 실현을 결코 바랄 리가 없다. 미국의 '네오콘' 강경세력과 일본의 보수세력이 적극적으로 공조해 북핵 문제 해결의 획기적인 진전을 기대했던 2019년 2월 하노이 북·미 정상회담을 '하노이 노딜'로 파탄시킨 것이 그 대표적 사례다.

남북 간의 교류와 화해·협력, 한반도의 평화를 위한 노력이 속도를 낼 때면, 어김없이 미국의 북핵 의혹 제기나 '속도 조절론' 요구로 번번히 좌절됐다. 1991년 남북기본합의서를 비롯해 6·15 남북정상공동선언, 10·4 남북정상 선언, 판문점 선언 등이 한결같이 사문화되고 말았다. 코로나 엔데믹 때 북한에 대한 인도적 지원 명목의 타미플루를 실은 트럭조차 유엔군사령부는 보내지 못하게 했다.

한반도, 한민족의 평화 실현의 핵심 주체는 당사자인 남북한, 한민족일 수밖에 없다. 자국의 전략과 이익을 위해 한민족을 희생양으로 삼는 국제적 종속의 사슬인 '외세결정론(外勢決定論)'에서 벗어나지 않는 한, 한반도, 한민족의 진정한 평화는 결코 이루어질 수 없다. 조선 말기 이후 1세기가 넘도록 국제적 종속에 의한 외세로부터의 수난은 아직도 진행형이다.

1905년 '가쓰라·태프트' 미·일 밀약으로 상징되는 국제적 종속으로 인해, 일제의 식민 지배, 분단, 동족상쟁의 전쟁, 냉전, 간단없는 남북 간의 군사적 갈등과 분쟁 등으로 점철돼온 수난의 역사는 멈추질 않는다. 수난은 핵전쟁으로 인한 민족 절멸의 핵지옥의 실체로 이어질지 모를 일이다. 세상은 유엔을 비롯한 국제 평화를 위한 거버넌스가 사실상 붕괴되고, 민족주의가 분출하는 등 분쟁과 전쟁의 위험에 노출됨으로써 갈수록 험난해지는 추세다.

국제적 종속의 사슬을 끊어버리고 외세의 수난을 벗어나기 위한 민족 자주의 의지와 노력이 절실한 상황이다. 평화민족주의를 통한 민족주권, 평화주권의 독립과 역량의 결집이 이루어져야 되지 않을까. 민족주권, 평화주권의 확립과 그 행사는 한반도가 핵 지옥이 아닌, 한민족의 진정한 평화와 번영의 세상, 피스버스(peaceverse) 시대로 가기 위한 필수적인 과제라 할 수 있다.

차 례

국제적 종속에서 평화주권 확립으로!!! · 3

제1부 위기의 21세기와 신냉전

제1장 혼돈과 위기 ··· 15

1. 전후체제의 붕괴와 거버넌스의 실종 · 15
   - 가. 위기의 세상과 민족주의 · 15
   - 나. 미국 달러 패권체제의 붕괴와 세계화의 종료 · 19
   - 다. 평화거버넌스의 붕괴와 유엔의 마비 · 23

2. 민족주의의 발흥 · 28
   - 가. 미국 민족주의와 패권주의 · 28
   - 나. 일본 신민족주의와 역사 부정 · 31
   - 다. 중화민족주의와 팽창주의 · 36

3. 미국 패권주의와 네오콘 · 40
   - 가. 군사적 패권주의와 군산복합체 · 40
   - 나. 네오콘과 팍스아메리카나 · 46
   - 다. 미국 팽창주의와 사상, 이념 · 50

제2장 미국의 동아시아 팽창정책과 한반도 ······ 55

1. 강대국들의 각축장이 된 한반도 · 55
  가. 미국의 동아시아 정책과 가쓰라 · 태프트 밀약 · 55
  나. 영국과 러시아의 패권전쟁과 거문도 사건 · 60
  다. 친미파의 대두와 친일세력의 형성 · 63

2. 미국과 신탁통치 · 68
  가. 카이로선언과 신탁통치 · 68
  나. 미국의 한반도 점령과 3 · 8선 · 73
  다. 미 군정의 친일세력 지원과 극우화 · 77
  라. 미군 철수와 전쟁의 잉태 · 83

3. 미국의 동북아 전략과 일본의 부활 · 90
  가. 미국의 동북아 전략과 일본 중시정책 · 90
  나. 동북아 영토분쟁과 역사갈등 · 94
  다. 샌프란시스코 체제와 영토분쟁의 실태 · 98
  라. 독도 문제 · 101

제3장 냉전에서 신냉전으로 ······ 107

1. 한반도 전쟁의 교훈 · 107
  가. 미국의 냉전 주도 · 107
  나. 한반도 전쟁과 군산복합체 · 113
  다. 정전협정체제와 냉전의 완성 · 118
  라. 정전협정체제와 일본의 부활 · 123

2. 신냉전과 한반도 위기 · 128
  가. 미국의 신냉전 주도 · 128

나. 신냉전과 일본의 군사대국화 · 133
　　다. 미국 봉쇄정책의 전개와 전략 목표 · 137
　　라. 나토의 동진과 신냉전 동향 · 143
3. 타이완 사태와 한반도 · 149
　　가. 타이완 민족주의 · 149
　　나. 중국과 타이완의 갈등과 딜레마 · 156
　　다. 타이완 사태와 한반도 · 162

제2부　미국의 개입

제1장　한미동맹과 한국군 ·················· 171

1. 한미동맹의 역사와 예속적 구조 · 171
　　가. 한미동맹의 본질 · 171
　　나. 한미동맹과 미국화 · 177
　　다. 한미동맹 재조정과 전진기지화 · 183
2. 한국군의 정체성과 종속 · 189
　　가. 한국군의 정체성 혼란과 미국 의식화 · 189
　　나. 방위비분담협정과 분담금 증대 · 194
　　다. 작전통제권 이양과 무능해진 한국군 · 199
3. 자주국방의 좌절과 군사주권 · 205
　　가. 자주국방의 등장과 과정 · 205
　　나. 자주국방의 실종과 전시작전권 없는 한국군 · 210
　　다. 전시작전권 환수와 군사주권의 확립 · 217

제2장 미국의 대외정책과 CIA ···223

1. CIA의 등장 · 223
    가. CIA의 등장 배경 · 223
    나. CIA의 개입 사례 · 228
    다. CIA의 한국 개입 의혹 · 234

2. 미국의 한국 정치 개입 · 239
    가. 이승만의 북진통일론과 에버레디 작전 · 239
    나. 박정희 시해사건과 미국 연루설 · 245
    다. 12·12 군사쿠데타와 미국 안보이익 · 251
    라. 전두환의 호헌선언과 미국의 6월항쟁 개입 · 256
    마. 이명박 정부와 게임플랜 · 263

3. 미국의 한일관계 개입 · 269
    가. 1965년 체제와 미국의 압력 · 269
    나. 오바마 행정부의 위안부 문제 간섭 · 274
    다. 윤석열 정권의 제3자 해결 논란 · 281

제3장 핵 패권주의와 북한 핵문제 ···287

1. 핵 패권주의의 등장과 핵 확산 · 287
    가. 핵 패권주의와 핵확산금지조약 · 287
    나. 핵비확산체제의 한계와 핵확산 · 293
    다. 핵의 정치화와 핵 대결시대 · 299

2. 북한 핵문제의 등장과 핵 패권주의 · 305
    가. 북한 핵문제의 등장 요인과 전개 · 305
    나. 북한 붕괴론과 제네바 합의 파탄 · 311

다. 미국의 적대시 정책과 6자회담의 실종 · 316

3. 북핵 악순환과 미국 책임론 · 323

    가. 미국 책임론과 근거 · 323

    나. 미국의 대북압박과 북한의 핵무력 완성 · 329

    다. 전술핵 개발과 선제타격론의 위험성 · 336

제4장 정전협정체제와 한반도 평화 ······ 345

1. 정전협정체제의 남북협력 방해와 유엔사 부활 · 345

    가. 정전협정체제의 한계와 군사적 긴장 · 345

    나. 유엔사 활성화와 일본의 편입 동향 · 351

    다. 종전선언 좌절과 정전협정체제의 반평화 · 358

2. 한·미·일 동향과 한반도 위기 · 365

    가. 한·미·일 준동맹과 일본 재무장 · 365

    나. 일본 군사대국화와 윤석열 정부의 용인 · 370

    다. 남북 적대적 대결과 한반도 위기 · 376

    라. 핵 지옥의 실체 · 383

3. 한반도 평화의 과제 · 392

    가. 한반도 위기와 적대적 공생체제의 부활 · 392

    나. 정전협정체제의 평화체제 전환 · 398

    다. 평화주권 확립과 피스버스시대의 과제 · 405

1
위기의 21세기와 신냉전

제1장
혼돈과 위기

1. 전후체제의 붕괴와 거버넌스의 실종

가. 위기의 세상과 민족주의

21세기 들어 격동하기 시작한 시대의 흐름이 갈수록 거세질 기세다. 격동을 증폭시키는 요인들의 가속도가 수그러들 기미를 보이지 않는 데다가 상호 갈등과 충돌 작용의 회오리가 그 세력을 더욱 키워가는 추세이기 때문이다. 근본적인 문제는 이런 증폭의 기세를 관리하거나 통제함으로써 누그러뜨리거나 멈추게 할 국제기구나 거버넌스가 이미 붕괴 또는 실종돼 그 기능을 잃어버리거나 제대로 발휘하지 못한다는 사실이다. 그래서 21세기의 재앙을 예고하는 경고가 나오는 것이다.

미국 핵과학자회(BSA)는 2023년 1월 24일 지구의 멸망까지 남은 시간이 90초밖에 되지 않는다는 경고의 발표를 내놓았다. BSA는 2020년 이후 지구의 종말을 상징적으로 보여주는 '지구 종말(둠스데이) 시계'의 초침이 100초 전으로 유지되다가 파멸의 상징인 자정 쪽으로 10초 더 이동했다는 것이다. BSA는 러시아의 우크라이나 침공 이후 전술 핵무기 사용의 우려가 고조돼 경고 수위를 높였다는 것이다.[1]

1970년대 리처드슨 닉슨과 그 후임 제럴드 포드 대통령 정부에서 국가안보보좌관, 국무장관을 지낸 헨리 키신저는 영국 주간지 이코노미스트와의 인터뷰에서 5-10년 내 3차 세계대전 발발 가능성을 제기했다. 키신저 전 장관은 미국과 중국의 대립으로 3차 대전 위기가 고조되고 있다면서 "양쪽 모두 상대가 전략적 위험이라고 확신한다. 우리는 강대국 간 대치로 향하고 있다"고 말했다. 그는 인터뷰에서 "우리는 고전적인 1차 대전 직전의 상황에 있다"며 "모든 쪽에 정치적 양보를 할 여지가 크지 않고 평형을 깨뜨리는 어떤 일이라도 재앙적인 결과를 가져올 수 있다"고 진단했다.

　키신저 전 장관은 인류의 역사가 미·중 관계에 달렸다고 보며, 특히 인공지능(AI)의 급진전으로 그 길을 찾는 데 5-10년밖에 남지 않았다고 여겼다. 그는 가장 시급한 현안으로는 타이완 문제를 꼽았다. 1972년 닉슨 대통령의 중국 방문 이후 형성된 닉슨과 마오 사이의 양해는 50년만에 도널드 트럼프 대통령이 무역과 관련해 중국의 양보를 받아내려 하면서 뒤집혔으며, 조 바이든 대통령은 더 진보적인 수사법을 구사하지만 트럼프를 따르고 있다고 진단했다.2)

　헨리 키신저가 미·중 충돌에 의해 3차 대전이 발발할 가능성이 있다고 보는 배경에는 양쪽의 '전략적 오해'가 있다고 밝혔다. 그는 중국에는 미국이 쇠락의 길로 접어들었으므로 자국이 그 지위를 대체해야 하

---

1) 알케르트 아인슈타인 등이 주축이 돼 1945년 창설한 BSA는 지구의 멸망 시간을 자정으로 설정하고 핵 위협과 기후변화 위기 등을 종합적으로 고려해 1947년 이래 매년 지구의 시각을 발표해 왔다. 1947년 자정 7분전으로 시작한 시계는 미국과 소련이 경쟁적으로 핵실험을 하던 1953년에는 종말 2분전까지 임박했다가 미소 간 전략무기감축협정이 체결된 1991년 17분전으로 가장 많이 늦춰진 바 있다. <SBS> 2023년 1월 25일.

2) <서울신문> 2023년 5월 18일.

며, 미국은 결코 중국을 평등하게 대할 의사가 없다고 생각하는 이들이 있다고 지적했다. 또 미국 쪽에는 중국이 세계 지배를 추구한다는 오해가 퍼져 있다고 주장했다. 그는 하지만 "중국은 강해지려고는 하나 히틀러처럼 세계를 지배하려고는 하지 않는다"고 말했다. 키신저 전 장관은 미·중이 전면전으로 치닫지 않고 공존할 수도 있겠지만, 당장 타이완이 전략적 대결 의도와 전략적 오해를 시험하는 무대가 되고 있다고 분석했다.3)

2천만 명 이상의 사상자를 낳은 1차 세계대전의 원인으로 오늘날의 동아시아 국제정치를 특징짓는 강대국의 부상, 영토 분쟁, 민족주의 감정의 분출 등이 포함된다는 사실을 주목할 필요가 있다. 현재의 동아시아 국제정치의 특징이 3차 세계대전의 원인이 될 수도 있기 때문이다.

2008년에 발발한 경제위기는 강대국으로서의 미국의 위상에 치명타를 가했다. 이에 반해 중국은 1990년대 이래의 경제성장을 이룩해온 결과 지난 2012년에는 일본을 제치고 세계 2위의 경제대국의 지위에 올랐고, 머지않은 장래에 미국마저 추월할 것이라는 예측도 나온다. 중국의 부상과 미국의 쇠퇴를 보면서 19세기 말-20세기 초의 독일과 영국을 떠올릴 수 있다. 당시 양국의 국력을 비교해 보면 두 나라 사이의 힘의 격차가 급격히 줄어들고 있었다.4)

독일 국력의 괄목할 만한 성장은 1차 세계대전 발발의 근본 배경이 되었다. 독일은 국력의 성장과 함께 국제적으로 그에 걸맞는 권리와 지위를 갖고자 했다. 1888년 빌헬름 2세가 즉위한 뒤 독일은 유럽 대륙

---

3) <한겨레신문> 2023년 5월 19일.
4) 비스마르크가 프러시아의 수상에 취임한 1862년 전 세계 총 산업 생산량의 4.9%에 불과했던 독일의 산업 생산량은 1913년이 되면 미국보다는 뒤지지만 영국에는 앞서게 된다. 김준석, 「1차 세계대전의 교훈과 동아시아 국제정치」, 『역사비평(2004, 가을)』, 통권 108호. 157쪽.

내에서 자국의 안보와 위상 확보에 집중하던 기존의 대외 정책 노선을 포기하고 보다 적극적이고 팽창주의적인 노선으로 선회했다.

독일의 제국주의적 야심이 1차 세계대전의 직접적인 원인이 된 것은 아니다. 하지만 독일의 공세적인 정책으로 인해 주변 국가들은 점차 독일의 의도를 의심하고 경계하게 됐다. 당시 영국은 방대한 제국을 경영하는 것이 자국의 능력 범위를 벗어나는 일임을 절감하고 그러한 중압감을 덜고자 1902년 영일동맹을 체결했던 터였다. 독일이 도발하자 이에 자극을 받은 영국은 독일을 견제할 방안을 모색하고 나섰다. 패권국과 신흥 강대국의 갈등과 충돌은 종종 자신의 힘과 지위에 대한 도전에 불안감을 느낀 패권국에 의해 촉발되기도 한다.5)

1차 세계대전 발발 당시 알자스-로렌 지방을 둘러싼 프랑스 민족주의와 독일 민족주의의 대립, 러시아의 범슬라브주의와 독일의 범게르만주의 민족주의 사이의 대립은 가장 빈번하게 지목되는 전쟁의 원인이다. 전쟁의 직접적인 도화선이 된 1914년 6월의 사라예보 암살 사건 역시 오스트리아-헝가리제국의 보스니아-헤르체고비나 합병에 불만을 품은 세르비아계 민족주의자에 의해 자행되었다. 이런 시각에서 보면 동아시아 각국을 휩쓸고 있는 민족주의의 물결은 위험천만한 일이 아닐 수 없다. 민족주의가 1차 세계대전의 기원에 관한 설명에서 중요한 위치를 차지하기 때문이다.6)

오늘날 미국의 앵글로색슨계통의 민족주의적 패권주의와 중국 견제 및 봉쇄를 겨냥한 신냉전 구도의 추진, 이에 맞서 새로운 다극적 질서를 추구하는 중국의 '중화민족주의' 등 두 나라의 패권 경쟁과 갈등이 갈수록 치열해지는 양상이다. 미국의 패권주의에 편승한 일본에서도

---

5) 김준석, 앞의 책, 158-159쪽.

6) 김준석, 앞의 책, 175쪽.

1990년대 중반 이후 과거 침략의 역사를 정당화하려는 신민족주의가 등장하면서 일본의 군사대국화를 도모하는 현상이 심상치 않다. 미국이 주도하는 미·중 간 신냉전 갈등에 민족주의의 충돌이 가세할 경우 나타날 비극적 결과를 경계하지 않을 수 없다. 제2차 세계대전 이후 세계 질서를 나름대로 유지해오던 전후 국제체제와 거버넌스가 거의 실종된 상태이기 때문이다.

나. 미국 달러 패권체제의 붕괴와 세계화의 종료

제1차, 2차 세계대전과 1929년 대공황으로 세계질서가 새롭게 개편됐다. 패권국가였던 영국의 금본위체제가 붕괴하고, 미국이 패권국가로 등장하면서 달러 패권의 시대가 열리게 된 것이다. 2차 세계대전 중이던 1944년 7월 44개 연합국 대표들이 미국의 브레튼 우즈(Bretton Woods)에서 새로운 국제무역·금융 질서를 창출하는 데 합의함으로써 마침내 미국의 달러 패권을 뒷받침하는 브레턴우즈 체제가 등장했다.

브레튼 우즈 회의를 통해 미국의 달러가 세계의 기축통화로 결정됨에 따라 달러 패권을 위한 브레튼우즈체제의 시대가 열렸다. 당시 금 1온스를 미국 달러 35달러로 바꿔주는 금 태환을 보장하고 각국 통화의 가치는 달러에 고정됐다. 미국은 달러를 찍어냄으로써 생산하지 않고도 풍족하게 소비할 수 있는 구조를 만들었고, 전 세계의 수출품이 집결하는 거대한 소비시장으로 등장했다.

그러나 브레튼우즈 체제에는 몇가지 모순점들이 있었다. 가장 큰 문제는 미국의 통화용 금 준비금이 줄어들고, 달러를 보유하고 있는 외국 정부들이 한꺼번에 금 태환을 미국에게 요구할 경우, 브레튼우즈 체제가 붕괴할 수밖에 없는 상황이 벌어지게 된다는 사실이다. 이런 상황이 1971년에 벌어졌다. 당시 해외 보유 달러 액수는 800억 달러에 이르렀지만, 미국의 금 보유액은 100억 달러에 불과했다. 1971년 닉슨 미국 대통령은 신경제정책(New Economic Policy)을 발표하면서 금 태환을 정지시켰고 이로써 브레튼우즈 체제는 종식되고 말았다.

브레튼우즈 체제는 끝났지만 그 이후에도 미국은 달러 패권을 유지했다. 금·달러 본위제를 석유·달러 본위제로 바꾸었기 때문이다. 1974년 미국이 원유 결제 대금을 달러로 사용하는 협약을 석유수출국기구(OPEC)와 체결함으로써 달러가 기축통화의 지위를 다시 얻게 된 것이다. 이와 함께 미국은 달러 패권에 대한 도전을 군사력으로 억제함으로써 달러 패권을 유지했다. 미국은 이라크가 무역 결제 통화를 유럽 연합의 통화인 유로로 변경하려고 하자 2003년 이라크를 침공했다. 2007년에는 이란이 원유, 천연가스, 석유 제품의 결제 통화를 유로로 지정하자 이란 공격설로 대응했다. 베네스엘라의 차베스 정권이 마찬가지로 달러 패권에 도전하자 무력으로 이를 무력화시켰다.

그럼에도 달러 패권에 대한 도전은 2008년 미국에서 비롯된 글로벌 금융위기를 계기로 세계 교역 시장에서 절대적인 비중을 차지하는 세계 제1위 무역국으로 부상한 중국에서 일어났다. 중국이 글로벌 금융위기로 인한 외환변동으로부터 자국 경제를 보호하기 위해 위안화의 국제화가 필요하다는 것을 깨닫게 된 것이다. 중국 인민은행은 세계 30여개 국가와 통화스와프를 체결하기에 이르렀으며, 협정에 따라 협정 체결국들은 외환 위기 상황에서 중국으로부터 위안화를 제공받게 됐다.

중국은 이와 함께 독자적인 지급결제 시스템을 구축하고 이를 확장해 나갔다. 미국 주도의 '스위프트(SWIFT)'에 대응하여 2015년 독자적인 국제위안화 결제시스템인 '국경간 위안화지급 시스템(CIPS)'을 만들었다. 브라질, 러시아, 인도, 중국, 남아프리카연방 등의 브릭스(BRICS)는 세계은행과 국제통화기금 등 미국 주도의 달러 금융 질서에 종속되지 않는 독립적인 금융 협력 체제로 신개발은행(NDB)을 설립하고 위안화 결제 시스템 확대를 추진하고 나섰다. 특히 중국과 브라질은 2022년 3월 양국 간 수출입 결제와 금융 거래 등에 달러화 대신 위안화와 브라질의 헤알화를 쓰기로 합의했다.

러시아-우크라이나 전쟁을 계기로 한 서방의 러시아에 대한 경제 제재는 위안화의 국제 결제 이용의 확대를 촉진했다. 러시아의 해외 결제액에서 위안화의 비중은 무시해도 될 만한 수준이었으나 2023년 2월 이후 달러를 압도하기 시작했다.[7]

미국의 달러 체제를 뒤흔든 것은 중국의 페트로 위안(Petro yuan)의 도입이었다. 페트로 달러는 석유 수출국이 보유한 오일 달러로, 중동을 포함한 주요 산유국들이 원유 및 석유제품을 수출해서 벌어들이는 돈을 뜻하며, 달러로만 석유 대금을 결제할 수 있도록 한 시스템을 가리키는 용어이다. 페트로 위안은 달러를 위안으로 바꾼 돈이며 시스템이다. 1990년대까지만 해도 미국은 사우디의 최대 석유 수입국이었지만, 이제는 중국이 최대 수입국이 됐다. 사우디 석유의 25%가 중국으로 수출되고, 중국과 사우디의 무역액이 증가하면서 달러 패권의 균열이 늘어났다.[8]

달러 패권의 균열은 2014년 크림반도를 합병한 러시아에 대한 미국 주도의 제재로 촉발돼 2022년 러시아의 우크라이나 전쟁으로 가속화됐다. 미국의 일방적인 제재는 상당한 달러 보유고를 갖고 있는 국가들에게 자신들도 미국의 금융 강압에 취약해질 수 있다는 우려를 불러일

---

[7] 우크라이나 전쟁을 일으킨 러시아를 국제금융망에서 완전히 퇴출시키는 제재가 미국 주도로 발동되자, 중국과 러시아는 양국 교역에서 위안-루불화 결제를 전면화했다. 중-러 위안-루불화 결제액은 전쟁 전이 2021년 1월 22억 위안에서 2023년 1월 2010억 위안으로 90여 배나 늘었다. <한겨레신문> 2023년 4월 8일.

[8] <아주경제> 2023년 5월 15일.

으켰다. 2023년 1월 10일 싱가포르에서 열린 유숩 이스학 연구소의 국제 콘퍼런스에서 조지 요 전 싱가포르 외교 및 통상산업 장관은 "미 달러는 우리에게 저주를 걸고 있다"며 "국제 금융 시스템을 무기화하면, 이를 대체할 대안이 나올 것"이라고 경고했다. 그는 동남아 국가들이 달러를 대체할 통화 시스템 논의에 나섰다고 밝혔다.

2023년 5월 21일 <로이터통신>과 <APTN>에 따르면 일본 히로시마 주요 7개국(G7) 정상회의에 특별 참석한 구테흐스 유엔 사무총장은 기자회견에서 유엔 안보리와 브레턴우즈 체제가 1945년의 국제적 권력관계를 반영한 것인 만큼 '업데이트'가 필요하다며, "안보리와 브레턴우즈 기관 모두 개혁해야 할 때"라고 지적했다. 미국 달러를 기축 통화로 떠받치며 미국의 세계 경제 패권을 만들어준 브레턴우즈 체제의 종말을 예고한 것이다.[9]

브레튼우즈 체제와 함께 미국의 경제 패권의 바람을 일으킨 세계화 시대도 막을 내렸다. 한국 산업연구원은 2023년 5월 25일 발표한 '제2차 세계화의 종언과 한국경제' 보고서에서 반 세기가량 지속된 세계화가 2008년 금융위기를 분기점으로 종료되면서 한국의 수출주도형 성장도 막을 내렸다고 분석했다. 2008년 글로벌 금융위기 이후 전세계 총생산 대비 교역 증가율이 하향세로 전환됐다는 것이다.

강두용 선임연구원은 "2023년 5월 19일부터 사흘간 일본 히로시마에서 열린 주요 7개국(G7) 정상회의에서 선언한 '신워싱턴 콘센서스'는 자유무역을 내세우며 세계화를 주도했던 1990년대의 '워싱턴 콘센서스'와는 정반대의 주장을 제시하며 사실상 세계화 종료를 선언한 것"이라고 말했다. 강 연구원은 미·중 갈등이 세계 경제의 탈동조화(디커플링)로 이어질 경우 경제와 교역의 침체는 가속화할 것으로 분석했

---

9) <연합뉴스> 2023년 5월 21일.

다.10) '신워싱턴콘센서스'는 미국 바이든 행정부가 중국 봉쇄를 위한 경제 기조다. 전후 세계 경제질서를 위한 브레튼우즈 체제의 붕괴에 이어 세계의 평화와 안정을 나름대로 유지시켜준 유엔안전보장이사회를 비롯한 거버넌스도 사실상 실종돼 세상은 더욱 위험해졌다.

다. 평화거버넌스의 붕괴와 유엔의 마비

냉전시대 미국과 소련 간 전면적인 핵전쟁의 위험 속에서도 '공포의 균형'이 이루어짐으로써 인류가 파멸적인 재앙을 겪지 않고 생존의 평화를 누릴 수 있었다. 미국과 소련은 적의 1차 핵공격을 받더라도 파괴되지 않은 핵무기의 반격으로 적에게 치명적인 손상을 줄 수 있는 '상호확증파괴(Mutually Assured Destruction)' 능력을 보유함으로써 전면적인 핵전쟁을 자제할 수 있었던 것이다. 전면적인 핵전쟁이 벌어지면 지구 전체가 '핵지옥'으로 파괴돼 모두가 죽게 되는 '미친 짓'을 벌일 수는 없다는 최소한의 이성이 작용됐기 때문이다.

그러나 '공포의 균형'에도 핵전쟁을 막아주지 못하는 한계가 있었다. 적의 미사일 공격을 방어할 수 있는 무기체제를 갖추게 되면 적으로부터의 '확증파괴'의 공포로부터 벗어나 적을 핵으로 공격할 수 있기 때문이다. 바로 이런 핵전쟁의 가능성을 막기 위해 미사일방어체제를

---

10) 보고서는 세계 경제의 총생산 대비 교역 비율이 지속적으로 상승하는 현상을 세계화의 확산으로 정의했다. 세계 경제는 산업혁명기(19세기 후반-1차 세계대전)의 '1차 세계화'에 이어 2차 세계대전 종전 이후(브레턴 우즈 체제) '2차 세계화' 시기를 거쳤다. 보고서는 "'2차 세계화'는 1980년대 개발도상국의 참여와 냉전 종식의 영향으로 더욱 확대됐으나 2008년 금융 위기 이후 상승세를 멈추고 최근 10여년 간 하락 정체 상태를 보이고 있다"고 진단했다. <한겨레신문> 2023년 5월 26일.

사실상 금지한 탄도미사일방어(ABM)조약이 생기게 된 것이다.

미국의 탄도미사일방어체계(ABM)는 1960년대 존슨 행정부 때부터 추진됐다. 그러나 소련의 탄도미사일 공격을 방어하기 위한 ABM(Anti-Ballistic Missile, 탄도탄 유격유도탄)의 효용성을 두고 논란이 많았다. 한 개의 미사일에서 여러 개의 탄두를 발사할 수 있는 다핵탄두미사일(MIRV)이 개발됨에 따라 ABM의 효율성은 도전을 받게 된 것이다. 닉슨은 핵무기를 감축하고 ABM 설치를 제한하기로 한 존슨 대통령과 코시긴 소련 총리 간의 합의를 지지했다.

1972년 5월 26일 모스크바에서 열린 정상회의에서 미국의 닉슨 대통령과 소련의 브레즈네프 소련 공산당 서기장은 전략핵무기감축조약(SALT I)과 탄도미사일 방어체계를 제한하기 위한 조약(ABM 조약)에 서명했다. 조약의 내용은 대륙간탄도미사일(ICBM) 요격용 미사일의 배치장소와 숫자를 제한하는 것이었다. 끝이 없어 보이던 핵무기 경쟁에 비로소 제동이 걸렸다. ABM 조약은 1972년 이래 30년 동안 미·소(혹은 미·러) 사이의 군비경쟁을 억제하고, 위기관리 및 신뢰 구축에 크게 기여했다. 이 조약이 2001년까지 세계 도처에 있었던 각종 정상회담에서 '국제 평화와 전략적 안정의 초석'이라고 불렸던 까닭이다.

그러나 미사일 방어시스템에 대한 유혹은 뿌리치기 어려웠다. 미국 부시 대통령은 ABM 조약이 북한, 이라크 등 '불량국가'의 공격을 막기 위한 미사일방어계획을 추진하는 데 방해가 된다는 주장을 폈다. 마침내 미국은 2002년 6월 13일 '국제 평화의 초석' 역할을 한 ABM 조약을 일방적으로 탈퇴했다. 이에 반발한 소련의 푸틴도 다음 날 탈퇴했다. 이후 미국과 러시아, 중국 사이의 군비경쟁은 치열해졌다.

1991년 7월 31일 조지 H. W. 부시 미국 대통령과 미하일 고르바초프 소련 대통령이 서명한 전략무기감축협정(Strategic Arms Reduction Treaties, START)[11]이 2009년 만료됨에 따라 미국과 러시아는 이에 대한 새로운 수단의 필요성에 공감하게 됐다. 마침내 2010년 4월 8일 체코 프라하에서 제2의 전략무기감축협정인 '뉴스타트(New Strategic Arms Reduction Treaties)'에 서명함으로써 핵군비 경쟁을 억제할 수 있는 계기를 마련했다.[12]

문제는 '뉴스타트'의 글로벌 핵무기 통제력이 다시 힘을 잃어가고 있다는 사실이다. 2019년 당시 도널드 트럼프 미국 대통령이 러시아와 중국 부상을 이유로 중거리핵전력조약에서 탈퇴한 데다가, 러시아의 우크라이나 침공, 중국의 핵무기 증강 등의 요인들이 겹쳐 다시 핵경쟁이 벌어지게 된 것이다. <뉴욕타임스>는 2023년 4월 19일 앞으로 미국·중국·러시아 3극 핵 대결 시대가 도래할 것이라며 "미 국방부는 (중·러) 양국의 핵무기 보유량이 미국을 크게 능가할 것으로 우려한다"고 전했다.

'뉴스타트' 조약은 2026년 2월로 만료될 예정이지만 핵 군축을 위한 후속 협상이 조약 체결로 이어질 가능성은 없어 보인다. 전 세계 핵 비축에 대한 마지막 제약이 사라질 수 있다는 얘기다. 지난 2023년 2월 러시아는 '뉴스타트'를 이미 중단한 상태다. 제이크 설리번 미 백악관 국가안보보좌관은 이 해 6월 미국이 러시아 및 중국과 "전제 조건없이" 군비 통제를 논의할 준비가 돼 있다고 밝혔다. 하지만 어느 쪽도 논의를 서두르지 않는다. 우크라이나에서 막대한 손실을 입은 러시아는 핵무기에 의존하고, 중국도 미국과 동등한 수준에 도달할 때까지 핵 군축

---

11) 미국은 전략핵무기감축협정을 통해 한반도에서 주한미군 핵무기를 철수시키기로 결정했다. 이를 계기로 당시 노태우 대통령은 1991년 11월 한반도 비핵화 선언을 발표했다.

12) 이 협정을 통해 양측의 '전략적 핵무기(파괴력이 높은 장거리 무기)'가 배치된 탄두 1550개와 대륙간탄도미사일(ICBM), 폭격기, 잠수함발사탄도미사일 700개로 제한했다.

에 관심을 보이지 않는다.13)

제2차 세계대전 이후 국제평화를 위해 형성된 세계질서가 뒤흔들리고 있다. 우크라이나 사태를 계기로 국제평화의 유지를 목적으로 만든 국제연합, 유엔의 무력한 모습이 드러나면서 유엔의 실효성에 대한 비판이 거세게 일어났다. 이와 아울러 핵전쟁의 위험성이 높아지면서 핵비확산체제도 중대한 위기를 맞게 됐다. 인류의 평화가 심각하게 위협을 받는 상황에 이르렀다.

2022년 4월 5일 젤렌스키 우크라이나 대통령은 화상연설을 통해 "유엔안전보장이사회가 보장해야 할 안전은 어디에 있습니까, 유엔을 폐쇄할 준비가 되어 있습니까, 국제법 시대가 지나갔다고 생각합니다"라고 유엔의 존재 이유에 대한 근본적인 문제를 제기했다.

유엔헌장 1조1항에는 △ 국제평화의 유지, △ 침략행위, 평화파괴행위 진압, △ 국제분쟁이나 사태의 조정, 해결 등을 유엔의 기능으로 규정하고 있다. 그럼에도 우크라이나 전쟁 앞에서 유엔은 무력할 수밖에 없었다. 그 이유는 무엇인가.

유엔의 기능이 원활하게 발휘되기 위해서는 유엔안전보장 이사회의 의결 행위가 뒷받침되어야 한다. 문제는 5개 상임이사국들과 10개 비상임이사국들로 구성된 유엔안보리의 의결 과정에서 어느 상임이사국이든 거부권을 행사하게 되면 의결 행위가 이루어질 수 없다는 점이다. 러시아가 상임이사국인 유엔안보리에서 러시아에게 불리한 의결이 원천적으로 이루어질 수 없게 돼 있는 것이다. 다른 상임이사국의 경우도 마찬가지다.

유엔안보리에서의 거부권은 상임이사국의 가장 큰 힘의 원천이다. 그래서 상임이사국의 거부권이 안보리에 쏟아지는 비판의 집중적인 대

---

13) <한국경제> 2023년 8월 31일.

상이 돼왔다. 비판의 대상이 될 수밖에 없는 것은 상임이사국의 거부권 행사가 '인류나 공동체의 평화'가 아닌 '자국의 이익'을 기준으로 남용된 사례가 너무나 많기 때문이다. 상임이사국이 유엔헌장이나 국제법을 위반해 불법 침공을 하더라도 유엔안보리가 그 상임이사국에 대한 제재나 그 어떤 조치도 취할 수 없었다. 미국이 이라크, 시리아, 아프가니스탄, 리비아, 예멘 등에서, 소련이나 러시아가 아프가니스탄, 우크라이나 등에서 저지른 전쟁범죄에 대해 유엔은 아무런 조치를 가하지 못했다. 유엔안보리의 개혁과 해체의 목소리가 나오는 이유다.

미국의 브루킹스 연구소는 안보리 상임이사국에게 쏠려있는 힘의 불균형을 해소하기 위한 대안으로 유엔 회원국 3분의 2 이상과 인구 비율 3분의 2 이상의 국가들의 찬성으로 상임이사국의 거부권 행사를 무효화할 수 있게 유엔헌장을 개정하자고 제안했다. 그러나 유엔헌장 개정을 위해서는 상임이사국 전체의 동의를 받아야 한다. 게다가 상임이사국의 임기는 영구적이다. 유엔헌장의 개정을 통한 유엔의 개혁은 사실상 불가능하다.

유엔을 비롯해 제2차 세계대전 이후 국제 평화와 질서 유지를 위해 존속해 온 국제기구와 제도, 협정 등 글로벌 거버넌스가 실종되거나 유명무실해지는 불확실하고 불안한 상황에서 자국의 이익을 앞세우며 서로 각축하는 국가이기주의, 특히 민족주의의 흐름이 거세질 수밖에 없다. 미국과 중국의 패권 갈등도 앵글로색슨 중심의 '미국 민족주의'와 한족 중심의 '중화민족주의'의 충돌 현상이라 할 수 있다. 여기에 미국 쪽으로는 앵글로색슨 민족주의 성격을 띤 오커스와 일본의 신민족주의가, 중국 쪽으로는 러시아 슬라브민족주의가 가세하는 형국이다. 이런 대 격동의 흐름은 세계질서의 재편이 마무리될 때까지 요동칠 것으로 보인다.

2. 민족주의의 발흥

가. 미국 민족주의와 패권주의

미국에는 다양한 인종과 민족이 미국인으로서 존재한다. 그런 미국에서 '민족'이란 개념이 존재할 수 있는가라고 의문을 가질 수 있다. 그럼에도 미국인은 이미 오래전부터 '민족'으로서 존재해왔다는 '놀라운 사실'을 발견할 수 있다. '미국민족(American)'은 인종적 기반 없이 인위적으로 만들어진 개념으로 베네딕트 앤더슨이 말한 '상상의 공동체(imagined community)'에 해당한다. 이런 민족 개념의 인위적 형성은 여러 민족을 기반으로 형성된 국가를 '하나의 민족'으로 결집시키기 위한 필요성에서 비롯된다.

조지 뱅크로프트는 "미국인은 '인간의 민족'으로서 특정 종교나 언어로 정의되는 인종이나 종족집단에 속하지 않고 범인류에 속한다"라고 말했다.14) 에머슨은 미국인이 개인을 위한 자유와 존경에 기초를 두고 있기 때문에 '우주적 민족'이라고 주장했다. 인본주의와 평등주의에 바탕을 두고 인류의 최선의 희망을 지향한다는 미국의 보편주의는 미국적 민족동질성의 표상이었다.15) 미국의 '민족'이야말로 가장 이상적인 완성형의 개념으로서 절대적 선(善)으로 간주되고 있는 것이다.

미국 민족주의의 뿌리는 '앵글로색슨'이라는 인종적 민족의식으로

---

14) 노태구, 『민족주의와 국제정치』(백산서당, 2002), 237쪽.
15) 노태구, 앞의 책, 31쪽.,

거슬러 올라간다. 그러나 토머스 페인의 역할로 미국인들이 '영국인 의식'에서 벗어나 영국이나 유럽과의 구별에서 '미국 민족'의 정체성을 정립하게 된 것은 본질적으로 중요한 의미와 결과를 낳게 된다. 부정적으로 보이는 '미국의 바깥'에 대해 미국이야말로 '모범적'이라는 '미국 예외론'의 '선민의식(選民意識)'이 나오게 되기 때문이다. '아메리카는 다르다'는 믿음은 이미 식민지시대부터 생겨나 민족의식으로 굳어졌다. 미국은 세계를 이끌 개방된 신(神)의 민족으로서 세계의 모범이 되어야 한다는 예외론적 역사관이 냉전시대에 이르러 미국의 사회과학 전반을 지배하게 됐다.16)

미국의 모범성과 구원자적 숙명은 미국의 시민종교인 캘빈주의, 즉 천년왕국에 대한 신념과 선민의식에서 기원한다. 선민의식은 초기 매사추세츠의 신정정치를 지배한 존 윈스럽에서부터 앵글로 색슨 프로테스탄트의 우월성을 주장한 인종주의자 조시아 스트롱을 거쳐 윌슨의 메시아니즘, 존 F.케네디의 '뉴프런티어', 린든 존슨의 '위대한 사회', 조 바이든의 '자유와 민주주의'로 이어졌다. 미국을 '신의 민족'이라고 믿는 선민의식과 '미국의 바깥'에 대한 구원자적 소명의식은 미국의 패권주의 이념에 따른 팽창주의로 나타났다.

미국 민족주의는 본질적으로 '적'을 전제로 한다. 미국인들을 집결하게 만들고 세계를 패권으로 지배할 명분으로서 개입과 대결의 과녁이 존재하지 않으면 안 된다. 아메리카 대륙 정복 시기에는 '미개한 원주민', 독립혁명 당시에는 '영국의 폭정', 1차 대전에서는 '유럽의 전제정치와 제국주의', 2차 대전에서는 '나치즘과 인종차별', 냉전시대에는 '공산주의와 제3세계 급진주의적 혁명'이었다. 이어 미국의 세계화를

---

16) 권용립, 「미국 민족주의의 본질-반사와 투영」, 『역사비평』통권 64호(2003 가을), 88-89쪽.

반대하는 테러리즘과 이스람원리주의로서 이라크와 북한 등 '악의 축'으로 꼽힌 국가들이 그 대상이었다. 조 바이든 행정부에서는 '전체주의'가 미국 민족주의의 '적'으로 내세워졌다.

미국의 패권을 위한 팽창주의는 19세기 중반 제임스 포크 대통령의 텍사스 합병으로 시작됐다. 1783년 파리조약으로 독립전쟁이 끝날 당시 '아메리카 합중국'은 13개 주에 불과했다. 1845년 존 설리반은 합병 반대론자들에게 "신의 섭리로 나누어준 이 대륙에서 뻗어나가는 것은 우리의 명백한 숙명인데 텍사스 합병에 반대하는 것은 바로 이 숙명의 실현을 막는 것"이라고 비난했다. 그는 연방 팽창을 미국의 예정된 숙명이라고 역설했다. 그는 "미국은 인류의 진보를 상징하는 민족인데 누가 그리고 무엇이 우리의 행진을 막을 것인가"라고 질타했다.

미국의 민족주의에서 주목되는 것은 전쟁을 통해 군사적 민족주의가 확산돼 왔다는 사실이다. 1898년의 스페인 전쟁을 계기로 한 아시아 태평양 진출, 파나마 운하를 비롯한 중남미 적극 개입 등을 적극 추진하면서 전쟁과 무역을 통해 미국의 가치를 실현하고 강요하는 미국의 군사적 민족주의가 점차 노골적으로 드러났다. 스티븐 루스는 "전쟁이야말로 인류의 진보를 위한 가장 위대한 수단이며 문명의 진보는 전쟁을 통해 이루어진다"고 역설했다. 시어도어 루스벨트는 '미개한 종족'을 개화시킨다는 인종주의적 명분까지 동원해 전쟁을 합리화하기도 했다.

미국은 군사적 민족주의를 전개하면서 무력에 의한 '불량정권 교체 작업'을 일상사처럼 벌였다. 멕시코(1916), 이란(1953), 파나마(1989), 소말리아(1893), 아프가니스탄(2001), 이라크(2003) 등이 그런 사례들이다. 미국의 강경한 신보수주의자들, 네오콘이 강력하게 주장하는 북한의 '불량정권 교체론'도 이미 오래 전부터 진행돼온 미국의 군사적 민족주의의 중요한 특징에서 비롯된 것임을 알 수 있다.

1차 세계대전은 미국을 중앙집권적 치안국가로 만들고,[17] '비미국적인 것'을 배척하는 호전적 미국 민족주의를 강화하는 계기였다. 윌슨 대통령은 제1차 세계대전의 목표에서 "전쟁이라는 악을 없애기 위한 전쟁"이며, "민주주의가 안전한 세상을 만들기 위한 전쟁"이라고 강조했다. 그에 따르면, 제1차 세계대전은 '모범국가'의 십자군 원정이요, 민주주의를 위한 성전(聖戰)이었다.

미국 민족주의는 제2차 세계대전을 거치며 글로벌 민족주의가 됐다. 얄타회담을 비롯해 UN 창설, 마샬플랜, 트루먼 독트린 등은 미국의 글로벌 민족주의의 표현이었다. 1949년 미국이 서유럽과 북대서양조약기구(NATO)를 만든 것도 군사적 민족주의 세계화의 일환이었다. 세계정치에 적극 개입하는 것만이 미국과 세계의 평화를 유지하는 적극적인 방법이라는 미국 패권주의적 인식이 확고하게 뿌리를 내렸다.

미국 제1주의에 입각한 개입적 미국 패권주의가 공산주의 국가인 소련을 방치할 수는 없는 일이었다. 냉전은 개입적 미국 패권주의의 필연적 결과였다. '미국적인 것'은 모두 '자유'로서 반드시 지켜야 할 '선(善)'이며, 공산주의 주도국인 소련의 모든 행위는 배척 타도해야 할 '악(惡)'이었다. 소련을 '악'의 대상으로 삼는 미국 패권주의로부터 냉전이 전개됐다. 이제 바이든 미국 행정부는 중국과 러시아, 북한 등을 '악'의 표적으로 한 신냉전을 주도하기에 이르렀다.

나, 일본 신민족주의와 역사 부정

1990년대 들어 일본 경제가 심각한 장기 침체로 빠져들어감에 따라

---

17) Edward S. Corwin, *Total War and the Construction*(Ayer Co. Pub., 1947), 172쪽.

일반 국민들은 깊은 좌절감을 느끼게 됐다. 이런 상황에서 국민적 좌절감의 탈출구로서 민족주의 의식이 강화되고 정치권도 이를 증폭시키는 역할을 했다. 일본의 경제력에 걸맞는 위상을 확보하기 위한 이념적 토대가 구축되어야 한다는 일본의 독자적 중심론의 민족의식이 고조됐다. 일본 사회의 보수화·극우화 현상이 두드러지게 나타났다. 마침내 일본 사회의 구도는 '보수 대 혁신'에서 '보수 대 신보수'로 바뀌고 말았다.

이처럼 새로운 양상을 보이는 일본의 민족주의 동향에 대해 미국에서도 이를 주시해야 한다는 경고성 주장이 나와 화제를 불러일으켰다. 미 외교평의회 선임연구원이었던 유진 매튜스가 《포린 어페어즈》 (2003, 11-12)에 개재한 「일본의 신민족주의」에서 미국이 아프가니스탄과 이라크 문제에 몰두하고 있는 사이에 미국의 가장 중요한 동맹국 일본에서는 신민족주의가 대두하고 있다고 강조했다. 이런 신민족주의의 종착역이 일본의 핵 무장이고 대외적으로 무모한 자세를 취하는 일본의 출현이라면 그것은 중국을 비롯한 주변 국가들에게는 악몽이라는 것이다. 그는 북한 문제로 급부상한 일본의 신민족주의 현상에 전혀 눈을 돌리지 않는다면 그 자체가 미국에게도 악몽이 될 것이라고 경고했다. 이런 일본의 신민족주의는 일본 역사의 재해석으로 시작됐다.

1993년 자민당 붕괴 이후 '과거사에 대한 반성'의 분위기가 높아졌다. 이 해 8월 비자민 연립정권의 호소카와 총리의 과거사에 대한 사죄 발언(잘못된 침략전쟁), 고노 담화를 통한 종군 위안부 문제에 대한 공식 사과, 1995년 8월 무라야마 담화를 통한 식민지 지배와 침략행위에 대한 사죄 등은 '전후 처리'의 관점에서 아시아에 접근하고 협력관계를 강화해야 한다는 분위기의 반영이었다.

그러나 이런 진보적 역사인식의 부상은 일본의 신보수파의 반발과 대중민족주의 성격의 신민족주의 운동을 불러일으켰다. 1994년 일본 국민들이 전범국(戰犯國) 국민에서 벗어나 국가의식과 역사적 자신감을 되찾자는 도쿄대 후지오카 노부카츠 교수 등의 '자유주의 사관'이 등장했다. 일본의 역사교육은 미국이 강요한 '자학사관(自虐史觀)' 이기 때문에 자유주의 사관으로 바꿔야 한다는 것이다. 일본의 패전 책임을 부정하고 제국주의 침탈의 역사를 정당화시키며 천황제 가치의 부활과 일본식 국가주의를 주장하는 게 '자유사관'의 핵심이다.

1995년 6월 9일 일본 중의원이 "침략적 행위와 식민지지배가 아시아 제국민에게 고통을 주었다고 인식하고 반성한다"고 결의한 것에 대해 강력한 저지운동을 전개하면서 일본의 침략을 정당화하는 「종전50주년국회의원연맹」과 국회 내 「역사검토위원회」가 구성됐다. 「50주년 의원연맹」의 사무차장은 고이즈미 정권 출범 후 관방장관과 자민당 간사장을 역임한 아베 신조였다. 교육학자 후지오카(藤岡信勝)를 대표로 하는 '자유주의사관 연구회(1996년 설립)'와 독일문학자인 니시오(西尾幹二)를 회장으로 하고, 후지오카를 부회장으로 한 「새로운 역사 교과서를 만드는 모임(1997년 설립)」이 '신민족주의 운동'의 중심단체로 등장했다.

「새로운 역사교과서를 만드는 모임」은 일본 정부에 종군위안부 기술 삭제를 요구하는 한편, 한반도 식민지 지배의 정당화, 독도의 일본 고유영토 명기 등 과거사와 영유권 문제를 지속적으로 부각시켰다. 1997년 2월 자민당의 젊은 의원들이 결성한 '일본의 미래와 역사를 생각하는 모임'은 이들의 활동을 지원했다.18) 과거의 영광을 되찾자는 보수적 흐름이 점차 확산됐다. 일본의 신민족주의 운동은 1999년 제145통상국회에서 일련의 민족주의 국가전략의 법률이 잇따라 통과되는 성과로 나타났다. 미·일방위협력을 위한 신가이드라인 관련법, 국기·국가법, 도

---

18) 조진구, 「일본의 아시아 외교, 영토 그리고 독도 문제」, 『통일정책연구』 14권 1호, 196쪽.

청법 등이 통과된 것이다. '히노마루·기미가요'는 전쟁 시기 천황제와 동일시되어 사실상의 국기·국가로써의 국민통합 상징장치로 이용된 것으로 아예 국기·국가로 법제화한 것이다.19)

2000년 이후에는 고이즈미 준 이치로, 아베 신조, 후쿠다 야스오, 아소 총리로 이어지는 신민족주의 세력이 정치의 주도권을 장악했다. 2001년 4월 출범한 고이즈미 정권은 과거 일본 침략사의 향수를 불러일으키면서 민족주의 정서를 촉발시켰다. 고이즈미 총리는 야스쿠니 신사 참배를 중지하지 않겠다고 공식 선언함으로써 한국과 중국의 반발을 불러일으켰다. 그는 민족주의 동원이 한국 및 중국과의 협력관계보다도 더 중요하다고 판단했다. 그는 '새 역사 교과서'를 인정하고, 일본의 UN 안보리 상임이사국 진출 시도를 선언했다.20)

고이즈미의 뒤를 이은 아베 신조 총리도 '주장하는 외교'를 제창하고 애국주의 교육 강화를 들고 나왔다. 일본에서 새로운 역사 인식에 대한 요구와 침략전쟁의 역사를 부정하고 미화하려는 움직임을 주도한 인물이 바로 아베 총리다. 2006년 12월 아베는 1947년 제정된 이래 60년간 한 번도 바꾸지 않았던 교육기본법을 개정했다. 교육기본법 개정을 통해 교육 현장에서 젊은이들에게 천황 중심의 국수주의와 군사대국화의 필요성을 주입시키려고 한 것이다. 아베는 2012년 총선 과정에서 자신이 집권하면 교육기본법을 강화해 나갈 것이며, 중고교 역사교과서 기술 준거틀인 '근린제국조항'을 삭제하겠다는 입장을 표명했다.21)

아베 총리는 해양 영유권 분쟁 문제에 대해 강경하게 대응하겠다는

---

19) 김동성, 「동북아 안보질서의 형성과 민족주의」, 세종연구소(2009년), 14쪽.
20) 김동성, 앞의 책, 17쪽.
21) 이기완, 「동아시아 평화와 일본 민족주의-일본의 민족주의적 국가전략을 중심으로-」, 한국평화연구학회(2013년), 205쪽.

입장을 수차례 밝혔다. 그는 독도와 센카쿠열도 영유권 문제에 대해 한·중 양국과 일전을 불사하는 일이 발생하더라도 영토 주권을 양보하지 않겠다는 입장을 표명해왔다. 그는 총선과정에서 시마네현이 제정한 '다케시마의 날'을 정부 행사로 격상시킬 것이라는 공약을 내걸어 한·중 양국을 자극했다. 그의 공약은 2013년 2월 22일 개최된 시마네현의 다케시마의 날 행사에 중앙정부 당국자를 처음으로 파견하고, 3월 26일에는 독도를 한국이 일방적으로 점거하고 있다는 내용이 담긴 교과서 검정 결과가 발표되는 것으로 나타났다.22) 일본 문부과학성은 2014년 1월 독도를 일본의 고유 영토로 표기하도록 '학습지도요령 해설서'를 개정해 모든 초·중·고 교과서에 관련 기술이 포함되게 했다. 이후 많은 것이 바뀌었다.

일본 문부과학성이 2023년 3월 28일 공개한 것으로 2024년부터 적용되는 초등학교 사회과 교과서의 검정 결과를 보면, 지난 역사적 과오를 최선을 다해 지우려는 일본 정부의 속내가 드러난다. 일본 정부는 강제동원 피해자들에게 배상을 명한 2018년 10월 한국 대법원의 판결 전까진 '징용공'이란 표현을 쓰다가 이후 강제성을 제거한 '옛 조선반도 출신 노동자'로 용어를 바꿨다. 2021년 4월에는 '강제노동'이라고 하면 국제법상 불법이라는 오해가 생길 수 있다며 이 표현을 쓰는 것은 '적절하지 않다'는 내용을 각의에서 결정했다. 일본의 교과서 기술이 후퇴해왔고 앞으로도 후퇴할 수밖에 없는 이유다. 자국의 부끄러운 역사를 손바닥으로 가리려는 일본의 태도가 가장 명확히 드러난 것은 윤석열 정부가 2023년 3월 양국 간 최대 현안이던 강제동원 피해자 배상 문제에 대해 일방적 '양보안'을 내놓은 뒤였다.23)

---

22) 이기완, 앞의 책, 206-207쪽.
23) <한겨레신문> 2023, 3, 29

1980년대부터 90년대 초까지 일본에서 보이던 교과서 왜곡은 문부성이라는 보수적 관료집단에 의해 방조되기는 했지만, 정부 전체에 걸치는 전략적 행위는 아니었다. 그러나 90년대 중반이후 등장한 일본의 신민족주의에 따른 민족주의적 국가전략에서는 과거사에 대한 왜곡이 필수적인 요소로서 체계적으로 추진되는 특징이 나타났다. 국민들의 애국심을 고취하기 위해서는 과거 역사에 대한 자긍심을 환기해 주어야 한다는 것이다. 이를 위해 일본이 범한 전쟁의 역사는 '범죄'가 아니라 아시아 민중의 '해방'을 위한 '성전(聖戰)'으로 윤색되어야 한다는 것이다.

일본의 보수 지도층에게 역사왜곡은 바로잡아야 할 '일탈'이 아니라 오히려 적극적으로 추진해야 할 민족주의적 '전략'이 되고 있다. 일본 정부는 도리어 아시아 및 일본 양심세력의 비판을 정면 돌파하려는 자세를 고수한다.[24] 일본의 민족주의적 국가전략은 대외적으로 패권 정책을 강화함과 아울러 국내적으로도 민주주의에 역행하는 제반의 조치들을 수반하고 있다는 점에서 심각하다.

다. 중화민족주의와 팽창주의

중국의 부상은 21세기 국제정치 변화에서 가장 중추적인 추동 요인이었다. 중국은 개혁·개방 이후 성공적인 경제 발전을 바탕으로 국제사회에서 강대국으로 등장해 자국의 영향력을 전방위적으로 확대해왔다. 이런 중국의 강대국화 과정에서 주목되는 것은 중화민족주의가 강화되는 경향이다.

1990년대 이후 중국 국력의 부상과 함께 중화민족주의가 부상했다.

---

24) 송주명, 「일본의 민족주의적 전략과 한반도」, 2005년, 205-206쪽.

1990년대 이전의 중국에서 민족주의가 외부의 침략에 대한 반응으로서의 자위적 민족주의라고 한다면, 그 이후의 민족주의는 국력 상승에 따른 자긍적·공세적 민족주의라고 할 수 있다. 1997년 제15차 대회 이후 자주 등장하는 '중화민족의 위대한 부활'이나 2013년 시진핑이 국정 슬로건으로 제시한 '중국의 꿈(中國夢)'은 중화민족주의의 자긍심을 드러낸다.

무엇보다 시진핑(习近平) 주석은 2012년 국가 최고 지도자로 등장한 직후부터 '중화민족의 위대한 부흥'을 수시로 반복해 왔다. 이 구호는 시진핑 집권 이후 중국 정부와 시진핑 주석의 제일의 정치 표제이자 목표라고 할 정도로 가장 강조된다. 그리하여 중화민족주의와 중화민족의 위대한 부흥은 정치, 외교, 군사, 경제, 기술, 과학, 이념, 사상, 문화는 물론 모든 이슈와 영역의 가치를 전부 빨아들이는 근본 가치가 되었다고 박명림 연세대 대학원 교수는 지적한다.

중국은 중화인민공화국 100주년이 되는 2050년까지 사회주의 강대국인 '중화민족의 대부흥'이라는 '중국의 꿈(中國夢)'을 실현하겠다는 장기적 비전의 중화민족주의를 야심차게 전개하고 있다. 흥미롭게도 자신의 권위를 하늘로부터 받은 것이라고 생각하고 타자와 차별되는 도덕적 우월성을 상정하는 미국 민족주의의 특성은 중화민족주의에서도 마찬가지로 발견된다. 중국 고대의 질서관인 천자관(天子觀) 또는 천하사상(天下思想)에서 중국 통치자는 자신을 당시의 최고 신(神)인 하늘(天)의 아들(子)로 여겼다. 천하는 서주 시대에 처음 등장한 용어로, 하늘의 섭리, 즉 통치권이 닿는 모든 지역을 뜻했다. 통치자의 권력은 하늘로부터 부여받은 것으로 무조건 도덕적 정당성이 담보된다는 관념은 동아시아 전체에 지배적인 영향을 미친 유교와 결합됐다.

'중화민족'이라는 단어는 량치차오(梁啓超)가 처음 사용했다.[25] 근대적 민족주의 이론을 체계화한 량치차오는 중화민족은 처음부터 하나의 민족이 아니라 다수의 민족이 혼합되었다는 '대민족주의'를 주창하면서 청의 지배층인 만주족까지를 포함하는 통일적 다민족국가론을 폈다.26) 중화민족은 1989년 인류학자 페이샤오퉁이 제기한 '중화민족다원일체론(中華民族多元一體論)'에 따라 56개 민족을 포괄하는 개념으로 등장했지만, 어떤 민족이든 한족으로 동화시켜 한족 국가를 만든다는 '한족 중심론적 사고관'은 변화하지 않았다. 미국 민족이나 중화민족이나 공통적으로 상호 충돌 요인인 배타적인 인종주의적 특성을 띠고 있다.

1951년 중국의 영토에서 벌어진 역사는 중국의 역사라는 바이서우이(白壽彛)의 영토적 역사관이 등장했다. 그는 현재의 영토를 중국의 기본 영토로 하고 중국 역사는 현재의 영토에서 벌어진 모든 일을 포함해야 한다고 주장했다. 그의 영토적 역사관에 바탕을 둔 중화민족 창출이론에 따라 1980년대 들어 중국의 역사를 재해석하는 작업이 본격적으로 시작됐다.

이는 한족 중심의 역사를 재편하는 작업이기도 했다. 소수민족도 중화민족의 일부이기 때문에 기존의 중국 역사에 변방 민족사를 편입시키는 작업이었다. 고구려나 발해가 중국사로 등장하게된 '동북공정', 즉 '동북 변강의 역사와 현상 계열 연구 공정'이 중앙 정부의 적극적인 지원 아래 이루어졌다. '동북공정'은 중국사회과학원 변강사지연구중심을 주축으로 2002년 시작돼 2007년 마무리됐다. '동북공정'에 의한 중국 역사 재편은 역사적 측면에서 중화민족주의의 지리적·공간적 팽창으로 나타났다. '동북공정' 사업은 통일적 다민족국가론을 동북지역

---

25) 이재광, 「민족주의 이데올로기 영향하에서의 중국 외교정책에 대한 고찰-'염제·황제숭배' 연구를 중심으로」, 『동북아역사논총』 20호, 119쪽.

26) 백영서, 「동아시아의 귀환」, 『창작과 비평(2000)』, 73-75쪽.

에 적용한 사업이라 할 수 있다.27)

문제는 이런 '동북공정'이 '민족주의'의 이름 아래 이루어지고 있다는 점이다. 어떤 보편적 이념이라 할지라도 자신이 견지하고 있는 이데올로기 틀에 맞추어 사실을 왜곡하거나 침소봉대해서는 안 된다. 민족주의도 마찬가지로 객관성을 상실하고 감상적으로 변해갈 때 민족의 이름으로 민족을 해치는 결과를 초래하기 쉽기 때문이다.28)

미국에 대한 중국의 저항적 민족주의는 1989년 '톈안먼 사건'이 계기였다. 사건 이후 미국이 중국에 대해 제재를 가하자 중국이 강력하게 반발했다. 특히 1990년대 중반 이후 서방세계에서 '중국 봉쇄론', '중국 위협론'이 높아지면서 반미 성향의 민족주의 정서가 중국의 일반 국민 사이에 급속하게 확산됐다.

중화민족주의는 2010년대 들어 은둔의 자세인 '도광양회(韜光養晦)'에서 타자를 힘으로 윽박지른다는 '탈탈핍인(咄咄逼人)'의 공세적 민족주의 행태를 드러내기 시작했다. 공세적인 중화민족주의는 2010년 천안함 사태를 계기로 나타났다. 사태 당시 황해에서 실시하려던 한미 군사훈련에 대해 중국은 "중국의 안보를 해치는 행위"라고 비난하며 조지 워싱턴 미 항공모함이 황해에 배치될 경우 중국군의 타깃이 될 것이라고 경고하고 나섰다. 2011년 연평도 포격 사태 때에도 중국 외무성은 황해에서의 한미해군합동훈련에 대해 "중국의 배타적 경제수역에서는 중국의 허가 없이는 어느 누구도 어떤 군사행동을 할 수 없다"고 강경한 대응을 보였다.

마침내 공세적 민족주의 전략으로서의 '신형대국관계(新型大國關

---

27) 이희옥, 「동북아시민사회 교류와 공동체적 지역통합」, 한국동북아지식인연대, 『동북아공동체를 향하여』, (서울: 동아일보사, 2003), 73쪽.
28) 구성철, 「중국의 민족주의 기능에 관한 연구」, 『한국외국어대학교 대학원 (2005년 2월)』, 65쪽.

係)'가 등장했다. 2012년 2월 미국을 방문한 시진핑 부주석은 "미국과 중국의 지도자는 주요 국가들 간의 새로운 모델의 협력 파트너십을 열어가야 한다는 데 합의했다"고 밝혔다. 2013년 6월 시진핑은 오바마 미국 대통령과의 정상회담 이후 신형대국관계를 거듭 거론했다. 중국이 미국에게 신형대국관계(新型大國關係)를 주장하고 나선 것은 미국에 대한 자신감의 반영이었다. 중국은 2016년 군사적 굴기(屈起)를 선언했다.

중국은 세계에 대한 청사진과 이상으로서 '조화세계론(調和世界論)'을 제기한다. 현존하는 국제질서의 틀을 새로운 틀로 전환시키려는 중국의 구상이 '조화세계론'이다. 공세적인 중화민족주의의 진행 방향이 중화질서와 유사한 패권적 동아시아 질서의 추구인지, 주권국가 간의 자율성과 민주적인 관계를 존중하는 새로운 형태의 동아시아 질서로 나아가는 것인지가 근본적인 관건이다. 특히 미국 민족주의나 중국 민족주의 모두 자국 중심적인데다가 서로 다른 세계관과 질서를 추구하고 있어 두 강대국 민족주의의 상호 충돌 가능성을 경계하지 않을 수 없다.

3. 미국 패권주의와 네오콘

가. 군사적 패권주의와 군산복합체

미국 민족주의는 세계관으로는 구세계와 신세계, 정치적으로는 자유와 억압, 종교적으로는 선과 악으로 나누는 이분법적 특성을 보이며, 자신은 '신세계·자유·선'을 대변하는 자인 반면, 타자는 '구세계·억압·악'

이라는 관념의 뿌리가 깊다. 따라서 세계 어느 지역에서든 '구세계·억압·악'인 타자는 배제의 대상이 될 수밖에 없다. 미국 이외의 다른 패권 국가의 등장을 저지하고 미국의 패권을 유지하려는 미국 패권주의와 전략은 이런 미국 민족주의에서 비롯된다.

미국은 전쟁을 통해 영토를 넓혔을 뿐만 아니라 막대한 부를 쌓아올렸다. 1914년부터 1918년까지 벌어진 제1차 세계대전에 미국이 참전한 것은 1917년이었다. 미국은 전쟁의 피해를 별로 입지 않은 채 유럽 연합국들에게 군수물자를 공급하면서 막대한 돈을 벌어들였다. 이 전쟁을 계기로 미국의 산업생산력은 영국을 앞질렀으며, 전 유럽 대륙에 맞먹을 만큼의 생산력을 보유하기에 이르렀다.

제2차 세계대전에서도 전쟁 초기에는 미국은 적극 개입하지 않으면서 무기만 열심히 팔았다. 미국이 전쟁에 뛰어든 것은 1941년 12월 일본의 진주만 공습 이후 전세가 연합군에게 확고하게 유리해진 때였다. 이 전쟁에서 미국의 주된 역할은 독일과 일본 군대를 격파하는 것보다 연합군 쪽에 군수물자를 판매, 조달하는 것이었다. 유럽의 참전국들은 막대한 피해를 당했지만, 미국은 본토에 포탄 한 발 떨어지는 폐해도 입지 않았다. 6년이나 지속된 전쟁에서 미국은 1,850억 달러가 넘는 전쟁물자 생산에 투자해 엄청난 돈을 벌어들였다. 소득의 당사자인 미국의 군수산업체들은 폭발적으로 부를 축적했다.

미국이 전쟁을 통해 패권을 구축하는 과정에서 군수산업체들이 성장해 마침내 군수산업복합체를 형성하게 됐다. 군산복합체는 평화가 아닌 전쟁, 군사적 긴장과 갈등에서 이익을 누리기 때문에 1, 2차 대전을 비롯해 여러 국제분쟁 및 전쟁과 밀접한 관련이 있다. 이들은 국가들 사이의 협력관계를 교란시키며 군비경쟁을 부추기고, 여러 지역에서 분쟁이나 전쟁을 촉발하고 종용한다.[29]

군산복합체의 원조는 미국의 남북전쟁 때로 거슬러 올라간다. 1861

년에 일어난 남북전쟁에서 존 피어트 모건은 전세에 따라 남군과 북군에 번갈아가며 투자해 엄청난 돈을 벌어 미국 최고의 재력가로 부상했다. 그는 같은 유대인인 듀퐁을 만나 마침내 미국 역사상 최초의 군산복합체인 '모건-록펠러-듀퐁' 군수재벌을 형성했다.30)모건, 록펠러, 듀퐁의 군산복합체로서는 제2차 세계대전이 절호의 기회였다.

2차 대전 당시 미국 지휘관들 중에는 모건과 록펠러 재벌의 고문 변호사, 회장, 사장 등 군산복합체 출신들이 많았다. 전시(戰時)내각은 군수업체의 주주총회를 방불케 했다. 그것은 군인이 아니라 군수업자들이 스스로 군복을 입고 나선 작전사령관실이었다. 작전본부는 증권거래소 중역회의였다.31)

미국의 참전 후 전비(戰費)는 기하급수적으로 늘어났다. 2차 대전 중 미국의 전비 총액은 2,450억 달러에 달하는 천문학적인 수치다. 과거 미국의 50년간의 국가 예산보다도 많은 액수였다. 이런 엄청난 돈의 70% 이상이 모건, 록펠러, 듀퐁가로 흘러 들어갔다. 소련의 팽창주의를 차단하고 유럽경제를 회복한다는 취지로 진행된 130억 달러 규모의

---

29) 1984년 논픽션『죽음의 상인』을 쓴 조셉 그루덴은 "이 지구상에는 불가사의한 집단이 존재한다. 세계 최대의 군대와 은행을 장악하고, 그 은행에 금화를 가득 채우기 위해 상당한 정도의 전쟁을 일으켜야 하며, 자신이 살아남기 위해 무기 공장을 완전 가동시켜야 하는 집단이다."라고 말했다. 홍익희,『군산복합체』, 퍼플(2012년), 29-30쪽.

30) 군산복합체의 실질적 기원은 제2차 세계대전 전 루스벨트 대통령이 취한 전쟁준비 정책 및 그에 따른 거대규모의 전시경제체제에서 비롯됐다고 할 수 있다. 즉 1937-38년의 뉴딜정책에서 한계가 드러난 미국 경제를 군수의존형으로 전환시킴으로써 불황을 극복하고자 한 정책전환에서 시작된 것이다.

31) 스팀슨 육군장관은 모건 상사의 고문변호사였고, 스테티니어스 전시자원국장은 US스틸 회장이었다. 그리고 연합군 최고 사령부 요직은 모건계의 팬아메리카 항공사 중역들로 구성됐다. 홍익희, 앞의 책, 17쪽.

'마샬 플랜'도 미국 군산복합체를 위한 일종의 수요 창출이었다.

20세기 후반 미국 역사에 새로운 현상이 등장했다. 병사들이 상주하는 세계 도처의 수많은 해외 기지들이 엄청난 규모의 국내 방위산업들과 연결된 것이다. 현대사에서 처음으로 주도적인 강국인 미국이 동맹국들, 프랑스와 러시아를 제외한 여러 산업국가들의 영토에 광범위한 군사네트워크를 유지하게 됐다. 그것은 '제국(帝國)의 군도(群島)'였다.

문제는 광범위한 군사네트워크의 군사기지를 설치한 이유다. 그것은 동맹국을 지키기 위한 것일 뿐만 아니라 그들의 선택을 제한하기 위한 것이기도 했다. 이런 제한이 교묘하게, 세속적이면서 자비롭게, 대개는 주목받지 못한 일상생활로 진행됐다. 미국은 그런 속박을 통해 동맹국들이 국방과 자원에서, 그리고 여러 해 동안 재정적으로도 미국에게 의존하게 만들었다. 제2차 세계대전의 침략국이었던 일본과 독일은 미군기지에 구속됐고 지금도 여전히 그 상태로 남아 있다.

군산복합체는 막강한 로비력과 인맥을 바탕으로 막대한 군사예산을 따내고 있다. 미국 군사예산은 한 해 7천억 달러(약820조원)를 넘어 세계 2-11위 국가 군사예산을 합한 것보다 많다. 군산복합체 전문가인 윌리엄 하퉁 미국 국제정책센터(CIP) 무기·안보 프로젝트 국장은 "방산업체들이 고용한 로비스트만 1천명이 넘는다. 의원 1명당 로비스트 2명인 셈이다. 의회는 아이젠하워 연설 때보다 방산업체에 더 많은 영향을 받고 있다"고 말했다.[32]

러시아와 1년 이상 전쟁을 치르고 있는 우크라이나의 2022년 군비지출은 한 해 전보다 640% 늘어난 440억 달러였다. 세계 최대 군비지출 국가인 미국은 이 해 전 세계 지출액의 39%에 달하는 8770억 달러를 군사 분야에 쏟아부었으며 2.3%인 199억 달러를 우크라이나 지

---

[32] <한겨레신문> 2021년 11월 1일.

원에 썼다. 연구소는 "이런 규모의 군사지원은 냉전 시대 이후 한 나라에 대한 다른 나라의 지원액으로 최대 규모"라고 밝혔다. 중부·서부 유럽의 2022년 군비지출액은 3450억 달러로 실질 규모에서 냉전 시대였던 1989년을 처음 넘어섰다고 연구소는 지적했다.[33]

  2022년 한 해 동안(12.1 기준) 우크라 사태로 인한 미국, 유럽 국가들의 국방비 증가에 따른 미국 군수산업체의 호황은 록히드 마틴의 주가가 47.7%, 레이시온 24.9%, 노스롭그루먼 54.1%, 제너럴 다이내믹스 33.2% 증가로 나타났다.[34] '어닝 서프라이즈'의 호황을 기록한 록히드마틴은 2023년 2분기 순이익이 16억8000만 달러, 매출은 167억 달러로 집계됐다고 2023년 7월 18일 밝혔다. 순이익은 전년 동기 3억900만 달러의 5배가 넘었고, 매출은 8% 성장했다.[35]

  2022년 12월 8일 저녁 6시 미국 워싱턴DC 펜실베니아 애비뉴 로널드 레이건 빌딩에서 우크라이나 주미 대사관 주최로 파티가 열렸다. 화려한 파티 후원사들은 미국의 대표적 무기 개발 업체들이었다. 후원 사실을 알리지 않는 이전의 관행을 깨고 이례적으로 초대장에 회사 로고를 큼지막하게 박아놓은 회사들은 노스럽그루먼, 레이시온, 프랫&휘트니, 록히드마틴이었다. 이들은 우크라이나 전쟁 발발 후 무기 공급으로 떼돈을 벌면서 주식시장 하락세에도 주가가 30-40% 급등한 업체들이다. 전쟁 중인 우방국의 건군 31주년 기념 파티라고 하지만, 미국 최고의 현역 군인인 마크 밀리 합참 의장이 참석한 것도 이례적이었다.

  한 전문가는 "그들이 이제 부끄러워하지 않는다는 사실이 정말 흥미롭다"고 말했다. 미국의 논평 저널리즘으로 많은 독자를 확보한 복스미

---

33) <한겨레신문> 2023년 4월 25일.

34) <오마이뉴스> 2023년 2월 2일.

35) <문화일보> 2023년 7월 19일.

디어의 <복스>는 우크라이나 대사관의 가벼운 처신도 꼬집었다. 수많은 자국 군인과 민간인들이 희생되고 있는 전쟁에 무기를 팔아 돈을 버는 무기상들의 돈을 받아 파티를 여는 것이 과연 적절한가라는 지적이었다.

수많은 희생자들이 나오고 있는 우크라 전쟁의 승자가 있으니 바로 전쟁에 무기를 판매하는 '죽음의 상인' 무기생산업체들이다. 이들은 미국 정부의 세계 군사전략과 밀접한 관련을 맺고 있다. 이들은 미국이 투사하는 힘의 실질적 구현자로서 미 국방부가 요구하는 무기를 개발하고 생산, 공급한다. 나아가 우방을 중심으로 세계 각국에 무기를 판매해 막대한 이익을 내고 있다.

이런 군산복합체의 이익은 다시 의회가 예산을 확보해줌으로써 확대 재생산된다. 무기업체들은 상하원 의원들에게 주기적으로 엄청난 후원금을 뿌리고 의원들은 국방예산 증액을 통해 보답하는 협력구조가 자리 잡고 있다. 군산복합체가 다시 군·산·정복합체(Military Industrial Congress Complex)로 발전하는 것이다. 우크라이나 전쟁에서 미국 정부가 지원한 수백 억 달러의 무기는 결국 미 방산업체들의 호주머니에 들어가고, 이는 다시 국방부와 상·하 의원들의 후원금으로 흘러들어가는 구조가 형성된다.

군산복합체 연구의 세계적 권위자인 미국 QIRS(Quincy Institute for Responsible Statecraft)의 윌리엄 하퉁(William D. Hartung)은 미국 정치를 움직이는 것은 군산복합체이며 미국 대통령부터 의원, 대사까지 '군산복합체의 외판원'이라고 힐난한다. 그는 대부분의 미국 무기거래에 미국 정부가 관여하며, 심지어 미국 무기업체들이 무기를 판매하는 것을 도와주면서 국방부의 국방안보협력국은 3.5%의 수수료를 떼어간다고 주장한다.

우크라이나 전쟁 종전 협상 얘기가 나오지만, 군사전문가들은 쉽게 휴전에 이르지 못할 것으로 본다. 미국의 대러시아 대리전 성격이 짙은 우크라이나 전쟁은 설사 푸틴이 종전을 원한다 해도 미국이 원치 않으면 끝나지 않는다. 미국 군수산업을 일으키고 이를 둘러싼 군산복합체의 이해관계가 맞아떨어지는 한 전쟁을 끝낼 유인이 없기 때문이다. 죽어나는 것은 우크라 국민들이다.36) 이런 군사복합체의 '정치적 카르텔'이 바로 네오콘이다.

나. 네오콘과 팍스아메리카나

21세기 들어 주목해야 할 현상은 국제적인 지각변동이다. 국제정치 관계의 중심이 유럽에서 아시아로 이동했다. 국제관계의 중심 이동이 벌어지게 된 가장 큰 이유는 중국의 부상이다. 중국이 대국으로서, 미래의 잠재적 초강대국으로서 부각되고 있는 것이다. 대국으로서의 인도의 등장도 주목된다. 러시아도 제정 러시아 시대 이전의 국경선으로 되돌아갔다고 하지만, '제국의 부활'을 꾀하는 슬라브민족주의 움직임이 등장했다. 슬라브민족주의는 나토의 동진(東進) 확장에 맞서 러시아의 우크라이나 침공으로 전개됨으로써 국제관계의 불안정성과 역동성이 급격하게 증폭됐다. 이런 국제적인 상황에서 주목되는 것은 미국 패권전략의 전개에 앞장서온 신보수주의자, 네오콘을 중심으로 한 미국 민족주의, 패권주의의 동향이다.

신보수주의란 용어가 처음 등장한 것은 1970년대 초반으로 '변절한 진보주의자'를 비난하고 나선 좌파를 일컫는다. 국제사회의 주목을 끌게 된 신보수주의자들인 네오콘은 1960년대 신좌파혁명에 대한 반동으로 등장했다. 베트남 전쟁에 대한 정책을 두고 비판적인 신좌파혁명

---

36) <디지털타임즈> '이규화의 지리각각', 2022년 12월 30일.

세력을 급진세력으로 공격하고 나선 진보진영 내 지식인 집단이 신보수주의의 원조인 것이다.

'뉴 컨서버티즘'(New Conservertism)의 줄임말인 '네오콘'은 국내적으로는 미국의 전통적 가치 회복과 사회 질서를 추구하고, 국제적으로는 힘에 기초한 미국적 가치의 실현을 추구하는 세력이다. 급진세력의 사회변화운동, 즉 민권이나 반전평화 등 뉴레프트가 내세우는 반문화운동과 반전평화운동은 네오콘의 입장에서 미국이라는 나라 자체에 대한 문화적, 정치적 쿠데타로 보는 것이다. 기존의 보수주의자들은 소련과 공산주의 봉쇄를 위한 힘의 강화를 주장하며 힘의 균형론에 입각했지만, 신보수주의자들, 네오콘은 미국 제일주의를 내세우며 '팍스아메리카나(Pax Americana: 미국에 의한 평화)'라는 세계의 지배 논리로 선제공격을 통해 새로운 미국이라는 제국을 건설하려는 세력이다.

네오콘의 사상적 기원은 레오 스트라우스 시카고대학 교수의 정치철학에서 비롯된다. 토마스 홉스를 신봉한 그는 인간은 살아남기 위해 투쟁해야 하며, 평화는 인간을 타락시키기 때문에 영구평화보다 영구전쟁이 바람직하다고 생각했다. 그는 좋은 체제와 나쁜 체제가 있으며 좋은 체제는 나쁜 체제에 대항해 스스로를 지킬 권리와 의무가 있다고 주장했다.

네오콘들은 모두 자신이 '스트라우시언(Strausians)'이라고 내세운다(《뉴욕타임스》 2003년 5월 4일자). 이들은 가장 큰 위협은 미국의 민주주의라는 가치를 공유하지 않는 국가들로부터 나온다고 주장한다. 이런 국가들의 정권을 교체하고 민주주의의 가치를 발전시키는 것이야말로 미국의 안보와 평화를 지키는 가장 확실한 방법이라는 게 이들의 주장이다.[37]

---

37) 이장훈, 『네오콘-팍스 아메리카나의 전사들』, 미래 M&B(2003년 10월),

네오콘의 핵심인물은 폴 울포위츠, 리처드 펄, 윌리엄 크리스톨 등 3명이며, 루이스 리비, 엘리엇 에이크럼스, 존 볼튼 등이 이들을 뒷받침하고 있다. 마피아처럼 끈끈한 결속력을 자랑하는 이들의 정체를 분명하게 파악할 수 있다면 누가 미국을 움직이는지 알 수 있을 것이다. 네오콘을 알면 미국을 알 수 있다는 말이다.

1970년대 후반 카터 행정부 시기 신보수주의자들은 민주당을 떠나 공화당으로 옮겨 보수주의와 결합했다. 소련의 아프가니스탄 침공과 이란 혁명이 결정적 계기였다. 아프가니스탄이나 이란 사태는 카터와 민주당 진보파가 시도한 대외정책의 필연적 결과로서, 미국과 전 세계 민주주의의 안전을 위태롭게 만들었다는 게 이들의 주장이었다.

이들은 1980년에 집권한 40대 로널드 레이건 대통령과 41대 아버지 부시 조지 부시 대통령으로 이어지는 12년 간의 공화당 정권에 참여해 상당한 영향력을 발휘했다. 이들은 42대 민주당의 빌 클린턴 행정부가 들어서자 학계와 싱크탱크로 등으로 밀려났다가 부시 대통령이 집권하자 '미국의 21세기'라는 대전략을 추진했다. 이들은 자신들의 전략이 구체적으로 실현되도록 부시 행정부를 포함해 공화당과 의회에 로비를 하거나 영향력을 행사했다.[38]

1997년 6월 3일 '새로운 미국의 세기를 위한 프로젝트(PNAC)'라는 네오콘의 조직이 결성됐다. 이들은 창립선언문에서 부시의 집권을 전제로 4대 정책의 목표를 제시했다. 그 내용은 첫째, 전 세계적 임무 수행을 위해 국방비를 대폭 증액하고, 둘째, 동맹국들과의 유대를 강화하고 미국의 가치와 이익에 적대적인 정권에 대응해야 하며, 셋째, 해외에 자유라는 대의명분을 전파하고, 넷째, 미국의 안보와 번영 및 원칙

105-110쪽.

38) 이장훈, 앞의 책, 16-17쪽.

에 우호적인 국제질서를 보전·확대하기 위한 미국의 역할과 책임을 인정해야 한다는 것 등이다. PNAC는 군사력을 토대로 한 미국의 세계 패권 확립을 목표로, '팍스 아메리카나'를 지향하겠다는 것이다.

2001년 '9.11 테러'가 발생하자 네오콘들은 이를 계기로 새로운 제국의 건설을 정당화하면서 미국의 세계 지배 전략을 제시했다. 이들은 테러에 대한 보복으로 테러리스트 조직의 소탕을 시급한 과제로 선정한 데 이어 적의 개념을 테러리즘을 지원하거나 후원하는 국가들로 확대했다. 부시는 2002년 1월 29일 연두교서에서 대량살상무기로 미국을 위협하는 이른바 '악의 축' 국가들을 포함해 잠재적 적대국가들을 군사력을 동원해 선제 공격할 수 있다는 합법성을 강조했다. 이어 이 해 9월 30일 미국 국방부는 「4개년 국방검토 보고서」에서 전략목표를 적대국의 정권교체로 설정하고, 이런 전략목표가 달성될 때까지 외국의 영토를 점령할 수 있다고 발표했다.

부시 미국 대통령은 2002년 4월 군사목표로서 이라크의 정권교체를 언급했다. 이어 그는 이 해 6월 육군사관학교 연설에서 선제공격의 개념을 제시했다. 이와 함께 국방 예산의 증액과 각종 군축조약의 폐기 또는 개정, 미사일방어체제 추진 등의 국내외 조치까지 내렸다. 부시 행정부는 2002년 9월 17일 「국가안보전략」(NSS)를 발표함으로써 마침내 새로운 제국의 밑그림을 제시하기에 이르렀다.

네오콘의 '제국전략'의 핵심은 선제공격과 예방전쟁이다. 미국은 세계 어느 곳이라도 군사행동을 통해 개입할 수 있는 유일한 권리를 가졌다는 것이다. 이런 이들의 전략은 2002년 9월 17일 부시 대통령이 천명한 '선제공격 부시 독트린'으로 나타났다. '부시 독트린'에 따라 미국과 영국이 2003년 3월 침공한 이라크 전쟁은 미래에 있을 위협을 미리 제거하겠다는 예방전쟁을 위한 선제공격 전쟁이었다. 미국의 이라크 침공 당시 독일과 프랑스 등 여러 미국의 동맹국들은 '낡은 유럽'이라는 욕을 먹으면서도 전쟁에 반대했다. 미국과 국경을 맞대고 있는 캐나다와 멕시코도 반전 대열에 합류했다. 트럼프에 이어 바이든 미국 대통령이 주도하는 중국과의 신냉전도 미래의 잠재적 위협을 예방하겠다는 선제적 전략에서 비롯된다.

네오콘의 대표적 언론인이자 군사 전문가인 토머스 도널리는 2003년 4월 팍스 아메리카나를 제도화하자면서 팍스 아메리카나에 동참하는 국가들과 함께 2차 세계대전 이후 탄생한 국제기구보다 더 나은 기구를 만들자고 제안했다. 그는 팍스 아메리카나를 유지하기 위해 과거의 쌍무적 관계를 뛰어넘는 방식으로 유럽 이외의 지역에서 군사적 조직이 필요하다고 주장했다. 일본, 한국, 인도, 오스트레일리아 등과 연합훈련을 하려면 미국은 다른 파트너들과 함께 다른 지역에서 나토와 같은 보다 큰 규모의 안보조직이 필요하다는 것이다.39)그의 주장은 훗날 오커스 등과 같은 기구들로 구체화되어 나타났다.

다. 미국 팽창주의와 사상, 이념

"정복하는 곳마다 로마인들은 거주한다"라는 구절은 고대 로마의 정치가인 세네카의 말이다. 이 말은 미국 팽창의 역사에서도 상당 부분 적용될 수 있는 표현이다. 미국이 독립을 선언한 이후 베트남 전쟁이 종식되는 20세기 후반까지 미국의 팽창주의는 계속됐다. 미국인들은 건국 초기부터 팽창주의를 실행함으로써 미국을 하나의 제국으로 수립했고, 이를 당연한 것으로 받아들였다.40)

---

39) 이장훈, 앞의 책, 150-152쪽.

40) W. A. Williams, Tragedy of American Diplomacy 1972, pp.21-23. 40) 채헌철, 「19세기말 미국 팽창주의 정책과 논의-학계와 정치계를 중심으로-(2003년 동국대학교 교육대학원 박사학위논문)」, 2쪽에서 재인용.

1783년 건국 당시 미국의 영토는 현재의 동북부 13개 주에 불과했다. 미국인들은 조약 체결을 통하거나, 매입에 의하거나, 전쟁을 통해 영토를 확장시켜 나갔다. 팽창의 과정은 아메리카 원주민들에 대한 철저한 박멸로부터 시작됐다. 미국인들은 서부로 계속 뻗어나가 컴벌랜드, 테네시, 오하이오 강 유역까지 이르렀다. 1803년에는 미시시 강 서부의 광대한 영토를 프랑스로부터 사들였다.

당시 미국인들이 미국 대륙에서 원주민들을 축출하고, 멕시코와의 전쟁을 도발하는 데 내세웠던 명분이 소위 '명백한 운명(Manifest Destiny)'이었다. 이 말은 급증하는 미국으로의 이주민들을 위해, 입헌 공화제라는 우월한 정치제도의 지배영역을 확대하기 위해 영토를 확장해야 한다는 것이며, 그것은 그들에게 신이 부여한 성스러운 사명이었다. 이와 함께 '자유를 위한 제국의 건설'이라는 용어가 자주 거론됐다.

팽창의 목표는 서부를 향한, 서부 개척만으로 그치지 않았다. 1845년 언론인 존 어설리반(John L. O'sullivan)은 "미국은 해마다 수백만 에이커의 영토를 자유롭게 확장시킬 권리를 신의 섭리이자 명백한 운명으로 부여받았다"고 주장했다. 그는 멕시코와의 전쟁에 대한 신문 사설에서 "앵글로색슨족의 월등한 기력에 융합되거나 그렇지 않으면 완전히 패망할 수밖에 없는 필연적 운명에 있다"고 역설하며 멕시코에게 전적인 항복을 촉구했다.41) 이 해 미국은 멕시코의 텍사스 지역을 미국의 28번 째 주로 합병해 버렸다.

서부의 프론티어가 1880년대에 들어와 소멸되자 미국 내의 시장 팽창 가능성이 이제 끝나게 됐다. 80년대의 사회 경제적 문제들은 많은 정치인들로 하여금 해외 팽창론의 옹호자로 변신하게 만들었다. 1890년대에 불황이 계속됐고, 막대한 숫자의 실업자가 발생했다. 이런 위기

---

41) 채헌철, 앞의 책, 8쪽.

에서 벗어나기 위해 사회진화론의 적자생존 논리가 등장했다.

사회진화론은 이미 미국 사회 내의 보편적인 현상이었던 팽창주의를 합리화하는 데 큰 힘을 발휘했다. 미국의 지배세력은 정치적 능력이 모든 민족들에게 존재하는 것이 아니라 소수, 즉 아리안족 그 가운데에서도 미국, 영국인들이 주축을 이룬 앵글로색슨족에게만 주어졌다고 주장했다. 그러므로 그들이 세계를 지배하는 것은 필연이라는 것이다.

그에 따라 해외시장의 확보와 해군력의 증강을 중심으로 한 군비확장의 필요성이 절실하게 제기됐다.42) 해군력 강화론자인 미국 해군대학 교수 알프레드 머핸은 그의 저서 『역사에 대한 해군력의 영향』에서 "국가의 흥망성쇠가 해군력에 달려 있다"며 "전쟁과 국제무역에서 승자가 되기 위해서는 강력한 해군이 절대적 요소"라고 역설했다. 그는 해외 무역의 보호를 위해 해군이 필요하고 그런 해군의 원거리 항해를 위해 연료 공급을 해줄 식민지를 확보해야한다는 논리를 폈다.43)

미국 내의 서부 개혁, 즉 내적 팽창(westward movement) 종식에 따른 위기감과 새로운 영토에 대한 동경심은 대외 팽창으로 이어졌다. 1880년 윌리암 에바츠 국무장관은 국내 경제의 발전이 한계에 도달했으며, 계속적인 발전을 위해서는 해외 진출만이 유일한 길이라고 주장했다. 미국인들은 국가의 경제적 발전을 위해 해외 시장은 필수적이며, 해외 시장에 얼마나 자국의 물품을 판매하느냐에 따라 국내 경기가 달라진다고 믿었다. 이런 인식은 미국의 해외 팽창을 불가피하게 만들어 유럽 국가들처럼 미국도 제국주의의 길로 들어설 수밖에 없도록 하는 역할을 했다.

---

42) 주진오, 「미국제국주의의 조선침략과 친미파」, 『역사문제연구소(1999)』, 68쪽.

43) 채헌철, 앞의 책, 16쪽.

19세기 후반으로 접어들며 미국은 막강한 산업과 농업생산력 그리고 근대화된 해군력을 갖춘 세계적 강국으로 등장했다. 1880년도 미국 산업의 생산력은 이미 유럽의 그것들을 능가하는 단계에 이르렀다. 미국의 공업 역량의 성장은 해외 팽창의 원인이 됐다. 공산품의 수출이 수입을 초과했다는 사실은 미국 경제가 해외 시장에 의존하게 됐다는 것을 의미하는 것이었다. 경제학자 데이비드 웰즈(David A. Welles)도 해외 시장 개척에 미국의 사활이 달렸음을 강조했다.

미국 팽창사의 중요한 계기는 하와이와 필리핀의 합병, 사모아제도의 일부와 괌, 푸에프토리코에 대한 통치권의 확보였다. 필리핀의 합병과 괌, 푸에토리코의 획득은 1898년 미-스페인 전쟁의 직접적인 결과였다. 이 전쟁을 기점으로 미국은 전략적으로는 범태평양권을 포함하는 세계적 군사강국으로 등장하게 됐고, 경제적으로는 군사원조와 정치적 지배를 통한 통상의 확대를 도모할 수 있게 되었으며, 정치적으로는 완전한 미국인이 될 수 없는 수천만의 이민족을 지배하게 됐다.[44]

미국은 건국 초부터 팽창국가였다. 1776년의 독립혁명과 대서양 연안 13개 식민지들의 새로운 국가로서의 융합은 종전의 '대영제국'을 대신하는 '미국제국'이라는 결과를 낳았다. 미국제국의 개념 정립은 1840년대 지정학적 결정론으로 계승됐으며, 이는 미국적 세계 중심론으로 발전했다. 대부분의 미국인들은 아메리카 대륙의 팽창이 당연한 것이며, '명백한 운명'이라고 여겼다. 하느님의 선택을 받은 자신들이 세계를 개종시키고 문명화시켜야 한다고 생각했다.

최초의 지정학자라고 할 수 있는 윌리엄 길핀(William Gilpin)에 따르면, 미국의 미시시피 계곡을 중심으로 한 북미의 지리적인 위치는 전

---

[44] 강택구, 「19세기말 미국 팽창주의의 성격에 대한 연구」, 『경주사학』 제10집, 255-256쪽.

세계의 자원이나 인구 문제에 있어서 중심이 된다는 것이었다.45) 미국 대륙이 태평양과 대서양을 이어주는 세계 정치 경제의 중심이라는 것이다. 그는 미국 대륙의 지정학적 당위성, 즉 세계 무대에서의 미국 대륙의 역할론, 미국적 세계 중심론을 제기한 것으로, 이는 적극적인 팽창정책의 이론적 표현이었다.

제국주의의 본질적 속성인 팽창주의, 식민주의, 인종주의는 미국 역사의 전 시기에 걸쳐 관철되고 있는 것이었다. 영국 청교도들이 미 대륙에 자기들의 국가를 세우는 것은 아메리카 원주민들의 주권을 침탈하는 과정이었다. 영국 식민주의자들에 대항해 일으킨 미국 독립전쟁은 '자유와 평등'을 내세웠지만, 이의 적용 대상은 오로지 자신들, 바로 백인들에게만 국한된 것이었다. 원주민과 흑인 노예들은 인간으로 인정되지 않았다.

'미국 건국의 아버지'들은 대부분 노예 상인이었거나 노예 노동력에 의존하는 농장주들이었다. 미국의 국부로 추앙받는 죠지 워싱턴 역시 노예 노동력에 기반을 둔 농장주였다. 그들은 영국과의 독립전쟁 과정에서 흑인 노예들에게 해방시켜 준다는 조건을 내세워 흑인들의 동참을 호소해 놓고는 독립 후 그 약속을 저버렸다.

미국은 서부 개척, 즉 아메리카 대륙에서의 내적 팽창이 끝나자 아시아 태평양쪽으로 대외 팽창에 나섰다. 미국의 팽창은 하와이, 괌 등 태평양에서의 지배권 확보를 마무리한 뒤 필리핀을 거쳐 중국 등 동아시아로 향했다. 조선은 이런 미국의 제국주의적 동아시아 팽창정책의 희생 대상이 되어 국가 주권을 잃고 말았다.

---

45) 강택구, 「미국팽창주의의 사상과 이념적 계승」, 『동국사학』 제37집, 903쪽.

제2장

미국의 동아시아 팽창정책과 한반도

1. 강대국들의 각축장이 된 한반도

가. 미국의 동아시아 정책과 가쓰라·태프트 밀약

　미국은 1890년대에 이르기까지 동아시아에서 힘을 발휘할 만한 군사적 역량을 갖추지 못했다. 특히 해군력의 경우 동아시아를 억압할 역량이 없었다. 그래서 미국의 동아시아 정책은 대외 중립과 내정불간섭주의를 표방하고, 통상과 선교에 중점을 둔 것이었다.
　이런 정책은 미국을 제국주의의 범주와는 다른 '평화의 사도'로 좋게 인식하게 되는 결과를 낳기도 했다. 선교사들은 상인이나 자본가들의 자금지원을 바탕으로 주로 학교와 병원의 설립, 언론활동에 주력했다. 선교사들의 이런 활동은 열강의 침략에 대해 위기의식을 갖고 있던 동아시아인들로서는 미국은 다르다는 호감을 불러일으켰다. 선교사들에 대한 동아시아 지배계층의 호감 덕분에 선교사들의 이권 중재가 용이해졌고, 이로 인해 통상이 늘어날 수 있었다. 통상과 선교가 불가분의 관계에 있었던 것이다.
　미국은 당시 동아시아의 영토 분할을 노리는 열강들의 입장을 반대했다. 미국의 이익이 보장되기 위해서는 특정한 열강의 식민지가 되어서는 안 되는 일이었다. 그렇게 되면 미국의 시장 침투가 큰 제약을 받게 되기 때문이다. 미국의 이런 태도는 동아시아 국가들의 주권수호를 위한 것이 아니라 자신들의 이익을 유지하기 위한 목적에서 비롯된 것이었다. 그럼에도 동아시아 지배세력이 미국에 대한 위기의식이 아닌 기대감을 갖게 함으로써 경제적 이권을 확보하는 성과를 거두었다.

열강의 주권 침해를 반대하는 미국의 입장과 달리 실제로 열강의 주권 침해가 일어났을 때 미국은 대외 중립을 내세우며 방관하기만 했다. 청일전쟁에서 일본에게 밀린 청국이 거중조정을 요청했으나 미국은 이를 외면했다. 독일이 교주만을 침략했을 때나 일본이 청일전쟁 후 조선을 보호국으로 만들려고 했을 때에도 미국은 지켜보기만 했다.

1890년 대 말에 이르러 미국의 경제력과 군사력이 막강해지자 미국의 동아시아 정책은 적극적인 개입으로 바뀌었다. 적극적인 개입의 주요 대상은 중국이었다. 면제품과 석유 등에서 중국에 대한 미국의 수출액이 급격하게 증가하는 추세를 보였다. 이와 반대로 수출액이 감소하고 있던 유럽 열강과 좋은 대조를 이루었다. 특히 미국 제품의 비중이 가장 높았던 지역이 중국의 만주였다.

이런 상황에서 열강에 의한 중국의 영토 분할은 미국에게 큰 위기였다. 미국은 이른바 문호개방정책을 발표했다. 발표 내용은 영토 보전과 기회 균등을 표방한 것으로 언뜻 보기에 욕심이 없어 보이는 합리적인 것이었다. 그러나 실제로는 자국의 우월한 경제력과 군사력을 바탕으로 동아시아의 국제문제에 적극 개입하겠다는 외교노선 선언이었다. 기존의 대외 중립 외교 폐기 선언이었다. 미국이 만주를 점령한 러시아를 주적(主敵)으로 설정하고, 동맹세력으로서 영국과 일본을 선택했음을 천명한 외교노선이었다. 미국의 반러친일 정책은 러시아가 청국의 의화단 사건을 구실로 만주를 완전히 장악하려고 하자 더욱 강화됐다.

1886년 원주민들과의 전쟁 종료로 미국 전역에 대한 지배권을 확보한 미국은 대대적인 태평양 공략에 나서 1898년 하와이·필리핀·괌을 점령한 데 이어 1899년에는 사모아와 웨이크 섬을 강점했다. 미국 본토보다 더 넓은 태평양 영토를 차지한 미국은 태평양에 대한 지배권을 공고히 할 필요가 있었다. 이런 미국의 필요에서 비롯된 역사적 사건이 바로 1905년 가쓰라·태프트 미·일 밀약이었다.

  미국의 친일지향적인 일본 중시정책은 당시 루스벨트 미국 대통령의 동아시아 정책에서 비롯됐다. 그의 구상은 일본이 조선과 만주에서 러시아를 대신하여 우월한 권리를 갖고, 미국과 영국은 양자강 유역을 장악하여 중국 전 지역에서 문호개방을 한다는 것이었다. 루스벨트는 우월한 경제력을 바탕으로 중국 시장을 석권할 수 있다는 기대를 갖고 있었던 것이다.[1]

  만주와 조선을 둘러싸고 벌어진 러·일 간의 대립에서 미국은 항상 일본 편에 섰다. 일본을 지원하고 나선 루스벨트는 1900년 "나는 일본이 조선을 소유하는 것을 보고 싶다"며 일본의 한반도 지배를 적극적으로 옹호했다.[2] 미국은 독일과 1904년 일본의 한반도 지배를 용인한다는 내용의 '루스벨트·카이저 합의'를 했다.

  미국은 러시아와 일본 간의 전쟁이 진행 중인 1905년 7월 29일 가쓰라·태프트 비밀협정을 맺었다. 협정의 내용은 일본이 미국의 필리핀 점령을 인정하고, 미국은 일본의 조선 지배를 받아들이며 미·영·일 3국은 실질적인 동맹관계를 확립한다는 것이었다. 미국의 관심은 태평양에 대한 지배권의 확립과 함께 방대한 중국시장과 그 전진기지로서의 필

---

1) 주진오, 앞의 책, 70-73쪽.
2) Roosevelt to Stemberg, 28 Aug 1900. 김기정, 『미국의 동아시아 개입의 역사적 원형과 20세기 초 한미관계 연구』, 문학과 지성사, 2003, 172쪽에서 재인용.

리핀에 있었다. 미국의 필리핀 확보를 위해서는 조선이 일본의 식민지로 되는 것도 무방하다고 미국은 여긴 것이었다.

이에 앞서 1902년 1월 30일 영국은 일본과 영일동맹을 맺고, 일본의 조선 지배를 양해했다. 이와 아울러 제3국이 일본을 공격할 경우 동맹국인 일본을 원조하기로 했다. 영일동맹 체결 다음 날 미국은 중국, 러시아 등에 각서를 보내 만주 이권에 대한 러시아의 독점을 강력히 반대했다. 영일동맹에 발맞추어 러시아에 경고를 보낸 것이다. 1904년에는 영·일 공수동맹(攻守同盟)이 맺어졌다. 1905년 9월 9일에는 프랑스도 영일동맹의 조선 조항을 양해한다는 영국·프랑스 간의 '루비에·베르티 협의'가 이루어졌다.

해군 역량을 통해 주도권을 유지해온 영국은 러시아의 남하 정책과 1891년부터 시작된 러시아의 시베리아 철도 건설에 긴장하지 않을 수 없었다. 뿐만 아니라 러시아는 아프가니스탄, 인도, 중국에서의 영국 이권까지 위협했다. 게다가 당시 남아프리카 식민지화를 위한 전쟁에 막대한 병력을 파견한 영국은 아프리카를 두고 프랑스와 대립했을 뿐 아니라, 독일 등에 맞서기 위해 군사력을 강화해야 했다. 이 때문에 영국이 동아시아에서 러시아와 맞서기 위해서는 일본의 군사적 지원이 필요했다. 만주에서의 '문호 개방'을 주장하는 미국 역시 러시아의 만주 독점 방침에 반대했다. 이런 상황을 이용해 일본은 영국과 동맹을 맺고, 미국의 지지를 얻어낸 것이다.

1904-1905년의 러일전쟁은 만주와 조선을 둘러싸고 벌어진 러시아와 일본의 충돌이었다. 만주를 장악하고 조선으로 남하하려던 러시아나 조선을 거쳐 만주를 공략하려던 일본 모두 전략적으로 양보할 수 없다고 판단했기 때문이다. 러일전쟁은 1904년 2월 8일 일본군이 현재의 중국 영토인 러시아의 해군기지 여순항을 기습공격함으로써 촉발됐다. 전쟁은 1905년 5월 러·일 간의 쓰시마 해전에서 세계 최강 수준의 러시아의

발틱 함대가 일본군에게 패함으로써 일본의 승리로 기울었다. 러일전쟁의 판세에서 약세를 느낀 러시아는 발틱 함대를 극동으로 보냈으나 영국이 이집트의 수에즈 운하를 열어주지 않아 어쩔 수 없이 아프리카 최남단 희망봉을 돌며 멀고 먼 항해를 하고 쓰시마로 들어서느라 기진맥진해진 발택 함대가 일본 해군의 공격을 당해내지 못한 것이다.

러일전쟁의 일본 승리는 미국과 영국, 일본 등 해양세력의 동맹관계를 바탕으로 한 군사전략과 일본에 대한 지원 때문이었다. 이 전쟁에서 일본의 전쟁비용 19억8천4백만 엔 중 12억엔을 미국과 영국이 제공했다. 러일전쟁은 러시아의 남하정책과 일본의 대륙정책, 대륙세력 러시아와 해양세력 미국·영국·일본의 충돌이었다.

미국은 1905년 9월 러일전쟁의 강화조약으로 조인된 포츠머스 조약을 주선했다. 핵심 내용은 일본의 조선에 대한 정치·경제·군사상의 우월권을 러시아가 인정하고 방해하지 않는다는 것이었다. 같은 해 10월 일본은 대한제국의 외교권을 찬탈했다. 루스벨트 미국 대통령은 전쟁 종결과 평화에 기여했다는 공로로 1906년 노벨평화상을 받았다.

일본의 조선 지배에 대한 미국의 이런 지원은 1882년 조미수호조약을 정면으로 위반한 것이었다. 조약에는 조선을 자주독립국가로 인정한다는 것과 조선에 국제문제가 발생했을 때 미국은 거중조정에 나선다는 대목이 들어있기 때문이다. 미국은 일본이 조선을 지배하려고 보호국화하려 했을 때 뿐만 아니라 식민지로 만들 때 거중조정은커녕 오히려 이를 도와주었다.

당시 조선은 강대국들 간의 이익 쟁탈로 인한 갈등과 충돌 과정에서 흥정의 대상이 된 희생물로 전락했으며 미국은 이를 거들었다. 그 결과 조선은 일본의 식민지가 되고 말았다. 조선을 둘러싼 강대국들의 각축 징후는 1885년 영국의 거문도 불법 점령 사건에서 이미 드러나고 있었다.

나. 영국과 러시아의 패권전쟁과 거문도 사건

　나폴레옹 전쟁을 치르면서 유럽에서는 전쟁 승리의 주역인 영국, 러시아, 프로이센, 오스트리아 등 4대 전승국들이 등장했다. 이와 함께 전쟁의 승리를 이끈 영국과 러시아의 패권 경쟁 구도가 형성됐다. 두 나라가 좁게는 중앙아시아와 인도, 넓게는 흑해 연안에서 극동을 아우르는 유라시아 전역의 패권을 두고 벌인 패권 전쟁이 그레이트 게임(The Great Game, 1813-1907)이다. 이 전쟁의 가장 큰 희생자가 바로 영국의 거문도 불법 점령을 당하고 끝내 일본의 식민지로 전락한 조선이었다. 한일합병으로 귀결되는 영일동맹, 러일전쟁 등이 영국과 러시아의 패권전쟁인 그레이트 게임의 일환으로 이루어진 것이었다.

　러시아는 중앙아시아로 내려와 인도양의 부동항을 확보하려고 했다. 세계 최강인 영국은 유럽 대륙에서 패권을 넘보는 국가의 출현을 막기 위해 러시아의 팽창을 필사적으로 막고 나섰다. 이로 인해 아프가니스탄이 영국과 러시아의 각축장이 됐다. 러시아는 1860년 베이징 조약으로 연해주를 차지한 뒤 조선을 거쳐 태평양 진출을 시도했다. 이후 러시아는 세계 도처에서 영국과 대립했다.

　대원군 집정 이후 수차례 수호통상을 요청해온 러시아는 조선이 구미제국에 문호를 개방하자 1884년 7월 조선과 통상조약을 체결했다. 이 해 갑신정변 후 청이 지나치게 간섭을 하고 나서자 조선 정부 내에 친러세력이 생겨났다. 영국의 지원을 받는 아프가니스탄과 러시아가 전투를 하게 되면서 조선에서의 양국 충돌 위기가 예상되는 상황이 벌어졌다.

　1883-85년 조선과 러시아 사이에 비밀협약이 맺어졌다. 협약 내용은 유사시 거문도를 러시아 해군의 석탄보급기지로 사용할 수 있도록 한다는 것이었다. 조·러 비밀협약이 일본 주재 영국 대사관의 보고로

전해지자 영국의 러시아에 대한 경계가 강화됐다.

1885년 러시아가 아프간 북쪽의 작은 오아시스 '판데'를 점령하자, 영국은 러시아가 아프간으로 진격하면 전쟁이 벌어진다고 경고하고 나섰다. 이와 함께 러시아의 영흥만 점령계획설이 나돌면서 영국은 러시아에 대한 공격책으로 거문도 점령 계획을 추진했다.

거문도는 대한해협의 문호인 전략적인 섬으로 한일 양국의 해상통로이자 러시아의 태평양 진출을 위한 요충지였다. 1885년 3월 1일 영국 동양함대사령관 W. M. 도웰 제독은 영국 동양함대 소속 군함 3척을 거느리고 일본 나가사키 항을 출발해 다음 날 거문도를 불법 점령했다. 러시아의 판데 점령 후 일주일만이었다. 영국군은 거문도를 해밀턴 항이라고 부르고 요새를 구축했다. 섬 안에 포대를 만들고 병영을 건설했으며, 섬 내에는 수뢰까지 부설했다. 주둔군의 숫자도 700-800명으로 증가했고, 군함 숫자도 10척까지 늘어났다. 영국군은 영국기를 게양하고 거문도를 요새로 만들었다.

문제는 영국 정부가 3월 3일 청국과 일본에 거문도 점령 사실을 통고했으나 조선 정부에 통고한 것은 이로부터 1개월이 넘게 지난 4월 6일이었다는 사실이다. 조선에 통고한 공식 이유는 "예측할 수 없는 변을 막고자 잠시 주둔한다는 것"이었다. 그러나 실제로는 러시아의 해군 기지 블라디보스톡 항을 공격하기 위한 전략이었다.

거문도를 조차할 계획이었던 영국은 조선이 아닌 청국에 3월 14일 거문도 협정안을 제시했다. 그러나 청국은 이 사건을 빙자해 러시아와 일본이 조선의 영토 점령을 요구하고 나섬으로써 국제분쟁으로 확산될 것을 우려했다. 청국은 영국의 거문조 조차안에 반대하면서 조선 정부에 이를 통고했다.

이에 조선 정부는 4월 3일 묄렌도르프와 정여창을 거문도에 보내 점령지 함대사령관에게 항의하고 영국과의 외교 교섭을 추진했다. 4월 6

일 영국 정부로부터 공식 통고를 받은 조선 조정 통리아문은 강력한 항의문을 청국 주재 영국 공사에 타전했다. 그러나 조선 정부는 사건 해결의 주체적인 역할을 담당하지 못하고, 청국과 영국, 러시아 3국의 상호교섭에 의존하는 처지였다.

영국은 서울 주재 총영사 W. G. 에스턴을 통해 협상을 제의했다. 영국이 거문도를 조차하겠다는 금액은 1년에 5,000파운드 이내로 하자는 것이었다. 4월 말 이후 아프간을 둘러싼 영·러 간의 긴장이 완화되고, 8월 2일 아프가니스탄 협정이 조인되자 영국은 거문도 점령의 명분을 잃게 됐다.

영국 외상 로즈베리는 1886년 3월 다른 나라들이 거문도를 점령하지 못하도록 하는 보장만 해주면 거문도에서 철수할 의사가 있다고 밝혔다. 청의 이홍장과 주청 러시아 공사 리디젠스키는 영국군이 거문도에서 철수한다면 러시아는 조선 영토를 침범하지 않겠다는 3개항의 합의문을 발표했다. 주청 영국 공사 웰샴은 11월 24일 청국 정부에, 당사국인 조선 정부에는 12월 23일에야 철수를 통고했다. 영국군이 거문도에서 완전히 철수한 것은 1887년 2월 5일로, 22개월만이었다.

1894년 청일전쟁에서 승리한 일본은 요동반도를 차지했으나 대륙세력인 불, 독, 러의 3국 간섭으로 반환할 수밖에 없었다. 이에 영국은 1902년 영일동맹을 맺었다. 핵심 내용은 일본이 러시아와 싸울 때 독일과 프랑스가 러시아를 지원하면 영국이 일본을 지원하겠다는 것이었다. 미국도 영국 편을 들기로 했다. 이에 일본이 마음 놓고 러시아를 선제공격함으로써 벌어진 것이 러일전쟁이었다.

러일전쟁은 일본 단독으로는 절대 이길 수 없는 싸움이었으나 영국의 전폭적인 지원으로 일본이 승리할 수 있었다. 영국은 큰 피해 없이 일본을 통해 러시아 해군력에 큰 타격을 가함으로써 러시아에 완승을 거둔 셈이었다. 부상하는 독일 제국 견제를 위해 영국과 러시아가 1907

년 상페테르부르크에서 협상을 맺게됨에 따라 영·러 간 그레이트 게임은 영국의 완전한 승리로 막을 내렸다.

영국과 러시아의 그레이트 게임은 끝났지만, 21세기 들어 또 다른 '그레이트 게임' 징후가 한반도를 둘러싸고 다시 나타나고 있다. 영국의 테레사 메이 총리가 2017년 '글로벌 브리튼 전략'을 발표하고, 영국이 인도, 태평양 진출에 본격적으로 나서면서 영국과 일본의 군사적 유대가 강화되고 있는 것이다. 영국은 이미 2016년 10월 일본과 한국에 영국왕립공군의 타이푼 전투기를 보내 군사훈련을 진행했다. 또한 영국은 2017년 중순 일본 해군과도 해상훈련을 마쳤다. 이미 영국은 한반도에서 군사훈련을 통해 일본과 손발을 맞춰본 셈이다.3) <AP통신>은 중국의 압박에 대한 우려가 커지자 영국과 일본이 군사적 유대 강화에 나선 것으로 해석했다. 양국은 1902-23년 러시아 견제 등을 위해 영일 동맹을 유지했던 이후 군사적으로 가장 가까워지고 있다는 평가도 나온다.4)

다. 친미파의 대두와 친일세력의 형성

미국 여론조사기관 퓨리서치센터가 조사한 '2022 글로벌 애티튜드 서베이'에 따르면 '미국에 호감을 갖고 있다'고 답변한 응답자는 89%로 한국은 아시아에서 최고이며, 세계에서는 폴란드(91%) 다음으로 나타났다. 미국의 오랜 동맹국인 이스라엘이나 일본도 미국 호감도는 각각 83%, 70%로 높은 편이지만, 한국의 폭발적 "아이 러브 아메리카"에는 미치지 못했다.5) 한국인들의 이런 친미화 현상은 조선 말기에 나

---

3) <월간조선> 2017년 12월 16일.

4) <중앙SUNDAY> 2023,년 1월 21일.

타나기 시작했다.

조선 내 친미파는 미국에서 외교사절을 지낸 이완용, 이상재, 박정양 등과 미국 유학생 출신의 윤치호, 이계필, 그리고 일본에 의해 권력에서 밀려난 민영환 등의 왕실세력들로 형성됐다. 이들은 주한 구미 외교사절과 선교사들이 만든 클럽에 드나들었다. 이 클럽의 위치가 정동이었기 때문에 정동구락부라고 불리었다.

1894년 일본은 청일 전쟁에서 승리해 랴오둥 반도를 차지하고 조선에서 세력을 넓혔다. 그러나 일제의 지나친 세력 확장을 염려한 러시아, 독일, 프랑스가 일제에 압력을 넣어 랴오둥 반도를 청나라에 반환시키는 삼국간섭이 벌어졌다. 이를 계기로 조선이 러시아를 이용해 조선을 보호국으로 만들려는 일제를 견제하고 나서자 일본 공사 미우라의 지시를 받은 낭인들이 1895년 10월 8일 민비를 시해한 사건인 을미사변이 발생했다.

민비가 살해되자 고종은 선교사 부인들이 만들어 준 음식으로 식사를 할 정도로 독살의 위협을 느꼈다. 고종이 을미사변 이후 일본군과 친일내각이 장악한 경복궁을 탈출해 러시아 공사관으로 옮겨 피신한 아관파천이 일어났다. 1896년 2월부터 1년 남짓 벌어진 아관파천은 친러수구파가 친일개화파 정권을 무너뜨린 정변으로 알려져 있으나, 독립협회를 주도한 친미파가 실직적인 주역이며, 새 정권의 핵심을 차지했다.

아관파천 이후 친미파가 권력을 장악하게 된 원인은 당시 러시아의 대한정책에서 비롯됐다. 러시아는 시베리아 철도가 완성될 때까지 조선 문제를 둘러싸고 일본과의 무력 충돌을 피하는 것을 기조로 삼고 있었다. 게다가 자본의 축적이 미약한 처지였기 때문에 경제적 이권 침탈

---

5) <한겨레신문> 2023년 5월 17일.

에 나설 형편이 못 되었다. 따라서 조선에 대한 일본의 이권 요구를 견제하면서 다른 열강에게 이권을 부여함으로써 그들의 환심을 사려고 한 것이었다. 그래서 조선의 내각 구성이 미국 선교사 알렌의 주도하에 친미파들로 이루어졌다. 이들은 독립협회를 만들고 「독립신문」을 창간했다.

이들은 당시 세계질서를 사회진화론에 입각해 생존경쟁, 적자생존의 원리가 지배하는 것으로 파악했다. 이런 제국주의 경쟁 구조에서 조선이 국권을 유지하기 위해 이들이 주장하고 나온 것이 보호중립론이었다. 여러 열강들이 조선에서 세력균형을 이루어 조선의 독립을 보장한다는 논리였다. 이런 보호중립을 가능하게 할 수 있는 방안으로 내세운 것이 바로 미국의 동아시아 정책인 문호개방과 기회균등의 보장이었다.

이런 논리가 관철되었을 때 가장 이득을 보는 나라는 미국이었다. 미국은 보호중립을 위한 문호개방이라는 명목으로 이권침탈의 선두주자가 될 수 있었다. 1895년 고종은 일본을 견제할 속셈으로 운산금광을 미국인들에게 허가하기에 이르렀다. 운산금광에서 조선 왕실이 얻는 수입은 25%에 불과했으며 미국인들은 엄청난 이윤을 챙겼다. 운산금광이 1938년 철수할 때까지 그들은 약 900만 돈의 금을 채굴했고 1,500만 달러의 순이익을 차지했다.6)

미국은 건국 당시부터 팽창주의적 본질을 갖고 있었으며, 태평양에 대한 지배권을 공고히 한 뒤 동아시아로 팽창적 진출을 개시했다. 이때까지만 해도 미국이 충분한 무력의 뒷받침이 없었던 상황이었기 때문에 영토 침략을 할 수 없었다. 그래서 미국은 문호개방을 표방하고 영토 보전과 기회균등을 내세우며 통상과 선교에 역점을 두었던 것이다.

---

6) 주진오, 앞의 책, 76-79쪽.

미국의 이런 본질을 간파하지 못한 조선의 지배층은 조선의 국권을 위협하는 청국, 일본, 러시아를 견제하기 위한 수단으로서 미국에 대한 특별한 배려를 베풀었다. 그러나 미국의 입장에서는 가쓰라·태프트 미·일 밀약에서 드러난 대로 조선은 미국의 팽창주의적 이익을 위한 흥정의 대상에 불과했다. 미국의 전체적인 이익, 즉 만주에서의 러시아 견제, 그리고 일본의 간섭을 받지 않고 필리핀을 확보하기 위해 조선을 일본이 지배하도록 넘겨주는 것이 자신들에게 어떤 불이익이 되지 않을 뿐만 아니라 오히려 보다 큰 이익이 된다고 본 것이다.

친미세력들은 이런 미국의 본질을 알지 못하고 미국의 충실한 협력자 역할을 했다. 가장 대표적인 예로 독립협회는 의식적이든 무의식적이든 미국의 좋은 이미지를 심는 데 노력하고, 그들의 경제적 침탈을 합리화하기도 했다. 급기야 친미세력들은 미국의 친일정책에 따라 자연스럽게 친일파로 변신했다. 이들 가운데 이완용이 가장 대표적인 인물이라 할 수 있다.

미국의 친일정책 방침은 조선에 있는 선교사들에게 그대로 전달됐다. 그들은 '정교분리(政敎分離)' 원칙을 내세워 한국인 신자들이 정치문제에 관심을 갖는 것을 막았다. 그들이 내세운 '비정치화'는 일제의 지배에 대한 순종을 의미했다.

이처럼 선교사들은 조선인들의 비정치화를 강조하면서 조선인 신자들의 정치활동을 탄압하고 교회에서 축출했다. 그러면서도 정작 그들 자신은 본국인 미국 언론에 대한 투고를 통해 일본의 통감부 정치를 찬양하는 정치적 행위를 벌였다. 미국인 선교사들의 이런 친일찬양의 정치적 행태에 분노를 느낀 조선인 신자들이 반발한 사건들이 터져 나왔다.

조선인 신자들이 미국인 선교사를 구타하거나 을사보호조약 반대운동을 전개하기도 했으며, 스티븐스의 살해, 이완용 살해 미수 등의 사건들이 일어났다. 이에 대해 미국인 선교사들은 그런 행위나 활동을 금

지시키는 한편 이와 관련된 조선인 신자들을 교회에서 축출했다. 이와 함께 선교사들이 가장 주력한 것은 한국인들의 신앙을 현실과 유리된 탈정치적인 것으로 전환시키는 일이었다.

그 대표적인 사례가 1907년의 '대부흥운동'이었다. 이를 통해 미국인 선교사들은 조선인들에게 죄의식과 용서, 사랑을 강조했다. 그들은 일제의 침략도 조선인의 죄 때문이므로, 일제에 대한 미움을 갖지 말고, 사랑으로서 용서하고 화해하라고 주장했다. 그리고 '합법적으로 확립된 권위에의 존경'을 권장하고, '새 지배자에 대한 복종'을 역설했다. 그러면서 미국인 선교사들은 교회 활동에 필요한 재정을 일제 통감부로부터 받기도 했으며, 교회 행사에 일제 고관들이 참석하여 축사를 하는 경우도 많을 정도로 일제와 밀착했다.

친미세력 가운데 일부는 미국의 친일정책에 앞장선 선교사들의 '배신' 행위에 분개하여 민족운동의 대열에 참여한 인물들도 있었다. 그러나 이들의 민족운동 방법론은 사회진화론에 입각한 개량주의적 실력양성론이었다. 따라서 일제에 대한 전면적인 독립 투쟁이 아닌 합법적 테두리 안에서의 언론, 학회, 교육, 식산 운동에 주력하였을 뿐이었다. 이들은 독립 투쟁을 국내외 정세에 어두운 자들이 벌이는 행위로서 오히려 조선의 민족운동을 위협한다고 비판했다.

그러나 일제는 이런 개량주의적인 소극적 활동마저도 용납하지 않았다. 특히 '무단정치'를 실시하던 일제는 기독교계를 불순한 '배일운동의 온상'이라고 지목하고, '105인 사건'을 조작하여 탄압했다. 사건 당시 미국인 선교사들은 아직도 남아있는 조선 기독교인들의 정치적 성향을 분쇄할 수 있는 좋은 기회라는 태도를 보였다. 사건 때문에 투옥됐다가 석방된 사람들은 민족운동에 대한 관심을 갖지 않겠다는 선언을 하기도 했다.

실력양성론자들은 3·1운동을 계기로 일제가 식민정책을 '무단정치'

에서 '문화정치'로 전환하면서 자신들의 불만 요인을 해소시켜 주자 그나마 갖고 있던 일본에 대한 반감을 벗어던지고 적극적인 친일활동을 전개하고 나섰다. 일제의 '문화정치'에 동화되어 민족개량주의자, 자치론자로 전환하는 양상을 보여주었다. 이들 친일세력은 1945년 이후에는 친미세력으로 등장했다.7) 조선 말기 형성된 이완용을 비롯한 친미파는 일제의 친일세력으로, 미군이 한반도에 진주한 해방정국에서는 다시 친미세력으로 변신한 것이다.

2. 미국과 신탁통치

가. 카이로선언과 신탁통치

일본은 1910년 조선을 공식적으로 합방한 이후 10여 년에 걸쳐 한반도를 일본 제국주의 구조 속에 체계적으로 통합시키는 작업에 착수했다. 그럼에도 불구하고 일본의 지배에 대한 저항은 계속됐다. 일제의 야만적인 탄압에도 불구하고 일본 제국주의에 항거하는 시위가 끊임없이 전개됐다. 그 대표적인 민족적 항거가 바로 3·1 독립운동이었다.

미국 정부는 이런 독립 투쟁과 같은 혁명적 행위에 관여하는 것을 회피하는 데 매우 충실했다. 3·1 독립운동이 범민족적으로 전개되던 1919년 4월 미국 국무성이 서울 주재 총영사에게 "민족주의자들이 그들의 계획(독립 운동)을 수행하는 데 미국이 협조한다는 어떠한 신념도 고무하지 않도록 극히 조심할 것"을 지시한 게 대표적인 사례다. 그럼

---

7) 주진오, 앞의 책, 81-86쪽.

에도 민족주의자들은 독립을 위해 외국의 지원을 받기 위한 노력을 기울였다.

제2차 세계 대전이 시작된 이후 해외 독립 운동 지도자들은 독립을 위해 미국의 지원을 확보하기 위한 노력을 강화했다. 전쟁의 발발과 거의 동시에 여러 독립운동 단체들은 미 국무성에 접근, 미국의 승인과 지원을 호소했다. 한국 임시 정부의 외무부장인 조소앙(趙素昻)은 여러 차례에 걸쳐 코델 헐(Cordell Hull) 국무 장관에게 미국이 무기대여법에 따라 임정에게도 무기를 원조해 줄 것을 요청했다. 그러나 미국은 이런 요청을 거부했다.

사회진화론에 따라 '조선은 일본의 지배를 받아야 된다'는 미국의 조선 인식은 한국에 대한 국제적 신탁 통치의 주장으로 이어졌다.[8] 1942년 2월 미 국무성의 극동국 소속 윌리엄 랭던(William R. Langdon)이 작성한 미국의 전시(戰時) 루스벨트 행정부의 한반도 정책에서 그런 인식이 분명하게 드러난다. 랭던은 한반도 문제에 관한 그의 주요 메모(memorandom)에서 "한국인의 절대 다수가 문맹 상태이며 가난할 뿐만 아니라 정치적 경험도 없고, 또 경제적으로 후진국이며 미개하다"고 보았다. 그의 조선에 대한 인식에서는 반만년의 유구한 역사와 찬란한 전통, 문화가 삭제됐다. 이런 그의 인식에 따라 그는 "한국이 근대 국가로 발전하기 위해서는 강대국들에 의해 보호, 지도, 원조를 받아야 할 것"이라고 평가했다. 랭던은 결론적으로 미 행정부가 중국과 소련의 협의를 거친 다음 한국에 대한 명백한 정책을 구상할 것을 건의했다.[9]

---

8) 브루스 커밍스는 미국의 신탁통치가 "전후 미국의 안보에 대한 우려를 고려하고, 식민지 지역들을 미국의 경제와 보호 아래 두게 하여 공산주의 및 반식민주의 혁명을 가두어 두려는 것"이라고 주장한다.

9) 제임스 I. 매트레이 지음, 구대열 옮김, 『한반도의 분단과 미국』, 을유문화사 (1989), 20-21쪽.

루스벨트 미국 대통령은 미국이 필리핀의 독립을 보장, 지원한 경험을 지적하며, 이것이 앞으로 아시아의 약소국들에 대한 미국의 정책에서 한 모델이 될 것이라고 말했다. 이런 미 행정부의 계획을 반영하듯 세계문제연구소는 1942년 12월 한반도 신탁 통치안을 건의하고 나섰다. 신탁 통치안에 대해 독립 운동가들은 즉각적으로 적대적인 반대의 반응을 나타냈다.

한국 임정과 이승만은 한국은 어떤 종류의 위임 통치 지위에도 저항할 것임을 선언했다. 김구는 한국의 정치 경험이 일본보다 장구하다고 주장하며 "한국은 절대적 독립을 확보할 것"이라고 다짐했다. 조소앙은 신탁통치가 "대서양 헌장의 정신과 일치하지 않으며 3천만 한국인의 의지에도 위배되고 더욱이 동아시아 평화를 위협할 것"이라고 미 행정부에 항의했다. 루스벨트는 1941년 8월 14일 영국 수상 윈스턴 처칠과 공동으로 발표한 대서양 헌장에서 천명된 민족자결주의 원칙이 전세계에 적용될 것이라고 선언했었다. 미 국무성은 이런 항의를 루스벨트에게 보고했다.

그럼에도 루스벨트 행정부는 1943년 한국의 신탁 통치를 위해 4개국 간의 합의를 끌어내는 데 전념했다. 헐 국무장관은 이 해 8월 제1차 퀘벡 회의에서 영국 지도자들에게 신탁 통치안이 훌륭한 것임을 납득시키는 데 모든 노력을 경주했다. 그러나 영국은 최종적으로 미국측의 안이 강조하는 '독립'에 동의할 수 없다고 선언하고 나섰다. 영국의 식민지 중 상당수가 때때로 독립을 요구하기도 했기 때문이다.

1943년 11월 23일부터 26일까지 열린 이집트 카이로 회담에서 한반도의 독립 문제가 논의됐다. 11월 23일 중·미 만찬회담에서 중국의 장개석은 한반도의 독립을 약속하는 성명을 즉각 발표할 것을 강력히 촉구했다. 루스벨트는 장개석이 전쟁이 종결된 다음 한반도를 군사적으로 점령하려 할 것이라고 의심했다.

루스벨트, 처칠, 장개석 등 3국의 수뇌들은 최종적으로 카이로 선언문에서 "조선 인민이 받아온 노예 대우를 고려하여 적절한 과정(in due course)을 거쳐 자유롭고 독립된 국가가 될 것"이라고 선언했다. 선언에서 비록 신탁 통치를 구체적으로 언급하지는 않았지만, 연합국들은 잠정 기간 동안 한반도에 신탁 통치와 같은 국제 감시를 실시할 의도를 내비친 것이었다. 브루스 커밍스는 이런 단서와 관련해 "식민지 국민들은 일정 기간의 국제적 지도 없이는 자신들의 문제를 처리할 수 있는 능력이 결여되어 있다는 식의 가부장적이고 점진주의적인 신탁 통치의 관념을 반영할 뿐이다"라고 논평했다.

논란과 파문을 일으킨 '적절한 과정'과 관련해, 11월 24일 홉킨스가 루스벨트의 지시를 받아 작성한 초안에서는 "일본 패망 후 가능한 가장 빠른 시기에 자유 독립 국가가 되어야 한다"고 되어 있었다. 23일 중·미 만찬회담에서 장개석이 주장한 "한국의 즉각적인 독립"이 반영된 것이었다. 이 초안을 24일 루즈벨트가 검토하는 과정에서 "일본 패망 후 '적절한 과정'"으로 수정하도록 한 것이다.

한국의 독립 운동가들은 카이로 선언에 불만을 나타내고 "적절한 과정을 거쳐서"라는 구절을 해명해 줄 것을 요청했다. 김구는 연합국들의 한반도 정책이 한반도에 대한 외부의 지배가 계속됨을 획책하고 있기 때문에 한국인들에게 모욕적이며 수치스러운 것이라고 비판했다. 그럼에도 미 국무성은 한반도의 점령과 통치를 위한 구체적인 계획을 마련하기 시작했다. 1944년 3월에는 극동지역에 관한 지역위원회가 한반도에서 미국의 정책 목표에 관한 3개의 정책 연구안을 제출했다.

첫 번째 연구안은 만약 소련이 태평양 전쟁에 참전하면 소련은 한반도의 상당 부분을 점령할 것이라고 예견했다. 두 번째 연구안은 미국, 영국, 중국 그리고 소련이 한반도에 대해 합법적인 이해관계를 갖고 있기 때문에 4국은 모두 한반도의 점령과 통치에 참여해야 한다고 건의하고 있다. 세 번째 연구안은 일본 요원들의 활용에 관한 것으로, 훗날 상당히 중요한 의미를 갖게 된다. 한반도 남쪽을 점령한 미군의 군정에서 조선총독부 출신의 일본인들의 활용이 현실로 나타났기 때문이다.

1944년 여름에 이르러 한반도의 신탁 통치에 대한 소련쪽의 구체적인 동의가 더욱 중요한 의제로 부각됐다. 이 해 7월 루스벨트 대통령은 맥아더 장군의 필리핀 침공과 일본에 대한 최종 공격 계획을 승인했다. 미국의 군부 지도자들은 루스벨트에게 소련이 태평양 전쟁에 참전하면 일본을 훨씬 빨리 패배시킬 수 있을 것이라고 설명했다.

1944년 10월 소련은 태평양 전쟁에의 참전을 바라는 미국에게 만족스러운 약속을 해 주었다. 소련이 독일을 패배시킨 후 3개월 이내에 일본에 선전 포고를 할 것이라고 미국에 통고해 온 것이다. 스탈린은 에브릴 해리먼 소련 주재 미국 대사에게 소련이 일본과의 전쟁에 참여한 대가로 어떤 양보를 기대할 수 있느냐고 물었다. 루스벨트는 결국 전쟁에서의 승리를 초기에, 그리고 작은 비용으로, 얻기 위해 가능한 빠른 시일 내에 소련이 태평양 전쟁에 참전하도록 해야 한다는 결론을 내렸다.10)

마침내 루스벨트는 1945년 2월 얄타에서 한반도에 대한 국제신탁통치가 바람직하다는 데 소련과 합의하고 이 해 12월 모스크바 3상회의에서 신탁통치의 구체적인 내용을 결정했다. 그 내용은 ⊿ 한반도에 조선민주주의 임시정부를 수립하며, ⊿ 이를 실현하기 위해 미소공동위원회를 설치한다는 것, ⊿ 공동위원회의 제안은 조선 임시정부와 타협한 뒤 미국·소련·영국·중국 정부에 제출해 최장 5개년 간의 4개국 조선 신탁통치에 관한 협정을 체결한다는 것 등이었다.

미국의 한반도에 대한 신탁통치 입장은 앞에서 언급한 대로 자국의

---

10) 제임스 I. 매트레이, 앞의 책, 30-41쪽.

이익을 위한 전략적인 고려에서 비롯됐다. 중국의 장개석이 카이로 미·중 만찬회담에서 '즉각적인 독립'을 주장했지만, 이는 전후 한반도에서의 친중 정부의 구성 및 이에 따른 중국 쪽의 영향력 확보라는 정책과 관련이 있는 것으로 보인다. 중국의 입장도 한반도의 독립을 돕기 위한 의도가 아니라 자국의 이익을 확보하는 데 맞추어져 있었다.11)

나. 미국의 한반도 점령과 3·8선

한반도는 제2차 세계대전 이후 프랭크 볼드윈(Frank Baldwin)에 따르면 독일과 유사하게 "해방된 국가라기보다는 냉전 전략과 안보에 대한 볼모"로 부각됐다.12) 1941-1950년의 기간 동안 트루먼과 그의 보좌관들은 한반도를 미국이 세계 문제에 대해 어느 정도 개입할 것인지를 측정하는 실마리로 보았다. 따라서 한반도는 전후 미국의 대외정책의 전환에 있어 중추적인 역할을 담당했다고 볼 수 있다.

미 행정부는 한반도에 대한 신탁통치 구상을 진행하면서 한반도 점령과 그 후 수립될 임시 행정부에 대한 구체적인 계획 작성에 들어갔다. 1944년 11월 루스벨트 대통령은 국무성·육군성·해군성 등 3 성(省)

---

11) 1942년 4월 이후 미국의 각종 언론 매체에서 한반도에 대한 신탁통치 구상이 보도되기 시작하자 한국임시정부 측에서는 적극적인 반대운동을 펼쳤다. 이 해 7월 26일 임시정부 요인들은 장개석과의 면담에서 "영국과 미국이 한국의 장래에 대하여 국제공동관리 방식을 채용하자고 주장하고 있는데 중국 측에서는 (즉각적인) 한국 독립 주장을 관철해 달라"고 요청했다. 그러나 장개석과 국민정부측에서는 이에 대한 별도의 대응방안을 마련한다거나 미국 측과 협의하는 등의 조처를 취하지 않았다. 배경한, 「카이로 회담에서의 한국문제와 장개석」, 『역사학보 제224집(2014, 12)』, 324-327쪽.

12) Frank Baldwin, "Introduction,"in Frank Baldwin, ed,. *Without Parallel: The American-Korean Relationship Since 1945*, p. 3.

위원회를 구성하고, 이듬 해 3월 한반도 점령 기간 동안 한국인의 취급 문제, 군정 내의 한국인 및 일본인 이용 방안, 일본인의 귀환 문제 등을 다룬 일련의 정책 연구안 작성을 완료했다. 루스벨트에 이은 해리 트루먼 대통령은 한반도 점령과 군정, 신탁통치 형식의 국제적 감독, 최종적으로 완전한 주권 회복 등 3단계의 목표를 세웠다.

소련군은 1945년 7월 23일 시베리아에 집결하고 있었으며, 미국은 대일전의 승리를 위해 소련의 참전이 필요하지 않다는 쪽으로 종래의 입장을 바꾸었다. 소련의 태평양 참전을 봉쇄하려는 트루먼의 전략에 따라 7월 26일 미국은 영국과 포츠담 선언을 발표했다. 선언은 일본이 즉각 항복하지 않으면 "신속히 그리고 철저히 파괴할 것"이라고 위협했다.

포츠담 선언 전 날인 7월 25일 마샬 미 육군참모총장은 맥아더에게 일본 상륙 준비를 갖추고 한반도의 점령을 그 다음 최우선 목표로 설정하라는 훈령을 보냈다. 이어 마샬은 존 헐(John E. Hull) 중장과의 대담에서 "소련이 한반도를 침공한다면 미국은 최소한 2개의 주요 항구를 지배할 수 있어야 한다"고 말하고, 북위 38도선 부근을 최소한의 정책 목표로 설정하자는 데 합의했다.

번스 미 국무장관은 포츠담 선언 이틀 후 포레스탈 해군장관에게 자신은 "소련이 들어오기 전에 일본 문제를 해결해야 한다는 점을 가장 심각히 우려한다"고 고백했다. 그는 일본이 점령했던 지역에 소련군이 진주하면 "그들을 몰아내는 것이 쉽지 않을 것"이라고 경고했다. 미국은 일본이 포츠담 선언에 별다른 반응을 보이지 않자 히로시마와 나가사키에 8월 6일과 9일 각각 원자폭탄을 투하하게 된다.

이 사이 소련은 일본에 선전포고를 단행하면서 포츠담 선언을 이행하고 나섰다. 이는 트루먼의 입장에서 소련의 스탈린이 미국 지도자들의 예상보다 일찍 대일전에 참전함으로써 한반도에 대한 미국의 일방적인 점령 전략의 달성이 좌절됐다는 점에서 비극이었다. 소련의 대일 선전포고는 미국이 더 이상 모든 것을 늦출 수 없음을 의미했다. 미 행정부는 소련의 단독 한반도 점령을 저지하기 위해 나섰다.

번스 국무장관은 국무성·육군성·해군성 3성 조정위원회에 대해 미국과 소련의 한반도 공동 점령 계획을 준비하도록 지시하면서 가능한 한 북쪽에서 한반도를 분할하는 안을 마련하도록 했다. 3성 조정위원회는 8월 10일 본스틸(C. H. Bonesteel) 3세 대령과 국무성의 딘 러스크(Dean Rusk)에게 미군이 가능한 한 북쪽으로 진출, 일본의 항복을 접수해야 한다면서 미국의 능력을 고려하여 한반도의 분계선을 찾으라고 지시했다. 본스틸과 러스크는 38도선이 적합한 분계선이라고 결정했으며, 3성 조정위원회는 이 조항을 '일반 명령 1호'의 예비 초안에 포함시켰다.

트루먼과 그의 보좌관들은 스탈린이 한반도를 지배하게 되면 소련은 중국에서 장개석의 위치를 손상시키고 일본의 안보를 위태롭게 할 수 있다고 믿었다. 따라서 일본이 항복할 때 한반도의 일부를 점령하는 것이 미국의 아시아 전략에서 매우 중요한 것이었다. 스탈린은 신탁통치에 대한 약속을 지킨 것처럼 일본의 항복 접수를 위한 조건들을 신속하게 승인하는 데 미국과 협조했다.[13] 스탈린은 일본의 장래를 결정하는 데 있어 미국과 동등한 발언권을 얻기 위해 트루먼과의 우호적인 관계 유지를 모색했다.

한반도 점령을 위한 상륙 작전은 애초 스틸웰의 10군(軍)이 수행하기로 돼 있었다. 그러나 트루먼 대통령이 군부 지도자들에게 한반도 상륙 작전을 예정보다 앞당기라고 명령함에 따라 합참 본부는 존 하지(John R. Hodge) 중장의 지휘 아래 오키나와에 주둔하고 있던 24군단에게 상

---

13) 제임스 I. 매트레이, 앞의 책, 48-67쪽.

류 작전 지시를 내리게 됐다. 즉각적으로 활용할 수 있고, 신속하게 행동해야 할 필요성이 점령군 선정의 중요한 기준이었기 때문이다.

1945년 9월 7일 맥아더 일본군 점령군 사령관은 한반도의 38도선 이남 지역에 미 군정의 수립을 공식 선언했다. 다음 날 하지 장군과 그의 24군단이 남한에 상륙했다. 이 때가 되어도 미 행정부는 한반도 점령을 위한 세부 지침서를 완료하지 못하고 있었다. 워싱턴 당국이 하지에게 한반도에 대한 최종보고서를 보낸 것은 이로부터 9개월 후였다.

하지 중장은 본국 정부의 도움을 거의 받지 못했다. 게다가 인력의 뒷받침도 없었다. 하지 사령부에 배속된 일급 보좌관인 아치볼드 아놀드는 웨스트포인트 시절 미식 축구 선수로 이름을 날린 장군이었다. 그와 함께 상륙했던 부대에 민정전문가들도 없었다. 겨우 10월 20일이 되어서야 처음으로 일단의 민정담당 부대들이 도착했지만, 그들은 주로 필리핀 상륙을 목표로 전투훈련을 받았던 사람들이었다.14)

미국이 장기적인 계획이 아니라 편의주의와 상식에 의존해 남한 문제에 대응함에 따라 남한에 온 미국 관리들은 처음부터 명확하지 못하고 우유부단한 일면을 그대로 드러냈다. 미 군정의 한 관리는 미국의 남한 점령을 "시행 착오"라고 불렀다. 워싱턴의 처방들은 정치적 혼란을 오히려 조장하는 결과가 됐다.

미국과 소련의 분할점령으로 한반도가 분단되자 1945년 9월 말에는 3·8선 철폐운동이 벌어졌다. 중도적 민족주의자인 안재홍은 맥아더 사령관에게 3·8선을 즉각 철폐할 것을 요구하는 건의문을 제출했다. 또한 10월 10일에는 좌우 각 정당사회단체들이 3·8선의 즉각 철폐와 남북 분단의 조속한 종식을 요구하는 성명서를 발표했다. 당시에는 하루에

---

14) 그레고리 헨더슨 지음, 이종삼·박행웅 옮김, 『소용돌이의 한국정치(2013)』, 한울. 244쪽.

도 수천 명이 3·8선을 넘어 오가는 상황이었는데, 그들로서는 왜 외국인들이 통행을 제한하는지 이해할 수 없는 일이었다.

3·8선의 철폐와 자주 독립에의 요구가 높아지고 있는 상황에서 1945년 10월 20일 미 국무성의 극동국장인 빈센트가 한반도에 신탁통치를 실시할지 모른다고 발언한 게 언론에 보도됐다. 이 보도는 충격적인 파문을 일으켰다. 즉각 3·8선을 철폐하고 자주 독립을 쟁취해야 한다는 여론이 거세게 일어났다.

이런 상황에서 11월 23일 중국에서 실로 오랜만에 고향 땅으로 돌아온 김구 주석과 김규식 부주석 등 대한민국 임시정부 요인들은 "완전 독립을 위해 힘을 합치자. 전국 동포는 단결하여 독립을 하루속히 앞당기자. 조선의 분리는 받아들일 수 없다"는 입장을 강력하게 표명했다. 김구를 비롯한 임정세력은 이어 12월 27일 「3천만 동포에게 고함」의 성명을 통해 친일분자들이 통일을 방해하고 있다며 이들의 숙청을 주장했다. 그러나 3·8선의 철폐가 이 정도의 요구로 이루어질 수 없는 게 당시의 엄혹한 현실이었다.

1945년 미국과 소련의 한반도 분할점령은 제2차 세계대전이 낳은 가장 불행한 유산이었다. 미·소 양국의 지도자들은 한반도가 국가 발전의 모델로서 각각 자국을 선택하도록 추구했으며, 이에 따라 한반도에 자국의 정치, 경제, 사회 체제를 이식시키려고 이념 경쟁을 벌였다. 그 결과 한반도는 두 개의 나라로 갈라져 냉전의 대결장이 돼 버렸다. 일본의 지배로부터 벗어난 해방의 대가가 분단이었으며, '냉전의 포로'의 시대가 시작된 것은 한민족의 비극, 불행이 아닐 수 없다.

다. 미 군정의 친일세력 지원과 극우화

존 하지 점령군 사령관은 한반도에서 당면한 복잡한 도전을 효과적으로 처리할 수 있는 훈련과 경험이 부족한 인물이었다. 강인하면서도 부드러운 군인으로 레이트, 부겐빌, 오키나와에서 혁혁한 전공을 세운 하지는 정치와 행정을 이해하지 못하는 것을 오히려 자랑스럽게 여겼다. 그는 영어를 할 수 있으며 미국 선교사들과 유대가 있는 한국인들에게 의존해 이들로부터 정보와 자문을 받으려 했다. 그 결과 미 군정은 발족 직후부터 "통역관 정부"라는 비아냥의 별명을 갖게 됐다.

하지는 첫 기자회견에서 미군 요원이 부족하기 때문에 일본인 행정 요인들을 일시적으로 이용할 필요가 있다고 언명함에 따라 한국인들의 즉각적이고 거센 반발을 불러일으켰다. 이에 딘 애치슨 미 국무차관은 정책 성명을 통해 일본인들의 사용은 단지 잠정적이며, 한반도의 독립을 성취하기 위해서는 "시간과 인내"가 필요하다는 점을 강조한다고 말했다. 9월 18일 트루먼도 애치슨의 의견을 요약한 성명을 통해 주요 직책에 고용된 일본인 관리들은 전적으로 "한국인들을 위한 하인"으로 봉사할 것이라고 약속하기에 이르렀다.

8·15 이후 좌우익 나아가서는 수십 개의 정당으로 정치세력이 갈라져 통합 노력이 매우 복잡한 상황이었다. 그러나 당시의 시대적 요청이었던 통일민족국가의 수립을 지향하기 위해서는 좌우익의 합작을 통한 통합 노력이 절대적인 과제로서 결코 멈출 수는 없는 일이었다. 정치세력의 통합을 위해 1945년 10월 25일 서울 천도교 강당에서 남한의 각 정당 대표자회의가 열렸다.

회의에는 이승만을 비롯해 조선공산당 책임비서 박헌영, 건국동맹 여운형, 한국민주당 송진우, 국민당 안재홍 등이 참석했다. 그러나 통합 노력은 좌절됐다. 좌절의 요인은 겉으로는 이념의 대립이었지만, 실제로는 친일파 숙청문제를 둘러싼 싸움 때문이었다. 이후 좌우 합작 노력 끝에 1946년 10월 7일 「합작 7원칙」이 마련됐으나 친일파의 한국민주당이 원칙의 수락을 거부함에 따라 실패로 끝나고 말았다.

미국은 1945년 9월 9일 맥아더 사령부 포고 1호로 대한민국 임시정부의 법통이나 미군 진주이전에 여운형 등 건준(建準) 세력이 새운 '조선인민공화국'을 부인하고, 남한에는 오직 미 군정만이 있음을 선언했다. 미국은 9월 20일 군정청을 설립하고 일본 제국주의의 식민지 통치 기관이었던 조선 총독부 기구를 그대로 계승했다. 10월 2일에는 군정법령 제21호를 공포해 일제의 법률도 그대로 시행토록 했다. 이 법률에는 일본이 탄압을 목적으로 만든 신문지법과 보안법 등도 포함됐다.

미 군정은 일제 총독 당시의 경찰간부, 법조계, 교육계 인사들을 그대로 유지했다. 일본 기록에 의하면 미 군정 하의 직원 80% 가까이가 한국민주당 계열의 사람들이었다. 한민당은 미 군정과 결탁해 군정 고문직을 맡거나 경무국장·학무국장 등의 요직을 차지했다. 한민당은 사실상 미 군정의 여당 구실을 했다.15)

1945년 10월 초 미 군정장관 아치볼드 아놀드(Archibald V. Arnold) 소장은 친일파인 김성수를 의장으로 한 11명의 한국인 인사로 구성된 '고문 회의'의 임명을 발표했다. 하지는 널리 알려진 친일 인물들을 위원으로 임명함으로써 이 기구가 남한 전역에서 증오와 불신의 대상이 되도록 한 결과를 낳았다. 그럼에도 그는 이 위원회가 여운형의 인기를 끌어내리고 '보수계'의 주도 아래 한국의 독립 자치 정부 수립을 고양할 것으로 굳게 믿었다. 이들 한국인 지도자들은 민주적 원칙이라는 문제에 관심을 갖기보다는 자신들의 특권 획득과 정치적 지위 향상에 몰두하는 현상을 보여 주었다.

미 군정은 비슷한 시기 치안유지를 위해 미 점령군을 지원하는 '국립민간경찰대'를 조직했다. 이 경찰대에는 일제 총독부에서 활동한 인물들이 상당수 포함됐다. 이들은 극우세력과 밀접한 관계를 맺고 일제 잔

---

15) 송건호, 『분단과 민족』, 지식산업사(1986년), 197쪽.

재의 청산을 바라는 민족자주세력에 대해서는 노골적으로 적대적인 태도를 취했다. 이들 남한 경찰의 상당수가 과거 일제 총독부를 도와 지하 독립운동을 탄압하는 데 앞장섰음을 고려한다면, 독립운동가들이 정권을 잡을 경우 보복을 두려워했다는 것은 너무나 당연한 일이었을 것이다.

이어 미 군정의 하지는 1946년 '민족청년단'을 조직했다. 군대 창설 때 인력 수급을 위한 목적이었다. 이 조직의 책임자는 독일 예나 대학 출신으로 히틀러의 나치 청년대의 공공연한 숭배자인 안호상이었다. 미군은 이들에게 장비를 제공하고 고문 역할을 해주었다. 안호상은 반공 정치 교육 계획을 개발하고 철저한 기율을 세웠다. 이 조직은 극우화하는 우익 단체들의 든든한 지원세력 역할을 했다.

그 결과 1946년 여름이 되자 좌익계와 우익계를 대표하는 청년단체들의 대규모 게릴라전과 테러 행위가 남한 전역에서 벌어졌다. 하지는 1946년 10월 대구 폭동 사태 이후 경찰과 우익 청년 단체들에게 공산주의자들을 징벌하도록 허용했다. 경찰은 좌익의 반대를 분쇄한다는 명목으로 수사와 처벌 권한을 지나치게 악용해 수시로 테러와 고문을 행사했다. 우익의 잔인한 탄압이 좌익의 보복을 가져오고 이는 또 다른 야만적인 탄압으로 이어져 폭력의 악순환이 벌어졌다. 하지의 조치는 안정보다는 폭력과 불안의 불씨를 제공한 셈이었다. 그러나 하지의 관점에서는 미 점령 지역 내의 보수 정치 인사들이야말로 소련의 팽창 야심을 저지할 수 있는 유일한 장벽이었다.

5월 말 미국의 3성 조정위원회는 제한된 수준의 대의정부 수립을 목표로 남한에서의 입법의원 선거를 승인했다. 하지는 입법의원 계획을 발표하면서 미국은 신탁통치를 위한 모스크바 협정을 준수한다는 점을 재천명했다. 그러나 남한에서의 폭력과 파괴의 혼란은 입법의원 선거를 어렵게 만들고 있었다. 이로 인해 상당수의 한국 정치지도자들이 숨어 있는 상황이었다. 그럼에도 미 군정은 10월 13일 5일 이내에 선거를 실시한다고 공고하고, 10월 17일부터 22일 사이 선거를 실시했다. 그 결과는 보수계의 압도적인 승리였다. 친일 인사들이 상당수 당선됐으며, 45명의 입법의원 중 14명만이 극우 계열에 속하지 않았다.

미 군정이 초기에 극우 보수파들을 지원한 결과 이들 극우세력은 남한 경찰은 물론 민족 청년 운동을 지배하기에 이르렀다. 남한 경찰과 민족청년단은 미군이 훈련시키고 장비를 지원해 주었다. 민족 청년 운동은 그 규모가 약 3만 명에 달했으며, 특징은 극우적 민족주의와 엄격한 기율이었다. 민족 청년 운동은 정치적 선동의 전위대로 활약했다. 이들의 활약은 1947년 초 이승만의 "앞잡이"들이 미국을 당황하도록 만들기 위해 폭력과 방해 공작을 조직하고 있다고 랭던이 보고할 정도였다.

하지는 이승만에게 극우 보수파들이 미군 사령관을 협박하거나 불법적으로 정권 탈취를 시도하는 것을 허용해서는 안 될 것이라고 단호하게 경고했다. 이승만은 미국으로 건너가 번스 미 국무장관과의 회담을 시도하다 거절당하자, 트루먼 정부가 유화 정책의 길을 가고 있으며, 신탁통치에 대한 지지로 한국을 분단시키고 있다고 비난하기 시작했다. 하지가 12월 21일 이승만에게 그가 주도하는 민주회의는 "군정과 관련된 공식적인 고문기관으로서의 자격을 갖고 있지 않기 때문에 해산할 것"을 요구했다. 이승만은 남한만의 즉각적인 독립과 민족 자결권을 요구하며 이에 응하지 않으면 "미국이 그의 세력과의 협조 없이는 아무것도 할 수 없다는 것"을 보여주기 위해 자기 세력에게 폭력 행위, 연좌 시위를 감행하라고 명령했다. 하지는 자신의 권위에 대한 이승만의 맹렬한 도전을 받자 워싱턴에 지원을 요청하면서 "이승만의 잠재력을 간과할 수 없다"는 경고를 덧붙였다.16)

마침내 이승만은 남한만의 단독 임시 정부 수립을 위한 분리 선거를 주장하고 나섰다. 1947년 4월 6일 이승만을 주석으로 한 단독정부 수립의 보도에 김구 등 각계 인사들은 경악했다. 이들은 단독정부론(單獨政府論)을 반대하며 맹렬하게 비판했다. <조선일보>도 "남조선 단독정부를 수립하는 것이 조선의 영구 불행인 것쯤은 아동주졸(兒童走卒)도 다 아는 알"이라고 비난했다. 유엔 임시 위원단은 단독선거가 한반도 분단을 경화시킬 것이며, 피비린내 나는 내전에의 길을 여는 것이라고 결론을 내렸다.

그럼에도 이승만은 6월 3일 정읍에서 그의 단정계획을 발표하고, 이어 5일 이리에서도 단정문제를 거론했다. 미국은 이승만과 한민당의 집요한 공작으로 남쪽 지역만의 지배권을 우선 확보하는 것이 현실적인 선택이라는 쪽으로 가닥을 잡았다. 소련도 세력균형의 원칙에서 북쪽 지역을 자신의 영향권에 두려고 했다. 미국은 1947년 9월 17일 유엔 사무총장에게 한반도의 독립 문제를 의제로 상정해 줄 것을 요청했다. 미 군정은 5·10 선거가 한반도를 영구히 두 동강 내는 분단의 획책이라며 단독선거를 거부하는 격렬한 움직임에도 불구하고 이를 계획대로 추진했다.

1947년 11월 14일 유엔 총회가 미국 쪽 결의안을 통과시키자 이승만은 총선을 위한 캠페인에 박차를 가했다. 문제는 부정선거의 움직임이었다. 이승만이 진정한 자유 선거가 실시되면 패배할지도 모른다고 우려한 나머지 선거의 승리를 조작하기 위해 경찰과 우익 청년단체에 의존하려고 한 것이다.

하지의 정치고문인 제이콥스는 극우 보수 진영이 부정선거를 원하고 있으며, 이 때문에 국제감시단을 반대한다고 워싱턴에 전문으로 보고했다. 그는 보수 진영이 테러나 협박을 동원함으로써 "이승만은 반동,

---

16) 제임스 I. 매트레이, 앞의 책, 112-125쪽.

친일, 파시스트라는 소련의 비난이 쉽사리 타당성을 갖게 만들었다"고 결론지었다. 정치고문 랭던도 남한의 혼란은 이승만과 극우 진영의 책임이라고 비난했다. 중도 온건 계열의 지도자들이 미 군정청 관리들에게 보수 계열의 정치적 협박을 저지해 주도록 요청했으나 군정청은 극우 보수 계열을 억제할 수 있는 능력이 거의 없었다.

5·10 선거가 실시됐지만, '피투성이의 5·10 총선거'라는 말이 나올 정도로 상처 투성이의 선거였다. 극우 보수 진영은 5·10 선거의 후보 명단부터 지배하기 시작했다. 협박과 구타, 강도, 투옥 등이 날마다 다반사로 일어났다. 선거가 있기 전 1주일 동안 경찰관 32명을 포함해 300명 이상이 살해됐다. 이런 선거 결과로 제헌국회가 구성되고, 7월 20일 이승만이 대한민국 초대 대통령으로 선출됐다. 이어 1948년 8월 15일 대한민국 수립이 선포됐다.

라. 미군 철수와 전쟁의 잉태

철군을 하게 된 미국은 한국 정계의 반공 세력에 대해 그 세력의 성격이 어떤 것이든 가리지 않고 지지했다. 유엔감시 하의 총선거에서 중도파와 공산주의자들은 배제됐으며, 현실정치를 지탱하는 세력은 우파밖에 남아있지 않았다. 미 국무부는 이승만과 우파를 그들이 지지하는 남한 유일의 세력으로 선택하는 결단을 내린 것이다. 미국의 철군정책은 1948년 9월 15일부터 1949년 6월 29일까지 계속됐다.[17]

1947년 11월 4일 유엔의 정치위원회는 한국에서 임시정부 수립 후 90일 이내에 미·소 양군의 철수를 규정하는 미국의 한반도 제안을 승

---

17) 그레고리 헨더슨 지음, 이종삼·박행웅 옮김, 『소용돌이의 한국정치』, 한울 (2013), 289쪽.

인했다. 1948년 9월 북한 수상으로 선출된 김일성의 요청에 따라 소련은 1948년 말 이전에 소련군을 북한 지역으로부터 철수할 것을 선언하고, 미국도 소련의 예에 따를 것을 종용했다. 미국의 전략은 경제적으로 강력하고 정치적으로 안정된 남한의 정립을 통해 미국이 안전하게 철수하면서 한반도 전체를 소련의 지배 아래로 넘기지 않는다는 것이었다.

불길한 징조는 한반도의 남북 정부 모두 상대방을 파멸시키겠다는 공약을 내걸고 나섰다는 점이다. 미국과 소련이 철수한 후 무력에 의한 통일을 목적으로 한 내전이 일어날 것은 거의 확실해 보였다. 존 무초 주한 미국 대사는 1949년 북한의 남침이 예상된다며 미군의 철군을 지연하고, 한국에게 경제발전과 정치적 안정을 위한 "유예기간"을 주어야 한다고 건의했다. 중국의 국민당 정부는 미국이 언젠가는 한국을 소련의 지배 아래로 포기할 것이라고 계속 경고했다.

이승만은 1948년 11월 미국으로부터 철군 연기를 얻어내기 위해 열정적으로 나섰다. 그는 트루먼에게 사신을 보내 미국이 철군 계획을 연기할 것을 정식으로 요청했다. 맥아더에게도 서한을 통해 탱크, 순시선, 전투기 등의 공급으로 공산주의와 투쟁하고 있는 한국을 지원해 줄 것을 호소했다.

트루먼과 그의 보좌관들은 딜레마에 직면하게 됐다. 미국으로서는 철군을 해야 할 이유가 존재하지만, 철군 이후 한국 정부가 붕괴될 것을 우려하지 않을 수 없었다. 유엔이 한국 문제에 행동을 취하지 않는 이상 1949년 1월 15일까지로 예정된 완전 철군은 비현실적이었다. 미 행정부는 맥아더에게 철군 중지를 지시하고, 유엔이 철군을 요청할 때까지 남한에 1개 전투 여단을 유지하기로 결정했다.

트루먼은 1948년의 세계 정세로 볼 때 미국의 상비 병력의 규모와 방위 예산을 삭감할 가능성이 있는 상황이라고 확신했다. 그는 여러 국방 관리들의 충고에도 불구하고 군사력을 강화하기보다는 미 동맹국들에 대한 재정원조를 늘려주는 데 더 높은 우선권을 주어야 한다고 믿었다. 트루먼의 소련 팽창주의 저지 전략은 각국의 자체 방어 능력을 강조하는 것이었다.

미 행정부는 서유럽과 일본 이외의 지역에서는 무조건한 군사적 보호를 보장하지 않으면서 그런 전략적 목표가 달성되기를 희망했다. 한국은 미국의 안보에 중요하지만 필수적이지는 않은 지역으로서 소련의 도전에 대응하기 위해 군사적 수단보다는 경제적 수단에 의존하려는 트루먼의 전략이 중요하게 적용되는 대상이었다. 미국 지도자들은 한국에 대한 경제원조 협정을 구상하면서 한국의 생존에 대해 무조건한 군사적 보장을 공약하는 행위는 고의로 회피하려고 한 것이다.

트루먼 행정부는 1948년 12월 11일 한국 정부와 경제원조 일괄안에 관한 협상을 마무리했다고 발표했다. 한국에 경제원조를 제공한다는 미국의 공약은 한국에게 큰 충격적인 반향을 불러일으켰다. 이승만 정부의 관리들이 자신감을 과시하면서 수많은 호전적인 공개 성명을 거침없이 발표하고 나선 것이다. 이 해 12월 18일 장택상 외무장관이 "북한은 실지(失地)"이며 한국은 빠른 시일에 어떠한 희생을 치르더라도 이를 회복할 계획이라고 말한 게 대표적인 사례다. 그는 공산주의자들이 북한 주민들의 통일 열망을 저지한다면, 한국이 군사적 정복을 통해 38선의 인위적 분단을 제거할 것이라고 선언했다.[18]

존 무초(John J. Muccio) 주한 미국 대사와 존 쿨터 사령관은 성명에 경악했다. 무초 대사는 곧바로 이승만 대통령을 만나 장택상의 성명은 호전적이며 지나치게 도전적이라고 공박했다. 무초는 이런 성명들은 무분별한 것일 뿐만 아니라 평화적 수단에 의해서만 통일을 추구한다

---

18) <뉴욕타임스> 1948년 12월 19일치, 재인용.

는 미국의 정책에도 반하는 것이라고 책망했다.

그러나 말로만 그치는 미국의 항의가 한국이 북한 침공을 개시할만한 충분한 힘을 갖추면 곧 무력에 의한 침공을 시도하려는 이승만의 야심을 저지할 수는 없는 일이었다. 쿨터 미군 사령관은 이런 위험을 감지하고, 한국군의 공격 능력을 제한하려 했으며, 이로써 남한이 38선을 넘어 북으로 침공할 가능성과 기회를 최소한으로 줄이려고 했다.

미국의 항의에도 불구하고 이승만은 대규모 전투기와 해안 경비정, 그리고 6개월 동안의 운용, 유지에 필요한 부속품을 요청했다. 쿨터 사령관은 조금도 주저하지 않고 항공기의 공급은 승인하지 말 것을 워싱턴에 건의했다. 미국은 어떠한 상황에서도 한국이 북한을 대상으로 공격을 취할만한 충분한 군사력을 제공하지 않는다는 입장이었다.

미국은 딜레마에 직면했다. 북한이 강력한 군대를 무장시키고 훈련을 하는 상황에서 한국의 생존을 보장하기 위해 한국에 충분한 군사력을 제공하려고 했다. 그러나 미국이 한반도에서 군대를 철수시킨 후에는 이승만의 무력 통일 시도를 정지시킬 수 있는 수단이 아무 것도 없게 된다는 것을 우려하지 않을 수 없었다.

그럼에도 트루먼 행정부는 가능한 한 빠른 시일 안에 군사적 철군을 단행한다는 목표를 변경하지 않았다. 미국이 남한 점령을 계속한다면 한국은 국제적으로 광범위한 외교적·도덕적 지지를 획득하기 어려울 뿐만 아니라 자위력의 유지에 필요한 자신감을 발전시키지 못할 것이기 때문이었다. 미국 지도자들은 이승만 정부가 심각한 취약성을 갖고 있음에도 불구하고, 언젠가는 미국의 무제한의 공약 없이도 북한 공산정권과 동등한 조건 아래 경쟁할 수 있게 되기를 희망했다.

미국은 1948년 12월 12일 유엔 총회에서 "결의안 채택 후 90일 이내에 외국 군대를 철수한다"는 부분을 "현실적으로 빠른 시일 내"로 수정한 결의안을 통과시켰다. 이에 소련은 북한으로부터의 소련군 철수를 1948년 12월 30일 완료했음을 선언하고, 미국도 유엔 결의안을 이행할 것을 촉구했다. 이에 맥아더는 1949년 1월 19일 워싱턴에 보고한 전문에서 주한 미군의 철수를 한국 총선의 1주년인 1949년 5월 30일 이내에 완료할 것을 건의했다.

맥아더는 한국 정부의 "독재적 성향"과 경제 상황을 향상시킬 수 있는 능력이 전적으로 결여되었다는 사실 때문에 한국의 장기적 안정의 가능성이 빈약하다고 평가했다. 그는 특히 "한국의 안보에 심각한 위협이 되는 사태가 일어날 경우, 전략적·군사적 관점에서 군사적 지원을 적극 강화해야 한다는 주장은 마땅히 포기해야 될 것"이라고 지적하고, 한국에 대한 군사적 보호와 보장에 강력 반대했다. 미 행정부는 맥아더의 건의를 물리치고 철군을 연기했지만, 미국은 "경제 및 군사 원조"만을 제공해야 한다는 맥아더의 판단에는 동의했다.

이승만은 1949년 2월 18일 이북 5도의 지사를 임명하고, 북으로의 침공이 임박했음을 내비쳤다. 이어 조병옥 특사를 미국에 보내 많은 군사 원조를 요청했다. 에베레트 드럼라이트 주한 대리대사는 한국의 군사력 증강을 강력히 반대하면서 이승만이 무력통일을 추구한다고 경고했다. 이승만의 강압적 전술은 딘 애치슨 미 국무장관에게 결정적으로 부정적인 영향을 끼쳤다. 미국은 5월 9일 무초 대사에게 보낸 전문에서 한국에 대한 추가 군사 원조는 "절대로 고려할 수 없다"고 통고했다.

미국은 예정대로 철군을 완료하기로 결심하고, 5월 말까지 주한 미군의 무기, 탄약, 통신 장비, 차량 등을 한국 경비대에 인계했다. 임병직 외무장관은 한국은 이제 "3일 이내에 북한을 정복할 수 있는" 충분한 무기를 보유하고 있다고 선언했다. 1949년 6월 29일 미국은 마지막 남아있던 전투 부대를 한국으로부터 철수시킴으로써 3년 이상 지속돼 온 한국 점령을 종결지었다.

이승만의 입장에서는 미국의 대한 군사 원조의 증액은 당연한 것이었다. 워싱턴에 있는 조병옥 특사를 통해 경비대를 10만명으로 확충하는 데 충분한 군사 장비를 요청했다. 그러나 이승만의 호전성은 악영향을 불러일으켜 미 행정부가 한국에 대한 군사 원조를 제한하기로 결심하게 만들었다. 미 행정부의 결심에는 남북 간의 국경 분쟁이 38선 북쪽에 한국이 철책물을 구축함으로써 야기된 것이라는 미 군사고문단장 로버츠 장군의 보고가 영향을 미쳤다. 로버츠 장군은 한국군이 북으로 침공을 감행할 경우 "미 군사고문단은 모두 철수할 것이며, 경제 협력과 원조도 중단될 것"이라고 경고했다.

로버츠는 한국 경비대에 불만이 있었다. 경비대 장교 중 상당수가 정치적으로 임명됐으며, 이들은 군사적인 전문성은 갖추지 않았으면서도 행사나 좋아하고, 지위와 위신에만 관심이 있다는 것이었다. 게다가 이들 장교들이 미군의 충고에 별로 귀를 기울이지 않는다는 것이었다. 이런 상황에서 한국이 군사 장비 요청을 하자 이를 반대한 것이다. 그는 원조 요청을 받아들인다고 해서 한국의 안전이 보장되는 것이 아니며, 오히려 "한국군의 북침을 고무할 것"이라고 반대 이유를 들었다. 이승만이 1949년 11월 3일 무초 대사에게 "한국은 필요하다면 무력으로 투쟁하여 통일을 달성할 준비가 되어 있다"고 말하는 등 끊임없이 미국을 불안 속으로 몰아넣었다.

1950년 1월 20일 애치슨 미 국무장관은 전국신문협회에서 행한 '아시아에서의 위기'라는 연설에서 태평양에서의 미국 방위선을 발표했다. 그 내용은 스탈린과 마오쩌둥의 영토적 야심을 저지하기 위해 미국의 극동 방위선을 알류샨 열도-일본-오키나와-필리핀을 잇는 선으로 정하며, 타이완, 한국, 인도차이나 반도와 인도네시아 등은 이 방위선에 포함되지 않고 그들 지역들은 국제연합(UN)의 보호에 의존해야 한다는 것이었다. 이 발표로 애치슨은 미국 공화당으로부터 비난을 받았고, 일부 학자들은 미국의 극동 방위선에서 한국을 배제시켜 북한이 이를 남침의 신호탄으로 생각하게 된 미국의 실책이라고 한 반면, 또 다른 학자들은 북한의 남침을 유도하기 위한 술책이었다고 평가한다.

애치슨 선언에 당황한 이승만은 장면 주미대사에게 조속히 애치슨과 접촉하도록 했으나, 애치슨이 의회 출석으로 부재중이라서, 윌리엄 버터워스(William Butterworth) 국무부 북동아시아 담당 차관보를 대신 만났다. 이승만은 한국을 애치슨 라인에 포함시켜 달라고 요구하는 편지를 보냈으며, 한국 외무장관이 주미 대사에게 해명을 요구했다. 미국은 한국이 반드시 지켜야 할 가치가 없어서 애치슨 라인에서 제외된 것도, 한국의 방위를 포기하는 것도 아니라면서 원조를 약속했다. 이후 1950년 1월 26일 '대한민국 정부와 미합중국 정부의 상호방위원조 협정'이 체결되었으며, 2월 10일 미국 의회가 한국 원조 법안을 통과시키자 한국도 안심하게 된다.

당시 이승만이 어떠한 대가를 치르더라도 통일을 달성하겠다고 무력통일 정책을 공개적으로 선언하는 상황이었지만, 한국의 군사 능력은 무력통일 작전을 감행할 수가 없었다. 경비대는 약 10만의 병력을 갖추었으나 이 중 약 3분의 2에게만 무기가 지급된 상태였다. 게다가 한국군의 장비는 상당 부분 쓸모가 없는 것이었고, 부속품 공급이 부족했으며, 미국은 의도적으로 탄약 보급을 제한했다.

이와는 대조적으로 북한은 매우 잘 훈련되고 고도로 조직화된 약 13만5천 병력의 인민군을 보유하고 있었다. 1949년 7월에는 중국 공산당 휘하에서 국민당 정부군을 패배시키는 데 기여한 한국계 군대 약 1만 명이 북한으로 돌아왔다. 이들은 중국의 오래된 내전에서 고도의 훈련과 실전 경험을 쌓은 부대였다.

한반도의 폭력은 1948년 남북한의 두 정부가 서로 무력통일을 지향하면서 급증하기 시작했다. 1949년 1월부터 12월 15일까지 38도선 일대에서 1,863회에 이르는 군사적 충돌이 일어났고, 남한 지역에서는 게릴라전이 벌어졌다. 38선 근처의 빈번한 전투는 대부분 남한 지휘관들의 주도로 발생했다. 주한 미 군사고문단장인 로버츠 장군은 "이런 아이들 장난 같은 전술"로 중대한 사건이 돌발할 수 있다는 점을 우려했다.19) 그는 남한 쪽의 주도로 일어난 충돌이 미국으로부터 보다 많은 원조를 받아내기 위한 의도에서 비롯된다고 생각했다.

미국의 주도에 의한 유엔이라는 국제기구의 개입은 한반도 문제를 해결하기보다 한반도를 갈라진 두 집안으로 만들어 무력에 의한 통일 시도를 초래하고 말았다. 패권을 다투는 외세의 개입과 이에 앞장선 민족분열세력의 결합은 분단으로 끝나지 않고, 무력통일론에 의한 동족간 전쟁으로 이어졌다. 한반도 전쟁은 예고된 재앙이었다.

3. 미국의 동북아 전략과 일본의 부활

가. 미국의 동북아 전략과 일본 중시정책

19세기 말부터 동북아에서는 대륙세력과 해양세력의 충돌이 벌어졌다. 대륙세력인 중국, 러시아와 해양세력인 미국, 영국, 일본의 각축이었다. 1894년 청·일전쟁과 1904년 러·일전쟁이 그런 충돌이었다.

이 과정에서 같은 해양세력인 미국과 영국은 일본과 긴밀한 관계를 맺었다. 청·일전쟁에서 중국이 일본에 패한 뒤 세 국가들은 러시아의 남진정책 저지에 공동대응을 하고 나섰다. 미국과 영국의 일본 중시정

---

19) 브루스 커밍스 지음, 박의경 옮김, 『한국전쟁과 한미관계』, 청사(1987), 181쪽.

책이 강화됐다. 1902년 영국은 일본과 동맹을 맺고 일본의 조선 지배를 양해했다.

미국의 일본 중시정책은 일본의 아시아맹주론을 지원하는 것으로 나타났다. 미국의 루즈벨트는 1904년 일본에게 아시아-먼로주의 채택을 권고하면서 "이를 채택하면 일본은 유럽의 아시아 침략을 막아내고, 아시아 맹주가 되어 아시아 전체를 기반으로 한 신흥국가를 성취할 수 있다"며 일본에 대한 협력을 다짐했다.20) 이에 앞서 루즈벨트는 1900년 "나는 일본이 조선을 소유하는 것을 보고 싶다"21)고 일본의 한반도 지배를 지지했다.

러·일전쟁이 진행중인 1905년 7월 29일 미국은 일본과 태프트·가쓰라 비밀협정을 맺었다. 러·일전쟁에서 일본이 승리하게 된 것은 미국과 영국 등 해양세력의 동맹관계를 바탕으로 한 군사전략적 지원 때문이었다. 일본이 1905년 1월 독도를 시마네현으로 편입한 것도 러·일전쟁에서 독도가 지닌 군사전략적 가치 때문이었다. 일본 해군이 독도와 본토를 잇는 해저선을 부설함으로써 울릉도에 설치된 감시망루로 블라디보스토크로 항해 중인 러시아 군함을 추적할 수 있어 도고함대가 러시아 태평양 제2, 제3함대를 격파할 수 있었다. 독도 관련 연구에서도 러시아에서는 일본이 독도를 소유하면 한국과 일본 사이의 해상을 통과하는 어떤 국가의 선박 항해도 감시를 받게 될 수 있다는 전략적 가치가 있다고 평가했다.22)

---

20) 김숭배·김명섭, "베르사이유평화체제의 '보편적 표준'과 한국과 일본의 이몽", 『국제정치론총』제52집 2호(2012), 46쪽에서 재인용.

21) Roosevelt to Stemberg, 28 Aug 1900. 김기정, 『미국의 동아시아 개입의 역사적 원형과 20세기 초 한미관계 연구』(서울: 문학과 지성사, 2003), 172쪽에서 재인용.

22) 조성훈, "제2차 세계대전 후 미국의 대일전략과 독도 귀속문제", 『국제·지역

제2차 세계대전 직후 미국의 아시아 정책은 '강중(强中)'과 '약일(弱日)'이었다. 즉 일본을 약화시켜 미국과 동북아 지역에 대한 미래의 안보 위협 요소를 제거하고, 강한 중국을 통해 아시아에서의 미국의 전략적 이익을 보호하는 것이었다. 1947년 미·소 냉전이 시작되자 미국은 중국의 전략적 가치에 더욱 주목했다. 소련을 견제할 필요가 그만큼 커졌기 때문이다.

미국은 1947년 초부터 제2차 세계대전의 전후 처리를 위해 전범 국가인 일본과의 강화조약 초안에 착수했다. 1948년 국공 내전에서 중국 국민당 정부의 패배가 기정사실화 되자 미국의 아시아 정책이 조정됐다. 조정된 내용은 첫째, 중국이 소련의 속국으로 전락하는 것을 방지하고, 둘째, 미국의 아시아 정책의 중심을 중국에서 일본으로 바꾼다는 것이었다.

1950년 2월 중국이 소련과 우호동맹조약을 체결하자 미국은 기존의 약일(弱日) 정책을 일본 부흥정책으로 전환했다. 이처럼 미국이 대일 정책을 일본 중시 쪽으로 바꾼 것은 미·소 냉전이 격화되고 중국 내전에서 중공이 우세하게 된 때문이었다.[23] 중국의 공산화와 소련의 핵 개발, 한반도 전쟁 발발 등으로 아시아의 반공기지로서 일본의 역할에 대한 미국의 기대는 더욱 커졌다.

미국은 소련, 중국, 북한을 둘러싼 방위망을 구축하면서 일본을 중심으로 방어전략을 구축했다. 미국은 전후 처리에서 미국의 안전보장과 관련된 군사기지 문제를 대일 강화문제의 중심으로 삼게 되었다. 미국 무부 실무팀에서도 일본의 영토 제한은 미국의 필수적 안보상의 필요

연구』 17권 2호(2008, 여름), 48쪽.

23) 김동길, 「1945-1950년 중미 관계와 '중국 상실론' 비판」, 『동양사학연구(제111집)』, 271-286쪽 참조.

와 소련과 중국에 대한 조치에 맞춰 가능한 관대하게 처리해야 한다는 입장이었다.24)이에 따라 미국의 대일 평화조약은 "가능한 한 간결하고 일반적이며 징벌적이지 않도록 해야한다"는 방침이었다.25)일본 쪽도 일본을 완전한 자주국가로 회복시켜 자유진영의 대등한 일원으로 대우해줄 것을 주장했다.

1951년 일본의 제2차 세계대전 책임을 처리한 샌프란시스코 조약이 일본의 전쟁 책임은 물론 전후 보상 문제의 해결이나 아시아 각국과 일본 사이의 국교 정상화 문제를 덮어버리고 일본에게 관대하게 체결됐다. 강화조약이 체결된 날 밤 미·일 안보조약이 체결됐다. 조약에 따라 미국은 일본 전역을 군사기지로 사용할 수 있는 권리를 획득했다.

샌프란시스코 강화조약에는 미국을 비롯한 유엔 회원국 49개 국가들이 서명했으나, 전후 처리의 당사국인 남북한과, 중국, 소련 등은 서명에서 빠졌다. 미국 국무부가 작성한 조약 초안에는 한국도 조약 서명국이었다. 그럼에도 한국이 빠지게 된 것은 미국의 일본 중시정책과 일본의 개입 때문이었다.

미국과 일본의 강화조약 협상 때 일본 쪽 대표는 요시다 시게루 당시 총리였다. 요시다는 "한국이 새프란시스코 조약에 참여하면 일본에 대한 재산청구권, 배상금을 주장하게 돼 일본이 혼란을 피하기 어렵게 된다"며 미국의 덜레스 협상 대표를 설득했다. 결국 한국은 참여할 수 없었다.

이에 이승만 정부는 공산주의자와의 전쟁을 중단하고 일본과 싸우겠다는 결의를 보였다. 그러나 한국군 통수권을 미국에게 넘긴 이승만 정

---

24) 국방군사연구소, 『한국전쟁자료총서 7-미국무부정책기획실문서(1980)』, 56-57쪽.
25) 조진구, "일본의 아시아외교, 영토, 그리고 독도 문제", 『통일정책연구』 제14권 1호, 190-191쪽.

부가 미·일 간의 거래에 개입할 아무런 힘이 없었다. 샌프란시스코 강화조약은 1952년 4월 28일 발효됐고, 훗날 일본의 아베 정권은 이날을 '주권 회복의 날'로 선포했다.

샌프란시스코 강화조약과 미·일 안보조약의 체결로 제2차 세계대전의 전범(戰犯)국가에서 미국의 동맹국으로 그 지위가 바뀐 일본은 과거 침략의 청산을 제대로 하지 않았다. 이로 인해 일본의 침략을 받았던 아시아 각국들의 반발이 일어났다. 일본이 1955-1959년의 기간 정식으로 침략의 피해에 대해 배상을 해준 나라는 미얀마, 인도네시아, 필리핀, 남베트남 등 네 나라에 불과했다.

같은 전범국인 독일은 분단돼 과거 침략의 청산에 나섰지만, 매우 관대한 처분을 받은 일본은 독일처럼 분단되지도 않았다. 일본은 독일과 달리 과거 침략의 역사를 인정하지 않거나 이를 합리화하려고 했다. 게다가 반공기지로서의 일본의 역할에 기대를 가진 미국이 아베 일본 총리의 외조부인 기시 노부스케 같은 A급 전범들을 석방시키거나 면죄부를 주고, 일본 재벌 그룹에 대한 제한을 완화하며 일본의 부흥을 지원하고 나서자 일본의 과거사 청산 노력은 그야말로 형식적인 시늉의 수준으로 끝났다.

전범국가 일본에게 유리하게 처리된 샌프란시스코 강화조약의 문제점은 조약 내용이 애매해 동북아시아의 영토 분쟁과 역사 갈등의 불씨를 남겼다는 점이다. 일본이 청구권과 소유권을 포기한 지역이 어딘지 구체적이지 않았다. 또한 일본이 포기한 지역이 어느 국가의 소속으로 되는지에 대해서도 명확한 규정이 없었다.

나. 동북아 영토분쟁과 역사갈등

동북아시아의 영토 분쟁의 기원은 제국주의 침탈 시기로 거슬러 올라간다. 독도, 댜오위다오(일본명 센카쿠), 남쿠릴 열도(일본명 북방 4개섬) 등에 대한 일본의 침탈이 이 시기에 벌어졌다. 독도는 1904년 러일전쟁, 댜오위다오는 1894년 청일전쟁, 남쿠릴 열도는 크림전쟁(1853-55) 및 일본의 조선 침탈과 관련된다.

독도는 역사적으로 조선의 고유 영토다. 일본의 침탈 야욕이 노골화되자 대한제국이 1900년 칙령 제41호로 독도가 자국의 영토임을 재확인했다. 그러나 러시아와 전쟁 중이던 일본 정부가 1905년 2월 독도를 시마네현으로 편입시킨 것은 독도와 그 주변의 전략적 가치를 중요하게 여겼기 때문이다.

댜오위다오는 1534년 중국이 처음 발견한 중국의 고유 영토였다는 게 중국의 주장이다. 중국의 영토인 댜오위다오가 청일전쟁의 패배로 1895년 4월 시모노세키 불평등조약에 의해 일본에게 강제 할양되었다는 것이다.[26] 일본은 이 지역이 원래 주인이 없는 무주(無主) 상태였던 것을 1895년 1월 14일 오키나와현으로 편입된 것이라는 주장이다.

하브마이, 시코탄, 구나시리, 에토로후 등 북방 4개 섬인 남쿠릴열도는 1855년 시모다 조약과 1875년 페테르부르크 조약에 의해 일본 영토로 귀속됐다. 이에 대해 러시아는 크림전쟁의 패배로 불가피하게 양도할 수밖에 없었다는 주장이다. 미국, 영국, 프랑스 등이 일본을 지원하며 부추기는 러·일 간의 충돌을 두려워해 어쩔 수 없이 물러섰다는 것이다. 크림전쟁 시기 영국과 프랑스는 일본 해역을 러시아에 대항하기 위한 군사적 거점으로 이용하고 있었다. 1855년 영·불함대는 러시아를

---

26) 홍레이 중국 외교부 대변인은 2012년 8월 27일 "역사적으로 따져보면 명조 시대인 1403년 출간된 <순풍상송>에 이미 댜오위다오의 옛 이름인 '댜오쉬' 등의 명칭이 등장한다"며, 댜오위다오가 적어도 명조(1368-1644년)때 이미 중국의 해상방어지역 안에 있었다는 증거라고 강조했다. <한겨레신문> 2012년 8월 27일치.

공격하기도 했다.

사할린을 노리게 된 일본은 미국, 영국, 프랑스 등의 지지에 힘입어 사할린 문제를 두고 러시아를 압박했다. 일본은 1873년 러시아에게 조선 침공을 위해 일본군의 러시아 주둔을 허가해달라고 요구하기도 했다. 마침내 1875년 페테르부르크 조약에 따라 쿠릴 열도는 일본의 영토로 병합됐다. 이처럼 독도와 댜오위다오, 남쿠릴열도 등은 일본의 제국주의적 침탈로 인해 발생한 문제들이다.

일본의 제국주의적 침탈에 대한 처리는 1943년 12월 카이로선언에 명시된 제2차 세계대전 후 일본 영토에 대한 기본방침에 정리되어 있다. 선언에는 첫째, 일본이 제1차 세계대전 이래 획득하거나 점령한 태평양지역의 모든 섬을 박탈한다. 둘째, 일본이 만주, 타이완, 펑후제도 등과 같이 중국으로부터 탈취한 모든 영토는 중국에 반환한다. 셋째, 일본은 폭력과 탐욕에 의해 약탈한 모든 지역으로부터 축출될 것 등으로 적시되어 있다. 즉 청·일, 러·일 및 제1차 세계대전 등을 통해 일본이 폭력과 탐욕으로 획득한 영토를 박탈한다는 원칙이 제시된 것이다.27)

1945년 7월 26일 포츠담선언 제8항에서도 "카이로선언의 조항은 이행되어야 하며, 일본의 주권은 혼슈 홋카이도, 큐슈, 시코쿠 및 우리들이 결정하는 작은 섬들로 제한되어야 한다"고 규정했다. 또한 1945년 9월 2일 항복문서 조인식에서 일본은 포츠담선언의 성실한 이행을 약속했다. 카이로와 포츠담 선언의 정신과 일본의 항복조인식 약속에 따라 문제의 분쟁지역들은 반환되었어야 한다.28)

---

27) 조진구, 앞의 책, 189쪽.

28) 미 극동사령부 역사실에서도 미국, 영국, 중국 지도자들이 카이로선언을 통해 일본의 영토를 1868년의 것으로 축소해야 한다고 결정했고, 포츠담회담에서 카이로선언의 조건을 재확인한 것으로 평가했다. The Office of the Military

샌프란시스코 강화조약이 체결됐지만, 러시아와 일본 사이에 남쿠릴열도 문제가 남아 있었다. 1954년 말 두 나라의 관계 정상화 교섭이 진행됐다. 당시 일본은 북방 4개 섬 가운데 시코탄과 하보마이제도 두 곳을 돌려받고 소련과 조약을 체결하는 쪽으로 의견을 모으고 있었다. 그러자 양국의 국교 정상화를 경계한 미국이 개입하고 나섰다.

1956년 8월 18일 존 포스터 덜레스 미 국무장관은 런던에서 시게마쓰 마모루 일본 외무대신을 만나 "만약 일본이 2개 섬으로 만족한다면 미국도 오키나와에 영원히 머물 것"이라고 경고했다. 결국 일본 정부는 '2개 섬 우선반환론'에서 '4개 섬 일괄반환론'으로 선회했고, 일본과 러시아는 평화조약을 체결하지 못했다.29)

미국은 1972년 5월 오키나와를 일본에 반환하면서 센카쿠열도의 귀속처를 명확히 규정해야 했지만, 그러지 않았다. 미국의 오키나와 반환 조치로 이 열도에 대한 일본의 실효적 지배가 행사되고 있다. 일본 도요시타 나라히코 간사이가쿠인대학교수는 "닉슨 대통령은 미·중 데탕트를 앞두고 이 문제를 애매하게 다뤄 중국을 배려하는 한편, 잠재적인 분쟁의 불씨를 남겨 오키나와 주둔 미군을 정당화시키려 했다"고 지적했다.

미국을 비롯한 연합국들이 "일본은 폭력과 탐욕에 의해 약탈한 모든 지역으로부터 축출될 것"이라는 카이로선언과 이를 재확인한 포츠담선언의 정신에 따라 일본의 제국주의적 팽창이 시작된 청·일전쟁 이전 시기까지 소급해 일본의 전쟁 책임을 물었다면, 동북아의 영토 및 역사 분쟁은 생기지 않았을 것이다. 일본과 한국, 중국, 러시아 사이의 역사

History Officer, HQ AFFE/Eighth Army(Rear), "The Far East Command" Jan. 1 1947-June 30, 1957, 군사편찬연구소, MF 76, p. iii. 조진구, 앞의 책, 47쪽에서 재인용.

29) <한겨레신문> 2012년 8월 21일치.

적 화해가 제대로 이루어지지 못하는 것도 미국의 전략적 입장에 따른 일본 중시정책과 이에 편승한 일본의 제국주의적 침탈의 야심에서 비롯된다고 보아야 할 것이다.

다. 샌프란시스코 체제와 영토분쟁의 실태

샌프란시스코 조약 체제는 미·소 대결과 중국 공산화 때문에 일본의 재무장이 필요한 미국의 일본 중시정책의 산물이다. 미국은 제2차 세계대전의 전후(戰後) 처리보다 핵무기를 보유한 소련과 공산화된 중국에 대항하는 미국의 거점으로서 일본의 가치를 더욱 중요하게 인식했다. 이에 따라 미국은 1951년 샌프란시스코 강화조약과 미·일 안보조약을 통해 전범국가 일본을 국제사회로 복귀시키고, 일본 제국주의 침탈의 책임 문제를 샌프란시스코 강화조약 협상에서 제외했다. 미국이 주도한 샌프란시스코 체제는 일본을 전범국가에서 미국의 동맹국으로 격상시키고, 한국과 중국 등 주변국들에 대한 일제의 침략과 식민지 지배에 대한 일본의 책임을 묻는 과거사 청산을 외면함으로써, 동북아 분쟁과 갈등, 나아가 아시아태평양지역의 평화와 번영을 가로막는 장애 요인이 되고 말았다.[30]

일본이 중국 대륙인 만주를 침략한 지 81주년인 2012년 9월 18일 중국과 일본이 분쟁 중인 댜오위다오 해역에서는 일촉즉발의 대치 사태가 벌어졌다. 중국인들이 국치일로 여기는 '9·18 만주사변' 81주년인 이날 중국 120여개 도시에서는 반일 시위가 벌어졌고, 1천여 척에 이르는 선박선단이 댜오위다오 해역에서 항의의 항해를 했다. 이는 1972

---

30) 김명섭, "서유럽의 통합과 동아시아의 분절: 냉전초기 미국의 지정전략을 중심으로", 『국제정치논총』제45집 2호(2005), 7-28쪽 참조.

년 중·일 수교 이후 최초의 사태다.

　중국의 어업감시선과 해양감시선들이 일본 쪽 주장의 영해 안으로 진입하고, 일본 순시선이 이에 경고를 하고 나섰다. 일본 순시선이 "일본 해역에 들어오지 말라"고 경고하자 중국 쪽은 "댜오위다오는 중국 고유의 영토다. 당신들이 이 해역에서 떠나라"며 일본 순시선과 대치했다. 일촉즉발의 충돌위험이 고조되자 일본 해상 보안청은 P-3 3C 초계기 등의 감시활동을 강화하는 한편, 자위대 함정을 문제의 해역으로 이동하도록 했다.

　리언 파네타 미국 국방장관이 중·일 간 물리적 충돌을 우려해 대화를 통한 평화적 해결을 강력하게 촉구하고 나섰다. 그러나 량광례 중국 국방부장은 이에 대해 영토 주권과 관련한 사태에서 물러서지 않겠다는 강경한 입장을 보였다. 중국 쪽에서는 심지어 전쟁불사론과 경제보복론까지 나왔다.[31]

　문제의 발단은 일본 정부의 센카쿠열도 국유화 조치였다. 중국으로선 현상 변화의 행위였다. 중국이 영해기선을 선포하는 등 정부 차원의 고강도 대응조치를 취하고 나섰다.

　고이즈미 준 이치로 일본 총리가 2001년 취임한 뒤 야스쿠니 신사 참배를 하자 중국은 정상회담 거부 등 거세게 반발했다. 이 때부터 중국에서 반일 감정이 확산됐다. 첫 번째 대규모 반일시위는 2005년 3월 하순 시작돼 4월 중순까지 일어났다. 한국에서 독도 문제로 반일 시위가 일어나자 중국에서도 역사 교과서 왜곡을 규탄하고 일본의 유엔안보리 상임이사국 진출에 반대하는 서명운동이 벌어졌다. 4월 들어서는 베이징과 상하이 등에서 대규모 시위가 전개되고 일부 시위대는 일본 음식점에 난입하는 등 폭력 양상을 보이기도 했다.

---

31) <한겨레신문> 2012년 9월 19일치.

2010년 9월 7일 중국 어선이 센카쿠열도 12해리 안으로 들어가 조업하다 이를 단속하려는 일본 해양순시선을 들이받아 중국 선장이 구속되는 사건이 벌어졌다. 이를 계기로 중국에서는 '센카쿠열도는 중국 영토'라며 대규모 반일 시위가 확산됐다.32) 두 번째 대규모 시위였다.

남쿠릴열도(일본명 북방섬)에 대해서는 러시아와 일본 두 나라가 영토 분쟁을 인정하고 반환 협상을 해 왔다. 블라디미르 푸틴 러시아 대통령은 1956년 일·소 공동선언의 유효성을 인정하고 양국이 평화조약을 체결한 뒤 일본에게 4개 섬 가운데 시코단과 하브마이를 반환하는 것으로 영토 문제를 해결하자고 제안했다. 일본은 아베 내각이 출범한 직후인 2006년 12월 13일 "4도 가운데 3도와 나머지 가장 큰 에토로후 섬의 1/4을 반환받아야 한다"며 '4도 일괄반환론'의 대원칙과는 다른 '균등분할론'을 언급했다.

그러나 러시아는 오히려 기존 입장보다 강경해졌다. 푸틴은 2005년 9월 국민과의 대화에서 일본에 남쿠릴열도를 반환할 계획이 없음을 분명히 했다. 러시아가 남쿠릴열도를 실효지배하고 있는 현 상황을 변화시킬 의도가 없음을 강조한 것이다. 러시아의 블라디미르 푸틴 3기 이후 러시아의 입장은 더욱 강경해졌다.33) 러시아는 열도에 군함을 파견하는 등 실효지배권을 더욱 강화하고 나섰다.

지난 2010년 드미트리 메드베데프 당시 대통령이 최고 지도자로서는 처음으로 남쿠릴열도의 쿠나시르를 방문하고, 2012년 8월 3일 총리 자격으로 이 섬을 다시 방문했다. 일본이 이에 강력하게 반발했지만,

---

32) <한겨레신문> 2012년 9월 17일치.

33) 블라디미르 푸틴 새 러시아 대통령 취임을 앞두고 러시아 대통령의 고위 관리가 일본이 반환을 요구하고 있는 남쿠릴열도와 관련해 "더 이상 역사적 기회가 없을 것"이라고 말했다고 <NHK>가 4일 보도했다. 푸틴이 민족주의 색채를 더한 강경외교 노선을 예고한 것이다. <한겨레신문> 2012년 5월 5일치.

러시아는 일본의 과민한 반응을 이해할 수 없다며 이에 개의치 않고 강경한 입장을 확고히 지키고 있다.

이런 동북아의 영토 분쟁에는 갈수록 심해지고 있는 배타적 민족주의 감정이 작용하고 있다는 점에서 문제가 자못 심각하다. 동북아 국가들의 일부 보수적인 지도자들이 자신들의 정치적 입지를 높이기 위해 일반 국민들의 배타적 민족주의 감정을 자극하고 선동함으로써 영토분쟁을 더욱 악화시키고 있는 것이다. 이로 인해 중국의 중화민족주의, 일본의 신민족주의, 러시아의 자원민족주의가 강화되고 있는 추세다. 배타적인 민족주의 감정이 통제 관리의 수준을 넘게 될 경우 돌이킬 수 없는 갈등과 충돌의 위험성을 우려하지 않을 수 없다.

라. 독도 문제

제2차 세계대전 이후 한국과 일본 사이의 독도 영유권 문제는 미국이 전범국가인 일본의 제국주의 침탈의 책임을 묻지 않고, 동맹국으로 격상시켜준 샌프란시스코 체제에서 비롯됐다. 일본 정부가 독도의 일본 이름인 다케시마를 "일본의 고유영토"라고 공식적으로 주장해 왔지만, 일본의 일반 국민들은 이를 잘 알지도 못했다. 일본의 국민적 인식이 점차 늘어나게 된 것은 일본의 지방정부인 시마네현의 의회가 2005년 '다케시마의 날' 조례안을 제정한 이후의 일이다. 문제는 1990년대 중반 일본의 신민족주의가 나타나 강화되고, 일본 정부가 영토권 문제를 민족주의적 국가전략으로 내세움에 따라 갈수록 악화되고 있다는 사실이다.

전후 1952년 샌프란시스코 체제의 등장 이전까지만 해도 독도는 미국도 인정한 엄연한 한국 영토였다. 1946년 1월 29일 연합군최고사령부(SCAPIN)가 훈령 제677호 제3항에서 한국과 관련해 일본 영역으로부터 분리되는 섬들은 울릉도, 리앙쿠르 섬(독도), 제주도라고 열거했다. 제5항에서는 별도의 조치가 없는 한 유효하다고 규정했다. 또한 연합군최고사령부가 이 해 6월 22일 훈령 1033호로 발령한 '맥아더 라인'에서도 독도는 한국 영토였다. 훈령 1033호는 일본의 어업 및 포경 허가 구역에 관한 지령에서 독도는 일본의 어업허가 구역 밖으로 규정하고, 일본의 선박과 국민이 독도 주변 12마일 이내로 접근하거나 독도에 상륙하는 것을 금지했다.34) 이처럼 명백하게 한국 영토로 돼 있던 독도가 1951년 9월 8일 조인된 샌프란시스코 평화조약에서 일본이 한국에 반환해야 할 섬들에서 빠지고 말았다.

미국은 1947년 초부터 대일강화조약 초안에 착수했다. 이 해 3월 19일 작성한 첫 초안부터 1949년 11월 5차 초안까지도 독도는 한국 영토라고 명시됐다. 그러나 1949년 12월 15일 작성된 6차 초안에서 독도가 일본령이라고 바뀌었다가 아예 빠져 버린 것이다. 일본의 독도 영유권 주장은 미국의 이런 방향 전환에서 비롯됐다.35)

전후 초기 미국의 전략적 이익을 보호하기 위해 중국을 강화하고 일본을 약화시킨다는 강중(強中)과 약일(弱日)의 정책이 계속됐다면 사정은 달라졌을 것이다. 일본 영토는 제1차 세계대전 이전으로 축소되고, 일본의 독도 영유권 주장도 나오지 않았을 것이다. 문제는 미국의 정책 변화였다.

뒤늦게 독도 문제를 알게 된 이승만 대통령은 1952년 1월 18일 '인접 해양에 대한 주권선언'을 통해 '맥아더 라인'보다 더 일본에 가까운 수역에 이른바 '평화선'을 설정하고, 이 안에 독도를 포함시켰다. 이에

---

34) 조성훈, 「제2차 세계대전 후 미국의 대일전략과 독도 귀속문제」, 『국제지역연구(17권 2호, 2008, 여름)』, 44-52쪽 참조.

35) <한겨레신문> 2007년 7월 10일치.

일본은 2월 28일 한국의 독도 영유권을 인정할 수 없다는 취지의 구상서(口上書)를 한국 정부에 전달해 항의했다. 일본은 이 때부터 한일 간에 독도 영유권 분쟁이 시작됐다고 보는 입장이다.

그러나 한국 정부는 일제의 제국주의적 침탈 과정에서 이루어진 1905년 일본의 독도 편입은 법적 근거는 물론 관계국에 대한 통보도 없었을 뿐만 아니라 지방자치단체의 고시에 불과한 것으로 애초부터 불법이라는 입장이다. 또한 일본의 자의적 편입보다 5년 빠른 1900년 대한제국이 칙령 제41호로 울릉도와 죽도, 석도(石島=독도)가 대한제국의 영토임을 선언했음에도 일본이 불법적으로 빼앗은 독도를 연합군 최고사령부 훈령과 대일평화조약으로 되찾은 것이라는 주장이다.36)

일본의 지방정부인 시마네현이 독도 문제를 처음 제기한 것은 1987년의 일이다. 일본 내각이 1981년 1월 6일 내각 회의에서 매년 2월 7일을 '북방 영토의 날'로 정하는 안을 채택한 것이 그 계기였다. 1987년 결성된 시마네현 현민회의가 '북방영토' 뿐만 아니라 '다케시마(독도의 일본명)'에 대한 문제까지 포함하자는 의지를 나타낸 것이다. 이에 따라 1988년 '다케시마-북방영토 반환 요구 운동 시마네현 대회'가 개최됐다. 대회는 이후 1997년까지 5번 개최되다가 중단됐다. 이 때까지만 해도 '다케시마' 문제는 고작 시마네현 지역의 행사 수준에 불과했다. 그러나 일본의 민족주의 담론이 점차 활기를 띄게 된 2000년대 들면서 상황이 달라졌다.

2003년 11월 15일 '다케시마-북방영토 반환요구 운동 시마네현 대회'가 5년만에 부활했다. 이어 2005년 3월 16일 시마네현 의회가 이 날을 '다케시마의 날(竹島の日)'로 정하는 조례안을 제정했다. 스미타

---

36) 조진구, 「일본의 아시아 외교, 영토, 그리고 독도 문제」, 『통일정책연구』 제14권 1호, 200-201쪽 참조.

시마네현 지사는 조례안 제정과 관련해 3월 17일과 19일, 29일 기자회견에서 "일본 국민들이 다케시마 문제를 알게 되었다는 점에서 의미가 있었다"고 평가했다. 일본 일간지 <매일신문(毎日新聞)>은 3월 30일 1999년 체결된 신 한일어업협정에서 독도 주변을 중간수역으로 설정해 한일 양국이 공동관리하기로 했지만, 이 지역 어장을 한국 어선이 독점하고 있어 일본 어선들이 사실상 조업을 할 수 없는 상태가 지속되는 데 대한 지역 주민의 불만을 다루었다.[37]

시마네현 의회의 '다케시마의 날' 조례안 제정과 관련해 한국 언론은 독도 영유권을 주장하는 관련 학자들의 주장을 잇달아 보도했다. 이와 달리 일본 언론의 보도는 별로 보이지도 않았다. 3월 17일자 <도쿄신문>이 독도 문제에 대해 견해를 달리하는 두 역사 학자의 주장을 게재했을 따름이었다. 여기서 시마네 대학의 나이토 세이츄(內藤正中) 명예 교수는 일본 정부의 주장과 정면으로 배치되는 견해를 밝혔다.

그는 1876년 울릉도 개발 문제가 떠올랐을 때 당시 메이지 정부는 이듬 해 태정관(太政官)에서 '竹島(울릉도의 일본 이름)外 一島'는 일본의 영토와 무관하다고 결정했는데, 여기서 말하는 '一島'는 독도로 보인다고 말했다. 그는 에도(江戶)와 메이지 시대에 두 번 독도가 일본 영토와 무관하다고 인정했으며, 독도에 대한 영유 의사를 밝힌 적은 한 번도 없었다고 주장했다. 나이토 교수는 일본 정부의 설명은 매우 조잡하고 근거가 없다고 비판했다.[38]

'다케시마의 날' 조례안 제정 당시 이의 철회를 요구하는 한국 정부에 대해 일본 정부는 중앙정부가 지방정부에 간섭할 수 없으며, 단지 지방정부의 조례안 제정에 불과한 것을 한국 정부가 지나치게 반응할

---

37) 조진구, 앞의 책, 198쪽 참조.
38) 조진구, 앞의 책, 203쪽 참조.

필요가 없다고 주장했다.39) 문제는 2005년 '다케시마의 날' 조례안 제정 목적에 '영토권 확립'이라는 언어가 처음 등장했다는 점이다. '다케시마의 날'은 일본의 민족주의 기류에 편승한 일본 정부의 민족주의적 국가전략에 따라 점차 일본의 일반 국민들에게 침해당한 '일본의 영토권 확립'을 상징하는 보편적 언어로 확산되고 있음을 주목해야 한다.

2012년 2월 21일 일본 시마네현 오키섬의 마쓰다 가쓰히사정장 등은 후지무라 오사무 관방장관에게 독도의 소관 조직을 일본 정부 내에 설치할 것을 요구하는 건의서를 전달했다. 이와 함께 일본 정부 차원의 '다케시마의 날' 제정을 요청했다. 이에 호응하여 이 해 아베 신조 정부는 '다케시마의 날'을 국가기념일로 승격시키겠다고 약속했다.

일본 정부는 2023년 7월 28일 기시다 후미오 총리 주재로 열린 각의에서 독도 영유권 억지 주장을 담은 '2023년 방위백서'를 채택했다. 방위백서는 "우리나라(일본) 고유영토인 북방영토(쿠릴 4개 섬의 일본식 표현)와 다케시마 영토 문제가 여전히 미해결 상태로 존재한다"고 주장했다. 일본 정부는 2005년 이후 19년째 독도를 침탈하려는 억지 주장을 펴고 있는 것이다. 일본은 '2013년 이후 주변국의 군사동향'이라는 제목의 지도상 독도 위치에 '다케시마 영공침범(2019)'이라는 설명과 함께 러시아 항공기를 그려 넣었다. 일본은 2019년 러시아 군용기가 독도 영공을 침범했을 때 자위대 군용기를 긴급 발진하면서 자국의 영해가 침범당한 것이라고 주장하기도 했다.

일본은 1981년 '북방영토의 날', 2005년 '다케시마의 날', 2011년 '센카쿠의 날' 등을 차례로 지정하고, 기념의례를 시행하면서 '일본의 영토권 확립'이라는 민족의식을 부채질하고 있다. '다케시마의 날'의

---

39) 한혜경, 「해양도서영유권 분쟁에 대한 일본의 기념의례 연구:'다케시마의 날'을 중심으로」, 『민주주의와 인권』 제13권 2호, 417쪽 참조.

국가기념일 지정이 이제 국가적 열망으로 나타나고 있을 만큼 일본 정부의 기념일 지정과 기념의례를 통해 일본의 일반 국민들의 의식 속으로 갈수록 확산되는 추세다. 이런 추세는 미·중 패권경쟁과 신냉전 구도가 심화될수록 더욱 증폭될 것으로 보인다.

제3장

냉전에서 신냉전으로

1. 한반도 전쟁의 교훈

가. 미국의 냉전 주도

냉전은 제2차 세계대전 이후 유럽에서 벌어진 미국과 소련의 대결을 설명하기 위해 생긴 말이다. 냉전은 일반적으로 1945-90년 초의 동·서 두 진영, 특히 미국과 소련 사이의 대립과 갈등을 의미한다. 유럽에서 시작된 냉전은 동아시아로, 마침내 한반도로 밀어닥쳤다. 한반도의 냉전은 전쟁이 터질 만큼 세계의 그 어느 곳보다도 심하게 나타났다. 세계 냉전의 최전방으로 전락한 한반도에서는 가장 권위주의적인 분단체제가 형성돼, 남북 간의 전쟁, 이념적 냉전의 대립과 갈등이 벌어졌다. 한반도는 아직도 냉전이 진행 중인 세계 유일의 지역이다.

냉전의 기원과 관련해 1940년대부터 등장한 '전통주의자'들은 정치적 관점을 바탕으로 '소련 책임론'을 강조했다. 그러나 1960년대 후반 이후 미국의 외교정책에 대한 비판적 경향의 '수정주의자'들은 '미국 책임론'을 내세운다. 이들에 따르면, 미국은 소련을 두려워하지도 않아도 될 정도로 소련보다 훨씬 강한 힘을 가지고 있었다. 그럼에도 미국은 소련의 세계 공산화 기도에 대한 방어적 대응이 아니라 전략적 필요에 의해 냉전을 주도했다는 것이다.1) 냉전은 대소 봉쇄 차원에서도 필요했지만, 미국이 자본주의 세계를 지배하기 위해 고안해낸 헤게모니 사업의 일환이었다는 것이다.2)

전후 미국과 소련의 국력을 보면, 미국이 소련보다 훨씬 우월했다. 미국은 세계질서를 주도할 수 있을 만큼 막강했다. 게다가 미국의 경제는 이미 팽창주의적인 경향을 띠고 있었다. 세계시장을 전제로 하지 않으면 그 규모가 너무나도 커진 것이다. 제2차 세계대전을 치르면서 성장한 무기생산업자들을 비롯한 군산복합체 세력의 입김이 작용하기도 했지만, 미국의 경제가 팽창주의 경향을 띨수록 미국은 국제문제에 보다 적극적이고 공세적인 입장으로 나왔다. 냉전의 형성 과정에서 미국이 소련보다 주도적이었다고 보는 대목이다.

소련은 당시 연합국의 주도국이었던 미국과 대결할만한 힘을 갖고 있지 않았다. 소련으로서는 마르크스-레닌이즘에 의한 사회주의 세계혁명을 공격적으로 추구할 처지가 아니었다. 제2차 세계대전 중 독일로부터 막대한 피해를 입은 소련의 입장에서 우선 시급한 과제는 전쟁으로 피폐해진 국가를 재건해 세계질서의 주도국에 걸맞는 국력을 갖추는 일이었다.

1943년 후반 소련의 스탈린은 대외정책 인민위원회 보좌역인 마이스키와 외무장관 부관으로서 '전후 질서와 평화조약 준비위원회' 의장인 리트비노프에게 소련의 복구와 외교관계에 대한 보고서를 작성하도록 지시했다. 리트비노프는 보고서에서 소련이 전후 세계질서에서 자

---

1) 이주영, 「미국사학계의 새로운 냉전사 연구」, 『역사비평(2015, 봄)』, 통권 110호, 87-88쪽.

2) 정용욱, 「미·소의 분할점령과 냉전구조의 형성」, 한국사연구회 편, 『한국사 길잡이(2008)』 하권, 지식산업사, 379쪽.

리를 잡기 위해서는 최소 10년 이상의 기간이 필요하다며 "우리는 최소한 몇십 년 간의 평화를 위해 일종의 평화를 추구해야 한다"고 제안했다.

보고서의 제안대로 스탈린의 대외정책은 국가의 재건과 국력의 신장을 이룩하기 위한 국제적 환경을 조성하는 데 중점을 두었다. 이에 따라 특히 미국과의 직접적인 충돌을 피하고, 국가 재건을 위한 평화로운 환경을 만든다는 것을 정책의 기본 원칙으로 삼았다. 이처럼 소련의 대외정책은 2차대전 직후만 해도 전 세계의 사회주의 혁명이라는 완성된 종합계획에 의한 것이 아니었다.3)

스탈린은 서방과의 협력관계를 고려한 나머지 다른 지역의 사회주의 운동에 대한 지원을 삼갔다. 소련은 폴란드나 헝가리 사회주의 운동에 대해서도 구체적인 정책을 제시하지 않았다. 뿐만 아니라 그리스의 좌익 지원을 거부했고, 중국의 국민당에 대한 모택동의 계획을 반대했다. 소련은 사회주의 운동의 지원까지도 거부하면서 서방과의 협력관계를 유지하려고 노력했다. 이런 소련의 대외정책은 미국과의 관계가 틀어지면서 서서히 달라졌다.

미국과 소련의 불협화음은 경제협력 문제에서 불거졌다. 소련은 전쟁으로 피폐해진 경제의 재건을 위해 1945년 1월 미국에게 60억 달러의 저리 차관을 요청했다. 소련은 이 해 8월 미국의 수출입은행에 10억 달러의 차관을 거듭 요청했다. 그러나 미국은 1946년 2월 최종적으로 소련의 차관 요청을 거부했다.

소련은 미국이 자국으로부터 정치적 양보를 끌어내려고 경제적 압력을 가하는 것으로 판단하게 됐다. 미국이 소련의 요청을 거부하면서도 영국에게는 1946년 중반 37억 5천만 달러의 차관을 약속하자 소련의

---

3) 정상모, 『신냉전 구도와 평화(2002)』, 월간말, 81쪽.

불만이 터졌다. 소련은 미국이 지배하는 두 개의 경제기구인 세계은행과 국제통화기금에 참여하지 않기로 결정했다.4)

1945-46년 미·소 관계의 악화는 여러 가지 요인들이 복합적으로 작용하여 나타났다. 미·소 간의 대립과 갈등은 독일, 동부 유럽, 특히 폴란드, 이란 등에서의 전후 처리와 핵 문제를 둘러싸고 벌어졌다. 미국은 동유럽 지역의 국가들에 대한 소련의 지배권을 용인하려고 하지 않았다. 그러나 스탈린은 동유럽을 소련의 안보에 극히 중요한 지역으로 간주했기 때문에 이 지역의 어느 나라도 서방진영과 경제적·군사적 동맹관계에 들어가는 것을 용납하지 않으려고 했다. 마침내 그는 1940년대 말에 이르러서는 소련쪽 지도자들을 권좌에 앉혔다.

원자력 관리 문제는 미·소 관계를 악화시키는 데 결정적인 영향을 미쳤다. 미국의 원자폭탄이 일본의 히로시마와 나가사키에 떨어졌을 때 소련은 엄청난 충격을 받았다. 미국은 1946년 6월 14일 원자력의 국제적 관리를 위한 방안을 국제연합 원자력위원회에 제출했다. 방안의 내용은 여러 단계를 거친 뒤 미국의 원자폭탄의 포기를 담고 있지만, 여러 단계의 조건을 충족하며 모두 실현다는 것은 현실적으로 요원한 것으로, 미국이 원자폭탄을 계속 독점하겠다는 것을 의미했다.

소련은 미국의 제안을 거부했다. 미국 주재 소련 대사인 노비코크는 1946년 9월 말 "미국이 세계적 패권을 추구하고 있다"고 비난했다. 소련은 원자폭탄의 사용을 불법화하고, 핵무기의 생산을 금지할 국제적 협약을 제안했다. 소련은 이 국제협약이 체결된 뒤 석 달 이내에 미국이 기존의 모든 핵무기를 폐기해야 한다고 주장했다.

미국은 소련의 제안을 거부했다. 소련도 핵무기 개발에 착수했다. 마침내 소련은 1949년 9월 원자폭탄 실험에 성공했다. 미·소 간의 냉전은

---

4) 김진웅, 『냉전의 역사(1999)』, 비봉출판사, 31-32쪽.

이미 돌이킬 수 없는 단계에 이르고 말았다.

미·소 간 냉전의 제도화는 그리스와 터키 문제를 시발점으로 한다. 당시 그리스에서는 영국의 후원을 받는 우익 정부와 공산세력이 내전 중이었다. 이 내전에서 정부 쪽이 점차 궁지에 몰렸다. 터키는 다다넬즈 해협의 지배권을 이양하라는 소련의 압력을 받고 있었다. 영국이 두 나라를 지원해 왔으나 경제적인 사정이 어려워 1947년 3월 31일자로 경제적·군사적 원조를 중단한다고 이 해 2월 21일 미국에 전달했다.

미국 정부는 소련의 영향력이 동지중해 지역으로 확산되는 것을 막기 위해 영국의 역할을 떠맡을 수밖에 없다고 생각했다. 2월 27일 트루먼 미국 대통령은 상·하 양원 합동회의 연설을 통해 그리스와 터키에 대한 4억 달러의 원조자금을 요청했다. 그는 세계가 민주주의와 전체주의의 '두 생활방식' 가운데 하나를 선택하지 않으면 안 된다고 역설했다. 미국 언론은 트루먼의 연설 내용에 심상치 않은 뜻이 담겨있음을 주목하고, 이를 '트루먼 독트린'이라고 표현했다.

트루먼 독트린에 따른 미국의 원조는 성공적인 결과로 나타났다. 그리스 내전은 1949년 10월 공산계 반란세력의 항복으로 끝났다. 터키도 미국의 원조와 지원에 힘입어 소련의 다다넬즈 해협의 공동 관리 요구를 거부했다. 미국의 자신감은 소련 봉쇄를 위한 종합적인 대서방 원조계획인 마샬플랜으로 나타났다.

전후 유럽은 경제적으로 매우 어려웠다. 미국은 소련의 영향력 확산을 막기 위해 유럽을 도와줘야 한다고 생각했다. 마샬 미 국무장관은 1947년 6월 5일 하버드대학의 졸업식 연설에서 "자유로운 제도들이 존재할 수 있는 정치적·사회적 상황의 조성을 위한 경제적 부흥"을 촉진하기 위한 유럽에 대한 경제원조를 제의했다. 미 상원은 1948년 3월 유럽 원조를 골자로 한 경제협력법을 승인했다. 이로부터 1952년까지 서유럽에 대한 경제원조가 '마샬플랜'이라는 이름으로 총 120억 달러의 규모로 이루어졌다.

　마샬의 유럽 경제원조 제의가 있은 지 얼마 후 소련을 봉쇄해야 한다는 주장이 나왔다. 조지 케넌은 <포린 어페어스> 1947년 7월호에 「소련 외교정책의 원천」을 발표했다. 그는 논문에서 "미국의 소련에 대한 정책은 소련의 팽창주의 경향에 대하여 장기적이고 인내심 있는, 그러나 강력하고 결코 방심하지 않는 봉쇄정책이어야 한다"고 미국의 대소 봉쇄정책을 역설했다.

　그의 봉쇄정책 논리는 전후 미국 외교정책의 기본 토대가 됐다. 마샬 플랜을 비롯해 북대서양조약기구의 창설, 한반도 전쟁의 개입, 아이젠하워 독트린, 베트남 전쟁에의 개입 등으로 이어지는 미국 외교정책을 정당화하는 데 그의 논리가 적용됐다.5) 마샬을 비롯한 미 관리들은 소련을 비난하면서 진지한 협상보다는 '힘의 상황'을 만들어내는 데 관심을 기울였다.

　스탈린은 서방국가들과의 협조관계를 바탕으로 전후 독일의 위협을 방지하고, 유럽에서의 세력균형을 유지하려는 정책이 불가능하다는 인식을 갖게 됐다. 그는 소련과 사회주의권의 보호를 위한 적극적인 정책으로 전환했다. 이에 따라 소련은 서방 측의 위협에 맞서 1947년 10월 코민포름을 구성했다.

　미·소 간의 대립과 긴장은 서로 상승작용을 불러일으켰다. 미국이 정치적·경제적 봉쇄에 이어 군사적 봉쇄로 봉쇄의 벽을 높였다. 1949년 4월 4일 미국 워싱턴에서 미국, 영국, 프랑스, 캐나다 등 12개국의 북대서양조약 조인이 이루어졌다. 북대서양조약기구, 나토(NATO)가 등장한 것이다. 1955년에는 서독이 가맹국으로 가입했다.

　서유럽연합결성(1954)에 이어 서독의 나토 가입이 이루어지자 이에

---

5) 김진웅, 『케넌과 미국 봉쇄정책의 대두』, 143-160쪽.

맞서 1955년 5월 14일 소련과 동유럽 7개국이 바르샤바에서 군사동맹 조약인 '우호협력상호원조조약'을 체결했다. 나토와 바르샤바조약 기구의 군사적 냉전 대결 구도가 형성됨으로써 '냉전 시대'가 고착된 것이다.6)

나. 한반도 전쟁과 군산복합체

1950년 6월 25일 북한의 침공으로 3년 1개월에 걸쳐 벌어진 한반도 전쟁은 한반도 전체를 폐허로 만들었다. 전쟁에서 사용된 폭탄이 제1차 세계대전과 맞먹는 양이라는 주장도 있다. 제1차 대전보다 전쟁 기간도 1년여 정도 짧은 데다 유럽보다 훨씬 좁은 한반도에서 비슷한 양의 폭탄이 사용된 것이라면 전쟁은 그만큼 혹독한 것이었던 셈이다.

소련의 통계로는 북한 인구의 11.1%인 113만 명, 남북한 합쳐 250만 명이 전쟁으로 사망했다. 한반도에서는 80%가량의 산업·공공·교통 시설이 파괴되고, 정치·경제적으로 암흑기가 초래됐다. 처참한 전쟁의 결과는 통일이 아닌 또다시 분단이었다. 전쟁 이후 중심부인 미국과 소련의 냉전이 주변부인 한반도로 이전, 증폭돼 지구상 그 어느 곳보다도 가장 치열하게 전개됐다.

한반도 전쟁은 예고된 전쟁이었다. 1948년 8월과 9월 통일민족국가의 수립이라는 민족적 염원을 저버린 채 남한과 북한에 각각 단독정부가 들어선 이후 동족상쟁의 재앙을 불러온 무력통일론이 남북 양쪽에서 점차 노골적으로 거론됐다. 1949년 10월 22일 이승만 대통령은 "북

---

6) 조약국은 알바니아·불가리아·헝가리·동독·폴란드·루마니아·체코슬로바키아·소련이었다. 1955년 6월 6일에 발효되었는데 1968년 알바니아가 탈퇴했다. 1990년에는 독일의 통일과 함께 동독의 탈퇴를 기화로 소련과 동유럽의 자유화에 따라 1991년에 해체되었다

진통일은 충분히 가능하며 실행할 것"이라는 담화문을 발표했다. 신성모 당시 국방장관은 전쟁이 나면 "점심은 평양에서, 저녁은 신의주에서 먹을 수 있다"고 전쟁의 승리를 호언장담했다. 전쟁 위기는 내란 상태로 악화돼 폭발 직전에 이르렀다.

전쟁 3일 후인 6월 28일 새벽, 북한군 탱크가 서울 중심부에 나타났다. 신성모 국방장관의 지시로 이날 새벽 2시 30분 한강의 단 하나뿐인 한강철교가 폭파되고, 이승만 정권은 대전으로, 7월 1일에는 다시 이리로 도망쳤다. 예고도 없이 느닷없는 한강철교 폭파로 50대 이상의 차량이 한강 물에 빠지고 최소 500명 이상이 폭사했으며, 국민은 오갈 수 없게 됐다. 이승만 정권은 폭파 파문이 커지자 철교를 폭파한 공병감 최창식 대령을 9월 21일 사형시켰다.7)

무초 주한 미 대사는 한국군은 완전히 아수라장이 되었으며, 정부는 거의 분해된 상태라고 보고했다. 한국군은 지휘부가 상실됐으며 질서정연한 후퇴를 위한 계획이 있지 않아 완전한 혼란 상태에 직면해 있다는 맥아더 장군의 보고서가 워싱턴 시간으로 6월 30일 미 합참 본부에 접수됐다. 트루먼 대통령과 미국의 고위관리들은 세계 공동체의 평화와 안보, 그 자체가 남한에 달려있다는 데 의견의 일치를 보았다. 그들은 북한의 공격을 "세계 공산주의" 계획의 일부라고 미국인들에게 설명했다.8) 미군은 1945년 9월 남한에 도착해 전쟁에 개입했다.

미국은 한반도 전쟁 개입을 미국이 세계 문제에 어느 정도 개입해야

---

7) 신성모 국방장관의 지시로 예고도 없이 한강철교가 폭파됨에 따라 인명 살상은 물론 병력과 물자 수송에 막대한 차질이 빚어졌다. 이에 대한 비판이 들끓자 이승만 정권은 8월 28일 폭파 책임을 맡았던 공병감 최창식 대령을 '작전비행죄'로 체포해 9월 21일 사형을 집행했다. 최창식은 12년 만에 재심을 거쳐 1962년 무죄 판정을 받아 사후 복권됐다.

8) 제임스 I. 매트레이, 앞의 책, 294-305쪽.

할 것인지 측정하는 실마리로 보았다. 한반도는 전후 미국의 대외정책의 전환에서 중추적인 역할을 담당했던 셈이다. 미국 대외정책의 기조가 된 봉쇄전략이 처음 한반도 전쟁에서 적용된 것이다. 트루먼과 애치슨은 1950년 4월 14일 미 국가안전보장회의에 제출된 '국가안전보장회의 문서 제68호(NSC-68)'에 따라 세계 공산주의를 겨냥한 전면적인 공세의 일환으로 북한군의 격퇴를 결정한 것이다. 무엇보다도 한반도 전쟁이 미국에 결정적으로 끼친 영향은 미국 군산복합체의 본격적인 등장이다.

한반도 전쟁을 계기로 1950년대에 미국 군산복합체가 전례 없이 출현하기 이전의 미국인들은 대규모 상비군의 유지를 전혀 지지하지 않았다. 미국은 건국 이후 수많은 전쟁을 치러왔지만, 항상 대규모 상비군이나 군사시설을 갖추는 데 반대해 왔다. 조지 워싱턴은 독립전쟁이 끝나자 군대를 완전히 해산시켜 군인들을 귀향시키고, 대규모의 정규군은 "한 나라의 자유에 있어서 항상 위험한 존재로 생각될 수 있다"고 말했다. 미 의회도 1784년 6월 같은 취지의 결의안을 통과시켰다. 그 요지는 "평화시의 상비군은 공화제 정부의 원리와 모순되고, 자유주의 국가 국민의 자유에 대해 위험스런 존재이며, 일반적으로 독제제의 수립을 위한 파괴적인 기관으로 바뀐다"는 것이었다.

미국 군대는 남북전쟁과 두 차례의 세계대전 중에 수백만 명의 시민군으로 크게 확대되었지만, 전쟁 후 몇 달 내지 몇 년이 지나지 않아 축소됐다. 미국의 군인은 1904년만 해도 5만3천 명, 제2차 세계대전 직전에는 13만9천 명이었다. 미국 군대는 전쟁을 할 때마다 증가했지만, 1941년까지는 다른 강대국들에 비해 규모가 적었고, 자금 공급도 초라했으며, 영향력도 크지 않아 별로 존중받는 직업이 아니었다.

1947년 트루먼 독트린과 마샬플랜이 환상적으로 나왔지만, 트루먼과 그의 고문들은 여전히 광범위한 영역에 걸친 전 세계적인 노력을 뒷받침할 자금이 없었다. 세계 경제의 회복 문제도 1944년 탄생한 브레턴 우즈 체제의 기구들(세계은행과 국제통화기금)로 해결되지 않았다. 1950년 들어서도 연합국들의 경제가 제대로 성장을 하지 못했다. 이에 애치슨이 주도한 국가안전보장회의 문서 제68호를 통해 군사적 케인주의 경제의 묘안이 나오게 된 것이다. 이런 위기를 구해준 것이 바로 한국전쟁이었다.

애치슨에 따르면 "한반도 전쟁이 발발한 것은 우리(미국)을 구한 위기"였다. 애치슨은 한반도 전쟁은 "부분적으로는 과거 몇 개월 동안 비공식적인 자리에서 긴급한 것으로 건의하던 정책을 공개적으로 채택한 기회였다"고 고백한다.9) 한반도 전쟁이 일어난 덕분에 국가안전보장회의 문서 제68호가 승인받을 수 있었고, 미국 국방비를 네 배로 늘린 예산안이 미 의회를 통과할 수 있었던 것이다. 이뿐만 아니라 이후 내내 미국의 세계적 영향력의 근간이 돼준 엄청난 해외 군사기지 체계와 이에 군사 장비를 공급할 미국의 군산복합체의 동인(動因)이 된 것이 제2차 세계대전이 아니라 한반도 전쟁이었다.10)

미 국가안전보장회의 문서 제68호로 미국의 오랜 군사비 논쟁을 끝내기 전까지 미국의 국가적 생존에서 군대는 결코 중대한 요소가 아니었다. 1940년대 말 미국의 국방예산은 대략 130억 달러 수준에 머물고 있었다. 한반도 전쟁 중인 1951년 미국은 국방비에 현재 가치로 6500억 달러를 썼다.

1950년 6월 이후의 미국의 대외정책은 결정적으로 군사적인 색채를

---

9) 제임스 I. 매트레이, 앞의 책, 303쪽,
10) '국가안전보장회의 문서 제68호'는 공산주의 확산의 저지, 즉 봉쇄를 최우선의 목표로 군비 증대와 수소폭탄의 개발, 동맹국에 대한 군사적 지원 확대를 옹호한 문서로서 미국의 냉전정책을 잘 보여주는 문서다. 브루스 커밍스, 앞의 책, 284-285쪽.

띠게 됐다. 한반도 전쟁 전에는 북대서양조약기구(NATO)의 계획은 느리고 무관심한 상태에서 비능률적으로 진전되고 있었다. 그러나 한반도 전쟁에 군사적으로 개입한 이후로 미국은 유럽에도 전투 부대를 파견하고, 서독의 재무장을 끈질기게 옹호하면서 통합사령부를 창설할 수 있었다.

한반도 전쟁 발발 이후 군사적 대비에 대한 미국 워싱턴 행정부의 집념은 방위비 지출 정책의 극적인 전환으로 나타났다. "한반도 전쟁"은 미 의회 지도자들이 별 불평 없이 국방비 지출의 급격한 증액을 승인해줌에 따라 미국의 새로운 대규모 군사 예산 시대를 열었다고 할 것이다. 미국인들은 트루먼이 한반도 전쟁의 의미를 범세계적인 차원에서 평가함에 따라 이처럼 거대한 변화를 저항 없이 받아들였다.

애치슨 미 국무장관은 1951년 한반도 전쟁 이후의 세계 평화는 집단안보의 효능성을 끊임없이 재확인하는 가운데 이루어질 것이라고 주장하면서 장래 미국의 대외정책 방향을 예고했다. 세계 어느 지역에서든 정치적 불안의 징조가 나타나면 이는 국제 평화와 안정에 대한 소련의 위협이라고 그 성격을 규정하고, 이를 용인하는 것은 커다란 위협을 수반하는 것으로 보았다. 한국에 미 지상군을 파견한 트루먼의 결정은 미국이 군사적 수단으로 범세계적 평화와 안정을 보존하려는 '십자군의 시작'을 의미하는 것이었다.

1961년 1월 17일 아이젠하워 미국 대통령은 이임연설에서 "350만 명을 국방 체계에 고용하고 '미국의 모든 기업의 순이익'보다도 더 많은 자금을 투입하여, 우리는 어쩔 수 없이 엄청난 규모의 영구적인 군수산업을 만들어 낼 수밖에 없었다"고 군산복합체를 비판했다. 그는 마지막 기자회견에서 군수산업의 침투력이 지나치게 뛰어나 "우리의 정신까지도 시나브로 뚫고 들어와 나라가 하는 유일한 일은 무기와 미사일을 만드는 것이라고 미국인들이 생각하게 만들었다"고 지적했다.

그는 "우리는 정부 내의 여러 회의에서 군산복합체가 가하는 부당한 압력을 경계해야 한다. 이 세력이 급격히 팽창하여 파멸적인 결과를 초래할 가능성은 현재에도 존재하며, 앞으로도 계속 존재할 것"이라고 경고했다. 그러나 '군산복합체가 전 세계의 평화를 위협하고 있다'는 비판이 거세질 정도로 군산복합체의 영향력은 커져만 갔다. 이런 군산복합체의 본격적인 등장의 계기가 바로 한반도 전쟁이었다.

다. 정전협정체제와 냉전의 완성

1950년에 일어난 한반도 전쟁에서 남북한은 엄청난 인명 피해는 물론, 국토는 처참할 정도로 파괴되고, 경제적인 손실도 참으로 막대했다. 이와는 대조적으로 미국은 많은 미군들의 살상 피해에도 불구하고 미국 경제의 회복과 경제 재건의 큰 이득을 보았다. 2차 대전 과정에서 거대해진 미국의 군수산업이[11] 전쟁 후 판매시장을 찾지 못해 미국 경제는 하향곡선을 그렸다. 이런 경기침체를 해결해준 것이 한반도 전쟁이었다. 일본도 한반도 전쟁에서 군수물자 보급기지의 역할을 맡아 세계 대전 이전의 경제 수준으로 회복할 수 있었다.

한반도 전쟁 당시 로브트 로베트 국방장관은 록펠러 투자은행인 브라운브라더스해리먼의 중역이었다. 전쟁정책과 전략을 수립한 리지웨이 장군은 록펠러의 동지인 멜런가의 멜런공업연구소 사장이었다. 딘 에치슨 국무장관은 유엔 원자력위원회 위원장을 역임한 듀퐁의 고문변호사였다. 이처럼 군산복합체와 관련된 사람들이 한반도 전쟁을 지휘

---

11) 2차 대전 중 미국의 전비 총액은 2,450억 달러에 달하는 천문학적인 수치다. 과거 미국의 50년간의 국가 예산보다도 많은 액수였다. 이런 엄청난 돈의 70% 이상이 군산복합체의 모건, 록펠러, 듀퐁가로 흘러 들어갔다.

했다.

그러나 한반도 전쟁은 1년도 채 지나지 않아 애초의 경계선이었던 북위 38도선을 중심으로 고착 국면에 들어갔다. 미국은 소모전이 길어지면서 막대한 피해가 발생해 난감한 처지에 놓였다. 정전협상이 개시되기 직전인 1951년 6월까지 미국은 7만 8,800명의 인명 손실, 100억 달러를 상회하는 전쟁 비용을 감당하는 처지가 됐다. 이는 미국이 2차 세계대전 첫 1년 동안 입은 손실의 두 배가 넘는다.[12]

그럼에도 전쟁 승리의 전망은 보이지 않고, 미국 내 여론도 부정적이었다. 미국은 군사적 해법 대신 정치적 협상을 모색하기 시작했다. 1951년 6월 들어 미국은 본격적으로 소련과 물밑 접촉을 시도했다. 6월 1일과 5일 전직 소련 주재 미국 대사였던 조지 케넌은 야코프 말리크 유엔 주재 소련 대사를 만나 정전에 대해 논의했다. 그 결과 형식적으로는 전쟁 당사국이 아니었던 소련이 먼저 정전협상을 제안하기로 합의를 보았다.

전쟁에서 미국과 중국 어느 쪽도 상대방을 완전히 굴복시키지 못하고 전선이 고착화됨에 따라 현상 유지 차원에서 정전협정이 추진됐다. 1951년 6월 16일 트뤼그베리 유엔사무총장이 휴전을 보장하는 성명을 발표했고, 23일에는 말리크 대사가 라디오 방송 연설을 통해 휴전을 암시했으며, 27일에는 안드레이 그로미코 소련 외무차관이 휴전을 제안하는 성명을 발표했다. 이에 6월 30일 리지웨이 사령관은 유엔군 총사령부 방송을 통해 휴전협상을 제안했고, 7월 1일 김일성 주석과 펑더화이 중국 인민지원군 총사령관이 공동명의로 동의를 나타냈다.

그러나 이승만 대통령은 이런 움직임을 격렬히 반대했다. 이 대통령

---

12) 김상원 외, 『휴전회담 개막과 고지쟁탈전』, 국방부 군사편찬연구소, 2012, 28쪽.

은 정전논의가 본격화되기 전인 1951년 3월 24일 유엔군이 중국 국경까지 진격하기 전까지 정전을 해서는 안 된다고 담화문을 발표했다. 6월 9일에는 38선 휴전 결사반대를 선언한 데 이어, 6월 27일에는 그로미코 차관의 휴전 제안 성명도 거부했다.

마침내 유엔군과 북한군, 중국 인민지원군은 한국 정부를 배제한 채 7월 8일 개성 북쪽 래봉장에서 예비회담을 열고 곧바로 10일 본회담에 들어갔다. 유엔군이 북한, 중국 인민지원군과 정전회담을 개최하기로 한 과정은 전적으로 미국의 판단 아래 이루어졌다. 트뤼그베 리 유엔 사무총장의 입장도 "미국은 유엔 총회나 안보리의 추가적인 허가나 지침 없이 정전이나 휴전협정을 체결할 권리를 갖는다"는 것이었다.

1951년 7월 정전회담이 이렇게 시작돼 2년 뒤인 1953년 7월 27일 정전협정이 체결·발효됐다. 문제는 교전 당사자들의 합의에 의해 단기간 부분적·일시적 적대행위를 중지한다는 것이 정전협정의 본질이라는 점이다. 전쟁이 완전히 종료된 평화상태가 아니라 전쟁이 일정 기간 중지된 것이다. 한반도 평화와 관련해 협정은 3개월 이내 쌍방이 고위급 정치회의를 소집해 한반도에서의 모든 외국 군대의 철수, 한반도 문제의 평화적 해결 등을 협상하도록 규정했다. 이승만은 정전협정 체결 후에도 북한에 대한 군사적 도발 위협을 계속하면서 정전협정에 의거하여 협정 발효 3개월 후인 1953년 10월 28일, 늦어도 1954년 1월 25일까지 평화회담이 열리지 못한다면 전쟁을 개시해야 한다고 주장했다.

미국과 중국, 그리고 북한 간의 평화회담 개최를 위한 준비협상이 1953년 8월 7일 시작됐다. 준비협상은 1954년 1월에 이르러 정전협정의 합의사항을 이행하는 문제에서 결렬의 위기를 맞았다. 합의사항인 외국 군대 철수, 포로교환의 이행이 불가능해졌기 때문이다. 1953년 10월 한미 상호방위조약 체결, 1954년 1월 이승만의 반공포로 석방으로 합의사항이 이미 무의미하게 돼 버린 것이다.[13]

강대국들은 한반도 평화나 정전협정의 이행이 아닌 국제평화의 정착에 관심이 있었다. 마침내 미국, 영국, 프랑스, 소련이 1954년 1월 25일-2월 18일 베를린 외상회담을 갖고 회담 개최를 주장했다. 미국의 목적은 동북아의 평화정착, 즉 세력균형을 이루자는 것이었다. 남한은 무력 또는 흡수 통일을 하려는 속셈이었다. 남한은 북한 지역만의 총선과 주한미군을 그대로 둔 채 총선 전 중국군의 철수 등 공산진영이 도저히 받아들일 수 없는 주장을 고집해 회담을 결렬시키려고 했다.

자본주의 진영 국가들 간의 기본입장 정리도 되지 않은 채 1954년 4월 26일 제네바 한반도 평화회담이 개최됐다. 회담은 난항을 거듭했다. 동·서 양 진영의 국가들이 자신들의 입장을 고수할 수밖에 없었기 때문이다. 남한이 미국의 제안을 시종일관 거부함에 따라 한·미 간의 갈등도 심하게 나타났다.

미국 대표단은 이미 세력분할과 균형이 이뤄진 당시의 현상을 유지하기 위해 회담을 합의에 의해 결렬시키는 방법을 모색했다. 소련도 미국 대표단에게 두 개의 한국의 공존을 언급했다. 1954년 6월 10일 회담의 결렬에 대한 자본주의 진영의 합의가 이루어졌다. 마침내 이 해 6월 15일 제15차 전원회의에서 한반도 문제에 대한 유엔의 역할을 집중적으로 강조하는 16개국 공동선언문이 일방적으로 발표됐다. 제네바 평화회담은 결렬되고 말았다.

제네바 평화회담의 명목상 목적은 한반도 문제의 평화적 해결이었지

---

13) 북미 쌍방은 정전협정문 제2조에서 "모든 군대와 무기의 한반도 경내 진입을 금지"했고, 제4조에서 "3개월 내에 한 급 높은 정치회의를 소집하고 모든 외국군대 철수 및 한반도 문제의 평화적 해결을 협의"하기로 약속했다. 그러나 미국은 1953년 10월 1일, 한미상호방위조약을 체결했다. 한미상호방위조약에서 미국 육·해·공군의 한국 주둔을 결정함에 따라 미국은 67일 만에 정전협정을 휴지조각으로 만들었다.

만, 실제로는 분단 현상의 유지였다. 따라서 그 결과는 분단의 고착이었다. 제네바 회담은 정전협정체제의 재확인이었다. 제네바 회담에서 미국과 중국이 인식하는 동북아시아의 평화는 두 나라의 세력균형이 유지되는 현상, 즉 한반도 분단의 유지를 의미했다.

1953년 7월 27일 체결된 정전협정과 함께 한반도에는 정전협정체제라는 새로운 국제질서가 형성되는 계기가 됐다. 한반도 정전체제는 단순히 남북관계에만 그치는 것이 아니라 동북아 지역의 국제정치적 구조와 성격에 밀접하게 연결되어 있는 것이다. 첫째, 한반도 정전체제의 등장은 동아시아 냉전체제의 완성을 의미한다. 한반도 분할 점령과 중국의 공산혁명 및 양안 분단으로 점차 심화되던 동북아 지역 냉전은 한반도 전쟁을 통해 폭발했다가 종전을 계기로 봉합되고, 한반도 정전체제의 등장과 함께 하나의 지역 냉전체제로서 고착되기에 이르렀다.

둘째로, 1953년 한반도 냉전체제를 계기로 냉전의 최전선이 돼버린 한반도를 둘러싸고 국제적인 냉전 환경이 더욱더 첨예해졌다. 한반도를 중심으로 동북아 냉전 구도인 한·미·일 '남방 삼각구조'와 북·중·소 '북방 삼각구조' 간의 대립 구도가 형성된 것이다. 한·미·일의 '남방 삼각구조'는 1950년대 초에 형성된 한미 안보조약과 미일 안보조약의 토대 위에서 1965년 한일협정으로, 북·중·소의 '북방삼각구조'는 1950년 중소동맹의 토대 위에서 1961년 조·중 우호조약과 조·소 우호조약으로 완성됐다. 이런 대결구도는 20세기 말 세계 차원의 냉전체제 붕괴 이후에도 한반도에서 평화체제의 구축을 불가능하게 만들었으며, 지역 차원에서 냉전적 대결구도가 상당기간 지속되는 토양이 됐다.[14]

미국은 이런 냉전의 토양을 바탕으로 패권국가의 위상을 확고히 구

---

14) 이승열, 「정전체제와 평화체제: 60년의 남북관계」, 『2013년 북한연구학회 하계학술회의 발표문』, 14쪽.

축해 나갔다. 미국은 냉전의 결과 명실공히 패권국가가 된 것이다. 냉전에서 가장 큰 혜택을 본 나라가 미국이다. 이에 못지않게 냉전의 혜택을 본 나라가 일본이다.

라. 정전협정체제와 일본의 부활

미국은 1940년대 후반 냉전을 주도하면서 공산주의 팽창을 저지하기 위해 일본을 부흥시킬 경제동맹 전략을 펼쳤다. 이 경제전략에 따라 일본은 서유럽의 반대에도 불구하고 미국의 지원을 받아 IMF와 GATT 등 국제경제기구의 일원이 될 수 있었고, 방대한 미국 시장의 대일 개방이라는 특혜를 누렸다. 미국이 펼친 이런 일본과의 경제동맹전략의 결과와 한반도 전쟁의 특수로 일본은 1950-1960년대 10% 내외의 경제성장률을 기록했다. 1955년 일본의 총 수출에서 대미 수출이 차지하는 비율은 약 23%였으며, 1984년에는 35%까지 확대됐다.[15] 일본은 냉전의 과정에서 세계 제2위의 경제대국으로 등장할 정도로 냉전의 이득을 톡톡히 본 수혜국이다.

1950년 2월 1일 중국과 소련이 우호동맹조약을 맺은 것은 동북아 냉전이 전쟁으로 향하는 계기로 작용했다. 미국은 이 조약이 미국과 일본을 향한 것으로 받아들인 것이다. 미국은 이 해 6월 13일 소련과 함께 북한과 중국 등 아시아 공산주의를 적으로 상정한 '건파우더(Gunpowder)'를 채택했다.

이와 아울러 미국은 미군이 일본에서 한반도로 출동한 이후의 일본 국내 치안용으로 한반도 전쟁이 일어난 지 2주일 후인 1950년 7월 8일

---

15) 김기수, 「미·중·일 삼각관계와 동북아시아 전략균형: 새로운 국제정치경제틀의 모색」, 『세종정책연구』 제4권 1호(2008년), 89-91쪽.

78,000명의 일본 경찰예비대를 만들었다. 이 경찰예비대가 바로 일본 자위대의 기원이 됐다. 이처럼 미국은 한반도 전쟁을 북한과 중국, 소련에다 일본을 포함한 동북아 차원에서 인식했다.16)

샌프란시스코 평화조약을 거쳐 국제사회에 복귀한 일본은 한반도 전쟁 발발과 동시에 미군의 반격을 위한 출격기지가 됐다. 한반도 전쟁에서 전개된 공중으로부터의 공격은 주로 16개의 일본 공군기지로부터 발진한 미 폭격기와 전투기에 의존한 것이었다. 일본은 한반도 전쟁 전 과정에서 보급, 수송의 중계기지, 군수물자의 수리 및 생산기지, 훈련 및 휴양기지 등 후방지원기지의 역할을 수행했다.

일본의 이러한 후방지원 과정에서 일본인이 동원됐다. 일본인 노무자의 '참전'은 약 8천명 규모였다. 이는 참전 16개국 가운데 상위 6위의 규모다. 기뢰를 제거하는 소해부대의 파견이 비밀리에 이루어져 일본인 해상보안청 직원들이 소해부대원으로 '참전'했다는 사실은 너무나도 잘 알려져 있다. 일본의 이런 전쟁 협력은 일본이 미국의 점령지였다는 조건에서 가능했던 것이며, 당시 국제법상 '국가'가 아니었기 때문에 일본은 '참전국'도 '교전국'도 아니었다. 일본은 단지 후방지원의 역할을 담당했을 뿐이다.

한반도 전쟁이 발발하자 6월 30일부터 F80 제트 전투기, F82 쌍발 무스탕, B26 경폭격기, C47, C46, C54 수송기 등 오키나와 5군, 제20 공군 소속의 비행기들이 오키나와 기지로부터 한반도 작전 참가 임무를 띠고 발진 출격했다. 전쟁 당시 오키나와의 존재를 고려하면, 전쟁의 범위는 동북아시아를 넘어 동아시아 수준으로 확대되어 있었다. 제2차 세계대전 오키나와 전투 와중에 건설되기 시작한 미군기지가 1950

---

16) 남기정, 「동북아시아 전쟁으로서 한국전쟁과 한일관계」, 『한반도 정전체제와 '전후' 일본(한국전쟁 70주년 학술회의)』, 서울대학교 일본연구소, 15쪽.

년대 초 '항구기지'로 변모된 것이 한반도 전쟁을 계기로 한 것이기 때문이다.

샌프란시스코 평화조약의 체결로 일본이 외교권을 회복하자마자 가장 먼저 매달린 과제가 정전의 전망과 이에 대한 일본의 개입이었다. 정전협상 막바지 무렵 일본 외상 오카자키 가쓰오(岡崎勝男)는 주일 미 대사 존 앨리슨을 만나 "이웃 나라로서 조선의 장래 운명을 결정할 정치회의에 어떤 형태로든 일본이 참가하는 것은 당연하다고 생각한다"고 말했다. 이에 대해 앨리슨 대사는 "(정치회담)참가국은 한반도에서 실제로 전투에 종사한 주요국"에 한정될 것이라고 말하면서도 잘 연구해 보겠다고 대답했다.

이후 뉴욕 주재 사와다 렌조(澤田廉三) 유엔 대사가 유엔 주재 각국 대사들을 상대로, 그리고 워싱턴 주재 아라키 에이키치(神木榮吉) 주미 대사가 미국 쪽 인사들을 만나 일본의 정치회담 참여를 설득하고 나섰다. 그러나 끝내 일본의 한반도 문제 관련 정치회담의 참가는 좌절됐다. 이에 대한 일본의 실망과 좌절감이 군사적 보통국가의 열망의 기원이 됐다.

일본 정부는 한반도 전쟁 발발 3주 후인 7월 14일 요시다 총리의 시정방침 연설을 통해 유엔 협력 방침을 천명했다. 그 논거로 동원된 개념이 '사상전(思想戰)'이라는 용어였다. 요시다는 한반도 전쟁을 자위전쟁의 대리전쟁으로 간주했으며, '사상전'의 의미는 여기서 비롯된다. 일본에 대한 외부의 위협은 유사 이래 조선반도를 경유한다는 것이 요시다의 인식이었다. 그에 따르면, 청일전쟁도, 러일전쟁도 모두 그 발단은 조선반도에 있었다는 것이다.

한반도 전쟁은 요시다 시게루와 일본사회당의 '공조'를 배경으로 일본 사회가 급격하게 우경화하는 계기로도 작용했다. 미군의 점령계획에 따라 전쟁의 책임을 지고 공직에서 추방됐던 옛 군인들과 우익들이 한반도 전쟁의 와중에 복귀한 것이다. 미군은 한반도 전쟁 수행에서 이들의 도움이 필요하다고 판단한 때문이었다. 다른 한편으로는 점령군과 함께 일본의 민주화 개혁에 앞장섰던 일본공산당과 재일조선인에 대한 탄압이 노골적으로 이루어졌다.

1955년 인도네시아 반둥에서 열린 아시아·아프리카 비동맹 정상회의가 열리게 된 중요한 계기도 한반도 전쟁이었다. 반둥회의의 목적은 아시아와 아프리카의 신생 독립국가들이 어떻게 하면 당시 격동하는 세계질서에서 자결권을 지킬 수 있는가에 있었다. 여기에서 첨예하게 제기된 문제의식의 하나가 어떻게 하면 이들 국가들이 '한반도의 운명'을 피할 수 있는가라는 것이었다. 강대국 중심의 당시 세계질서가 자신들의 내적 질서마저 규정하거나 결정하는 것을 어떻게 해야 막을 수 있느냐는 것이다. 버마의 지도자 우누이가 제기한대로 가장 첨예한 위기이자 자기파괴인 민족내전을 피하는 것이 당시 신생독립국의 핵심과제였다.17)

이처럼 한반도 전쟁은 20세기의 중·후반 세계질서의 성립에 결정적인 사건이었다. 특히 한반도 전쟁은 일본이 오늘날의 일본으로 자리잡는 데 있어 매우 중요한 사건이었다. 미국의 입장에서 일본은 소련과 중국을 포함한 국제사회주의 세력, 나아가 제3세계의 급진세력과의 대결에서 아시아의 핵심적인 전진기지가 되는 것을 의미한다. 지정학적인 의미에서 군사적으로는 일본의 미군기지화이며, 경제적으로는 미국 주도의 자본주의 경제체제에서의 일본의 경제재건이었다.

일본은 한반도 전쟁으로 인한 특수로 일본경제는 1952년에 거의 전

---

17) Richard Butwell, U Nu of Burma, Stanford University Press, 1963. 권헌익, 「한국전쟁과 오늘의 일본:개념사적 접근」『한반도 정전체제와 '전후' 일본(한국전쟁 70주년 학술회의)』, 서울대학교 일본연구소, 35-37쪽, 재인용.

전(戰前) 상태를 회복했으며, 무역도 착실하게 성장을 계속해 일본은 중국을 따돌리고 아시아 최대의 통상국가가 됐다. 1960년대 들어와서도 일본은 연평균 실질성장률 10.9%라는 경이로운 성장을 계속해 1960년 85억 달러였던 무역액은 10년 후 382억 달러로 증가했다. 일본 국민은 더 이상 패전국이 아니라 선진국이라는 자부심을 갖게 됐다.[18]

일본은 한반도 전쟁 초기에는 출격기지였고, 점차 수송기지, 보급기지, 나중에는 생산기지 등의 역할과 기능으로 확대되다가 사상전의 기지로 발전했다. 일본은 기지국가로서 한반도 외부에서 사상전의 수행을 자임했다. 일본인들은 국제사회에서 '자유주의'를 수호하는 역할, 즉 리버럴 인터내셔널 오더를 수호하는, 냉전의 전위로서의 역할을 했다는 인식을 갖게 됐다.

'기지국가' 일본이 사상전의 형태로 싸웠던 게 냉전이었다면, 전쟁터에서 백병전의 형태로 한국이 싸운 것은 정전(停戰)이었다. 한국 정부가 2018년 시작한 한반도 평화프로세스를 통해 정전을 극복하는 것을 목표로 삼았던 것과는 달리 일본은 냉전체제를 통해 유지되던 국제질서를 그대로 유지하자는 게 목표다. 한반도 정전체제의 유지를 전제로 '기지국가'에서 전쟁을 수행할 수 있는 '보통국가'로 발돋움하려는 일본과, 한반도 정전체제를 해체하고 '평화국가'로 나아가려는 한국 사이의 관계가 한일 간 갈등의 본질이다. 더욱이 미국과 함께 신냉전을 주도해 나가려는 일본의 입장에서는 한반도 정전체제가 그대로 유지되어야 할 대전제일 것이다.

---

18) 조진구, 「일본의 아시아 외교, 영토 그리고 독도 문제」, 『통일정책연구』 14권 1호, 193쪽.

2. 신냉전과 한반도 위기

가. 미국의 신냉전 주도

1990년 전후 소련·동유럽 체제 붕괴 이후 2001년까지 인류는 탈냉전의 시대를 살았다. 21세기 들어 국제사회는 주요한 전환기를 맞게 됐다. 부시 미 행정부의 등장과 함께 미국의 패권을 위한 일방주의 노선이 구체적인 전략과 정책으로 나타났다. 그 계기는 2001년 9·11 테러 사태였다. 미국이 중국 견제를 위한 일본과의 동맹 강화, 미사일방어체제(MD) 추진 등을 공세적으로 펴기 시작한 것이다.

2010년 중국 국내총생산(GDP)이 일본을 추월하고, 세계 2위로 올라서자 2011년 버락 오바마 미국 대통령은 아시아 재균형 정책을 천명했다. 미국의 '대중국 견제노선'이 점차 강화됐다. 미국의 신냉전 인식은 2017년 12월 트럼프 미 행정부가 작성한 미국의 국가안보전략에 잘 요약돼 있다. 미국 인식의 핵심은 중국과 러시아가 "미국의 안보와 번영을 해치려 시도하는 확실한 적대국가"라는 것이다. 미국 전략가들에 따르면, 중국과 러시아는 "세계 경제의 자유와 공정을 해치고, 자신의 군사력을 강화하며 엄격한 정보 통제를 통해 시민사회를 억압하고, 독재 정부의 영향력을 확대하려고 작정한 국가들"이다.[19]

마침내 2019년 7월 닉슨 기념관 연설에서 마이크 폼페이오 미국 국무장관은 중국 공산주의를 인류의 공적으로 규정하고, 중국 공산당 타

---

19) <프레시안> 2022년 8월 30일치.

도를 미국 외교정책의 새로운 목표로 설정하며 '신냉전'을 선포했다. 냉전의 망령은 무서운 기세로 부활했다.

미국 트럼프 행정부는 신냉전을 4개의 전선에서 동시에 전개했다. 첫째는 지정학적 전선이다. 중국이 군사력 증강을 통해 군사적 팽창 야욕을 내보이고 있으므로 동맹과 연대해 이를 봉쇄하겠다는 것이다. 과거 조지 캐넌의 논리에 따른 소련 봉쇄 정책을 중국을 대상으로 전개하려는 것이다. 둘째, 지경학적 전선이다. 중국의 보호주의 무역과 일대일로 구상이 국제시장 질서를 교란하고 교역 대상국에 피해를 주므로, 중국을 국제경제에서 고립시키는 무역과 투자 부문의 탈동조화(decoupling)를 가속화하겠다는 것이다. 셋째는 과학기술전선이다. 베이징이 국가주도의 공격적 과학기술 정책으로 기술 패권을 모색하므로, 국제사회와 기술동맹을 통해 중국을 견제해야 한다는 것이다. 마지막으로 이념 및 가치 전선이다. 중국 공산당은 공산주의 이념 확산은 물론 중국식 권위주의 정치 모델의 비호세력으로 기능하고 있으므로 이에 대한 국제사회의 집단적 대응이 필요하다는 것이다.

신냉전 기류는 미국의 대중국 정책이 이념 중심으로 변화한 데서 비롯된다. 미국은 서방 진영의 세계적 전열을 가다듬으려는 목적으로 2021년 12월 9-10일 '민주주의 정상회의'를 열었다. 미국은 패권적 위상을 재정립하겠다는 전략 아래 세계질서를 신냉전 구조로 재편하고, '선한 자유민주주의 진영'과 '악한 권위주의 체제'로 양분함으로써 미 패권의 장애물인 중국 공산당 권력과 러시아 푸틴 정권을 국제사회로부터 고립 차단하려는 것이다.

미국의 대중국 포위망 구축 전략은 외교·군사적인 차원에서 2020년 8월 미국, 일본, 인도, 오스트레일리아 등 4개국을 통합한 군사협력기구인 쿼드(Quad) 출범으로 나타났다. 특히 미국이 2021년 9월 인도태평양 지역의 안보 증진을 목적으로 영국, 호주와 함께 외교안보 3자 협의체인 군사동맹체, '오커스(AUKUS)'를 발족시키자 중국이 거센 반발을 하고 나섰다. 아프가니스탄 철군 이후 중국 견제에 집중하고 있는 미국이 1958년 이후 63년 만에 처음으로 '핵 비확산 체제'에 예외까지 두며 호주의 핵추진잠수함 개발과 보유를 지원하기로 했기 때문이다. 리하이둥 중국외교학원 국제관계학과 교수는 "미국은 오커스를 핵심으로 아시아태평양 지역에서 나토와 같은 동맹을 구축하고 있다. 이를 둘러싼 한국, 일본과의 동맹, 가장 바깥에는 쿼드를 두고 있다"며 중국이 직면한 위협과 도전은 심각하다고 설명했다.

미 백악관이 2022년 4월 5일 오커스 정상들의 공동성명에서 극초음속 미사일 대응 능력, 전자전 능력에 대한 3국 협력을 하기로 선언했다고 밝히자 중국은 제2의 우크라이나 사태를 촉발시키지 말라며 반발했다. 오커스의 극초음속 미사일 개발 협력 선언은 각국들의 무기 경쟁을 가속화할 것이라는 우려가 많다.[20] 오커스 군사동맹체가 미국 민족주의의 뿌리인 앵글로 색슨 민족주의의 발현이라는 점에서 세계 각국들의 민족주의적 각축과 군비경쟁을 촉진시킬 가능성이 높다.

2023년 5월 19-21일 일본 히로시마에서 열린 미국, 영국, 독일, 이탈리아 등 G7 정상회의에서 '중국, 러시아 위협론'이 거론됨으로써 신냉전 갈등이 심화되고 있음을 보여주었다. G7 정상회의는 중국과 러시아가 "규칙에 기반한 국제질서에 위협을 제기한다"고 규정하고, "규칙에 기반한 국제질서"를 보존하기 위해 G7이 집단적 대응을 강화하기로 한 것이다. G7은 중국에 대한 대응을 조율하기 위한 플랫폼을 발족시켰다.

미국은 인공지능(AI)과 반도체, 양자컴퓨팅 등의 첨단 기술이 중국의 군사부문으로 연결되는 것을 우려해 이와 관련된 자본의 중국 유입

---

20) <뉴스1> 2022년 4월 22일치.

을 막아섰다. 조 바이든 미국 대통령은 2023년 8월 9일 미국의 자본이 중국의 첨단 기술 분야에 투자하는 것을 규제하는 내용의 행정명령에 서명했다.[21] 미국이 이런 투자기술 자본투자 제한에 나선 것은 중국이 앞세우는 '기술굴기'의 '싹'을 자르기 위한 조치로 분석된다.

이와 함께 바이든 행정부는 이런 대중국 견제 행보에 한국을 비롯한 동맹국의 참여를 강하게 촉구하고 나섰다. 월스트리트저널(WSJ)은 "미국은 유럽과 아시아 동맹국들에게 대중국 투자를 제한하는 유사 조치를 취하도록 압력을 가하고 있다"고 분위기를 전했다. 그러나 각국의 대응은 나라별로 다른 상황이다. 일본도 자국민과 기업의 대중 투자와 관련한 법 개정에 나설 뜻이 없는 것으로 알려졌다.

중국은 미국의 규제에 대해 즉각 반발했다. 류펑위 주미 중국 대사관 대변인은 "중국은 미국이 무역과 과학, 기술을 정치·무기화하고, 정상적인 경제 교류를 고의로 방해하기 위해 국가안보를 남용하는 것을 반대한다"고 비판했다. 뉴욕타임스(NYT)는 "바이든 행정부는 이번 조치가 국가안보를 지키기 위한 맞춤형 조치라고 강조했지만, 중국은 이를 자국의 부상을 억제하기 위한 더 광범위한 정책의 일환으로 볼 것"이라며 "이미 수출 통제는 중국의 보복을 촉발했다"고 전했다.

이에 앞서 미국 상원은 2021년 6월 9일 대중국 견제 정책을 총망라한 '중국 견제법'을 압도적으로 통과시켰다. 통과된 '미국 혁신·경쟁 법안'의 핵심 내용은 중국과 치열한 경쟁을 벌이고 있는 핵심 첨단 분야 등에 2500억 달러(약 280조원)을 투입한다는 것이다. 법안의 초점은

---

21) 행정명령의 골자는 중국을 비롯한 홍콩, 마카오 특별행정구를 '우려국가(country of concern)'로 규정하고, AI, 첨단 반도체, 양자 컴퓨팅 등 3개 분야의 매출이나 순이익, 투자, 영업비용 등이 전체 사업에서 50% 이상인 중국기업에 대한 직접 투자를 금지, 제한하는 것 등이다. <아시아경제> 2023년 8월 10일.

첫째, 국제적 산업 공급망에서 대중 의존도를 줄이는 한편, 첨단기술 분야에서 미국의 우위를 유지한다는 것, 둘째, 외교 측면에서 대중국 견제와 대만과의 관계를 강화한다는 것 등이다. 미 정치권이 '반중(反中)'이란 목표아래 초당적 협력에 나섬으로써 미·중 대결구도가 한층 심화되고 있음을 드러냈다. 중국의 전국인민대표회의 외사위원회는 성명에서 "해당 법안은 냉전적 사고와 이념적 편견에 사로잡혀 중국의 발전방식과 국내의 정책을 음해했다"며 "이른바 '혁신'과 '경쟁'을 내세워 중국의 내정을 간섭하고 발전을 가로막으려는 행태에 강력 반대한다"고 주장했다.[22]

미·중 간 기술 패권경쟁은 국제정치의 가장 큰 화두로 떠올랐다. 미·중 전략경쟁의 향배를 가늠하는 잣대가 될 것이기 때문이다. 미·중 간 경쟁은 과학기술 경쟁의 지평을 넘어 안보와 외교, 국방까지도 포괄하는 범위로 확장돼 왔다. 2018-20년을 달구었던 화웨이 사태는 미·중 패권경쟁에서 첨단기술과 사이버 안보 문제가 지닌 국제정치학적 중요성을 극명하게 보여준 사건이었다.

주목되는 것은 우크라이나 사태로 인한 국제질서의 변화이다. 세계 경제의 탈동조화(decoupling) 현상이 가속화될 것이라는 전망이다. 주요 2개국(G2)인 미국과 중국 두 축을 중심으로 세계 진영이 나뉘게 된다는 것이다.

미국 뉴욕 타임스는 2022년 2월 22일 세계 경제 규모의 20%를 차지하는 중국과 러시아 우호국들이 '경제연맹'을 만들 가능성을 제기했다. 미국은 '인도태평양 경제프레임워크(IPEF)'의 출범을 서둘러 왔다. IPEF는 중국 견제를 위한 경제 동맹의 성격이 강하다. 신냉전 시대 국제 공급망을 둘러싼 미국과 중국의 주도권 싸움이 더욱 심해질 것이라

---

[22] <한겨레신문> 2021년 6월 10일치.

는 우려다.23)

나. 신냉전과 일본의 군사대국화

미국의 동북아 정책은 한마디로 '중국 위협론'에 입각해 일본과의 동맹 강화, 미사일방어체제 추진 등으로 중국을 봉쇄하고 견제하는 것이다. 이처럼 패권주의와 일방주의에 바탕을 둔 미국의 동북아 정책은 동북아 지역에 '신냉전 체제'를 촉진하는 요인이 됐다. 일본 외교정책의 기본 골격이 미국의 동북아 정책 기조와 맥을 같이 하기 때문이다. 특히 일본은 9·11 사태 이후 미국의 세계전략에 편승해 국제무대에서 군사적 역할을 확대하기 위한 일본의 '보통국가'화를 적극 추진해왔다.24)

기시다 일본 총리가 강조하는 글로벌 어젠다는 타이완을 압박하는 중국과 핵미사일을 개발하는 북한 등 동아시아 안보 문제의 강조와 '글로벌 사우스(개발 도상국)' 등이었다. 기시다 총리가 '글로벌 사우스'를 강조하고 나선 것은 중국과 러시아에 맞서 제3세계에 대한 서방의 영향력을 회복하는 데 앞장서겠다는 선언이었다. 무엇보다도 기시다 총리는 동아시아 안보 문제의 강조를 통해 군사대국화를 위한 '보통국가화'의 적극적인 추진 의지를 실천하겠다는 것이다.

기시다 총리의 이런 의지는 2023년 1월 9-15일 프랑스, 이탈리아, 영국, 캐나다, 미국 등 5개국을 잇따라 순방하며 개별 정상회담을 펼치는 것으로 나타났다. 순방에서 외교역량을 총동원해 '책임있는 대국'의 모

---

23) <연합뉴스> 2022년 4월 6일치.
24) 일본은 대테러특별조치법(2001), 이라크파병 특별조치법(2003)에 이어 2003년 유사법제 관련 3법안을 통과시킴으로써 미·일 동맹체제를 강화하고, 일본의 '보통국가화' 추진에 박차를 가해왔다. 배성인, 「동북아시아의 질서변화와 평화구축을 위한 과제」, 『북한연구학회보』 제9권 제1호, 289-291쪽.

습을 보여주자는 게 기시다 총리의 의도였다. 특히 주목되는 것은 미·중 패권경쟁과 우크라이나 전쟁 상황에서 인도태평양과 세계의 안정을 내세워 '평화주의'의 족쇄를 벗어던지고, 일본 자위대의 글로벌 역량을 강화하며 일본이 전쟁을 할 수 있는 '보통국가'로 가는 길을 활짝 열어 가겠다는 그의 의지였다. 그는 순방외교를 통해 일본의 유엔 안전보장이사회 상임이사국 진출이라는 염원에 한 걸음 다가서려 했다는 분석도 나온다.[25]

미국은 2023년 1월 13일 미국 백악관에서 열린 바이든 미 대통령과 기시다 일본 총리의 미·일 정상회담 공동성명을 통해 제2차 대전 패전국인 일본의 군사력 증강의 필요성을 공식적으로 승인, 지지한다고 선언했다. 바이든 대통령은 정상회담에서 방위력 증강을 위한 일본의 '과감한' 리더십을 높게 평가함으로써 미일동맹에서의 일본의 보다 큰 역할에 대한 기대감을 나타냈다. 미일동맹은 그동안 동맹 내에서 일본의 군사적 기여를 강화하고 동아시아 지역에서 미군의 전력 운용에 대한 후방 지원의 범위를 확대하는 데 초점을 맞춰왔다. 미일 정상회담이 패전국 일본의 불명예를 벗겨주는 전환점을 제공했을 뿐만 아니라 일본의 군사적 부상 움직임을 국제적으로 공인해줌으로써 한·미·일 안보협력 내에서도 일본의 영향력이 더욱 높아질 가능성이 커졌다.

일본이 글로벌 무대에서 군사강국이라는 지위 확보를 노리면서 미일동맹은 물론 서방국가들과의 군사협력 수준을 높이게 되면, 한·미·일 안보협력 틀 내에서도 일본의 독자적 영향력 증대를 위한 노력을 하고 나설 것이다. 이처럼 미일 정상회담의 결과로 한층 격상된 미일동맹과 한미동맹 간의 격차로 인해 한·미·일 안보협력 메커니즘 내에서 한일 양국간의 안보협력을 확대하라는 압력이 더욱 거세질 것이다. 이런 점

---

[25] <중앙SUNDAY> 2023년 1월 21일치.

에서 기시다 일본 총리가 순방외교에서 영국과는 상호접근협정을 맺고, 유럽 파트너들과 합동군사훈련 및 외교·국방(2+2) 회담 개최를 합의한 것은 주목해야 할 일본의 행보다.

일본은 양국 간 상호 군대 파병이 가능토록 하는 안보협정인 '상호접근협정(RAA)' 체결을 적극 추진하고 나섰다. 일본은 호주에 이어 영국과 상호접근협정을 맺었으며, 필리핀과도 협정 체결을 추진해왔다. 일본의 이런 상호접근협정 네트워크 추진은 중국의 군사적 팽창에 대응한 것으로 중국은 이에 민감한 반응을 나타냈다.

2023년 1월 11일 리시 수낵 영국 총리와 기시다 후미오 일본 총리는 영국 런던 타워에서 '상호접근협정'에 서명했다. 영국과 일본이 서로의 영토에서 군대 체류를 용인한다는 게 협정의 핵심이다. 협정 체결로 두 나라는 합동 군사훈련 또는 기타 작전 수행 등 필요할 때 자국의 군대를 상대국에 파견할 수 있으며, 이를 위한 파병 및 무기 반입 등의 관련 절차도 간소화된다.

수낵 총리는 서명 후 가진 기자회견에서 "한 세기 이상에 걸친 양국 간 관계에서 가장 중요한 방위협정"이라며 "인도·태평양 지역에서 양국의 경제안보를 강화하고 방위협력 가속화 등의 혁신을 이끌어낼 것"이라고 강조했다. 일본 언론과 외신들은 "양국은 서로의 영토에 군대를 배치할 수 있는 법적 근거를 마련했다"고 평가했다. 일부 외신들은 "중국의 위협에 직면해 군사안보 동맹을 강화하기 위한 일본의 노력이 반영된 결과"이며 "영국이 유럽연합 탈퇴 이후 우선 순위를 인도·태평양으로 전환하고 있음을 시사한다"고 분석했다.[26]

<BBC>에 따르면, 영국은 테리사 메이 총리 시절인 2017년 '글로벌 브리튼 전략'을 발표하면서 인도, 태평양 진출에 본격적으로 나섰다.

---

26) <이데일리> 2023년 1월 12일치.

영국은 2021년 9월엔 항공모함 전단을 파견해 오키나와 부근에서 일본을 비롯해 미국, 네덜란드, 캐나다 함대와 연합훈련을 벌였다. <AP통신>은 이를 두고 중국의 압박에 대한 우려가 커지자 영국과 일본 양국이 군사적 유대 강화에 나선 것으로 평가했다.

일본 외무성과 호주 외교부는 공동 성명을 통해 일-호주 특별 전략 파트너쉽을 발표하고 일본-호주 상호 방위 자산 접근 협정 (RAA / Reciprocal Access Agreement)이 2023년 8월 13일부로 발효됐다고 선언했다. 이로 인해 일본과 호주는 동아시아에서 미국에 이어 두 번째로 버금가는 군사 협력체 조약을 맺었으며, 이는 일본-미국, 호주-미국에 버금가는 군사 동맹체의 탄생을 앞두고 있다고 <Janes>는 전망했다. 영일 군사 동맹체의 등장은 과거 러시아의 남진 정책 저지를 위한 공동 대응으로 1902년 1월 30일 맺었던 영일동맹이 1세기가 지나 중국을 겨냥해 부활한 것으로, 한반도를 둘러싼 강대국들의 각축이 심상치 않다는 분석도 나온다.27)

기시다 일본 총리는 "일본을 군사대국으로 만들겠다"는 취지로 미국 언론과 인터뷰를 해 파문을 일으켰다. <타임> 인터넷판은 2023년 5월 9일 '일본의 선택'을 표제로 "기시다 일본 총리는 방위비 증액을 통해 일본은 세계 제3위의 경제대국에 걸맞는 군사적 영향력을 가진 나라로 만들려고 한다"고 전했다. 이어 "핵무기 없는 세계"를 목표로 한 기시다 총리의 이념은 방위력 강화와 모순된다고 지적했다.28)

---

27) 영일동맹의 핵심은 영국이 일본의 조선 지배를 양해하고 제3국이 일본을 공격할 경우 동맹국인 일본을 원조한다는 내용이다. 1904년에는 영·일 공수동맹(功守同盟)을 맺어 영국은 러일전쟁에서 제국주의 국가 일본을 지원했다.

28) 2023년 5월 12일 일본 <교도통신>에 따르면, 일본 외무성은 기시다 총리의 기사를 게재한 미국 시사주간지 <타임>에 "제목과 내용이 다르다"며 이의를 제기했다. 9일 <타임>에 실린 제목은 '기시다 총리는 수십년에 걸친 평화주의

마이클 길레이 미국 해군 참모총장이 호주 사례를 언급하며 일본의 핵잠수함 보유를 언급해 파문이 일었다. 미 해군연구소가 운영하는 군사전문매체에 따르면, 온라인 포럼에서 미국, 영국, 호주가 체결한 안보 동맹 '오커스'를 통해 호주 정부가 2040년대까지 핵 추진 공격 잠수함을 만들 수 있을 것이라며, 일본이 '오커스'와 유사한 형태로 핵잠수함 확보에 나설 수 있음을 내비친 것이다. 그는 중국이 매우 예민하게 반응하는 미 해군 함정의 서해 연합훈련의 가능성도 언급했다.29)

9·11 테러 사건 이후 일본을 중시하는 미국의 안보전략은 일본의 한반도에 대한 정치적, 군사적 역할을 증대시켜 줄 수 있으며, 마·일·중·러 주변 4개국의 갈등 현상을 촉진시켜 한반도 및 동북아 안보환경을 악화시키는 요인이라는 우려가 제기돼 왔다. 미국의 지원을 받는 일본의 민족주의적 국가전략에 따른 군사대국화와 군사적 역할 확대 정책은 중국의 군사력 증강을 더욱 자극하고, 나아가 동아시아 전체의 군비경쟁을 유발함으로써 지역의 불안정 구도를 심화시킬 수 있다는 것이다. 동북아에서 중일 간의 주도권 경쟁이 치열해질수록 한국의 입지가 좁아지고 안보환경이 불안해진다는 점을 경계해야 할 것이다.

다. 미국 봉쇄정책의 전개와 전략 목표

미국 패권전략의 근간은 봉쇄정책이다. 1947년 캐넌(George Kennan)이 내놓은 봉쇄정책은 냉전 시기 이후 미국의 일관된 정책이

를 포기하고 일본을 진정한 군사대국으로 만들려고 한다'였으나 '기시다 총리는 과거 평화주의였던 일본에 대해 글로벌 무대에서 더욱 적극적인 역할을 부여하고 있다'로 수정됐다. 그러나 <교도통신>은 당초 표현은 그대로 유지되고 있다고 전했다. <연합뉴스> 2023년 5월 12일치.
29) <연합뉴스TV> 2023년 1월 16일치.

다. 봉쇄정책의 핵심은 공산권 국가들의 외곽을 봉쇄하여 그들을 고립시킴으로써 공산권 국가들이 스스로의 모순에 의해 붕괴되도록 한다는 것이다. 미국의 봉쇄정책은 시대의 상황에 따라 봉쇄의 방법론이 달라졌을 뿐 지속됐으며, 1970년대 데탕트 시기에도 봉쇄의 핵심 기조는 유지됐다.

미국 봉쇄정책 방법론의 변화는 1960년대 말에 나타났다. 서유럽에서 동북아에 이르기까지 소련에 대한 봉쇄정책을 전개하며 소련과 대결해온 미국은 소련과의 핵무기 경쟁, 베트남 전쟁, 베를린, 동남아시아, 중동 등의 문제에서 힘의 한계를 느꼈다. 미국 경제의 부담을 줄이는 방향으로 세계군사전략을 바꿔야 할 형편에 놓인 것이다. 무엇보다도 미국은 베트남 전쟁의 늪에서 빠져나올 명분이 필요했다.

1969년 7월 닉슨 미국 대통령은 '베트남전의 베트남화'에 바탕을 둔 닉슨 독트린을 발표해 공산권 국가들과의 긴장 완화를 위한 데탕트 체제 구축에 나섰다. 데탕트 체제에서 미국은 소련 및 중국과의 삼각관계를 잘 활용해 두 공산국가가 서로 맞서도록 하는 이이제이(以夷制夷) 전략을 폈다. 이이제이 전략의 봉쇄정책이 나올 수 있게 된 실마리는 공산권의 분열이었다.

공산권의 분열은 1956년 제20차 소련 공산당 대회 이후 소련과 중국의 이념 분쟁에서 비롯됐다. 1968년 소련이 체코를 침공하고 이를 합리화하기 위해 브레즈네프 독트린을 발표하자 중국은 이를 민감하게 받아들였다. 공산권 전체의 이익을 위해 소련이 다른 공산권 형제국의 내정에 간섭할 수 있다는 게 독트린의 핵심이었기 때문이다. 게다가 1969년에는 중국과 소련 사이에 대규모의 국경 무력 충돌이 벌어졌다. 중국으로서는 소련의 위협을 발등의 불처럼 직접적으로 느낄 수밖에 없었다.

미국은 키신저의 전략적 사고에 따라 중국·일본 등이 지닌 안보이익을 연결하여 소련을 고립시키려는 전 세계적인 비스마르크형 세력 균형을 구상했다. 키신저 미 국무장관은 중국의 마오쩌둥과 만난 자리에서 소련이 중국과의 국경 분쟁에서 전술핵무기를 사용하려고 했다는 증거를 제공했다. 그리고 두 나라의 관계 정상화를 타진했다.30) 마침내 소련을 공동의 적으로 한 미국·중국·일본의 전략적 협력관계가 형성됐다. 고립된 소비에트연방 소련은 1991년 해체되고 말았다.

소련의 붕괴의 조짐은 1980년대 후반부터 나타나기 시작했다. 그 원인 중 하나는 경제적 어려움이었다. 미국과의 군비 경쟁과 비효율적인 계획경제 체제로 인해 소비에트 연방의 경제는 점차 악화됐다. 1985년 당시 소련의 국내총생산은 미국의 절반에도 미치지 못했다. 이런 경제력으로 미국과 군비 경쟁을 벌이는 것은 궁극적으로 필패(必敗)의 게임이었다.

또 다른 원인은 소비에트연방 내부의 러시아와 비러시아 간 민족주의 갈등과 민족 공산주의자들에 의한 자민족 독립 움직임이었다. 비러시아인뿐만 아니라 러시아인까지도 소련 체제에 불만이었기 때문에 연방 해체의 봇물은 거스를 수 없는 흐름이 됐다. 대다수 러시아인들은 1990년대에 이르자 소련 체제를 유지하는 데 너무나 많은 비용이 든다고 생각했으며, 러시아 민족의 독자적인 생존을 적극적으로 바랐다.

러시아인의 반연방적 움직임의 결정적 계기는 1991년 8월의 보수파 쿠데타였다. 쿠데타 좌절 이후 강력한 민족주의 물결이 소련을 휩쓸었다. 러시아 민족주의의 거센 흐름을 타고 새로운 러시아 국가를 구축하자는 분위기가 강력하게 조성됐다. 이에 대한 비러시아 민족들의 격렬한 증오와 반발이 일어났다. 연방 해체의 봇물이 터진 것이다.

2020년대 초반에 접어들며 구미권의 패권은 점차 지나간 '과거'가

---

30) 고상두, 「중·러관계 동향과 국제정세 전망」, 『국제정세연구』 2004년 겨울, 173쪽.

되고 있다. 구매력 기준(PPP·purchasing power parity)으로 26조 달러 규모의 중국 국내 총생산(GDP)은 이미 미국(22조 달러)을 훨씬 능가했고, 그 격차는 점차 커지는 추세다. 인도(약10조 달러), 러시아(4조 달러), 인도네시아(3조 달러), 브라질(3조 달러) 등의 국내총생산을 합치면, 유럽연합(20조 달러)과 거의 같은 수준이다.[31] 과거 냉전의 경제적 측면의 붕괴 요인이 신냉전 양상에서는 보이지 않는 것이다.

러시아는 세계 제2위의 경제대국이자 세계 제1위의 산업·제조 공급망을 가진 중국과의 전략적 경제·안보 협력을 통해 새로운 다극화 국제질서의 창출 및 유라시아 정치·경제 통합을 가속화시켜 나간다는 중장기 대외정책 노선을 밝혔다. 세계에서 가장 많은 핵무기와 광활한 영토, 에너지 자원을 가진 러시아와 세계에서 가장 완벽한 산업·제조 공급망과 14억 인구의 소비시장을 갖춘 중국 간 전략적 경제·안보 협력이 본격화된다면 새로운 다극화 국제 질서의 출현은 불가피할 것으로 보인다.[32]

토니 블링컨 미 국무장관은 2023년 6월 28일 뉴욕에서 열린 미국외교협회(CFR) 초청 대담에서 중국의 부상과 러시아의 위협에 대응하기 위한 강력한 기반을 마련하고 새로운 대응을 구축할 필요성을 거론하며, "새로운 블록을 구축하는 것이 '포스트 냉전' 시대 우리가 나아갈 길"이라고 지적했다. 그는 "우리는 주요한 변곡점에 직면하고 있다"며 "냉전 이후 시대는 끝이 났다. 다가올 미래를 구축하기 위한 심오한 경쟁이 지금 진행 중"이라고 말했다.[33]

---

31) <한겨레신문> 2022년 1월 5일치.

32) 정재홍, 「블링컨 미 국무장관 방중과 미중관계 변화 전망」, 『세종논평』 2023-07(2023.06.26.)』.

33) <뉴스1> 2023년 6월 29일치.

인도·태평양 전략은 2007년 당시 아베 일본 총리가 인도 의회에서 "인도양과 태평양을 하나의 전략 공간으로 인식하고 일본과 인도가 공동의 이익을 인정해야 한다"고 촉구하는 연설에서 비롯됐다. 이후 미국이 이에 적극 호응하면서 인도·태평양은 서방의 해양세력을 결집하는 핵심 가치이자 목표로 널리 확산됐다. 1970년대 미국을 비롯한 서방이 소련을 포위 봉쇄하기 위해 중국과 손을 잡았던 것과 마찬가지로 중국을 견제하기 위해 인도와 손을 잡는다는 새로운 대전략이 출현한 것이다.

인도·태평양 전략은 본질적으로 태평양-인도양-대서양을 연결하는 미국의 전통적 해양전략으로 중국의 현상 변경 시도와 영향력 확대를 억제하기 위한 지정학적 포석이다. 따라서 배타성을 전제로 한 동맹과 집단 방위에 초점이 맞춰졌다. 이를 정당화하는 논리로 가치외교라는 이분법적 명분을 활용한다. 민주주의 국가들의 연합을 통해 중국, 러시아, 북한 등 권위주의 국가들의 축에 공동으로 대응한다는 것이다.

'자유롭고 열린 인도·태평양(Free and Open Indo-Pacific)', 조 바이든 미국 행정부는 2022년 2월 11일 발표한 '미국의 인도·태평양 전략'의 목표를 이렇게 압축적으로 설정했다. 이 전략 문건에서 미국은 자국을 '인도·태평양 국가'로 정의했다. 문건은 "중국은 인도·태평양에서 중국의 영향권을 추구하면서 경제, 외교, 군사, 기술적 힘을 결합하고 있으며, 세계에서 가장 큰 영향력을 발휘하는 국가가 되려고 한다"고 강조했다. 이 전략에서 미국은 호주와 일본, 한국, 필리핀, 대만 등 5개 동맹국을 나열했다. 미국의 인도·태평양 전략은 패권도전국으로 부상한 중국이 추진하는 외교정책인 '일대일로(一帶一路)'에 대응하는 전략이다.[34]

미·일 서방세력이 소련을 겨냥해 중국과 데탕트를 실현한 전략은 대

---

34) <연합뉴스> 2023년 8월 16일치.

성공이었다. 인태 전략의 선두에 선 일본은 2022년 인도의 인프라 개발에 5년간 420억 달러를 투자하겠다고 약속했다. 일본이 인도에 공을 들인 인태 전략은 성공적인가.

<이코노미스트>는 2023년 3월 19일자 기사에서 2022년 중국은 일본 수입의 24%, 수출의 22%를 차지한 데 반해 인도는 일본 수입의 0.8%, 수출의 1.7%에 불과했다. 2014-2015년 기간 인도에 진출한 일본 기업 수는 1,156개에서 1,454개로 증가했다. 같은 기간 중국에 진출한 일본 기업은 1,3000개가 넘는다. 일본은 인·태 전략으로 탈(脫)중국을 시도했지만, 성과는 별로 없었다.

우크라이나 전쟁 이후 인도가 러시아에 밀착하는 경향은 인·태 전략과 정반대로 가는 방향이다. 인도는 러시아에 대한 경제제재에 참여하지 않은 것은 물론, 오히려 중국 및 러시아로부터 이익을 도모했다. 미국이 인·태 전략의 핵심으로 만든 일본, 호주, 인도와 함께 하는 쿼드(QUAD)는 아예 무력화돼 실질적인 의미가 없게 돼버렸다. 인도는 쿼드를 통해 미국의 지원을 챙기면서도 중국과의 대결에는 엄정한 선을 그었다. 미국은 쿼드로부터 영국, 호주와 함께 하는 오커스로 중심 이동을 했다.[35]

윤석열 한국 대통령은 2022년 11월 11일 동남아국가연합(아세안) 정상회의에서 한국판 인도·태평양 전략을 발표했다. 윤석열 정부는 이해 12월 28일 '자유, 평화, 번영의 인도·태평양 전략' 보고서로 한국판 인태 전략을 공식화했다. 윤 대통령은 2023년 5월 19-21일 주요 7개국(G7) 히로시마 정상회의와 29일 열린 '2023 한·태평양도서국 정상회의'에서 '인도·태평양 전략'을 거듭 강조했다. 인·태 전략은 인도뿐만 아니라 중동에서도 구멍이 나고 있다. 이런 인·태 전략에 윤 대통령은

---

35) <동양일보> 2023년 3월 28일치.

올인한 것이다.36)

주목되는 것은 나토가 중국과 러시아를 견제하려는 의지를 갖고 아시아로 확장하려는 움직임이다. 2023년 5월 중순 제이크 설리번 미 백악관 안보보좌관은 미국의 목표와 관련해 "유럽과 인도·태평양에서 우리가 추구하는 전략을 통합·연결하는 것이야말로 바이든 행정부 외교정책의 두드러진 특징이 될 것"이라고 강조했다. 5월 하순 블링컨 미 국무장관은 "국제질서에서 가장 심각한 장기적 위협"은 중국이라며 "대서양·인도·태평양 네트워크 구축"의 대상이 중국임을 드러냈다.

미국의 이런 전략적 목표는 이 해 7월에 열린 나토 정상회의에 태평양의 주요 동맹국들인 한국, 일본, 호주, 뉴질랜드의 정상들이 처음으로 참석하는 것으로 나타났다. 회의는 나토의 새로운 전략 개념에 사상 처음으로 "중국의 체계적 도전"에 대한 대응도 명시했다. 이는 나토의 동진이 중국을 향해서도 뻗치고 있음을 의미한다.

라. 나토의 동진과 신냉전 동향

탈냉전 이후 미국은 유럽이 유럽연합(EU)을 기반으로 다극체제의 일원으로 부상하고, 러시아와의 관계를 강화하는 것을 우려했다. 미국은 미국이 주도권을 가진 나토의 동진을 통한 확대를 선택했다. 미국의 고위 외교관 출신인 제논 워커는 "미국 주류의 대다수는 나토의 동진 확대를 선호했다. 왜냐하면 미국의 영향력을 극대화하는 방식이기 때문이다"라고 말했다.

소련에게 탈냉전은 미국과 서유럽을 더 이상 적대시하지 않고 유럽의 일원으로서 공동안보를 건설하자는 것이었다. 그러나 되돌아온 것

---

36) <한겨레신문> 2023년 6월 1일치.

은 러시아를 적대시하는 냉전의 확대와 나토의 동진이었다. 미국과 서유럽 중심의 나토는 계속 동쪽으로 확장하며 러시아에 대한 압박의 강도를 높여갔다. 과거 동유럽이었던 체코, 헝가리, 폴란드, 루마니아, 불가리아에 이어 발틱 3국도 나토에 가입했다.

이런 상황에서 우크라이나가 나토 가입을 추진하면서 나토의 군사훈련 및 무기 지원을 받기에 이르렀다. 러시아는 이를 나토가 발트해에서 흑해까지 강력한 러시아 봉쇄망을 구축하는 위협적인 상황으로 인식했다. 푸틴 정부는 "우크라이나 영토에 나토의 군사적 기반이 확대되는 것"을 '레드라인'으로 설정하고, 우크라이나의 나토 가입을 불허해 줄 것을 요구했다. 유럽과 인도·태평양을 전략적으로 통합·연결하려는 미국은 러시아의 요구를 뿌리쳤다.

마침내 러시아-우크라이나 전쟁이 일어나 미국은 러-우 전쟁의 전략적 효과를 톡톡히 봤다. 미국이 노린 대로 러시아는 약화되고, 고립됐으며, 유럽과 러시아의 관계는 얼어붙었다. 게다가 유럽국가들의 미국에 대한 의존도도 한층 높아졌다. 유럽 전체가 군비 증강의 열기에 휩싸이면서 미국 군수산업체의 수익도 엄청나게 늘어났다.

미국의 전략적 노림수는 서서히 중국을 겨냥하는 것으로 나타났다. 나토와 미국 주도의 아시아 동맹을 연결하려는 미국의 전략적 구상이 구체화돼 나토와 아시아의 미국 동맹국들 사이의 결속이 이루어지고 있는 것이다. 나토가 지구 반대편인 인도·태평양의 주요국인 한국, 일본과의 관계 강화를 꾀하고 나선 것이다.

옌스 스톨텐베르그 나토 사무총장은 2023년 1월 31일 일본 도쿄에서 기시다 후미오 일본 총리를 만나 러시아의 우크라이나 침공과 타이완해협을 둘러싼 중국의 위협에 맞서 안보협력을 강화하기로 합의했다. 일본은 나토 이사회와 참모총장 회의에 정기적으로 참여하는 방안도 검토하기로 했다. 이에 앞서 30일 스톨텐베르그 사무총장은 윤석열 한국 대통령을 만나 상호간의 협력 강화를 약속했다.

윤석열 대통령은 2023년 7월 11일 나토 정상회의가 열리는 리투아니아 빌뉴스에서 스톨텐베르그 사무총장을 만나 "대서양 안보와 인도양·태평양 안보가 서로 분리될 수 없는 상황에서 대한민국과 일본, 오스트레일리아, 뉴질랜드 같은 인·태 지역 국가들과 나토와의 긴밀한 협력이 그 어느 때보다도 중요하다고 생각한다"고 강조했다. 이날 사이버 방위, 신흥기술 등 안보 관련 11개 분야에서 한국과 나토의 협력을 제도화하기 위한 '개별 맞춤형 파트너십 프로그램(ITPP)'이 채택됐다. 이에 대해 한국과 나토의 안보 협력 강화는 중국·러시아에 대한 견제 성격을 띠고 있기 때문에 "아시아로 확장하려는 나토의 계획을 거들어준 것"이라는 비판이 제기됐다.[37] 중국은 매우 민감한 반응을 보였다.

중국은 한·미·일 3국 캠프 데이비드 정상회담을 앞두고 "아시아판 소(小) 나토(NATO, 북대서양조약기구)"를 결성하려는 시도라며 우려를 표명했다. 왕원빈(汪文斌) 외교부 대변인은 2023년 8월 15일 정상회담과 관련해 "관련 국가가 각종 소그룹을 규합하고, 대립을 가속하며, 타국의 전략적 안보에 손해를 끼치는 수법에 반대한다"며 중국의 불편한 심기를 드러냈다. 뤼차오(呂超) 랴오닝대 미국·동아시아연구원 원장은 "국가 정상 간 회담을 정례화한 메커니즘과 고정된 군사협력 메커니즘은 사실상의 3각 군사동맹"이라고 지적했다고 16일 <사우스차이나모닝포스트(SCMP)>가 보도했다. 중국의 <환구시보>는 17일자 사설에서 "한국은 역사와 현실 속에서 대중국 관계를 깊이 생각해야 한다"며 "미국이 나토의 '아시아 태평양화'와 '아시아판 미니 나토' 구축을 시도하는 데 한국이 영합한다면, 이는 중국의 이익에 위협과 침범이 될 뿐만 아니라 한국 자신에게 거대한 위협을 불러올 것"이라는 강

---

37) <한겨레신문> 2023년 7월 12일치.

경한 논조를 폈다.[38]

지난 2년간 중국을 대상으로 한 '디커플링(탈동조화)'을 통해 미국이 주도한 반도체 공급망 재편의 포석은 중국의 반도체 제조업 역량에 급소만 찾아서 심대한 타격을 가하는 것이었다. '디커플링'이 부각된 건 미국 트럼프 대통령 때부터였다. '중국 제조 2025'를 시행한 중국 공산당 총서기 겸 국가주석 시진핑이 총력전 양상을 추진하고 나서자 이에 대한 맞대응 카드로 나온 것이다.

'중국 제조 2025'는 여러 하이테크 기술을 거론했지만, 핵심은 반도체였다. 시진핑은 2018년 4월 우한의 칭화유니그룹 산하 메모리 공장에서 "반도체는 제조업의 심장이다. 반도체 분야에서 중대한 돌파를 이뤄내 세계 메모리 반도체 기술의 최고봉에 올라서야 한다"고 역설했다. 중국 반도체 진영은 400억 달러에 이르는 국가반도체기금 지원을 업고 해외의 기술기업을 공격적으로 사들였다.

'디커플링' 진영도 속도를 내기 시작했다. 중국 반도체의 기술 자립에 결정적인 급소를 치기 시작했다. 문제는 미·중이 군사 전략 경쟁자로 대립하고 갈등하면, 이해관계가 씨줄 날줄처럼 얼키고 설키며 엮인 비즈니스 쪽에서는 속내가 복잡할 수밖에 없다. 미국과 유럽 기업의 CEO들이 분주하게 베이징을 들락거리는 이유다. 중국을 찾은 기업가들은 마침내 거칠고 난폭한 이미지를 주는 '디커플링'에 반대하는 입장을 표명하고 나섰다.

글로벌 공급망에서의 중국 배제에 초점을 둔 '디커플링'은 중국발 위험 요인 제거를 겨냥한 '디리스킹'으로 완화하는 쪽으로 진화하기에 이르렀다. 그러나 중국은 이런 용어 마사지 정도로 문제의 본질이 달라지겠느냐는 입장이다. "병을 바꾼다고 술이 바뀌느냐"는 것이다. 진정한

---

38) <중앙일보> 2023년 8월 18일치.

위협은 신냉전, 과학기술의 정치화다. 중국의 기술 패권에 대한 도전을 용인치 않겠다는 것이 본질이라는 것이다.[39]

미국 정부는 안보로 접근하지만, 기업은 경제로 판단한다. 중국에 나가 있는 미국 기업이 인건비가 싸고 원자재 조달이 쉽고, 그래서 생산비용을 줄일 수 있고, 게다가 거대한 소비시장을 갖춘 중국을 왜 포기하겠는가. 미국 소비재 시장의 중국 의존은 더욱 심하다. 중국에 중간재를 의존하는 것도 결국 생산비용 절감을 위해서다.

2022년 미국과 중국의 교역액은 6906억 달러로 역대 최대였다. 미·중 무역에서 상호의존도가 높은 분야가 중간재이다. 특히 미국의 핵심 산업과 연결된 전기·기계와 석유화학, 비금속광물 분야에서 중국과 공급망을 분리하는 것은 현실적으로 불가능하다.

우르줄라 폰데어라이엔 유럽연합 집행위원장은 2023년 3월 30일 대중 정책 관련 연설에서 "중국과 디커플은 가능하지 않으며 유럽에 이익도 되지 않는다. 우리의 관계는 흑백이 아니다"라며 "우리는 디리스크에 집중해야 한다"고 말했다. 유럽연합에게 중국은 2022년 최대 수입국(6260억 유로)이자 3대 수출국(2303억 유로 어치)이었다. 이에 미국 제이크 설리번 미 백악관 국가안보보좌관도 2023년 3월 27일 브루킹스연구소 강연에서 2022년 미·중 무역량이 최고치를 경신했다는 사실을 언급하며 "우리가 할 수 있는 영역에선 협력하려 한다"고 말했다.[40]

유럽은 미·중 전략경쟁과 러시아·우크라이나 전쟁 과정에서 '열린 전략적 자율성'을 추구해왔다. 에너지 의존도에 따라 러시아 제재 수준이 다르고, 산업구조의 차이에 따라 미·중 경쟁 사이에서 위치가 다르다. 유럽은 가치가 아니라 이익을, 분리의 미래가 아니라 의존의 현실을 중

---

39) <JTBC> '정용환의 중국은, 왜', 2023년 6월 7일치.
40) <한겨레신문> 2023년 5월 22일치.

시한다.

　공급망 재편은 장기적인 과정이다. 미국과 유럽, 다른 나라들도 현재의 이익을 유지하면서 새로운 변화에 대응한다. 일본조차 한국처럼 가치와 이념에 매몰되지 않고, 미·중, 미·러 사이에서 핵심이익이 걸리면, 손해를 보지 않으려고 양자택일을 피하려 한다.

　중국은 2022년 10월 열린 20차 당 대회와 2023년 3월 양회에서 시진핑 지도부 3연임 공식화 이후 2049년까지 중국 특색의 사회주의 강대국 실현을 내건 시진핑 신시대가 개막됐다. 시진핑 3기 지도부는 다극화된 국제질서 구축을 통한 '중국의 꿈(中國夢)' 실현과 사회주의 강대국 달성이라는 역사적 소명과 과제를 안고 출범했다. 시진핑 지도부의 가장 중요한 대외정책 변화는 국경분쟁으로 불편했던 중·러관계를 정리하고, 국제질서 다변화와 국제관계 민주화 실현을 위해 21세기 중·러 전략적 경제·안보협력을 본격화했다는 점이다.

　중국은 이와 아울러 미국 주도의 디커플링과 첨단 기술 대중 제재에 대한 대응 차원에서 러시아 뿐만 아니라 브릭스(BRICS), 상하이협력기구(SCO), 중동, 중앙아시아, 아프리카, 남미 등 글로벌 사우스(Global South) 국가들과의 정치·경제·안보 연대와 협력을 크게 강화하고 있다. 미국은 세계 인구의 4.2%, 세계 GDP의 16%를 차지할 뿐이며, G7의 GDP와 합쳐도 브릭스보다도 적다. G7의 인구는 세계 인구의 6%에 불과하지만 브릭스는 41%나 된다. 중국과 러시아, 그 영향권(벨라루스, 카자흐스탄 등) 국가들의 총인구는 구미권·일본 인구의 1.5배 이상이다.

　<뉴욕타임스(NYT)>는 2023년 5월 10일 '세계는 중국 없이 전기차 배터리를 만들 수 있을까'라는 제목의 특집 기사를 실었다. 결론부터 말하자면 직간접적으로 중국과의 협력 없이는 전기차 배터리를 생산하기 어렵다는 분석이다. 향후 수십년 간 누가 경제적 지경학적 우위에 설지를 결정할 배터리 경쟁에서 현재까지 유일한 승자는 중국이라고

진단했다.41)

　과거 냉전의 경우 진영 간 구도의 구분과 대립이 분명했지만, 신냉전의 양상은 명확하게 규정짓기가 어렵고 복잡하다. 과거의 냉전과 달리 신냉전이 궁극적으로 세계 패권의 다극화, 즉 열강 경쟁의 장기적 제도화로 이어질 가능성이 크다. 앞으로 수십년, 혹은 그 이상의 기간 신냉전의 시대가 지속될 수도 있다.
　문제는 과거 냉전과 마찬가지로 신냉전에서도 예기치 않은 돌발적인 사태로 인해 열전이 폭발할 수도 있다는 점이다. 과거나 지금이나 주변부의 지정학적 요충지에서 (신)냉전이 열전으로 비화되는 것이다. 타이완, 특히 세계에서 유일하게 냉전을 벗어나지 못한 한반도에서 과거 냉전에 이어 또 다시 신냉전에서 열전이 폭발하는 것은 아닌지 경계해야 할 일이다.

3. 타이완 사태와 한반도

가. 타이완 민족주의

　타이완의 민족의식은 어떻게 형성되었는가. 타이완이 중국 영토에 속하게 된 것은 청나라를 반대하는 명의 세력(정청공 세력)이 청에 의해 멸망하고 청의 영토에 편입된 1683년의 일이다. 이 때 비록 타이완이 청의 영토로 됐지만, 당시의 타이완인에게는 대륙인이 아닌 타이완인이라는 의식이 서서히 자리잡기 시작했다. 이런 민족 정서는 1894년

---

41) <세계일보> 2023년 6월 17일치.

청일전쟁의 패배로 타이완이 청으로부터 일본으로 할양됨에 따라 51년 간의 일제 식민지배를 겪으면서 더욱 강화됐다.

이처럼 타이완이 대륙세력인 중국과 해양세력인 일본 등 열강의 끊임없는 침략과 지배, 간섭을 받으면서 형성된 좌절감과 자위의식, 배타적 심리가 대만의 의식 속에 점차 굳게 뿌리를 내렸다. 이런 타이완인의 민족 정서를 바탕으로 독립세력이 나타나기 시작했다. 그 시초가 타이완이 일본에게 넘어간다는 사실을 알게 된 타이완 관료들이 중심이돼 1895년 5월 25일 건립한 '대만민주국'이라고 한다. 타이완이 중국 중앙정부로부터 버림을 받은 것을 계기로 독립 의식의 각성이 일어났다는 것이다.

이런 타이완의 민족의식은 해방 이후 중국 본토에서 온 국민당 정부의 강압적인 통치 과정에서 발생한 '2·28 사태'로 한층 강화됐다.[42] 사태에 대한 국민당 정부의 폭력적인 진압으로 오래 전부터 타이완에 정착해온 본성인(本省人)의 입장에서는 국민당 정부가 일본을 대신한 또 다른 외부의 지배세력에 지나지 않았다. 이로써 본성인과 국민당 정부

---

42) '2·28 사건'의 개요는 다음과 같다. 1947년 2월 27일 대만성 전매국 단속반 6명과 4명의 경찰이 불법으로 판매행위를 하던 40대 과부 린징마이를 잡아 담배와 현금을 몰수하고 용서를 구하는 그녀의 머리를 내리쳐 선혈이 낭자해지자 이 장면을 본 타이베이 시민들이 격분하여 단속반을 둘러쌌다. 이에 단속원들이 경고성 총을 쐈으나 불행히도 무고한 시민이 맞아 죽었다. 격분한 시민들이 이날 저녁 경찰서를 포위하고 해당자 처벌을 요구했으나 만족스런 답변을 듣지 못했다. 다음날 시민들이 행정장관 관공서로 찾아가 시위를 벌였으며 이 과정에서 관공서 경호병이 시위대를 향해 총격을 가했다. 이에 분노한 시민들은 조직을 이루어 중국 본토에서 온 거리의 외성인들에게 폭력을 가해 사망자 100여명, 부상자 900여명에 이르렀다. 이튿날인 3월 1일부터는 전국적인 반정부 시위가 일어났다. 국민당 정부는 시위대를 무력으로 진압해 이 과정에서 2만여 명의 사상자가 발생했다. 박종우,「대만독립의 주요 이론과 중국의 입장」,『중국연구』제48권, 352-353쪽 참조.

와 함께 이주해온 외성인(外省人) 간의 갈등이 본격화됐다. 갈등은 1949년 국민당 정부가 중국에서 타이완으로 퇴각해 온 이후 더욱 심각해졌다. 국민당 정부가 줄곧 삼엄한 계엄통치를 통해 타이완 사회의 각계를 통제했기 때문이다.

국민당 정부는 이때부터 타이완 정국을 '비상시기'로 규정하고, 계엄통치와 함께 정당을 결성하지 못하도록 '당금(黨禁)' 정책을 실시했다. 따라서 타이완 독립세력은 1950년대부터 70년에 이르는 시기까지 합법적인 지위를 갖고 활동할 수 없었다. 타이완 독립세력은 주로 일본이나 미국에서 조직을 결성해 활동하면서 점차 타이완 내부로 침투해 지하활동으로 조직을 확대해 나갔다.

1970년대에 들어 독립세력은 타이완 내의 지식인과 연합해 당외 세력을 형성하기 시작했다. 이들은 1978년에는 당외세력 대연합을 결성해 공식적으로 타이완의 정치무대에 등장했다. 이들은 정당 아닌 정당 역할을 수행하며 제2의 정치세력으로 발전했다.

1980년대에 들어서면서 중국의 개혁개방 실시와 사회주의 진영의 약화 등 국제환경의 변화와 함께 동북아에서는 민주화의 요구가 확산됐다. 필리핀에서는 1981년 1월 마르코스 독재정권이 계엄령을 해제하고, 1983년 베니그노 아키노 암살사건을 계기로 대규모 반정부 시위가 확산돼 마침내 마르코스가 1986년 2월 25일 권좌에서 물러나 하와이로 망명하는 사태가 벌어졌다. 한국에서는 1987년 6월 항쟁이 전개돼 대통령 직선제가 실시되기에 이르렀다. 타이완에서도 이런 국내외 환경의 변화로 계엄통치를 해제하고 정당 창당과 언론 및 결사의 자유를 인정하게 됐다. 그 합법적인 결실이 1986년 9월의 민주진보당(민진당) 창당이다.

민진당은 '주민자결론(住民自決論)'을 내세워 "타이완의 장래는 타이완 전체 주민이 결정해야한다"는 주장을 폈다. 민진당을 비롯한 독립세력은 정치개혁을 촉구하며 ① 총통 직선제 실시, ② 국가명 개명, ③

타이완헌법 제정 등을 요구했다. 마침내 1996년 총통 직선제가 처음 실시돼 타이완 본토 출신인 국민당의 리덩훼이(李登輝)가 당선됐다.

이어 그 다음 선거인 2000년과 2004년 선거에서는 타이완 독립세력인 민진당의 천수이볜이 총통으로 당선됐다. 2000년 총통 선거에서 타이완 독립을 당장(黨章)에 명시한 민진당이 집권한 것은 1949년 이후 약 50년 간 지속돼온 중국국민당(국민당)의 일당통치에 종지부를 찍는 것이었다. 이는 타이완 내부뿐만 아니라 관련 국가들의 비상한 관심을 불러일으켰다.

민진당 소속의 총통 등장은 민진당이 타이완 내에서 국민당과 더불어 양당체제의 한 축을 이루게 됐으며, 타이완 독립세력이 소수세력이 아닌 타이완 대중의 상당한 지지를 얻고 있음을 의미한다. 이후의 타이완과 중국의 양안관계는 기존의 타이완 국민당과 중국 공산당 간 통일문제로 대립됐던 것으로부터 국민당과 민진당 간의 반독립-독립 문제, 그리고 공산당과 민진당 간의 통일-독립의 문제로 확대됐다. 즉 양안의 새 정치적 실체가 통일과 독립의 문제로 첨예하게 대립하게 된 것이다.

'민족'이란 주권을 가진 것으로 상상된 정치적 공동체라고 한다면, 타이완 민족은 '상상의 정치적 공동체'라고 할 수 있다. 타이완의 원주민은 2003년 현재 전체 인구 중 2%만을 차지하고 있지만, 타이완 민족을 구성하는 '타이완인'은 타이완의 중화민국이라는 공식국호를 갖춘 정치적 공동체의 영역에서 함께 살아가는 모든 구성원이라고 말할 수 있다. 이런 타이완인으로서의 정체성이 점차 타이완의 민족적 정체성으로 진화되고 있다. 이는 타이완인으로서의 정체성이 타이완민족주의로 발전해 나가는 것임을 뜻한다.[43]

---

43) 이상원, 「대만민족주의에 관한 연구-민족적 정체성, 정당일체감, 그리고 통독문제를 중심으로」, 『고려대학교 대학원 정치외교학과 석사학위논문』 16-31

타이완민족은 제2차 세계대전 종전 이전에 타이완에 거주한 사람 또는 그 자손들로 구성된다. 여기에는 대륙의 푸젠성에서 이주한 사람과 객가인(客家人) 그리고 고산족이 포함된다. 이 세 민족은 모두 타이완 원주민에 해당하며 모두 타이완인이다. 이에 반해 명말의 정청공 세력, 일제시기의 일본인, 해방 이후 장제스(將介石) 국민당 정권은 모두 식민통치세력이고 아울러 함께 이주한 사람은 모두 외국인에 속한다. 타이완인은 중국인이 아니고, 타이완민족 역시 중화민족이 아닌 것이다.44)

1949년 국민당 정부가 타이완으로 패퇴한 이후 국민당은 국민통합정책을 실시했다. 국민통합정책은 1966년 중화민족주의의 주입이라는 형태로 전개됐다. 국민당은 적극적으로 교조주의적인 방식으로 타이완인들에게 '전통적 중화문화'를 주입시키려고 한 것이다.

1987년 이후 타이완 사회에 부상한 탈냉전 시기의 민족담론들은 중국과 타이완 두 국민국가의 갈등으로 탈냉전 문제를 제기했다. 타이완에서 중국을 처음으로 '외래자(外來者)'로 정의한 것은 1990년대 이후의 일이다. 타이완민족주의 성향의 연구들은 탈식민적 관점에서 중국중심주의, 중화민족주의를 비판한다. 이들은 타이완이 중국이라는 '외래자'에 의해 다시 식민화되었다고 보는 것이다.

탈냉전기 타이완에서는 중화민족주의와 타이완민족주의가 대립하게 됐다. 타이완의 중화민족주의는 타이완 헌법에 1911년 건국된 중화민국을 계승하여 중국 대륙을 타이완의 영토라고 규정하는 것으로 반영됐다. 그 의미는 통일을 통해 '미완의 국민국가를 완성'한다는 것이다. 중화민족주의 원칙은 냉전과 탈냉전기에 변함이 없었다. 당초에 정치적 통일을 이루기 위해 중국 대륙을 무력 통일의 대상으로 간주했던 타

쪽 참조.
44) 박종우, 앞의 책, 356-357쪽.

이완의 중화민족주의는 정치와 문화를 분리한다는 전제 아래 문화적인 의미를 강화했으며, 중국을 '돌아가야할 회귀(回歸)의 곳'으로 새롭게 규정한 것이다.

이에 대해 타이완민족주의자들은 두 측면에서 중화민족주의를 비판했다. 먼저 이들은 타이완의 영토를 통치권이 미치는 국민국가 타이완의 통치지역으로 한정한 뒤 대륙대표성을 대신하여 '거주자 우선 원칙'을 세우고, 타이완 출생자에 의한 '자기결정권'을 내세우며 이를 기반으로 '하나의 중국, 하나의 타이완'을 주장했다. 둘째, 이들은 중국 대륙과 타이완의 경험의 차이를 제국주의 침략 대 '식민지화'로 구분하고, 대만 사회가 겪어온 피식민지 시기의 '뿌리뽑힌 자들의 저항'의 의미를 강조했다. 이런 주장을 통해 '본토회복을 통한' 타이완의 중화민족주의의 '회귀론'에 정당성을 부여하고 이를 보완하는 '타이완 지류론(支流論)'을 비판했다.

타이완인의 토착화 의식 촉발의 기폭제 역할을 한 천팡밍(陣芳明)은 타이완을 중국 대륙과 '동질화(同質化)'하는 태도를 비판하고, 대륙이 아편전쟁 이후 제국주의와 봉건주의로부터 이중적인 압박을 받았던 반면, 타이완에서는 주권을 상실하고 식민지배를 당한 고통의 경험이 존재했음을 강조한다. 그는 일제 식민주의가 항구적 통치를 위해 모든 부문에서 타이완을 장악해 갔으며, 그런 '뿌리뽑기'가 타이완에서 일본어가 아니고서는 자유롭게 창작할 수 없는 지경에 이르렀다고 말한다.

이런 상황에서 해방 이후 국민당 정부가 1946년 타이완에서 '북경어'를 제외한 모든 언어 사용을 공적인 영역에서 금지하는 정책을 실시했다. 이에 따라 공직자와 교사 등 이데올로기 관련 공직은 모두 대륙 출신자로 채워졌다. 이로 인해 식민지 시기의 토착 지식인이 축출되고 피식민 경험을 지식으로 생산할 수 있는 기반 자체가 붕괴되는 결과를 빚었다.

타이완의 독립 추진은 '문화적 타이완 독립론'을 바탕으로 타이완 독립을 부르짖는 데서부터 비롯됐다. '문화적 타이완 독립론'은 일제의 타이완 점령 때 발생해 반일단계, 반서구화 단계, 반중국 단계의 3단계를 거쳐 발전해왔다. 문화의 타이완 본토화 운동이 정치적 차원의 목적을 갖고 정치의 타이완 본토화 운동의 성격을 띠게 된 것은 1980년대부터다.

타이완은 2000년대 들어 수년 동안 교육개혁이라는 명분을 내걸고 문화적 타이완 독립론의 자료들을 종합해 향토언어 교육을 통한 타이완 본토화 운동을 전개했다. 이에 대해 중국은 타이완과 중화문화의 대립을 조장하는 행위라며 못마땅하게 여기는 입장을 보였다.[45]

타이완 정치권은 '녹색'과 '청색' 두 진영으로 나뉜다. 타이완 독립을 지지하는 쪽이 녹색이고, 그렇지 않은 쪽이 청색이다. 2004년 12월 11일 치러진 타이완 6대 입법위원 선거에서 녹색 진영이 비록 과반수 확보에 실패했지만, '타이완 독립'은 이미 정치 성향 분류의 최우선 기준이 될 정도로 핵심 문제가 됐다.

리덩후이 전 총통이 타이완 독립 문제를 제기한 이후 가장 눈에 띄는 변화는 타이완 사람들이 고유 언어인 타이위(타이완어)에 대한 자부심을 갖기 시작했다는 점이다. 이전에는 타이위를 '중국어의 사투리'로 치부했으나, '타이위는 중국어와 전혀 다른 고유 언어'라는 의식의 변화가 일어난 것이다. 타이베이 서점엔 타이위 교재가 등장했으며, 타이위로 수업을 진행하는 교사도 나타났다.

가장 상징적인 변화는 국민당의 마잉주 타이베이 시장이 타이위를 배워 이를 공공 행사에서 쓰기 시작한 일이다. 타이완 독립에 반대하는 정치인들조차 타이위를 사용하지 않고서는 타이완 사람들의 정서에 다가갈 수 없을 정도에 이른 것이다. 타이완 고유의 언어와 문화에 대한

---

45) 中國臺灣 (http://www.chinataiwan.org) 2002년 3월 4일.

자각이 높아진 데서 비롯된 변화다.

타이완의 국민당은 양안 개방정책을 타이완의 자유민주주의가 제도적으로 우월하다는 '냉전적 오리엔털리즘'의 연장선상에서 추진했다. 사회주의 중국의 공산당 체제를 열등하고 전제적인 것으로 보고 대륙주민을 도덕심이 결여된 대상으로 재현하는 방식은 대륙인들의 반발을 야기했다. 또한 양안 개방 이후 개방 당시 기대했던 것과는 달리 '중국인' 정체성이 약화되고, '타이완인' 정체성이 강화되는 현상이 나타났다.46)

타이완인들의 민족적 정체성은 강화되고 있으며, 이는 중국과는 다른 타이완을 의미한다. 슈베르트(Gunter Schubert)는 타이완의 정당들 간에 타이완민족이 이미 존재하고 있으며, 이에 대한 큰 틀의 컨센서스가 형성되어 있다고 지적했다. 비록 청색정당인 국민당과 친민당이 '하나의 중국 원칙'을 받아들이고 있지만, 이에 대한 중화인민공화국의 해석과 상충된다. 이들이 상정하는 민족은, 민진당의 그것과도 다르지만, 중국공산당의 그것과도 다르다. 그러나 녹색정당인 민진당과 청색정당인 국민당 및 친민당과의 거리는 중국과의 거리보다 가까울 수밖에 없다.47) 타이완의 독립 문제를 둘러싼 양안 간의 갈등의 배경에는 중국의 중화민족주의와 타이완민족주의의 갈등이 깔려있는 것이다.

나. 중국과 타이완의 갈등과 딜레마

타이완 독립이론의 핵심은 "타이완의 미래는 반드시 전 타이완 주민

---

46) 김미란, 「탈냉전기 타이완의 '중국사상'과 민족주의」, 『중국현대문학』 제60호, 181-185쪽.

47) 이상원, 앞의 책, 74-75쪽.

이 공동으로 결정하며, 또한 타이완 주민은 독립을 결정할 권리를 가지고 있다"는 타이완의 '주민자결론(住民自決論)'이라 할 수 있다. 1940년대부터 시작돼 타이완에서 본격적으로 제기되고 영향력을 갖게 된 것은 1970년대 들어서다. '주민자결론'은 1970년대 말 민주화운동 및 타이완 독립운동에 참여한 세력의 이론적 기초가 됐다.

주민자결론은 1986년 민진당이 결성되면서 구체화되고 실행에 옮겨지기 시작했다. 민진당은 이 해 확정한 당장(黨章)과 당강령에서 주민자결론을 명시하고, "어떠한 정부 또는 정부연합도 타이완의 정치귀속을 결정할 권리가 없다"고 주장했다. 1991년 민진당 전국 당대표대회에서는 "국민주권의 원리에 근거하여 주권, 독립, 자주의 타이완공화국 건립과 신헌법 제정은 반드시 타이완 전체 주민의 공민투표방식으로 결정해야 한다"고 밝혔다.

2000년 집권에 성공한 민진당은 주민자결을 실현하기 위한 공민투표 실시를 주장하는 한편, 2003년 9월에는 '타이완 독립 시간표'를 제시했다. 2004년 공민투표 실시, 2006년에는 공민투표에 의한 헌법 제정, 2008년에는 '신헌법' 정식 시행이다. 이 시간표에 따라 2003년 11월 '공민투표법'을 통과시켰으며 2004년 대선 기간에 타이완 최초의 공민투표를 실시했으나 투표인 수가 과반수에 미치지 못해 무효처리됐다. 그러나 이후에도 '타이완'이라는 국명으로 유엔가입 여부를 묻는 공민투표 실시를 제기하는 등 독립을 위한 활동은 계속됐다.

타이완 독립 주장은 타이완 출신인 리덩후이 전 총통이 2002년 5월, "타이완과 중화인민공화국은 두 개의 국가이며, 이것은 현실이다"라고 주장함으로써 더욱 탄력을 받게 됐다. 2002년 8월 3일 일본 도쿄에서 열린 재일 '세계 타이완 동향회 연합회'가 주최한 29차 연차총회에 보낸 화상메시지 축사에서 천수이볜(陳水扁) 총통은 "중국과 타이완 양안에는 각기 국가가 존재한다"는 이른바 '일변 일국론(一邊一國論)'을 주장한 데 이어, "'하나의 중국' 혹은 '일국양제(一國兩制)'는 받아들일 수 없다"고 못 박았다. 뿐만 아니라 그는 "타이완의 미래를 일개 국가, 정부, 개인이 독자적으로 결정할 수 없으며, 오로지 2300만 타이완인들이 스스로 결정하는 것"이라면서 타이완 독립을 위한 주민투표를 실시해야 한다고 주장하는 등 구체적으로 독립을 위한 국민투표까지 언급함으로써 양안관계가 급속도로 긴장하게 됐다. 그럼에도 천 총통은 2003년 11월 11일 "2006년 12월 10일 국제인권의 날에 새 헌법결정을 위한 국민투표를 실시할 것"이라고 밝히고, 이 국민투표는 기존 헌법을 일부 수정하는 것이 아니라 독립국가 타이완의 새 헌법을 전면 제정하는 것이 목표이며, "타이완은 주권 독립국가이고, 국민투표는 기본인권이자 세계적인 보편적 가치이며, 어떠한 국가나 정당, 개인도 이 권리를 제한해서는 안된다"고 강조했다.

양안관계에 대한 중국의 기본 입장은 비교적 명료하면서도 상당한 일관성을 갖고 있다. 개혁개방 이후 덩샤오핑(鄧少平)이 '하나의 중국 원칙' 하에 일국양제를 주장한 이래 중국은 이런 기본 입장을 견지해왔다. 홍콩과 마카오가 순조롭게 반환되고 일국양제의 구상이 현실화되자 중국의 타이완에 대한 '하나의 중국 원칙'에 기초한 일국양제의 방침은 더욱 확고하게 자리 잡게 됐다. 따라서 '하나의 중국 원칙'에 위배되는 타이완의 어떤 행동이나 정책도 용납하지 않겠다는 강경한 입장을 고수하고 있으며, 무력사용의 가능성을 여전히 배제하지 않고 있다.

타이완의 민진당 정부가 타이완 독립에 대해 강경한 입장을 되풀이할 때마다 중국은 이를 저지하기 위한 대내외적인 노력과 타이완에 대한 경고의 수위를 높임으로써 양안 간의 긴장은 고조됐다. 특히 2002년 8월 천 총통이 국민투표를 포함한 타이완 독립에 대한 강력한 입장을 천명하자 중국은 타이완이 '하나의 중국 원칙'에 근거한 '1국가 2체제'에 도전할 경우, 무력사용이 불가피할 것이라고 경고했다. 후진타오 중국 주석은 2003년 자신의 체제 출범 초기 '타이완에 대한 미국 간섭 배제, 양안 교류 강화, 유사시 군사대응 준비강화' 등 대 타이완 3대 정책을 선포하고, 향후 대 타이완 정책은 대미정책과 함께 고려되어야 함을 강조함으로써 민진당 정부의 타이완 독립 시도를 다각적인 측면에서 봉쇄할 것임을 드러냈다. 또한 2007년 초 타이완의 유엔가입 시도와 신헌법 제정 등의 움직임에 대해 중국은 타이완 당국의 탈 중국화 강행 방안은 양안관계를 긴장시키는 악행이라고 비난하고, 탈 중국화의 분열활동을 적극 밀고 나가는 것은 법률적인 타이완 독립의 사회적 분위기 조성을 도모하기 위한 것이라고 비판했다.[48]

중국으로서는 되풀이되는 타이완 민진당 정부의 타이완 독립 시도를 저지할 제도적인 장치가 필요하다는 인식을 하게 됐다. 1996년 이후 특히 1999년 리덩훼이가 '양국론'을 주장한 뒤부터 중국에서는 '국가통일법'의 제정에 대한 구상이 나오기 시작했다. 마침내 2005년 3월 24일 제10기 전인대 3차 회의에서 타이완이 독립을 추진할 경우 비평화적 수단으로 이를 막을 수 있다는 내용을 골자로 한 '반국가분열법'을 통과시켰다.

이에 대해 민진당 정부가 강하게 반발해 양안관계의 긴장이 고조됐다. 타이완 정부는 타이완은 주권 독립국가이며, 악의 세력에 대항하여 협력할 것이라는 등 6가지 입장을 발표했다. 이와 함께 등장한 타이완의 대응은 100만 타이완인의 항의 시위, 양안 경제교류 연기, 대응 군사훈련 강화 등 정·경·군이 일체가 된 저항 등 상당히 강경한 것이었다. 하지만 국민당을 비롯한 타이완의 야당 세력은 정치적 동원으로 양안의 긴장상태를 고조시킬 필요가 없다고 주장하면서 천 총통과 민진당의 총궐

---

[48] 김옥준, 「민진당 정부의 대만독립노선과 양안관계」, 『평화학연구』 제10권 1호(2009), 217쪽. 221-225쪽.

기 주장을 거부했다. 국민당과 친민당의 두 주석은 대륙을 방문해 오히려 '반국가분열법'의 정당성을 현실적으로 인정하는 조치를 취했다.

'반국가분열법'은 비평화적 수단 사용조건을 법제화하면서도 양안관계의 안정과 평화에 필요한 주제들도 담고 있다. 즉 양안문제는 중국의 내전(內戰) 문제로 야기된 내정(內政) 문제라는 것을 강조하고(3조), 타이완이 어떤 방식으로든 독립을 시도한다거나 타이완 독립을 야기할 수 있는 주요 사건들이 발생하였을 경우 및 평화통일의 가능성이 완전히 사라졌을 때 비평화적 수단을 사용할 수 있다고 규정하고 있다.(8조) 그러나 이 법은 다른 한편으로 양안 간 안정과 평화를 위한 다양하고 구체적인 교류들을 지원하고 있고(6조), 협상의 의제에서도 양안 간 대치 해소, 타이완의 정치적 지위, 국제적인 활동 공간, 양안관계를 발전시키기 위한 구체적인 계획과 평등한 방식으로 협상을 하자는 제안(7조) '하나의 중국 원칙'을 전제로 평화적인 방식으로 통일하는 것이 양안의 근본적인 이익이며, 이를 위해 전력을 다하겠다는 조항(5조) 등을 포함하고 있다. '반국가분열법'에 나타난 중국의 의도는 현상의 변경을 목적으로 하기보다 현상을 인정하고 보다 안정적인 차원에서 현상을 유지하고자 하는 것에 비중을 두고 있음을 알 수 있다.

양안관계에서 주목해야 할 것은 미국의 변수이다. 미국은 1979년 중국과 국교를 정상화하며 유엔 회원국 지위를 상실한 타이완과 단교하고, '하나의 중국 원칙'을 수용했다. 그러나 지정학적으로 타이완이 중국의 태평양 진출팽창을 막을 교두보로서 미국으로서는 전략적으로 매우 중요한 요충지다. 그래서 이 해 타이완과의 비공식적 관계의 유지를 위해 '타이완관계법'을 제정했다. 그럼에도 미국은 1998년 클린턴 미 대통령이 중국 방문 때 표명한 것으로, 첫째, 타이완의 독립 반대, 둘째, 두 개의 중국 또는 하나의 중국과 하나의 타이완 반대, 셋째, 주권국가의 자격으로 타이완의 국제기구 가입 반대 등 '삼불(三不)' 입장을 견지해왔다.

미국의 타이완 정책 기조는 현상 유지이다. 부시 행정부는 클린턴 행정부가 '전략적 모호성 원칙'을 유지한 것과 달리 타이완 독립을 지지하지 않는다는 입장을 명백히 함으로써 중국을 안심시키는 한편, 타이완에 대한 방위를 공언하는 등 타이완 개입을 분명히 했다. 2003년 12월 중국 원자바오 총리가 미국을 방문했을 때 부시 미 대통령은 '하나의 중국 원칙'을 지지하고 타이완 독립을 반대한다면서도 타이완에 대해 강압이나 무력을 사용할 경우 미국은 개입하지 않을 수 없음을 강조했다. 중국이든 타이완이든 현상을 변경하려는 어떤 일방주의도 반대한다는 입장인 것이다.[49]

중국과 타이완 양안 간 갈등과 대립은 궁극적으로 동아시아에서의 세력균형의 변화를 초래할 수 있는 잠재적 폭발력을 지니고 있다. 중국은 타이완이 본토로부터 영구 분리될 경우 미국의 전략적 교두보가 될 것으로 본다. 반면에 중국이 타이완에 대한 통제권을 확보한다면, 중국은 해상 방어선을 대폭 확장할 수 있게 된다. 타이완 문제는 중국의 영토 통일 문제에 그치지 않고 동북아 지역의 전략 구도에 결정적인 영향을 미치게 될 것이기 때문에 중국으로서는 사활적인 이익이 걸려 있는 문제일 수밖에 없다.

미국이 1979년 타이완과의 관계 재설정을 위해 '타이완 관계법(Taiwan Relation Act)'을 제정한 것은 이 법에서 타이완 해협의 현상을 비평화적으로 변경하려는 모든 시도를 미국의 관심사로 규정함으로써 유사시 미국이 개입할 수 있는 여지를 마련하기 위한 것이다. 타이완 안보를 위한 무기 공급도 명시했다. 중국은 "타이완관계법이 중·미 관계를 불안하게 만드는 근본적 원인"이라며 미국이 이 법을 통해 타이완 독립을 사실상 부추기고 있다고 비난해왔다. 타이완과 미국의 관

---

49) 이태환, 「중국의 대미전략과 미중문제」, 『외교』 제69호(2004,4), 60쪽.

계에서 양안관계에 영향을 미치는 중요한 요인은 '하나의 중국 원칙'에 위배되는 미·타이완 간의 정부 차원의 접촉과 중국의 안보를 직접 위협하고 타이완 독립의 기초를 제공하는 미국의 타이완에 대한 무기판매라고 할 수 있다.

미국은 통상 주권국가에 적용하는 프로그램을 통해 타이완에 군사장비를 지원하기 시작했다. 2023년 8월 30일 <로이터통신>에 따르면, 미국 국무부가 '외국 군사 자금 공급(FMF·Foreign Military Financing)' 프로그램을 통해 타이완에 최대 8천만 달러 규모의 군사장비 이전을 승인하는 통지서를 미 의회에 전달했다. FMF는 미 국무부가 관리하는 최대 규모의 군사 지원 프로그램이다. 지원을 받는 국가는 무상자금 혹은 대출 등을 통해 각국 수요에 맞는 미국산 군사 장비를 사들일 수 있다. <로이터통신>은 "FMF는 통상 주권국가들이 사용하는 것"이라고 전했다.50)

미국이 타이완을 감싸 안는 이유는 중국의 부상 속 타이완의 전략적 가치가 훨씬 더 높아졌기 때문이다. 바이든 행정부의 타이완 관련 정책 기조가 3불(三不) 정책에 따른 '전략적 모호성'으로부터 변화하려는 움직임에는 중국이 타이완을 무력으로 통일시킴으로써 아태지역 내 안정을 훼손할 것이라는 우려가 존재한다. 전문가들은 미·중 간 충돌을 불가능 차원이 아닌 배제할 수 없는 차원의 관점에서 보기 시작했다. 이는 중국의 타이완 침공 시 미국이 개입할 것이라는 점을 전제로 한다.

다. 타이완 사태와 한반도

미국이 주도하는 중국과의 신냉전 갈등이 심화, 증폭되면서 2020년

---

50) <이데일리> 2023년 8월 31일치.

대 들어 중국의 '타이완 침공 임박설'이 등장했다. 중국의 타이완 침공은 미국의 개입으로 미·중 간 무력충돌로 확산될 가능성이 높다. 이 경우 핵전쟁으로까지 번질 위험성을 고려해야 한다는 진단도 나온다. 문제는 타이완 전쟁이 발발하면 한국민의 의사와 관계없이 한반도가 전쟁에 연루될 위험성이 매우 크다는 점이다.

중국의 '타이완 침공 임박설'은 2021년 3월 미국에서 제기됐다. <파이낸셜 타임스>는 3월 28일자 보도에서 미 당국자의 말을 빌어, "두달 여간 중국쪽 행태를 평가한 조 바이든 미 행정부는 중국이 타이완과 관련해 현상유지에 만족하던 시기를 지나 타이완 무력통일 가능성을 시험해보려는 시기로 다가서고 있다는 결론에 이르렀다"고 전했다. 이 당국자는 "(2022년에) 집권 3기에 들어선 시진핑 국가주석은 장기집권의 정당성을 확보하고 업적을 남기기 위해서라도 타이완 문제에서 진전을 이루는 게 중요하다"며 "시 주석이 위험한 선택을 할 가능성이 높아 보인다"고 분석했다. 신문은 "타이완 쪽에서도 인민해방군 창건 100주년을 맞는 2027년에 주목한다"고 전했다. '2027년 침공설'을 제기한 것이다.

미군 수뇌부에서도 '최악의 상황'에 대한 경고가 잇따라 나왔다. 존 애퀼리노 인도태평양사령관 지명자는 2021년 3월 23일 미 상원군사위원회에서 "개인적으로 (중국의 타이완 침공이) 예상보다 훨씬 빠를 수도 있다고 생각하며, 긴급하게 대응책 마련에 나서야 한다"고 강조했다.51) 필립 데이비드슨 미 인도태평양 사령관은 2021년 3월 퇴임을 앞두고 미 상원에 출석해 "중국이 향후 6년 안에 타이완을 무력으로 장악할 가능성이 있다"고 증언해 '2027년 침공설'을 뒷받침했다. 미 상원외교위원회가 이 해 4월 21일 통과시킨 '2021 전략경쟁법안'에서 "타이완 (무력)통일은 중국의 역내 패권 달성을 위한 첫걸음"이라고 규정하

---

51) <한겨레신문> 2021년 3월 29일치.

고, 중국의 영향력 확산 차단을 위한 타이완 방어의 중요성을 강조했다. 40여년 유지돼온 미국의 전략 기조도 달라질 조짐을 내비친 것이다.52)

영국의 주간지인 <이코노미스트>는 중국의 타이완 침공 예상 시점으로 △ 2027년 중국 인민해방군 건군 100주년, △ 2035년 중국의 사회주의군 현대화, △ 2049년 중화민족의 위대한 부흥 달성 시점 등 세 가지 가능성을 제기했다.53)

중국에서도 즉각적인 '무력통일론'이 늘어났다. 타이완 통일방식으로 제시됐던 '일국양제' 대신 '일국일제(一國一制)'로 바꿔야 한다는 주장도 확산됐다. 급기야 중국 공산당이 조국의 완전한 통일을 추진하겠다는 입장이 노골적으로 나왔다. 중국 국무원 타이완 사무판공실은 2022년 8월 발간한 '타이완 문제와 신시대 중국의 통일'이라는 제목의 백서에서 조국 통일을 위해서라면 무력 사용을 비롯한 모든 옵션을 검토하겠다는 의지를 드러냈다. 중국 정부는 타이완 통일을 위해 중국 내 민족주의 정서를 기반으로 정치적 지지를 결집시키고 있다는 분석도 나왔다.

중국의 타이완 정책은 두 갈래로 전개됐다. 첫째는, 외교·경제적 수단을 통해 타이완 통일에 우호적인 분위기를 조성하는 것이며, 둘째는, 무력시위를 통해 타이완 내 독립여론의 기세를 꺾는 것이다. 중국은 외교·경제적 압박 수단이 실효를 거두지 못하자 군사적 압박에 골몰하기 시작했다.

중국 인민해방군과 해군이 2021년 7월 16일 타이완과 해협을 두고 맞닿아 있는 푸첸성 해역에서 합동 상륙 훈련을 벌였다. 미군 군용기가 타이완에 상륙한 다음 날이다. 훈련은 미국과 타이완의 분리주의자들

---

52) <한겨레신문> 2021년 4월 28일치.

53) <뉴스1> 2022년 9월 6일치.

에 대한 경고라는 게 전문가들의 분석이다. 중국 국방부는 미국과 타이완의 분리주의자들이 살라미 전술을 통해 중국 본토의 마지노선에 도전하고 있다며, 이 훈련은 경고이자 억제책으로서 앞으로 더욱 복잡한 훈련이 전개될 것이라고 강조했다.

이와 함께 중국 국방부는 미 공군의 C-146A 울프하운드 수송기가 7월 15일 일본을 떠나 타이베이 쑹산 공항에 착륙한 것과 관련해 "심각한 우려를 초래할 수 있다"고 경고했다. 우첸 중국 국방부 대변인은 "어떤 외국 선박이나 비행기가 중국의 영해나 영공을 침범한다면 심각한 우려를 초래할 수 있다"며 "타이완은 양도할 수 없는 중국의 일부이며, 중국 영토에 상륙하는 외국 군용기는 중국 정부의 허가를 받아야 한다"고 강조했다.[54]

미·중의 충돌이 자칫 핵전쟁으로 번질 수 있다는 위험성은 충돌을 막아줄 다소간의 억제력으로 작용할 수 있다. 그러나 미국 스탠퍼드대학 후버 연구소의 마이클 오슬린 선임연구원은 타이완 분쟁이 핵전쟁으로 확산될 위험성을 고려해야 한다고 진단한다. 그는 미·중 간 핵전쟁의 가능성이 더 이상 '한가지의 가능성(possible)'이 아닌 '충분히 가능성이 있는(likely)' 시나리오가 됐다는 분석이다. 문제는 이런 불똥이 한반도로 튀거나 한반도에서 폭발할 수도 있다는 점이다.

미국의 싱크탱크인 전략국제문제연구소(CSIS)가 2023년 1월 9일 발표한 보고서 '다음 전쟁의 첫 전투'의 '워게임'을 통해 타이완 전투의 양상을 예측했다. '워게임'은 2026년 중국이 타이완 점령을 목표로 공습과 상륙작전을 감행하는 것으로 시작된다. 한국과 관련해서는 "주한 미군의 4개 전투부대 중 2개 대대가 차출돼 전투에 참여할 것"으로 보인다고 밝혔다.

---

54) <뉴스1> 2021년 7월 19일치.

여기서 문제는 타이완 전쟁 시 미국이 한국의 의사와 관계없이 주한미군을 동원하거나 다른 지역의 미 군사력을 한국에 들여왔다가 타이완에 투입할 수 있느냐는 것이다. 한·미 양국은 2006년 주한미군의 '전략적 유연성'을 합의한 전략대화 공동성명에서 "한국은 동맹으로서 미국의 세계군사전략 변화의 논리를 충분히 이해하고 주한미군의 전략적 유연성의 필요성을 인정한다"고 적시했다.55) 다만 "미국은 한국이 한국민의 의사와 관계없이 동북아 지역분쟁에 개입되는 일은 없을 것이라는 한국의 입장을 존중한다"고 단서를 달았다. 이를 근거로 이종섭 국방부 장관은 2022년 10월 국정감사에서 "타이완 유사시 주한미군의 투입은 우리와 반드시 협의해야 할 사안"이라고 선을 그었다.

그러나 미국은 한국의 '동의'를 구하지 않아도 주한미군의 전략적 유연성이 이루어질 수 있다는 입장이다. 한국이 동의하지 않아도 주한미군의 타이완 파견이 가능하다는 것이다. 미 태평양육군사령부의 참모장인 제임스 바솔로미스 준장은 2023년 7월 19일 "주한 미8군은 제2보병사단, 한미연합사단을 지원하면서 전략적 유연성을 이행할 것"이라고 밝혔다. 한반도 이외의 지역으로 주한미군을 얼마든지 보낼 수 있다는 의미다.56) 한국의 영토가 미국의 패권전략을 위한 지역분쟁의 전진기지로 전락한 셈이다.

---

55) '전략적 유연성(Strategic Flexibility)'은 주한미군의 임무수행 범위를 한반도에 국한하지 않고 인도·태평양 권역의 분쟁지역으로 확장하는 것을 말한다. 이에 따라 조 바이든 미 행정부는 2021년 전 세계 미군의 기동성과 역할을 점검하는 '해외 주둔 미군 재배치 검토(GPR)'를 승인했는데 주한미군도 그 대상에 포함됐다. 주한미군은 미 연방법 10조에 근거해 한미연합사령부뿐만 아니라 인도·태평양사령부의 지휘를 받기 때문에 인태사령부의 대중정책을 수행하는 데 투입될 수 있다.

56) <한국일보> 2023년 8월 4일치.

중요한 것은 주한미군을 포함한 한국의 군사적 효용성의 전략적 가치가 높다는 점이다. 개전 초기 중국은 타이완의 주요 군사기지를 공습하는 한편, 해군력을 동원해 타이완을 포위, 봉쇄하려고 할 것이다. 이와 관련해 주목되는 것은 중국의 북양함대와 동양함대의 남진이다. 이들 함대가 신속하게 타이완 해협에 투입되면 중국이 승리할 것이라는 전쟁 시뮬레이션 결과들도 있다. 따라서 중국 함대 등 해군력의 결집을 어떻게 저지할 것인가가 승패를 가름할 중대 변수가 되는 셈이다.

한국은 이들 중국 함대와 가장 가까운 미국의 동맹국이다. 오산공군기지와 군산공군기지에 있는 미 공군력이 이들 함대의 남진을 견제·저지할 수 있는 위치에 있다. 미국이 제주해군기지를 활용할 수도 있다.57) 타이완 유사시 타이완에 무기와 장비를 얼마나 신속하게 대규모로 공급할 수 있느냐는 것도 중대한 변수다.

한국은 이 문제에서도 전쟁 연루의 위험에 놓이게 된다. 2021년 6월 미군의 초대형 군 수송기인 '글로브마스터(C-17)'가 오산기지에서 미국 상원의원 3명과 코로나 백신을 싣고 타이완으로 날아간 적이 있다. 이는 타이완 유사시를 대비한 예행연습을 한 것으로 간주할 수 있다. 글로벌마스터의 화물탑재량은 8만톤에 육박할 뿐만 아니라 전차와 장갑차도 실어나를 수 있기 때문이다.

타이완 사태는 결코 강 건너의 불이 아니라 한반도로 확산될 위험성이 너무나 농후하다. 중국이 사드가 배치된 성주기지를 비롯한 주한미

---

57) 미 7함대 작전참모와 주한미 해군 선임장교를 지낸 데이비드 서치타는 현역 시절이던 2013년에 쓴 '제주해군기지:동북아의 함의'라는 보고서에서 "타이완 해협에서 무력충돌이 일어나면 제주해군기지를 이용하는 미국 함정과 잠수함, 그리고 항공모함은 남쪽으로 향하는 중국의 북양함대를 막을 수 있다. 또 중국의 동양함대의 측면을 공격하는 데에도 효과적이다"라고 분석했다. <한겨레신문> 2023년 1월 30일치.

군 기지나 제주해군기지에 보복 공격을 가하면 우리 영토를 공격하는 셈이 되므로 한·중 간의 무력 충돌로 비화될 수밖에 없다. 게다가 북한은 타이완 문제와 관련해 중국의 입장을 적극 지지하는 입장이며, 조중(朝中) 우호협력 및 상호원조 조약에는 자동개입 조항까지 규정돼 있다. 또한 지정학적으로도 북한은 주한미군과 주일미군을 견제할 수 있는 위치다.

타이완 전쟁은 한반도를 포함한 동북아 또는 그 이상의 국제전쟁을 의미할 수 있다. 오병수 동북아재단 연구원은 "과거 1940년대 냉전 초기 장제스의 국민당 정부는 '본토 수복'을 위해 비밀작전을 벌이며 종종 군산의 주한미군 기지를 중간 기착지로 이용했다"며 "한반도는 늘 지역 분쟁의 한복판에 서게 되므로 열강의 첨예한 갈등을 완화시키면서 한국의 정치력을 관철하는 틀을 만드는 것이 한국의 핵심과제"라고 강조했다.58)

---

58) <한겨레신문> 2021년 12월 17일치.

2
미국의 개입

제1장
한미동맹과 한국군

1. 한미동맹의 역사와 예속적 구조

가. 한미동맹의 본질

　미국은 한미동맹이 공식적으로 등장하기 이전인 1945년 한반도에 진주해 군정을 실시하면서 한국군의 창설과 대한민국 정부 수립의 기반을 마련했고, 한반도 전쟁이 발발하자 군사적 개입을 통해 전쟁을 주도하는 한편, 휴전협상을 통해 정전협정을 체결했다. 미국은 한국군을 창설해 국가안보의 기틀을 마련했으며, 한반도 전쟁에 참여함으로써 한국의 생존을 구원해준 후견인의 역할을 수행했다. 이런 미국과의 한미상호방위조약이 체결돼 공식적인 한미동맹 관계가 수립된 이후부터는 미국의 본격적인 군사·경제 원조를 통해 한국군의 전력증강과 방위산업 육성 등 국가안보의 유지·발전에 결정적인 영향을 끼친 반면, 한국의 대미 군사의존도가 높아지는 원인이 되기도 했다.

　한·미 양국은 1882년 5월 '조미 평화수호통상 및 항해에 관한 조약'의 체결로 처음 공식적인 관계를 맺었다. 한국과의 군사적 동맹관계는 한반도 전쟁이 그 직접적인 계기였다. 동맹관계는 휴전 직후인 1953년

10월 1일 체결돼 1954년 11월 18일 발효되면서 본격화됐다.

한미동맹의 주요 기능은 주한미군을 통한 전쟁 억지였다. 특히 한강 이북에 배치된 주한 미 제2사단은 유사시 미군의 자동개입을 보장하는 '인계철선' 볼모 역할을 했다. 이와 함께 주한미군은 양국관계의 발전은 물론 동북아의 안정에도 기여했다.

이처럼 한미동맹이 양국관계의 발전은 물론 동북아의 안정에 기여했지만, 한국에 끼친 부작용과 문제점들의 부정적 측면도 존재한다. 주한미 주둔군 지위협정(SOFA)에서 대표적으로 보이는 불평등 관계는 한국 사회의 성장과 자생적 능력의 발전을 제약했으며, 정치·경제·사회·문화 등 여러 측면에서 미국 편향의 대외의존도를 심화시켰다.[1]

동맹이란 대내외 위협이 존재할 경우 국가들이 서로 힘을 합쳐 이에 공동으로 대처함으로써 국가안보 이익을 보호·증진시키기 위한 목적으로, 또는 동맹관계를 맺은 나라가 공격을 받는 사태가 발생할 경우 상호 군사적으로 지원하기 위한 목적으로 형성되는 국가들 간의 군사적 협력이나 합의를 말한다. 동맹은 전시(戰時)는 물론 평상시에도 위협을 제기하는 국가들에 대항하여 특정한 상황이 발생할 경우, 군사력을 사용하기 위한 국가들의 공식적인 합의체, 또는 국가들 간의 안보분업이라는 제도인 것이다. 그러므로 동맹은 다른 형태의 국제협력과는 달리 실제적·잠재적 적대국가의 존재를 가정하고 있으며, 군사적 개입과 전쟁위험을 상정한다. 요컨대 명백한 적대국을 상정하지 않는 유엔과 같은 집단안보체제와는 다른 것이다.

안보를 자력으로 해결할 수 있는 국가는 몇몇 강대국에 지나지 않는다고 주장하는 코헤인(Robert O. Kohane)의 국방정책연구에 따르면,

---

1) 이상현, 「한미동맹 50년의 성찰과 한미관계의 미래」, 『국가전략(2003년)』제9권 1호, 39-42쪽.

약소국은 국제체제에서 강대국에 비해 힘과 지위가 약해 국제체제에 미치는 영향이 미약하고 제한적인 국가다. 이런 약소국에게 국제관계에서 외부의 위협으로부터 국가이익을 보호·향상시키기 위해 강대국의 힘을 활용하고자 하는 동맹은 생존전략이라 할 수 있다. 거의 비슷한 능력과 힘을 바탕으로 서로에게 유사한 공약에 따라 기능을 수행하는 강대국들 간의 동맹과는 달리, 약소국과 강대국 간의 동맹관계에서는 비대칭적이고 불평등한 동맹이 될 가능성이 크다. 이 동맹에서는 동맹국 간의 이득과 손실의 차이가 불균등하며, 의무감과 기대감에 있어서도 동맹계약과 상관없이 강대국의 일방주의적 안보보장의 성격을 띠게 되는 비대칭적 성격을 보이게 된다.

외부의 위협에 대응하는 동맹정책과 관련해 월츠(Kenneth N. Waltz)는 압도적인 세력에 대항해 작은 세력들을 모으는 '균형정책(balancing)'과 가장 압도적인 세력이나 위협적인 세력과 손을 잡고 이득을 취하는 '편승정책(bandwagoning)'으로 구분한다. 러시아 외무부가 2023년 10월 19일 세르게이 라브로프 외무장관의 북한 방문 결과 설명에서 "러시아와 북한이 아시아·태평양 지역의 정세 악화를 초래한 미국의 헤게모니 정책에 단호히 대처해 나가기로 했다"고 밝힌 것은 '균형정책'에 해당한다고 할 수 있다. 미국에게 생존을 맡겨야 했던 한반도 전쟁 당시 한국이 한국군의 작전통제권을 이양하고, 정전협정 체결 이후의 안보를 보장받기 위해 미국과 비대칭적 방위동맹을 맺은 것은 '편승정책'이었다.

현실적으로 각 국가들의 지정학적 전략과 국가이익, 목표, 그리고 대외정책의 우선순위가 서로 같을 수 없다. 이런 비대칭적 현상은 한미동맹에서도 마찬가지다. 우선 지정학적 전략의 측면에서 지정학적으로 세계 4 강대국들의 이해관계가 교차하는 매우 민감한 전략적 지역에 위치하고 있는 한국은 생존과 안보를 국가전략의 최우선 순위로 추구한다. 이와 달리 대륙이 다른 원거리에 위치한 초강대국 미국은 세계적 차원에서 정치·경제·군사적 영향력을 행사하면서 세계전략에 바탕을 둔 지역적 세력균형을 유지하려고 한다.

김대중, 노무현 정권 시기 미국이 한반도의 군사 재배치를 한 것은 미 제국의 지구 통치라는 관점에서 이루어졌다. 김대중 정권이 '친북적'이라거나 노무현 정권이 '반미적'이어서 군대를 줄이거나 옮기거나 빼거나 하지 않는다. 친미적이었던 이승만 정권과 박정희 정권 아래서도 대규모 주한미군 철군이나 감군이 이루어졌다.

한국은 그동안 한반도에서의 전쟁방지, 남북관계 개선 및 한반도 평화정착, 동북아지역의 안정 등에 국가이익과 전략적 목표의 우선순위를 두어 왔다. 미국은 세계적 차원의 패권전략에 따라 중국 견제와 봉쇄, 대량살상무기(WDD) 비확산, 미사일방어(MD)체제 구축, 대테러전쟁 방지 등이 최우선적 관심사항이었다. 이런 안보정책은 외부의 영향에 의해 결정되기보다는 철저한 자국의 이익이라는 절대적 기준을 중심으로 한다. 근본적으로 세계 패권전략을 추구하는 미국과 한반도의 안정을 추구하는 한국이 서로 위협에 대한 인식과 그 대응방식이 다르다는 점에서 한미동맹의 비대칭성이 나타나고 있는 것이다.

약소국과 강대국 간의 동맹관계에서 갈등의 본질은 약소국의 자주성 문제였다. 비대칭적 동맹관계에서 가장 큰 문제점은 약소국이 강대국의 안보지원을 받는 대가로 자신의 자주성이 제약을 받는 이른바 '동맹의 딜레마'가 초래된다는 점이다. 강대국의 입장에서 볼 때 약소국을 통제하거나 영향력을 행사하기 위한 목적으로 동맹을 형성하는 경우가 자주 있다. 강대국이 이처럼 일방적으로 영향력을 행사할 경우 약소국은 '위성국(衛星國)'의 '노예'로 전락하게 될 가능성이 높다.

통상 강대국과 약소국 간의 불균형한 동맹관계에서는 의무와 기대도 공평하지 못하다. 동맹조약의 문구가 아무리 평등한 것으로 되어 있다고 하더라도 강대국에 의한 '일방적인 보장'의 성격을 갖는다. 이 경우 동맹은 강대국이 구속적인 영향력을 가지고 약소국에 대한 통제방안으로 활용되기도 한다. 즉 강대국은 약소국과 동맹을 체결함으로써 약소국의 안보를 보장해주는 대가로 군사기지를 확보하고, 동맹이 제공하는 또 다른 이익을 통해 새로운 지역에 자신의 이익을 투사하는 능력을 확보함으로써 자신의 자율적 역량을 제고시키고자 하는 것이다. 따라서 현실적으로 비대칭적인 불균형한 동맹관계에 있어서 약소국이 안고 있는 가장 근본적인 딜레마는 주권 유지와 안전보장에 영향을 미치는 외세의 영향력을 어떻게 약화시키고 동시에 자신의 약한 자주성을 어떻게 강화시키느냐에 있는 것이다.2)

2000년 남북정상회담과 김대중 대통령의 '햇볕정책', 노무현 대통령의 '평화번영정책'에 따라 남북 간의 화해와 통일, 민족자주 및 외세의 간섭 배제라는 민족주의적 정서가 높아졌다. 노무현 정부는 민족주의적인 요구에 부응해 미국과의 좀 더 평등한 관계를 모색했다. 한미동맹이 21세기 들어 새로운 도전에 직면하게 된 것이다.

노무현 대통령은 2004년 11월 20일 칠레 산티아고에서의 제3차 한미 정상회담을 앞두고 '북한의 핵무기 개발이 자위용이라는 북한의 주장에 일리가 있다'는 로스앤젤레스 발언으로 외교적 파장이 일어났다.3) 노무현 대통령은 2005년 3월 '동북아 균형자' 외교론을 주창하고,

---

2) 이상철, 「비대칭 동맹에서의 안보와 자주성 문제」, 『국방정책연구(2004년 가을)』, 131-139쪽.

3) 노무현 대통령은 첫 번째 한미 정상회담에서 "만일 미국의 도움이 없었다면 자신은 지금쯤 북한 정치범 수용소에 있을 것"이란 요지의 언급을 했지만, 나중에 국내 정치적 고려 때문에 '반미 좀 하면 어때', '다른 건 다 깽판쳐도 북한과만 잘하면 된다'는 식의 발언을 했다. 이상현, 「신정부의 외교안보정책 방향과 과제」, 『전략연구』통권 제42호(2008), 58쪽.

특히 한·미·일 남방삼각동맹 탈피론을 내놓자 미국은 상당한 부정적 반응을 드러냈다. 게다가 주한미군의 잦은 범죄와 주민 피해는 물론 2002년 6월 여중생 2명이 미국 장갑차에 치여 사망한 사건은 반미감정을 극대화시키는 분수령이 되었다. 이 사건을 계기로 불평등한 주둔군지위협정(SOFA) 개정에서 주한미군 철수에 이르기까지 다양한 반미 목소리가 비등하면서 한미동맹은 전환기를 맞이했다.

미국은 한국의 반미운동 확산에 주한미군 감축과 재배치 추진이라는 카드로 맞대응하는 조치를 취하기 시작했다. 한국 내 반미운동 고조에 맞서 미국의 일부 학자는 아예 극단적으로 "한국은 더 이상 미국의 동맹국이 아니라 중립국"이라는 주장을 펴기도 했다.4) 미국이 주한미군 재편 작업을 적극적으로 추진한 이유가 집권 초기 대미 자주성을 주장했던 노무현 정부 '길들이기'를 위한 의도에서 비롯됐다는 주장도 나왔다. 미국의 미군 감축과 재배치 카드가 한국 내 보수세력의 여론을 활용해 노무현 정부를 압박할 수 있는 유용한 지렛대 역할을 할 것이라고 판단했기 때문이라는 것이다. 미국의 이런 판단은 실효를 거두어 한국은 한국군의 이라크 및 아프가니스탄 파병 등 미국의 요청을 모두 받아들였다.

약소국의 입장에서 또 다른 불리한 약점은 전면적인 위협이나 국지적인 위협으로부터 강대국의 보호를 받을 수 있는 반면에 약소국에게 새롭고 예상치 못한 위협이 발생할 수 있다는 점이다. 동맹국에 대한 강력한 지원과 공약의 전략은 동맹의 적대국들로 하여금 경계심과 결속력을 강화시키는 역효과와 부작용을 초래할 수 있는 것이다. 주한미군 재배치와 역할 조정은 중국에게 심각한 안보 위기감을 가중시켜 중국으로 하여금 국방현대화를 추진할 수밖에 없게 만들었다. 한·미·일 3국이 군사동맹 관계로 나갈 경우 중국이나 러시아의 반발이나 제재, 유

---

4) W. Safre, "The Asia Front", <뉴욕타임스> 2003년 3월 10일치.

사시 보복공격을 불러일으킬 수 있다.

'동맹의존 이론(alliance dependence theory)'에 따르면, 약소국은 '포기(抛棄)'와 '연루(連累)'의 두 가지 위험성과 두려움에 직면하게 된다. 위기 발생 시 동맹 상대국이 안보 공약의 책임을 이행하지 않거나 동맹관계로부터의 탈퇴 또는 적국과 협력관계를 맺거나 자국을 지원하지 않는 등 '포기'의 두려움을 갖게 된다. 또한 약소국은 자신의 이익이 아닌 동맹 상대국의 이익을 위해 자신의 의사와 관계없이 자신이 원하지 않는 국제분쟁과 갈등에 휩싸이는 '연루'의 위험에 빠질 수 있다.

한미동맹이 맺어진 이후 내내 한국은 미국으로부터 '포기'당할 우려가 많았고, 이를 피한다는 명분으로 거의 맹목적으로 미국에 의존해왔다. 이는 미국의 입장에서 보면, 동맹의 '포기' 위협을 통해 한국을 매우 효율적으로 제어할 수 있다는 의미다. 그래서 문제가 있을 때마다 주한미군의 철수나 감축 문제를 들고 나온 미국의 의도가 여기에 있는 것이다.

한반도 전쟁 이전부터 현재에 이르기까지 미국은 자국의 국익과 군사전략에 따라 병력을 운용하고 한반도 문제에 개입해왔다. 동맹국인 한국의 국익이나 의사와 관계없이 군사정책을 변경하거나 유지해왔다. 미국은 자신의 국가이익을 위해 필요한 경우 언제든 주한미군을 철수시킴으로써 한국은 그때마다 '포기'의 불안을 느끼지 않을 수 없었다. 또한 미국의 패권전략에 따라 미국이 주도하는 국제분쟁에 한국군을 파병하도록 하거나 미국의 중국 포위와 견제에 한국의 참여를 종용하거나 압박함으로써 한국은 '연루'의 위험을 겪어야만 했다.

나. 한미동맹과 미국화

미국은 태평양 건너 편에 멀리 떨어져 있는 초강대국이 아니다. 미국은 이미 우리 사회 내부로 우리 각 개인의 안으로 깊숙이 침투해 들어와 자리잡고 있는 '제국(empire)'이 되어 있다. 한미동맹을 중심으로 진행돼온 한미관계의 결과로 맺어진 엄연한 현실이다.

한반도가 일제로부터 해방된 것은 한민족 스스로의 힘으로 이룩한 것이 아니었다. 외세의 개입에 의해 '주어진' 해방이었다. 따라서 '해방 공간'은 미·소의 군사력이 진주한 '점령 공간'이었다.

미국의 진주로 남한 내 세력구도는 친일이냐 반일이냐 하는 갈등과 대립으로 진행됐다. 이런 상황에서 미국의 한국 포섭이 진행됐다. 먼저 미국은 식민지 관료기구를 부활시켜 유지했으며, 친일 세력을 중심으로 한 한민당의 지도층이 관료체제의 주요 직책들을 차지하도록 했다. 미 군정 당국은 일제의 사법부에 종사했던 한국인 전원을, 그들이 일반적으로 부일(扶日)협력자들로 인정받고 있다는 사실을 알면서도 전원 유임시켰다.

이와 함께 미 군정은 "우리는 (국립경찰의 한국인들이) 일본을 위해 충성했다면 우리를 위해서도 충성을 바칠 것이라고 믿었다"면서 한국 국립경찰을 재건했다. 또한 미 군정은 군사영어학교를 설립해 한국군의 모체를 만들었다. 여기서 광복군 출신은 배제되고 일본군과 만주군 출신이 득세함으로써 한국군도 "일본군 배경을 가진 장교들"의 영역이 되고 말았다.

이런 미국의 초기 남한 점령정책은 남한의 공산화를 저지하려는 미국의 전략에서 비롯됐다. 남한에는 과거의 친일 경력을 불문하고 친미·반공 블록이 강고하게 형성됐고, 북한에는 친소·공산 블록이 자리 잡았다. 반공을 위한 미국의 남한 점령정책으로 인해 한국의 정치구조는 친미·반공을 중심으로 형성됐다. '해방 공간'에서의 이런 세력재편이 6·25 한반도 전쟁을 거치면서 친미·반공 세력만이 온전한 지배블록으로 군림하는 결과로 이어졌다. 대한민국의 수립이 '일제의 과거 청산 없는 건국'이 된 것은 반공을 위주로 한 '미국의 한국 포섭'에서 비롯된 것이라고 할 수 있다.

한반도 전쟁의 과정에서 한국에서는 친미·반공을 핵심 지배이데올로기로 삼게 되고 사회적으로는 반공규율사회가 확립됐다. 좌파세력은 소멸됐고, 민족주의 세력은 약화됐다. 그 결과 역사적인 저항의 흐름은 거의 단절됐다. 한반도 전쟁을 겪으며 군사적, 정치적 차원의 한미관계가 공고히 됐다면, 문화적 차원에서는 미군을 통해 '양키문화'로 대변되는 미국 문화가 한국에 전면적으로 들어왔다. 미국식 현대성이 한국사회에 펼쳐지게 된 것이다.

1960년의 4월 혁명은 친미·반공의 지배블록을 깨뜨리지는 못했다. 그러나 민주주의라는 대의는 미국으로부터 도입된 외래적 이념과 형식적 제도에 그치지 않고, 이승만 독재정권을 붕괴시킬 정도로 한국사회에 뿌리를 내렸다. 제도적 차원에서의 미국에 의한 실질적인 포섭이 시작됐다고 할 수 있다.5)

1950년대 중반 냉전구도가 군사적 대결 중심의 구형 냉전에서 경제적 경쟁 중심의 신형 냉전 구도로 바뀜에 따라 종속적 경제발전 노선이 전면화됐다. 박정희는 개발독재국가를 통해 국가주의적 발전동원체제를 구축하고, 국가 주도로 자본주의적 산업화를 본격적으로 추진했다. 이 과정에서 박정희는 야당과 학생, 그리고 광범위한 시민 사회의 저항을 무릅쓰고 경제건설에 필요한 자금을 조달하기 위해 일본과 국교정상화를 감행했다. 미국은 한국의 제1차 경제개발계획 수립에 깊숙이 개입했을 뿐만 아니라 미국의 동북아 전략 차원에서 한일 국교정상화를 막후에서 압박하고 종용했다. 이로 인한 '과거청산 없는 국교정상

---

5) 정일준, 「지구시대 한미관계와 한국민족주의」, 『역사교육연구회』 94집(2005년 6월), 243-250쪽.

화'는 오늘날까지 한일관계에 많은 갈등과 부작용을 일으켜 왔다.

'1980년 광주항쟁'을 계기로 정치적 반미운동으로 시작된 반미주의(反美主意)는 1980년대를 통해 미국과의 무역마찰이 심해지면서 경제적 반미로 확장되고, 이어 문화적 반미로 확산됐다. 이에 미국은 한국 정부에 다양한 압력을 가해 정치차원의 민주화와 더불어 경제차원의 개발화 즉 미국식 자본주의를 강요하기 시작했다. 경제적 차원의 미국화가 본격화된 것이다. 이런 맥락에서 1997년의 'IMF 위기'는 민주화 국면을 이용해 한국 국가의 능력이 이완된 틈을 노려 미국이 한국 경제체제의 미국식 전환을 강제한 탈냉전형 경제전략을 부과한 것이라고 할 수 있다.6)

한·미 동맹관계에서의 안보 딜레마는 북한의 정치·군사적 위협에 대한 대응에 있어서 양국 간의 국력의 차이에 따른 전략적 이익, 특히 지정학적 입장이 다른 데서 비롯된 것이었다. 요컨대 미국의 세계전략의 변화에 따른 주한미군의 입장 차이, 북한의 위협에 대한 인식 및 대응 방식의 차이 등으로부터 한·미 간의 갈등이 생긴 것이다.

미국은 기본적으로 미국의 국가이익에 반하여 한반도에서의 무력충돌이나 전쟁 상황에 자동적으로 연루되는 것을 원치 않는다. 미국은 한미 상호방위조약에서 나토(NATO)처럼 침공당할 경우의 자동개입 규정을 두지 않았다. 이처럼 미국은 자신의 이익과 별 상관이 없는 한반도 문제에는 연루되기를 회피하면서도 자신의 국가이익이 걸려있는 문제에는 일방적으로 적극 개입하는 이중적인 태도를 보여왔다. 1994년 미국이 한국 정부와 사전 협의도 하지 않은 채 대북 무력제재를 하려고 한 경우가 그 대표적 사례다.

주한미군은 그 자체가 북한의 남침 위협이 있을 경우 대규모 증원군

---

6) 정일준, 앞의 책, 253, 260쪽.

의 투입을 통해 전쟁을 억제하는, 이른바 '인계철선'으로서 미국의 안보공약을 이행한다는 의지를 실제로 보여주는 실체다. 따라서 지난 냉전기간 동안 한국이 겪었던 '포기'의 두려움은 미국의 일방적인 주한미군 철수 때문에 생긴 것이다. 미국은 해방 후 한반도에 진주했던 주한미군을 한국의 의사와 관계없이 1949년 일방적으로 완전 철수시켰으며 곧이어 한반도 전쟁이 터졌다. 이런 사태의 진전을 겪은 한국은 미국이 언제든지 한국을 버릴 수 있다는 두려움을 갖게 됐다.

한반도 전쟁에 유엔군의 일원으로 참전했던 미군은 절정기에 34만 명까지 주둔했으나 정전협정 체결이후 1954년부터 미 제2사단과 7사단을 남기고 철수했다. 미국이 1971년 한국 정부와 사전 협의도 하지 않고 주한미군 제7사단 철수를 단행한 것은 한국에 큰 충격과 파문을 일으켰다. 당시 북한의 대남 무력도발이 절정기에 달했던 시기였기 때문이다.

1960년대 말 한반도는 남북 간 전쟁이 벌어질지도 모를 군사적 위기에 있었다. 1968년 1·21 사태(북한의 청와대 습격 미수사건), 북한의 미 군함 푸에블로호 납치 사건, 1969년 북한에 의한 미국 정찰기 격추 및 미 육군 소속 헬기 피격과 미 승무원 억류 사건 등이 연달아 터졌다. 미국의 제지 때문에 북한에 대한 보복도 제대로 하지 못하는 데 불만을 품은 박정희 대통령은 푸에블로 납치 사건 때 작전통제권 환수를 주장하기도 했다. 그럼에도 미국 정부는 '닉슨 독트린'에 따라 주한미군 1개 사단을 감축하기로 일방적으로 결정하고, 1970년 3월 박 대통령에게 주한미군 철수를 통보했다.

박정희 정부는 충격에 휩싸이며 발칵 뒤집혔다. 정일권 국무총리는 미군이 철수한 비무장지대 지역을 무방비 상태로 방치하겠다고 위협하고 내각 총사태를 결의하는 등 미국에 극단적인 시위를 벌였다. 한국 국회도 베트남에서 동맹의 의무를 수행하고 있는 한국을 배신했다는 결의문을 채택했다. 그러나 미국은 주한미군 감축에 이어 군사 원조 삭감까지 단행했다. 심지어 주권 침해의 소지가 있는 한국군 감축을 요구하며 데탕트 수용과 남북관계 개선을 압박했다.

이에 이어 1976년 지미 카터 미국 대통령 후보가 선거 공약에서 주한미군을 완전히 철수하겠다고 선언하자 한국은 전쟁의 공포 분위기로 휩싸였다. 백두진 국회의장을 중심으로 '주한미군 철수 반대 천만명 서명운동'이 범국민적으로 전개됐다. 카터 미 대통령의 주한미군 철수계획은 우여곡절 끝에 철회됐으나 '포기'의 불안 흔적을 남겼다.

1980년대 후반 미국 정부는 주한미군의 단계적 감축과 함께 한국 방위에서 주한미군의 주도적 역할을 보조적 역할로 전환하기 시작했다. 1996년부터는 한국군이 주도적 역할을 수행하도록 한다는 「동아시아 전략구상」을 추진했다. 이에 따라 1992년 1단계로 주한미군 7000명의 감축이 진행됐다. 이와 같은 미국의 주한미군 철수정책도 한국 정부와는 충분한 협의 없이 미국의 입장에 따라 일방적으로 단행됐다.7)

냉전 시기 건듯하면 벌어지는 미국의 일방적인 주한미군 철수정책과 이의 단행으로 인해 한국 정부는 미국의 안보공약에 불안감을 갖지 않을 수 없게 됐으며, '포기'의 두려움은 갈수록 증폭돼 한·미동맹에 더욱 매달리게 되는 결과를 빚었다. "70년의 긴 세월 동안 한·미동맹은 신화가 됐고, 한국은 동맹에 주술처럼 중독되어 왔다. 이는 우리가 처한 분단구조와 열악한 대외 환경 아래서 불가피한 선택이라는 측면이 있음에도 불구하고 압도적인 상대에 의한 '가스라이팅' 현상과 닮아 있다"고 김준형 전 국립외교원장은 한미동맹을 평가했다.8)

---

7) 이상철, 앞의 책, 162쪽.

8) 김준형 전 국립외교원장은 그의 저서 <새로 읽은 한·미 관계사·동맹이라는 역설>에서 "가스라이팅이 성립하려면 사이가 좋아야 하고, 압도적 강자와 약자 사이에서 발생한다. 그 압도적 지배력으로 상대방의 합리적 판단력과 현실

다. 한미동맹 재조정과 전진기지화

　주한미군과 한미동맹은 2000년대 들어 전환기를 맞게 됐다. 미국은 2001년 9·11 테러 사건 이후 동맹 및 미군의 해외주둔 정책의 변화를 모색했다. 미국 정책 변화의 핵심은 해외 주둔 미군 전체를 특정지역의 '붙박이 군대'가 아니라 국제분쟁에 신속하게 대응할 수 있도록 신속기동군으로 운용하겠다는 것이다.

　미국의 주한미군 역할 변화 모색은 2002년 12월 제34차 한미안보연례협의회(SCM)에서 미래의 주한미군 청사진을 공동연구하는 약정서(TOR)로 나타났다. 미국은 2003년 2월 27일 롤리스 국방차관보를 한국 정부에 보내 동맹 조정에 대한 미국의 요구를 전달했다. 미국이 이처럼 한국에게 한·미동맹 재조정 문제를 제기함에 따라 양국 간에 주한미군 제2사단의 후방배치 및 용산기지 이전 등의 문제가 논의됐다. 4월에는 두 나라 사이에 '미래 한·미동맹 정책구상 공동 협의'라는 이름 아래 정식으로 동맹구조의 재조정 문제에 대한 논의가 이루어졌다. 주요 의제는 휴전선에 전진 배치되어 있는 주한 미 제2사단의 후방 재배치, 용산 기지 이전, 미군이 담당하고 있는 대북 작전의 한국군 이양 문제, 판문점 공동 경비 구역(JSA) 경비 임무 이양 등이다.

　이런 미국 주도의 한·미동맹의 재조정 움직임은 당시 북한의 위협이 감소하기는커녕 제2의 북한 핵 위기로 인해 더욱 커져 있는 상황에서 매우 파격적인 것이었다. 더욱이 미국은 동맹 재조정 문제에 대해 이미 잠정적인 결론을 내려놓은 상태였으며, 다만 시기, 방법의 문제를 한국

감을 잃게 해 통제력을 행사하는 게 가스라이팅이다"라고 말했다. <한겨레신문> 2021년 3월 31일.

과 논의하겠다는 태도였다. 미국이 이처럼 한·미동맹의 재조정 문제를 들고 나온 가장 큰 이유는 9·11 테러사건 이후 미국의 안보전략의 대폭적인 전환이라고 할 수 있다.

한·미 양국은 2003년 미래한미동맹정책구상(FOTA)을 통해 한·미간 양자동맹에서 전 세계적 '개입형 동맹네트워크'로의 변화에 대해 전반적인 논의를 전개했다. 이 해 가을 미래정책구상협의 5차회의'에서 기존의 북한을 대상으로 한 국지방어형 동맹이었던 한미동맹을 지역동맹으로, 또한 주한미군의 성격도 한반도 방위군에서 지역 방위군(regional forces)으로 50년만에 그 성격이 바뀐다고 발표한 데 이어 11월 중순 한·미 미래안보협의회(SCM) 공동성명에서 주한미군의 역할 확대를 의미하는 문구를 삽입했다.

이것은 한반도 주변의 분쟁에 주한미군이 신속기동군으로, 즉 기존의 대북 억지에서 동아시아 기동대로 전환하는 것을 의미한다. 이와 함께 주한미군기지도 대외 군사기지로 바뀌는 것으로, 주한미군의 반경이 타이완 일대로까지 확대되는 것이다. 한미연합사령관인 러포트(Leon J. Laport)는 2003년 11월 4일 "주한미군의 작용은 단지 한반도에 국한되지 않고, 전 동북아 지역으로까지 미친다. 주한미군은 이제 미래의 수요에 근거하여 자신의 역량을 제고할 것"이라고 주장했다.[9]

2004년 부시 미국 대통령은 미군의 전 세계적인 군사배치 계획 조정을 선포했다. 아시아·태평양 지역에서 미국은 일본에서의 군사배치를 강화해, 일본을 아태 지역 미군 주둔의 지휘센터로 삼을 뿐만 아니라 일본을 한반도를 겨냥한 군사중심 지역으로 삼겠다는 것이었다.[10] 미국

---

9) 김재관, 「주한미군 재배치와 역할 전환에 대한 중국의 인식과 대응」, 『통일정책연구』 제13권 2호, 128-129쪽.

10) 추이즈잉, 앞의 책, 160쪽.

의 주일미군과 주한미군 조정을 비교할 때 일본은 향후 아태 지역 지휘센터이자 후방지원기지가 될 것이고, 반면에 한국은 미군의 출입이 수시로 가능한 전방기지가 됨으로써 한반도는 미국의 잠재적 전장이 될 가능성이 생긴 것이다.

"한국은 동맹국으로서 미국의 세계 군사전략 변화의 논리를 충분히 이해하고, 주한미군의 전략적 유연성의 필요성을 존중한다. 전략적 유연성의 이행에 있어 미국은 한국이 한국민의 의지와 관계없이 동북아 지역 분쟁에 개입되는 일은 없을 것이라는 한국의 입장을 존중한다." 2006년 1월 한미 정부가 발표한 주한미군의 전략적 유연성에 관한 내용이다.

미국의 입장은 기본적으로 주한미군을 어떻게 이용하느냐는 미국의 주권사항이라며, 한국 정부가 북한의 남침 시 주한미군의 개입을 반대할 수 없는 것처럼, 중국과 타이완의 양안 분쟁 시 주한미군이 개입하는 것을 반대해서는 안 된다는 것이다. 2005년 초까지 백악관 국가안전보장회의(NSC) 아시아 담당 선임국장으로 근무했던 마이클 그린은 2007년 4월 한 토론회에서 "주한미군의 전략적 유연성은 명시되지는 않았지만, 분명히 타이완과 관련된 것"이라고 발언해 미국이 전략적 유연성을 추구한 핵심적인 목적이 중국과의 무력 충돌에 대비하기 위한 것임을 뒷받침해 주었다.

나아가 2021년 5월 18일 폴 라캐머라 한미연합사령관 겸 주한미군사령관 지명자는 미 상원 군사위원회 인사청문회에 앞서 공개한 서면 답변을 통해 "(한·미) 동맹이 한반도를 넘어선 지역에서 협력할 기회가 생겨나고 있다. 주한미군은 미 인도태평양사령관에게 역외(한반도 밖) 우발사태나 지역적 위협에 대응하는 데 여러 선택지를 제공할 수 있는 독특한 위치를 차지하고 있다"고 밝혔다. 주한미군이 북한의 침략에서 한국을 방어한다는 전통적 역할을 벗어나 다른 나라에서 지역적 위기가 발생할 경우 여기에 투입되는 '전략적 유연성'을 가질 수 있고, 한국군 역시 한미동맹의 틀에서 같이 협력할 수 있다는 미국의 인식을 드러낸 것이다.

미국의 저명한 싱크탱크인 전략국제문제연구소(CSIS)는 2021년 3월 22일 보고서에서 "한미동맹이 역할을 늘려 더 큰 국제적 기여를 해야 한다"고 역할 확대론을 폈다. 미·중 대립구도에서 미국의 패권 유지를 위해 한국이 더 큰 군사적 역할을 담당해야 한다는 미 주류의 견해를 반영한 것이다.

2022년 12월 14일 주한미군 우주군사령부가 경기도 오산기지에 창설됐다. 미 우주군사령부는 2019년 12월 캘리포니아 반덴버그 미 공군기지에 본부가, 야전군으로는 2022년 11월 하와이의 인도태평양사령부, 12월 플로리다의 중부사령부에 설립됐다. 한국의 오산 우주군사령부는 미국 영토 밖에 설립된 첫 사례다.

폴 라캐머라 주한미군 사령관은 오산 우주군사령부 출범식 후 북한과 이란의 미사일 위협 외에도 중국과 러시아의 위성 파괴능력에 대비해야 한다고 말했다. 주한미군 우주군사령부는 미국의 동북아, 그리고 세계 분쟁 개입의 전초기지 역할을 할 것임을 확인해 준 것이다. 문제는 주한미군 우주군사령부의 존재와 역할이 미·중 간 군사적 대결의 맨 앞에서 한국이 '총알받이'로 놓이게 된다는 점이다.11)

오산 공군기지에 배치되어 있는 미군 U-2기의 대중 감시·정찰 비행이 점차 빈번해졌다. 한국이 대중 전초기지로 활용되고 있는 것이다. 성주 사드의 업그레이드나 한미연합훈련도 이와 관련된 것일 수 있다. 한국이 국제 분쟁에 휘말리게 될 '연루'의 위험성이 갈수록 높아지고 있는 것이다.

---

11) <경향신문> 2022년 12월 15일치.

주한미군의 '전략적 유연성'에 합의한 노무현 정권은 '연루의 위험성'을 가능한 피해보려고 어렵게 외줄타기를 하며 '전략적 모호성'을 유지했다. 그러나 노무현 정부에 이어 집권에 성공한 이명박 정부는 한국 외교를 '지난 10년 뒤집기'로 단순화시켜 버렸다. 부시 행정부 때와는 달리 미국의 압박이 강하지 않음에도 이명박 정부의 외교는 스스로 미국 편에 바짝 붙어 북한과는 단절하고, 중국과 러시아를 홀대했다.

　이명박 정부의 친미일변도의 동맹 외교는 2008년 조지 W. 부시 당시 미국 대통령과의 정상회담에서 협의한 '가치·신뢰·평화구축의 한미 전략동맹'으로 대표된다. 민주주의와 시장경제 가치를 공유하는 동반자로서의 한미관계를 설정한 가치동맹은 과거의 냉전적인 한미 군사동맹으로 복귀하겠다는 의도가 핵심이다. 이명박 정부가 '신뢰 동맹'으로 신뢰의 문제를 부각시킨 가장 큰 이유는 두 전임 정권에서 미국의 신뢰를 잃어버려 한미관계가 악화됐다고 판단한 때문이다. 그러나 이는 사실과 다른 측면이 있다.

　외형상으로 보면, 노무현 정부만큼 한미관계의 현안에 대해 많은 합의를 성공적으로 이뤄낸 정부도 드물다. 다섯 번의 한미정상회담을 총괄 지휘한 마이클 그린 전 미 백악관 동아시아 태평양 선임보좌관은 국내 한 언론과의 인터뷰에서 "노무현 대통령은 국내를 의식한 반미 발언으로 미국을 당혹시켰으나 한미동맹에 대한 그의 기여는 (친미 대통령이었던) 전두환, 노태우 이상이다. 그가 퇴임하는 2008년 2월 현재 한미동맹은 훨씬 강하고 좋아졌다"고 평가했다. 노 정부는 부시 정부의 요구를 대부분 수용했고, 내용상으로는 한미동맹에 이상이 없다는 것이다.[12]

　그럼에도 이명박 정부는 미국이라는 강력한 파트너로부터의 '포기',

---

12) <중앙일보> 2008년 2월 15일치.

즉 버려지지 않기 위해 자발적으로 미국의 이익과 관련된 영역을 적극 지원하겠다고 약속하는 의향을 담은 '신뢰 동맹'을 주창하고 나섰다. '포기'의 두려움을 피하기 위해 동맹 상대국인 미국에 대한 적극적인 지원 의지를 자발적으로 드러냈다. '평화구축 동맹'에서 이명박 정부는 미국으로부터 안보를 보장받기 위해 대량살상무기 방지구상(PSI) 전면 참여와 아프간 재 파병 등 일련의 행동으로 미국의 요구를 선제적으로 들어주었다.13)

한국과 미국은 2009년 '포괄적 전략동맹'을 선언했다. 한미동맹이 과거의 방어동맹으로부터 한국이 미국의 세계군사 전략을 다양한 측면에서 기여하고 보완하는 포괄적 전략동맹으로 바뀐 것이다. 한미연례안보협의회는 2009년부터 2014년까지 해마다 "한미동맹이 한반도와 동북아시아의 평화와 안정을 확보하는 데 있어 양국의 미래 이익을 위해 계속 긴요함을 확인한다"는 공동성명을 발표해왔다. '한반도와 동북아시아의 평화와 안정 확보'란 곧 북한과 중국의 위협에 대한 대응이 한미동맹의 임무임을 지적한 말이다.

한미동맹은 한국군이 한반도의 안보를 떠맡고, 주한미군은 북한의 대남 공격 억제를 위한 전략적 기술적 지원 쪽으로 변해왔다. 판문점 공동경비구역(JSA)의 경비 책임을 한국군에 넘기고, 미 2사단을 한강 이남으로 배치함으로써 유사시 주한미군이 자동 개입하도록 하는 '인계철선'은 사라지고, 주한미군의 역할 대상이 북한에서 중국으로 이동해온 것이다. 만일 미국이 중국 견제를 위해 동북아의 상황을 급격하게 바꾸는 급진적 수정주의 전략을 추진하게 되면 한반도 안보는 전쟁 상황까지도 고려해야 하는 극도의 위험에 직면할 수도 있게 된 것이다.

---

13) 김준형, 앞의 책, 79-81쪽.

윤석열 정부의 외교는 이명박 정부의 판박이로서 친미 및 친일 일변도로 북한과 중국, 러시아를 적으로 대하며 '돌격 앞으로'를 외쳐왔다. 중국을 견제하는 선봉대 역할을 스스로 맡아 타이완 문제를 도발하는가 하면, 러시아의 경고에도 불구하고 폴란드를 경유하는 방법으로 우크라이나에 대한 포탄 지원을 했으며, 북한의 대러 포탄 공급을 단정하면서 공개적으로 러시아를 자극했다. 윤석열 정부는 국제분쟁에 휩싸이게 될 '연루의 위험성'을 축적하고 있는 것 아니냐는 우려가 높아졌다.14)

2. 한국군의 정체성과 종속

가. 한국군의 정체성 혼란과 미국 의식화

미국은 19세기 후반 한반도에 주변 강대국으로 등장한 이후 지속적으로 강력한 영향력을 행사할 수 있는 세력이었다. 무엇보다 1945년 이후 군사적인 점령을 통해 한반도 남쪽에서 지배적인 위치를 확보했으며, 한반도 전쟁을 계기로 한반도 분단체제를 주도하는 당사자가 돼왔다. 따라서 미국은 한국의 민족적 정체성에서 핵심적일 수밖에 없다. 특히 미국의 이런 영향은 한국군의 정체성 형성에 결정적으로 나타났다.

군의 정체성은 역사적 정통성을 바탕으로 정립되어야 한다. 군의 정신전력의 근원인 민족혼과 민족의식은 민족사적 정통성에서 비롯되기

---

14) <내일신문> 〔김준형 칼럼〕 '윤석열 정부 돌격 앞으로의 결과', 2023년 11월 29일치.

때문이다. 1940년 9월 17일 중국 충칭에서 열린 광복군 창립식에서 대한민국 임시정부 조소앙 외교부장이 "광복군은 대한제국 군대가 해산된 날로부터 시작된다"고 선언한 것은 민족사적 정통성을 강조한 것이었다. 광복군 창설 때 지휘관 대부분이 1910년대 독립군 지도자들을 배출한 신흥무관학교 출신이었다. 신흥무관학교는 1911년 6월 독립군 간부 육성을 목적으로 중국 지린성 류허현 삼원보에서 개교하여 1920년 폐교될 때까지 독립군 지도자 3,500명을 배출해 이들은 청산리 대첩 등 독립전쟁의 주역으로 활약했다.

광복군은 1941년 12월 9일 일본과 독일에게 정식으로 선전포고를 하고, 연합군, 중국군과 미얀마 전선에서 대일 전쟁을 수행했다. 이런 광복군의 뿌리가 대한제국의 군대라면, 한국군의 근원은 임시정부의 광복군이다. 1948년 7월 17일 제정된 제헌헌법 전문에서 "기미 3·1운동으로 대한민국을 건립하여 세계에 선포한 위대한 독립정신을 계승하여"라고 적시함으로써 대한민국의 건립이 1919년 수립된 대한민국 임시정부의 법통을 이어받은 것임을 선언한 것이기 때문이다.

이런 한국군의 정체성은 미국의 개입으로 문제가 생기기 시작했다. 그 첫 발단은 1945년 12월 미 군정청이 세운 군사영어학교에서 비롯됐다. 미 군정청은 관동군 출신 20명, 일본군 20명, 독립군 20명을 선발해 설립할 계획이었다. 그러나 독립군쪽은 자신들이 건군의 핵심을 이루는 것이 당연하다고 생각해 불참해 버렸다.

그 결과 군사영어학교는 일본군과 만주군을 중심으로 설립됐으며, 이에 따라 조선국방경비대, 국군도 이들이 지배하게 됐다. 군번 1번은 일본 육사 출신인 이형근이었다. 초대에서 21대에 이르기까지 31년 간 육군 참모총장을 일본군과 일본의 만주군 출신이 차지했다. 초기 한국군은 일본식 군복, 모자는 테 색깔만 바꾸어 사용했으며, 일제38식과 99식으로 무장했다고 한다.

문제는 미 군정청 군사영어학교가 한국군의 효시라는 관점과 주장이다. 한국군이 미군의 후예라는 논리가 성립되기 때문이다. 국군의 날을 10월 1일로 정한 것이 한미상호방위조약 비준일을 기념하기 위한 것이라는 설명도 민족사적 정통성을 외면한 논리다. 그래서 대한제국 군대 해산 이후 의병투쟁과 봉오동, 청산리 대첩15)을 비롯한 독립전쟁을 계승한 광복군의 창립일인 9월 17일을 국군의 날로 정하자는 주장도 나온다.

주한미군 철수 직후인 1949년 7월 1일 미 군사고문단이 발족돼 한국에서의 본격적인 군사 고문 활동을 펼쳐나갔다. 이들은 대한민국 국군의 조직, 훈련 및 무장을 지원했다. 이처럼 한국군은 해방 이후 미국의 절대적인 지원으로 창군됨으로써 한국군은 구조적으로 미국과 상호 밀착되고 연계될 수밖에 없는 미국 정향성을 지니게 됐다. 이런 정향성에다 한국군 쪽이 미국의 일방적 수혜자라는 입장에서 한국군은 미국의 영향력이 각별하게 침투할 수 있는 구조적 편향성을 갖게 됐다고 볼 수 있다.

박정희 대통령은 5.16 군사쿠데타로 집권한 이래 군 개혁정책의 일환으로 한국군 내 수많은 군 지휘부 엘리트들을 미국에 유학시켜 위탁훈련을 받도록 했다. 미국 쪽 자료에 따르면, 1950년에서 1979년 사이에 미국의 군사교육 이수자의 총 인원은 34,464명에 달한다. 한국군은

---

15) 1920년 6월 7일 중국 지린성 왕칭현 봉오동에서 홍범도, 최진동, 안무 등이 이끈 대한북로독군부의 독립군 연합부대가 야스카와 지로 소좌가 이끄는 일본군 월강추격부대를 대파한 봉오동 전투는 독립군과 일본군 간 벌어진 최초의 대규모 전투였다. 청산리 대첩은 1920년 10월 김좌진 장군이 지휘하는 북로군정서와 홍범도 장군 휘하의 대한독립군 2,500명이 만주 청산리에서 5천 명 규모의 일본군을 대파한 전투다. 일본군은 독립군에 대한 보복으로 만주 지역에서 조선 민간인들을 무자비하게 학살하는 '간도 참변'을 일으켰다.

군 구조 편성에서부터 인적 요소에 이르기까지 미국의 절대적 영향을 받지 않을 수 없게 된 것이다.16)

미국은 한반도의 적화통일을 막는 안전장치이며, 안정을 제공해 주는 기둥이라는 한국군의 대미 의존의식이 확고하게 뿌리를 내렸다. 주한미군이 한반도에서 철수하면 금방 난리라도 날 것처럼 주한미군 철수설이 나올 때마다 요동을 치는 지경에 이르렀다. 국방자주화 구상을 추진한 노태우 대통령이 회고록에서 "한국군 내부가 '미군이 서울에서 나가면 큰일 난다'는 고정관념에서 벗어나지 못하고 있다"고 지적할 만큼 한국군의 대미 의존심리는 절대적인 것이었다. 당시 전시작전통제권 환수 협의 등 노태우 대통령의 자주국방 정책을 주도했던 김종휘는 "용산기지 이전 문제에 대해서는 대통령 비서실장뿐만 아니라 국방부 장관과 3군 총장이 함께 대통령에게 반대의사를 밝혔고, 그 과정에서 이를 추진하는 책임자들을 반미주의자라는 비판이 집권층 내부에서 제기됐다"고 밝혔다.17)

'한미동맹 강화론'만을 주술처럼 강조하며 오로지 미국이 잘 해주기만을 바라는 게 체질화된 한국군 장성들과 한미동맹론자들은 한국군 주도-미국 지원이라는 전시작전권 전환 자체를 반대한다. 이들은 "합참의 조직개편도 중단하라"고 압력을 가한다. 전작권 전환에 대비해 한국군의 자주적 전력 증강을 하려는 것도 못마땅하게 여겨 비난의 화살을 퍼붓는다. 미국이 전쟁을 하려는 데 감히 한국군이 자신들의 주도권을 앞세워 이를 방해하려는 것이냐며 한국군이 미국에게 불경죄를 범하는 것처럼 여긴다.18)

---

16) 신현익, 「전두환 군부정권 성립과정에서의 미국의 역할」, 『고려대학교(2006년 6월)』, 84-86쪽.

17) 심세현, 「노태우 정부의 자주국방담론과 국방정책」, 『국방연구(2017년 3월)』 제60권 제1호, 48-49쪽.

북한을 '악마화'하며 정치적 경쟁자나 세력을 '종북'으로 몰아 권력을 잡고 유지하는 것이 유일한 집권전략인 극우세력에게는 한국군의 개혁이나 전력 증강, 나아가 자주국방이 중요한 사안일 리가 없다. 군이 그보다는 대북 적대감을 선동하며 '한미동맹 강화론'과 '종북몰이'에 앞장서는 것이 그들의 집권전략에 기여하는 일이라고 여길 것이다. 군은 지난 2012년 대선 때 국군사이버사령부의 대선 개입 사건을 벌이는 등 극우세력의 집권전략에 앞장섰다. 이는 군의 정치적 중립성을 명시한 헌법의 가치를 훼손한 국기문란의 행위다. 군은 '국민의 군대'가 아닌 '육군의 군대', 나아가 '극우세력의 군대'라는 지탄까지 받게 됐다. 그러면서도 자신들이야말로 진정한 '정통 안보세력'이라고 주장한다.

한국은행이 2023년 7월 28일 공개한 '2022년 북한 경제성장률 추정 결과 보고서'에 따르면 2022년 북한의 1인당 국민총소득(GNI)은 143만원으로 대한민국 1인당 GNI(4248만7000원)의 30분의 1 수준인 것으로 나타났다. 북한의 전체 GNI는 40조원을 넘지 못했고 북한 경제는 국제사회의 대북 경제 제재와 북한의 코로나19에 따른 국경 통제 지속 등으로 3년째 마이너스 성장을 이어갔다. 이 해 기준 북한의 국민총소득(GNI)은 36조7000억원으로 남한(2193조5000억원)의 60분의 1인 1.7%에 불과했다. 북한 인구는 2566만명으로 남한(5162만8000명)의 절반 수준으로 추정됐다.19)

북한의 핵 위협은 엄연한 현실이지만, 북한의 일반적인 국력은 한국과는 비교가 되지 않을 정도로 낮다. 재래식 군사력의 측면에서도 한국이 질적으로는 훨씬 우세한 것으로 평가된다. 2015년 남한의 국방예산은 37조4,560억 원인데 비해 북한은 대략 1조 원대의 예산을 쓰는 것

---

18) <오마이뉴스> 2014년 11월 17일치.

19) <세계일보> 2023년 7월 28일치.

으로 알려졌다. 남한이 북한의 37배나 되는 국방비를 쏟아 붓는 셈이다. 해마다 북한보다 훨씬 많은 국방예산을 투입하며 군사력을 증강해 오면서 주한미군이 없으면 무조건 안 된다는 맹신주의적 대미 의존심리는 문제가 아닐 수 없다.

한국의 안보를 미국에게만 의존하려는 한국군의 대미 의존 집단심리로 인해 한국군의 자주적 전략 기획 및 전쟁 수행 능력이 제대로 갖추어질 리가 없다. 한국의 국방 정책이나 군사 전략의 결정에 미국의 군산복합에가 압력을 행사한다든가 독자적 군사 교리 및 무기의 개발 노력이 제한되는 부작용이 나타날 수도 있다. 무엇보다도 미국의 입장에서 볼 때 이런 대미 의존 집단심리는 미국의 패권전략이나 자신들의 이익을 극대화하는 데 아주 유용하게 이용할 수 있는 요인이 된다. 한·미 간 방위비 분담이나 주한미군 주둔비의 협상 과정에서 미국의 요구를 대폭 증대시켜 줄 동인이 될 가능성이 매우 높다는 점을 인식해야 할 것이다.

나. 방위비분담협정과 분담금 증대

1990년대 들어 미국은 냉전의 종식으로 인해 국제질서 재편에 따라 세계전략을 바꾸지 않을 수 없게 됐다. 미국의 동아시아 및 한반도 전략 수정은 주한미군 감축 및 주한미군 철수로 구체화됐다. 이와 함께 한미동맹 재조정을 계기로 한국 방위에 대한 한국 정부의 역할 증대론이 본격적으로 제기됐다.

1990년 2월 15일 한국에 온 딕 체니 미 국방장관은 미국은 한국 방위에서 주도가 아닌 지원의 역할을 할 것이며, 주한미군을 점진적으로 감축하겠다고 밝혔다. 그의 발언 후 1990-1991년 주한미군은 7,500명이 감축됐다. 이처럼 주한미군의 역할 축소와 감축이 진행되는 것과는 대조적으로 한국이 주한미군 주둔비를 부담해야 한다는 미국의 요구가 나왔다. 미국의 요구는 논리적으로 명백하게 모순된다.

1966년 7월 9일 한국과 미국이 맺은 한·미 주둔군지위협정(SOFA·소파)은 한국이 시설과 부지를 무상으로 미국에게 제공하고, 주한미군 유지에 따르는 모든 경비를 미국이 부담하기로 규정하고 있다. 이에 따라 주한미군의 주둔 비용은 미국이 부담해왔다. 1991년 SOFA의 특별협정에 해당하는 방위비분담협정(SAM)이 체결됨으로써 처음으로 한국이 주한미군의 주둔 비용을 부담하기 시작했다. 이후 5년을 주기로 하는 한국의 방위비 분담금 책정을 위한 협상이 진행됐다.

협상의 결과 1991년 1.5억 달러를 시작으로 1992년 1.8억 달러, 1993년 2.2억달러 1994년 2.6억달러, 1995년 3억달러까지 한국의 방위비 분담금은 해마다 늘어났다. 방위비 분담금은 2023년 약 8억 달러 이상으로 대폭 상승하는 추세를 보여왔다. 한미 간의 방위비 분담 협상은 도널드 트럼프 미 행정부 때 한미 관계의 뇌관이 됐다.

트럼프 대통령은 공화당 대통령 후보 시절인 2016년 <워싱턴포스트>와의 인터뷰에서 "한국이 방위비 분담을 충분히 하지 않고 있다"고 주장하고, "이미 한국이 주한미군 주둔 비용의 50%를 부담하고 있지 않느냐"는 반론에 "100%면 어떠냐"고 반박했다. 이는 한미동맹이 미국에게도 기여한다는 점을 간과한 것이다. 당시 한미 양국은 한국뿐 아니라 주한 미군과 미국인의 보호를 위해 사드(THAAD)를 남한에 배치하기로 합의했다. 사드는 미국의 패권전략에 따라 중국을 겨냥할 수도 있다. 중국은 이에 강력하게 반발해 한국에 무역보복을 가했고, 한국은 이로 인해 문화 및 관광 부문에서 21조 원에 달하는 피해를 입었다. 한국이 사드 보복으로 당한 피해는 2023년 한국의 방위비 분담금 1조938억 원의 20배에 달한다.

트럼프 대통령은 "한국은 돈을 빨아들이는 기계인데, 우리가 받는 주둔 비용은 껌 값(peanut)"이라며 한국과 방위비 협정을 재협상해야 한다고 주장했다. 심지어 그는 "한국이 '미치광이'가 있는 북한과 맞선 상황에서 우리를 제대로 존중하지 않으면 대답은 간단하다. (한국)스스로 방어해야 한다"고 강조했다. 마침내 한미 간의 방위비 분담 협상이 진행됐다.

당시는 제9차 방위비분담특별협정(SMA)체제(2014-2018)에 해당하는 시기로서 2019년부터 적용되는 제10차 SMA 협상은 2018년에 시작됐다. 한국이 2016년 분담한 금액은 9,441억 원으로 주한미군 비인적 경비의 약 50%에 해당한다. 분담 비율은 일본도 비슷하다. 그러나 한국이 현금과 현물로 지급하는 방위비 분담금 외에 미군 주둔기지 토지 임대 및 보상료, 기지주변 정리, 훈련장 사용 지원, 관세 및 지방세 등 세금 감면, 공항 및 항만 이용료 면제 등 직·간접적인 지원을 감안하면, 실제 한국 정부가 부담하는 비율은 70%에 육박한다는 주장이다.[20]

한국의 방위비 분담금은 다른 나라보다 결코 적게 분담하는 게 아니다. 2013년 국회예산처의 방위비 분담금 비교 보고서에 따르면, GDP 대비 방위비 분담 규모는 한국이 0.068%, 일본은 0.064, 독일은 0.016%이다. 한국의 방위비 분담율이 제일 높다. 한미연합사령관으로 지명된 브룩스 대장은 미국 의회 청문회에서 한국이 적절한 방위비 분담을 할 뿐만 아니라 "주한미군 재배치를 위해 미국이 발주한 108억 달러의 규모의 최대 건설공사 비용의 92%도 한국이 부담하고 있다"고 증언함으로써[21] 한국의 헌신을 강조했다.

미국 대통령 후보 시절부터 방위비 분담에 대해 동맹국의 '무임 승차론'을 거론한 트럼프 대통령은 제11차 SMA 협상을 앞두고 한국의 방

---

20) 김열수, 김경규, 앞의 책, 42-43쪽.

21) <문화일보> 2016년 4월 20일치.

위비 분담금으로 50억 달러(한화 약 5조7천억 원)를 거론하며 한국 압박에 나섰다. 트럼프가 거론한 분담금은 2019년 분담금(1조389억 원)의 6배에 가까운 액수로, 상당한 수준의 인상을 감수하겠다고 마음먹었던 한국 정부도 너무나 비상식적인 요구에 당황할 수밖에 없었다.

2019년 9월 협상이 공식적으로 시작됐으나 양쪽 주장이 팽팽하게 맞서 난항을 거듭했다. 미국은 대폭 증액을 요구하는 상세한 이유도 밝히지 않은 채 막무가내로 '50억 달러'를 요구했다. 한국은 ▲ 주한미군 한국인 인건비, ▲ 군사건설비, ▲ 군수지원비 등 기존의 SMA 틀을 유지한다면 그런 인상은 불가능하다는 입장으로 맞섰다. 이 해 11월 열린 3차 회의에서는 미국 협상대표인 제임스 드하트 미 국무부 선임보좌관이 협상 테이블에 앉은 지 80분 만에 회의장을 박차고 일어서는 등 의도적인 '무례'까지 범하며 한국을 거세게 몰아붙였다.22) 한·미 양국은 2019년 내 타결을 목표로 진행했으나 미국 쪽이 2019년 12월 50억 달러 규모의 방위비에다가 주한미군 수당, 한반도 순환배치 비용 등의 신설을 요구하고 나섬에 따라 연말까지 접점을 찾지 못했다.

미국은 SMA 협상이 2019년 내 타결되지 않으면 2000년 4월 1일부로 한국인 근로자 무급 휴직을 실시하겠다고 한국 쪽을 압박했다. 미국 쪽에서도 '동맹국 노동자의 생계를 담보로 돈을 뜯어내려는 것이냐'는 비판이 제기됐으나 아랑곳하지 않았다. 2020년 2월 정은보 한미 방위비분담협상 대사는 인건비만이라도 먼저 협의를 하자고 제안했으나 미국은 방위비분담특별협정(SMA)을 손상시킨다며 이를 거절했다. 미국은 끝내 2020년 4월 한국인 근로자 무급 휴직에 돌입함에 따라 근로자 공백이 2개월 가량 벌어졌다. 우여곡절 끝에 미국이 한국 쪽에서 제안한 2020년 한국인 근로자 임금 선지급안을 수용함으로써 사태는 수습

---

22) <연합뉴스> 2021년 3월 10일치.

됐다.

한미 간 협상 끝에 2020년 분담금을 2019년에서 13.6% 인상하는 방안으로 알려졌으며, 양국의 외교장관까지 승인했지만 트럼프 대통령이 거부하는 초유의 사태까지 벌어졌다. 협상은 트럼프 정부의 방위비 대폭 인상 요구를 '갈취'로 규정했던 바이든 대통령이 2021년 1월에 취임하면서 원활하게 진행됐다. 마침내 이 해 3월 7일 방위비 분담에 대한 원칙적 합의가 이루어졌다.

한미 양국은 협상 공백기였던 2020년 한 해 총액은 2018년 수준인 1조 389억 원으로 동결하고, 협정 유효 기간은 2019년부터 2025년까지 6년으로 결정했다. 2021년 분담금은 전년보다 13.9% 늘어난 1조 1,833억 원으로 합의했다. 이는 역대 최대 규모의 증액이다. 이와 함께 한미 양국은 2022년부터 2025년까지 연도별 분담금은 국방 예산 상승률을 적용하기로 했다. 국방비 인상률은 2021년 5.4%, 그 이후부터는 6% 이상인데, 이런 증액 추세라면 마지막 연도인 2025년에는 1조 5천억 원 가량의 총액을 부담하게 된다.

한국이 방위비 분담금을 국방예산 상승률과 연동시켜 늘려나가겠다는 것에 대한 비판이 나온다. 앞으로 한국의 국방력이 강해지고 전시작전 통제권을 넘겨받게 되면 주한미군에 대한 의존이 갈수록 줄어들 수밖에 없는데 오히려 주한미군에 주는 분담금이 많아진다는 상황은 모순이라는 지적이다. 미국은 한국의 국방예산 인상을 요구해왔으나 스웨덴 스톡홀름국제평화연구소(SIPRI)에 따르면, 한국의 GDP 대비 국방비 비율은 2.8%로 일본(1.1%)보다 2배 이상 높고, 미국의 대표적인 동맹국인 영국(2.2%), 프랑스(1.9%), 독일(1/.2%)보다 높다. 미국의 인상 요구가 적절한지, 너무나 무리한 것은 아닌지, 따져볼 문제다.

한국이 이미 지불한 분담금 중 아직도 미국이 집행하지 못한 미집행액이 1조 원에 달하고 있음에도 분담금을 더 달라고 요구하는 것은 너무나 불합리하다는 지적도 나왔다. 제10차 방위비분담협정에 따른 한국의 분담금과 관련해 한국 국회 법안심사소위원회에서는 정부가 2,880억 원 상당인 현금이 조속히 소진될 수 있도록 하라는 지적이 나왔다.[23] 미국의 요구액이 방만한 것 아니냐는 의문이 제기된다. 근본적으로는 미국의 패권전략에 기여하는 남한의 전략적 자산가치를 미국이 이용함으로써 발생하는 미국의 이익을 평가해 주한미군의 주둔 비용 부담을 재조정하는 문제도 검토해야 할 것이다.

다. 작전통제권 이양과 무능해진 한국군

6·25 전쟁 초기인 1950년 7월 15일 이승만 대통령은 전세가 북한군에 밀리자 서한을 통해 작전지휘권을 더글러스 맥아더 유엔군사령관에게 이양했다. 이 대통령은 편지에서 "본인은 현 작전상태가 계속되는 동안 일체의 지휘권을 이양하게 된 것을 기쁘게 여기는 바이며, 지휘권은 귀하 자신 또는 귀하가 한국 내 또한 한국 근해에서 행사하도록 위임한 기타 사령관이 행사해야 할 것"이라고 밝혔다.

이렇게 위임된 작전지휘권은 1954년 11월 17일 발효된 한미 상호방위조약과 그 후 개정된 한미 합의의사록에서 '작전통제권'으로 대체됐고, 주한미군 사령관이 겸직해온 유엔군사령관이 보유하는 것으로 공

---

23) 2019년 3월 13일 국회에 회부된 제10차 방위비분담협정에 대한 외교통일위원회 논의에서는 이밖에 군사시설 항목과 관련한 공공요금 지원은 미국 측의 작전지원 항목으로 사용하게 될 가능성이 있으며, 군사시설 항목에서 한국업체가 아닌 외국업체도 참여할 수 있도록 한 것은 우리 국민과 정부 모르게 위해시설을 건설할 우려가 있다는 점 등의 문제가 제기됐다. 또한 군수지원 항목이 주한미군 주둔과 무관한 해외주둔 용도로 사용되지 않도록 엄격한 통제가 필요하다는 지적도 나왔다.

식화됐다. 이 때부터 1978년 한미 연합사령부가 설치될 때까지 유엔군 사령부가 작전통제권을 행사했다.

이후 작전통제권 환수 문제를 처음 제기한 이는 박정희 대통령이었다. 당시 자주국방에 대한 요구가 적지 않았고, 특히 1968년 1월 21일 북한 특수부대의 청와대 습격사건과 같은 해 1월 23일 북한의 미군 정보수집함 푸에블로호 나포 사건에 대한 대처를 두고 한국과 미국 정부가 충돌하면서 논란이 불거졌다. 당시 미국은 북한의 청와대 습격에는 대응하지 않고 있다가 푸에블로 사건이 터지자 전쟁 직전 단계인 데프콘 2를 발령했다. 이에 격분한 박 대통령은 작전통제권 환수를 요구했다. 그러나 베트남 전쟁 중이었던 미국은 한반도에서 또 다른 전쟁이 일어나는 것을 원하지 않았고, 그래서 작전통제권을 넘겨주지 않았다.

국제사회에서 유엔군사령부의 국제법적인 지위를 둘러싸고 논란이 제기됐다. 유엔사는 한반도 전쟁 발발 뒤인 1950년 6월 27일 채택된 유엔안전보장이사회 결의 제83호(유엔의 대북 군사제재 결의)와 1950년 7월 7일 유엔 안보리 결의 제84호(유엔군 통합사령부 결의)의 근거에 따라 창설됐다는 게 한국과 미국의 입장이다. 그러나 중국과 소련 등은 당시 유엔 안보리 상임이사국이 빠진 상태에서 채택된 안보리 결의안들은 유엔 헌장 위반이므로 유엔사 창설 자체가 원천무효하고 주장했다. 이들의 주장에 따르면, 유엔사가 미국 지휘를 받는 통합군사령부일 뿐이라며 유엔과 무관하고 국제법적 정당성이 없다는 것이다.

1975년 11월 18일 유엔 총회에서 서방측이 남북대화 촉구, 휴전협정 대안 및 항구적 평화보장을 위한 협상 개시를 요구하는 결의안을 제시했다. 이에 제3세계 국가들은 주한미군 철수와 유엔사 해체, 휴전협정의 평화협정으로의 대체 등을 요구하는 결의안을 상정해, 두 결의안이 동시에 통과되는 일이 벌어졌다. 미국은 논란을 피하려고 유엔사는 정전체제를 관리하는 업무만 전담하도록 하고, 한국 방위는 별도 사령부를 만들어 맡기는 방법을 모색했다.

그 결과 1978년 11월 7일 한미 연합사령부가 창설됐다. 한반도 전쟁 때부터 유엔사가 행사하던 한국군 작전통제권은 한미 연합사로 이전됐다. 이 때부터 한미 연합사가 작전통제권을 행사하고, 유엔군사령부는 한반도의 평화 및 정전협정 유지에 관한 업무만을 수행하게 됐다.

1987년 대통령 선거 당시 노태우 대통령 후보는 작전통제권 환수를 대선 공약으로 제기하며 공식적인 의제로 부각시켰다. 1988년 소련의 붕괴로 탈냉전의 시기로 넘어가면서 미국 역시 주한미군을 감축하고 한미 연합사 해체를 검토하는 등 미국의 동아시아 전략의 성격이 변화하는 상황을 맞았다. 노태우 정부는 1992년 10월 미국과의 협상을 통해 '평시 작전통제권'만을 돌려받기로 합의하고 그 시기를 1994년 말로 정했다.

이 합의에 따라 김영삼 정부 때인 1994년 12월 1일 작전통제권 가운데 평시 작전통제권이 한국군으로 넘어왔다. 그러나 한국군의 전력이 아직 미비하다는 이유로 평시 작전통제권 가운데 작전수립계획, 연합정보관리, 연합위기관리 등 연합권한 위임사항으로 불리는 6대 권한은 평시에도 연합사령관이 행사하도록 했다. 당시 김영삼 대통령은 평시 작전통제권 환수를 "제2의 창군", "자주국방의 기틀을 확고히 하는 역사"라며 환영했다.

그러나 한국군이 갖게 된 평시 작전통제권은 핵심 내용이 빠진 허울에 불과한 것이었다. 한미 간의 합의에 의해 전쟁 억제, 방어 및 정전협정 준수를 위한 연합위기 관리, 작전계획 수립, 연합 합동교리 발전, 연합합동훈련 및 연습의 계획과 실시, 연합정보 관리 등 작전의 주요요소가 되는 정보와 작전의 핵심 사항은 평시에도 여전히 연합사령관에게 위임되어 있는 것이다. 대부대를 지휘하는 핵심 사항은 평시에도 사실상 미군의 통제를 받는다.

전시의 경우 한국군은 전쟁을 독자적으로 할 수 없으며, 반드시 연합사령관의 작전통제에 의해서만 전쟁행위를 할 수 있는 군대다. 한반도 작전은 연합사 5025로 계획돼 한국군은 미군 작전의 일부로써만 수행하게 되어 있다. 통일 국면에서 한국군이 북한을 점령했다 하더라도 그것은 일차적으로 연합사령부가 접수한 것이다. 따라서 한국의 합참이나 각 군, 나아가 한국 정부는 북한 지역에 대한 행정권을 바로 행사할 수 없을 뿐만 아니라 연합사와 미국 정부의 조치를 기다려야 하는 처지에 놓인다. 이런 문제는 6.25 전쟁 당시에도 38도선 이북의 '수복지구'에 대한 행정권을 두고 한국 정부와 유엔사의 갈등 사례에서도 나타났다.24)

이처럼 전시는 물론이고 평시에도 미군에 의존하는 한국군이 유사시에 대비한 작전수행능력을 제대로 갖출 수 있을까. 한미연합방위체제에 속해 있는 한국군은 북한의 소규모 국지도발에 대해서도 자율적으로 대응할 수 있는 독자적인 대처능력이 제한되어 있다. 2010년 11월 23일 연평도 사태가 터지자 한국군은 우왕좌왕했다. 위기의 순간 합참의 고위 장교들은 항공작전을 둘러싸고 "미국에 협조를 구해야 한다"는 쪽과 "우리가 단독으로 결정하면 된다"는 쪽으로 갈라져 논란을 벌였다. 상황이 끝난 뒤에도 논란이 계속되자 한민구 합참의장이 "미군에 질의서를 보내라"고 지시했고, 월터 샤프 연합사령관은 11월 30일 "한국군이 알아서 결정할 일"이라는 답변서를 보내왔다.25)

북한과의 교전상황에서 한국군 지휘관들이 허둥대고 논란만 거듭한 이유는 1994년 평시 작전통제권 환수 이후 유엔사의 정전 시 교전규칙

---

24) 김정수, 「전시작전통제권 전환과 한미동맹의 변화」, 『국방연구(2016년 3월)』 제59권 제1호, 30-31쪽.

25) <오마이뉴스> 2014년 12월 3일치.

이 현실적인 상황에 맞게 수정되지 않고 오랫동안 방치됐기 때문이다. 평시 작전권을 환수한 지 20여 년이 지나도록 한국군은 한 번도 작전을 수행할 준비를 안 한 것이다. 미군이 다 해줄 것으로 믿고 있었기 때문이다.

미국 <워싱턴포스트> 보도에 따르면, 2022년 12월 북한 무인기의 한국 영공 침입 사태를 미군이 평가한 비밀문건의 요지는 한국군 지휘관들이 무인기 교전규칙을 몰랐고, 그래서 예하부대도 손발이 안 맞았다는 것이다. 작전과 경계는커녕 전파와 발령, 보고가 초전에 무너진 대실패였던 터라 미군도 옆에서 보기에 열불이 났던 것으로 보인다. 합참은 "사실과 다르다"며 발끈했다. 반성의 기색이 별로 없었던 것이다.

미국 기밀문건은 한국군의 무인기 대응 실패 원인을 다음과 같이 정리했다. "지상 레이더와 항공기 사이의 더딘 통신 때문에 대응이 차질을 빚었고, 한국 지휘관들에게 명확한 교전수칙이 없었다"는 것이다. 합참, 지상작전사령부, 1군단, 공군작전사령부의 지휘관들은 북한 무인기를 어떻게 잡을지 몰랐고, 당연히 그들이 지휘하는 예하부대들도 허둥댔다는 지적이다.

군의 현역과 예비역 장교들도 "어떻게 했길래 상황 전파도, 경보 발령도, 장관 보고도 제때 안 됐는지 도무지 이해를 못하겠다"며 혀를 찰 정도였다. 기밀문건은 "한국 정부가 올해 말까지 드론부대를 설립하겠다고 선언했지만, 그 계획을 완전히 이행하고 필요한 기술과 장비를 획득하는 데 3-5년은 걸릴 것"이라고 평가했다. 문건은 "한국군이 향후 6개월 동안은 북한 무인기 침범에 조율된 대응을 일관적으로 발동하지 못할 가능성이 매우 크다"고 관측했다.

<워싱턴포스트> 보도에 합참은 거칠게 반응했다. 합참은 입장자료에서 "우리 군은 무인기 침범에 대응할 방공 역량에 소홀한 적이 없고, 대응 전력을 정상적으로 전력화하고 있다"고 반박했다. 합참과 지상작

전사령부, 1군단, 공군작전사령부의 고위 지휘관들 중 몇 명은 무인기 대응 실패로 보직해임됐어야 했다. 군이 진정한 반성은 하지 않고, 권력과 정치에 호응하며 안이하게 돌아가면 북한의 기상천외한 다음 도발에 또 당할 수 있다는 경계의 지적이 나왔다.26)

미군이 다 해줄 것으로 믿는 한국군의 집단의존심리로 인해 한국군의 작전수행능력은 물론 한국군의 군 기강도 온전할 리가 없다. 건듯하면 군 기강 해이의 문제가 터져 나오는 이유다. 육군 9사단 지휘부가 부대 복지시설에서 메뉴에도 없는 '16첩 반상'을 차리라고 주문하고, 직접 만든 '특별 디저트'를 내오라고 병사들에게 요구한 사실이 드러났다. 일부 사단장은 본인이 다니는 교회 신자들을 대접하기 위해 이런 지시를 하기도 했다. 군인권센터는 "부대시설을 개인 레스토랑처럼 쓰며 갑질했다"고 관련 내용을 공개했다.

군인권센터는 2023년 7월 26일 서울 마포구 센터 사무실에서 기자회견을 갖고 "9사단 지휘부가 '백마회관'에서 '호화파티'를 여는 동안 근무하는 회관병들은 주 68시간 과로에 시달렸다"고 주장했다. 백마회관과 같은 부대 복지시설은 주로 부대 밖으로 멀리 나가기 어려운 장병들이 가족·친지들과 만날 때 많이 쓰인다.

센터가 제보받은 내용을 보면, 9사단 지휘부는 메뉴판에도 없는 특별 메뉴와 디저트를 자주 요구했다. 특별 메뉴는 16첩 반상으로 구성된 한정식이나 홍어삼합, 과메기, 대방어 등이다. 특별 디저트는 회관병들이 직접 만든 수제 티라미수, 망고 등 제철 과일로 구성돼 있다. 사단 지휘부는 가족이나 부부 동반 모임을 할 때에도 특별 메뉴를 요구했다. 전 사단장인 김진철 육군본부 군수참모장(2023년 7월 기준)은 자신이 다니는 교회 신자들을 위해 16첩 반상 한정식 25인분을 주문하거나 자신은

---

26) <SBS> 취재파일 2023년 5월 12일치.

참석하지 않으면서도 민간인 교회 장로가 주관하는 12명 식사 자리를 본인 명의로 예약해준 적도 있다고 한다.27) 오죽하면 주한미군의 한 장성이 한국군 사단장을 1년만이라도 해봤으면 좋겠다는 말이 나왔을까.

3. 자주국방의 좌절과 군사주권

가. 자주국방의 등장과 과정

자주국방에 대한 인식은 어느 정부에서나 존재했을 것이다. 다만 여러 가지 이유로 자주국방을 전면에 내세우지 못했을 수도 있다. 문제는 자주국방 담론이 공론화돼 정책적으로 잘 추진된 시기도 있었으나 결과적으로 흐지부지되고 말았다는 사실이다.

1960년대 말 한반도는 남북 간 전쟁이 벌어질지도 모를 군사적 위기에 놓였다. 1968년 1·21 사태(북한의 청와대 습격 미수 사건), 미 군함 푸에블로 납치사건, 1969년 미군 정찰기 격추 및 미 육군 소속 헬기 피격과 승무원 억류 사건 등이 연달아 터졌다. 북한에 대한 보복을 제대로 하지 못하는 데 불만을 품은 박정희 대통령은 푸에블로호 납치사건 때 작전통제권 환수를 처음으로 주장했다.

그럼에도 미국 정부는 '닉슨 독트린'에 따라 주한미군 1개 사단을 감축하기로 결정하고, 1970년 3월 31일 처음으로 박정희 대통령에게 주한미군 철수를 일방적으로 통보했다. 미국은 주한미군 감축에 이어 군사원조 삭감까지 단행했다. 심지어 주권의 침해 소지가 있는 한국군 감

---

27) <한겨레신문> 2023년 7월 27일치.

축을 요구하며 미·중 간의 데탕트 수용과 남북관계 개선을 압박했다.

박정희는 주한미군 철수에 대한 대응책으로 '안보 공백' 논리를 내세워 자주국방 노선을 표방하고 나섰다. 그는 미국의 요구대로 데탕트에 호응하고 남북관계 개선을 위한 남북대화를 진행하면서도 '대결 있는 대화'를 강조하며 자주국방 노선의 병진을 추구했다. 1970년 1월 9일 대통령 연두기자회견에서 '자주국방' 개념이 처음 등장한 뒤 1971년에는 '총력안보체제'가 강조됐다.

1975년 4월 29일 박정희 대통령은 '국가안보와 시국에 관한 특별담화'를 발표했다. 이날은 베트남의 사이공이 함락되기 하루 전이었다. 그는 자주국방에 대해 "우리의 교훈으로 삼아야 할 일은 자기 나라의 국가안보를 남에게 의존하던 그런 시대는 벌써 갔다는 얘깁니다. 자기 나라는 자기 힘으로 지키겠다는 결의와 능력을 가지고 있어야만 우리가 생존할 수 있다. 또 우방의 지원이라는 것도 한계가 있기 때문에 자기 자신을 자기 자신이 지키겠다는 결의와 능력을 갖지 못할 때에는 남의 도움을 빌릴 수 없다. 이런 냉혹한 현실을 우리는 명심해야 합니다"고 역설했다. 주목되는 것은 담화에서 '한미동맹' 언급이 아예 없었다는 사실이다.[28]

미국의 일방적인 주한미군 제7사단 철수로 미국을 믿을 수 없게 된 박정희 대통령은 자주국방에 나섰다. 그는 군 전력증강사업인 '율곡사업'을 시작하고 비밀리에 핵무기와 미사일 개발에 착수했다. 1974년 미사일 개발 사업의 보안을 위해 위장 사업명을 사용한 '항공공업계획'의 대통령 재가가 이루어졌다. 마침내 1978년 9월 26일 미사일 공개 시험발사에 성공해 한국은 세계 7번째 미사일 개발국이 됐다.

이에 주변 강대국들은 민감하게 반응했다. <아사히신문>에서는 "핵

---

28) <한겨레신문> 2021년 8월 25일치.

개발과 연관 있을 것"이라는 보도가 나왔고, 소련 국방부는 "남한의 핵 개발을 경고한다"는 성명을 발표했다. 미국은 "탄도미사일 개발 뒤 핵을 개발할 것이냐"며 "미사일의 거리를 서울에서 평양 타격이 가능한 180km로 제한하라"고 압박을 가해왔다.

1979년 7월 존 위컴 주한미사령관은 노재현 국방장관에게 편지를 보내 미사일을 만들지 말라고 노골적으로 압박했다. 이 달 노재현 국방장관은 '(미국이 용인한)사거리 180km 이내, 탄두 중량 500kg 이내로 개발하겠다'고 답장을 보냈다. 양국 간 합의가 아니라 미국의 압박대로 한국이 스스로 지키겠다고 통보한 '미사일 개발 자율 규제 서한'으로 미사일 지침이 시작된 것이다.

박정희의 '자주국방론'은 국방과학연구소 설립과 국산무기 개발 등으로 이어졌다. 그는 미국의 금기 대상인 핵능력 개발에도 나섰다. 박정희 대통령이 피살된 10·26 사태가 터지고 전두환 정권이 등장하면서 박정희 정부의 자주국방 정책은 사실상 폐기됐다. 전두환 군부의 5·18 민주항쟁 유혈진압과 12·12 군사쿠데타로 정통성이 결여된 전두환 정부는 미국의 요구대로 자주국방의 산실인 국방과학연구소를 해체하고, 핵, 미사일과 같은 전략무기의 개발을 포기했다.

한국의 국방자주화에 대한 구상은 1988년에 출범한 노태우 정부에서 다시 시작됐다. 이 해 노태우 정부는 부활된 국방백서에서 "한반도의 평화는 주변 강대국들이 보장해 주는 것이 아니라 우리의 확고한 국방력에 의해서 지켜지는 것"이며 따라서 "우리의 국방은 자주국방이라는 확고한 의지를 기초로 모든 정책의 방향과 기준이 설정되어야 한다"고 강조했다.[29]

노태우 대통령의 자주국방 담론은 '한국 방위의 한국화'로 주로 언급

---

29) 국방부, 『국방백서(1988)』, 20-28쪽.

됐다. 그는 "제2창군의 각오로 한미안보협력체제를 유지해가면서 우리 군이 국토방위의 주체가 되는 '한국 방위의 한국화'를 실현해야 한다"고 역설했다. 그는 또 "육·해·공 각 군의 전투요소를 균형있게 발전시켜 국군의 총체적 전력을 강화하고, 효율적인 지휘체제를 갖추어야 한다"며 "한국에 맞는 전략전술과 전략체계를 개발하여 자주적인 방위태세를 갖추자"고 강조했다.[30]

노태우 정부의 자주국방담론이 설정한 자주국방의 목표와 범위는 박정희 정부 때보다 확대된 것이었다. 박정희 정부에서는 자주국방의 궁극적 목표와 대상이 북한과 한반도, 북한과의 재래식 전쟁에 초점을 맞춘 것이었다. 노 정부는 이를 동북아와 현대전·미래전으로 확장했다. 또한 자주국방과 한미군사동맹의 관계를 유연하게 조정하려고 했다. 노 대통령은 미국과의 불필요한 갈등을 최소화하면서 평시 작전통제권 환수, 정전위원회 수석 대표 한국 장성 임명, 한미지상군사령관 한국군 장성 임명 등의 의제들을 해결했다. 그는 또한 국방과학연구소의 역할을 재정립하고, 무기 수입의 다변화에도 관심을 기울였다.

2003년 출범한 노무현 정부는 전시 작전통제권 환수와 '국방개혁 2020' 추진으로 자주국방 노력을 본격적으로 기울였다. 노무현 정부의 자주국방도 2001년 미국에서 발생한 테러사태 이후 미국의 부시 행정부가 동맹 및 미군의 해외주둔 정책의 변화를 모색하는 상황에서 추진된 것이었다. 미국 정책 변화의 핵심은 해외 주둔 미군 전체를 특정지역의 '붙박이 군대'가 아니라 국제분쟁에 신속하게 대응할 수 있도록 신속기동군으로 운용하겠다는 것이다. 2002년 9월 말 미국은 주한미군의 기동군 역할, 즉 전략적 유연성에 대한 동의를 한국에 요구했다. 한

---

[30] 심세현, 「노태우 정부의 자주국방담론과 국방정책」, 『국방연구(2017년 3월)』 제60권 제1호, 38-39쪽.

국 쪽이 한미상호방위조약상 주한미군의 한반도 밖 이동을 허용할 근거가 없다고 하자 미국 쪽은 한국이 미군의 이동권에 대한 거부권을 행사하겠다는 것이냐며 불쾌한 반응을 나타냈다.

노무현 대통령은 2003년 4월에 열린 대통령 주재 안보 관계 장관 및 보좌관 회의에서 미국의 전략변화에서 비롯된 한미동맹 조정 요구를 수용하고 이를 자주국방의 기반 확립의 기회로 삼자는 취지의 지시를 했다. 이 해 7월 국방부는 국가안전보장회의 사무처와 함께 한미동맹 조정과 자주국방 추진에 대한 종합계획을 대통령에게 보고했다. 이 계획에 따르면 대북 억제전력과 감시정찰전력 등의 핵심전력이 2010년쯤이면 확보된다는 판단 아래 2010년이면 한국군 주도의 작전수행체제가 가능하다는 것이었다. 국방부 계획을 토대로 노무현 대통령은 2003년 10월 1일 국군의 날 치사에서 자주국방의 추진방향에 대한 분명한 입장을 표명하기에 이르렀다.

이 해 10월 주한미군 재배치와 용산기지 이전을 시작하자는 미국의 급진적 요구를 둘러싸고 한미 간에 협상이 시작됐다. 이후 한·미 간에는 주한미군이 담당하던 10개 군사임무의 한국군으로의 전환과 한강 이남으로의 주한미군 재배치, 2008년까지 주한미군 병력 12,500명 감축 등에 대한 합의가 이루어졌다. 이처럼 미국의 군사전략 변화와 주한미군 감축 계획 등으로 본격화된 노무현 대통령의 자주국방 구상은 병력감축, 전력현대화, 3군 균형발전 등의 국방개혁 과제로 구체화됐다.

노무현 대통령은 2004년 12월 국무회의에서 국방개혁의 법제화 문제를 검토해 보고할 것을 국방부에 지시했다. 이에 따라 2005년 대통령 직속으로 국방발전자문위원회가 신설됐다. 4월에는 병력구조를 양적 구조에서 질적 구조로 개편할 것을 국방부에 지시하는 등 병력구조 개편을 핵심으로 하는 국방개혁의 방향에 대한 구체적인 지침을 내놓았다.

노무현 정부의 자주국방을 위한 국방개혁에는 강압적인 권위주의 병영문화의 근본적인 개선 대책 마련과 이의 시행이 병행됐다. 노무현 대통령이 이 해 6월 21일 청와대 수석보좌관 회의에서 내린 지시에 따라 군·관·민의 병영문화개선 대책위원회가 설립 운영됐다. 위원회는 10월 27일 "가고 싶은 군대, 보내고 싶은 군대"라는 슬로건 아래 '21세기 강군 육성'을 위한 선진병영문화 비전과 대책을 마련했다. 비전과 대책은 병력밀집 위주 방어전략의 문제점을 지적하고, 병력 위주에서 군사기술에 기반한 질 위주의 정예 군사력으로의 군 구조 개혁의 필요성을 강조했다.

국방개혁의 법제화 지시를 받은 국방부는 2005년 12월 2일 '국방개혁 기본법안'을 국회에 제출해 '기본법안'은 2006년 법률로 제정됐다. 국방개혁법은 '국방운영체제의 선진화', '군 구조·전력체계 및 각 군의 균형 발전', '병영문화의 개선 발전' 등 세 범주로 구성된다. 주요 내용은 2020년까지 상비 병력 50만 수준으로 감축, 간부 비율 조정, 합참 각 군 인력의 균형편성 및 순환보직 보장, 부사관 정원의 확충, 군인복무기본법 제정 등이었다.

국방개혁의 핵심 의제는 군 구조 개편이다. 노무현 정부는 국방개혁을 위해 1군과 3군을 통합한 지상작전사령부 창설 뿐만 아니라 대규모 육군 병력 감축 등과 같은 혁신적인 계획을 수립하고 이를 법제화하는 단계까지 나아갔다. 그럼에도 이명박, 박근혜 정부를 거치며 국방개혁법의 애초 취지가 사실상 흐지부지되고 말았다.

나. 자주국방의 실종과 전시작전권 없는 한국군

한국군의 자주국방은 군사주권의 자주적 행사에서 비롯된다. 군사주권의 핵심은 작전통제권이다. 따라서 미국이 행사하고 있는 전시 작전권의 환수는 자주국방의 필수불가결한 과제다.

　전시 작전통제권의 환수는 2003년 노무현 정부 출범 이후 본격적으로 추진됐다. 그 결과 2007년 2월 23일 한·미 국방장관 회담에서 '2012년 4월 17일에 한미연합사를 해체하고, 전작권을 한국군에 전환하며, 동시에 한국군과 미군 간 새로운 지원과 주도의 지휘관계를 설정'하기로 합의했다. 김장수-게이츠 양 국방장관이 2012년 전시 작전통제권을 전환하기로 합의한 이후 한국군에서는 비로소 한국 안보의 문제를 우리 스스로 생각하고 결심하는 자주적인 집단정신이 형성되기 시작했다.

　전작권 합의 이후 한반도 전쟁에서 한국군이 작전을 주도하고 미군이 지원 역할을 하는 방향으로 한·미의 역할이 바뀌었다. 2008년부터는 프리덤가디언 군사연습을 한국군 주도로 진행했다. 연합작전계획도 한국군 합동참모본부에서 수립했다.

　이 과정에서 한국군 장교단은 그동안 생각지도 못했던 한국 안보의 중차대한 문제점에 대한 집단적인 각성을 했다. 군사전략과 작전계획 수립에 한국군 장교들은 놀라운 능력을 보여주었다. 예전에는 감히 엄두도 내지 못했던 일을 한국 합참이 수행하게 된 것은 합참 장교들에게 참으로 뜻깊은 일이었다.31)

　그러나 2009년 이명박 정부 이후 연합훈련과 계획 수립을 미군이 다시 맡게 되면서 한국군의 자주적인 군사정책은 사라졌다. 군의 작전통으로 알려진 핵심 장교들이 '좌파정부에 부역한 좌파장교들'이라는 날조된 낙인이 찍혀 진급에서 탈락하고 비작전 부서로 쫓겨났다. 이와 함께 합동작전에 대해 전혀 경험이 없고 전문성도 갖추지 못했으며, 아예

---

31) 김종대, [미래연칼럼] 누가 한국군을 무능하게 만들었는가, 2014년 11월 19일치. 2007-2008년 당시 합참 작전본부 합동작전과장 장경석 대령(육사 39기)은 월터 샤프 연합사령관으로부터 "매우 뛰어난 장교"라는 극찬을 받기도 했다.

합참에 근무해본 경험조차 없는 인사들로 대폭 물갈이됐다.

2010년 12월 국정원과 기무사와 결탁해 실세 역할을 한 한 육군 준장이 황의돈 육군 참모총장에게 작전통의 핵심장교들이 '좌파장교'라며 날조된 설명을 했다. 황 총장이 이를 수용하지 않자 12월 9일치 <조선일보>에 황 총장의 '부동산 투기' 기사가 대서특필됐다. 황 총장은 청와대가 사의를 수용하는 형태로 경질됐다. 이후 12월 15일 청와대는 육군 참모총장에 이명박 대통령의 동지상고 후배인 김상기(육사 32기) 대장을 임명했다.32)

이런 식으로 군 수뇌부를 갈아치운 이명박 정부에서 2년 임기의 육군 총장이 모두 5명이나 거쳐갔다. 그 여파로 야전군사령관까지 1년도 채우지 못하고 계속 교체되는 인사대란이 5년 내내 이어졌다. 합참에서 연합과 합동을 구현하는 제대로 된 작전계획을 작성할 줄 아는 사람이 사라지게 됐다.

미국의 경우 합참의장이나 4성급 지휘관은 6개월 전에 내정된다. 그들은 임용을 준비하면서 부대와 작전의 특징, 장기계획과 비전까지 모두 준비해 부임하는 첫날부터 업무를 수행한다. 이렇게 준비해 온 월터 샤프 연합사령관도 업무가 너무 바빠 항상 차 안에서 노트북으로 이메일을 검색하고 업무를 보았다고 한다.

한국의 합참 의장은 부임 전날까지도 누가 임용될지 아무도 모르고 그 자신도 모른다. 게다가 합동작전의 경험조차 없는 인물이 임명되는 경우가 허다하다. 이상구, 한민구 의장은 합동작전의 직위에서 일해본 적이 없다. 박근혜 정부에서 임명된 최윤희(해사 31기) 합참의장은 합동작전은커녕 해군의 작전지휘관도 역임하지 않았다. 한국 합참 의장은 원래 비전문가가 해도 되는 자리처럼 인식되기에 이르렀다. 한국군

---

32) <오마이뉴스> 2014년 11월 21일치.

에는 10년, 20년 후의 장래를 말하는 장교가 사라졌고, 장기적 안목에서 일관성 있게 자기주장을 펴는 개혁적인 군인들은 찾아보기 힘들게 됐다.

2008년 집권한 이명박 정부는 미국에게 전시 작전권 전환 연기 요청을 하고 나섰다. 2010년 천한함 사건이 터지자 이 해 6월 이명박 정부는 한·미 정상회담에서 전작권 전환을 2012년 4월에서 2015년 12월로 연기한다는 합의를 했다. 그러나 이명박 정부는 전작권 전환의 재연기를 다시 미국에게 요구했다. 2013년 10월 2일 열린 제45차 한·미 안보협의회(SCM)에서 한국 국방부는 2015년 12월로 예정된 전시 작전통제권 전환 재연기를 미국 쪽에 요구했고, 미국 쪽은 한국군의 북핵 대응 능력 등을 종합 평가한 뒤 재 연기 여부 및 전환 시기를 2014년 상반기 중 결론짓는 데 합의했다.

미 의회가 전작권 전환 재 연기에 반대하는 상황에서 미 정부의 이런 합의에는 한국의 미국 미사일방어체제(MD) 참여 등 반대급부가 있었을 것이라는 해석이 나왔다. 한국군이 미(美) 미사일 방어(MD)체제의 핵심 무기로 꼽히는 사드(THAAD) 요격 미사일 도입 가능성을 시사하면서 전시작전통제권 전환 재 연기를 위해 미국의 MD체제 참여 요구를 일정 부분 수용한 것 아니냐는 얘기가 나온 것이다.

척 헤이글 미 국방장관은 한·미 연례안보협의회(SCM) 참석에 앞서 전작권 전환을 위해 한국군이 갖추어야 할 역량을 묻는 기자들의 질문에 "명백하게 MD는 한국군 역량의 커다란 부분"이라고 밝혔다. 헤이글 장관은 SCM 공동 기자회견에선 "한국의 MD체제나 미국의 MD체제가 똑같을 필요가 없다"면서도 "(두 체제에) 상호 운용성이 있어야 한다"면서 여운을 남겼다. 마틴 뎀프시 합참의장은 이 해 9월 30일 "북한 탄도미사일이 한반도는 물론 역내 안보를 위협하고 있다"며 아시아 각국이 참여하는 '공동 통합 미사일 방어체제'의 추진 필요성을 강조했다.

미국이 한국에 공식·비공식적으로 MD 참여를 요구하는 이유는 미국과 일본이 참여하고 있는 MD체제에 한국을 포함시켜 북한 탄도미사일 위협에 대응하는 한편 중국의 군사적 확장을 견제할 수 있는 동아시아 연합 안보체제를 구축하겠다는 것으로 풀이된다는 분석이 나왔다.[33]

이명박 대통령이 전작권 전환 시기를 2012년 4월에서 2015년 12월 1일로 3년 7개월 늦추기로 오바마 미국 대통령과 합의했을 당시 한국 정부는 전작권 전환시점의 재 연기는 없다고 단언했다. 2012년 대선 당시 박근혜 대통령 후보도 역시 '2015년 전시작전권 전환의 차질 없는 준비'를 공약했다. 그러나 박근혜 정부는 이 공약을 깨버리고, 미국에게 전작권 환수 재 연기를 요구하고 나섰다.

한국 정부의 전작권 환수 재 연기 요구에 대한 미국의 반응은 냉랭했지만, 미국이 전작권을 계속 맡아달라는 박근혜 정부의 요구는 계속됐다. 2013년 7월 30일 커티스 스카파로티 주한미군사령관 내정자는 한·미 전작권 전환을 예정대로 추진하겠다고 밝혔다. 그는 미국 상원 군사위원회 청문회에서 "전작권을 오는 2015년 12월에 전환하는 것은 (한·미) 양국 간 합의사항"이라며 "이를 지켜야 한다는 게 개인적인 입장"이라고 말했다. 마틴 뎀프시 미국 합참의장도 이에 앞선 재인준 청문회에서 전작권 전환을 예정대로 해야 한다는 입장을 밝혔다. 뎀프시 미 합참의장은 "군사적 측면에서 전작권 전환의 시점은 적절하다"고 강조했다.

박근혜 정부는 전작권 재 연기를 은밀하게 추진했다. 2013년 6월 1일 싱가포르에서 열린 한·미 국방장관 회담에서 김관진 국방장관이 척 헤이글 미국 국방장관에게 2015년 말로 예정된 전시작전통제권(전작권)을 한국으로 전환하는 시기를 연기할 것을 제안했다. 이후 박근혜

---

33) <조선일보> 2013년 10월 16일치.

정부의 전작권 재 연기의 과정은 전작권 환수 재 연기를 요청하러 미국에 간 한국의 외무·국방장관이 홀대를 당하는 등 굴욕적인 것이었다.[34) 한국의 대미 정치·군사 의존은 '자발적 종속'인 셈이다. 한국은 미국의 보호령이라고 할 정도[35)]의 심각한 종속에 이른 것이다.

마침내 2015년 11월 한·미 국방장관이 한국군의 군사적 준비 상태와 안보상황 등을 전작권 환수의 조건으로 한 내용에 서명함으로서 조건에 대한 평가 결과와 한미안보협의회의 건의를 기초로 양국 통수권자들이 적정한 전작권 전환 시기를 최종 결정하기로 했다. 이로써 노무현 정부가 추진한 자주국방 계획도 실종돼 버렸다. 전작권 환수의 연기는 군사 주권의 포기로서 한반도 문제의 자주적이고 주도적인 해결 능력의 상실로 이어질 수 있다는 게 근본적인 문제다.

자주국방을 위한 국방개혁의 핵심은 군 구조 개편이다. 군 구조는 통상 지휘구조, 병력구조, 부대구조, 전력구조 등으로 구분된다. 육군 위주의 군 구조를 자주국방을 위한 각 군의 균형적인 발전구조로 바꾸는 것이 핵심이다. 군 지휘구조 개편문제는 노태우 정부를 비롯한 역대 정부 모두 추진했으며, 노무현 정부에서는 육군병력의 대대적 감축을 포함한 군 구조 전반의 개혁을 목적으로 국방개혁법 제정을 통해 국방개혁의 제도화 노력을 기울였으나 모두 좌절됐다. 좌절의 배경에는 군부를 비롯한 보수세력과 미국의 반대가 작용했다.

---

34) 한·미 국방장관이 참석하는 한·이 안보협의회와 한·미 외교·국방장관이 참석하는 '2+2'회의 일정을 미국이 일방적으로 변경했다. 한국 국방부 당국자는 "미국방장관이 참석하는 백악관 회의 때문"이라고 설명했지만, 외부적으로 중대 회의는 없었다. 전작권 재 연기를 요청하러 온 한국 장관들이 홀대당한 것 아니냐는 지적이 나왔다. <한겨레신문> 2014년 10월 24일치.
35) 이상현, 「한미동맹 50주년의 성찰과 한미관계의 미래」, 『국가전략』제9권 1호(2003), 39-42쪽.

노태우 정부가 추진한 군 지휘구조를 놓고 표출된 3군 간의 이견은 곧 각 군의 이해관계, 집단이기주의에 결부된 문제였다. 해·공군은 3군 균형발전을 추구했으나, 육군은 원칙론을 내세워 육군 중심의 원안을 고수했다. 육군의 반대로 국방참모총장을 3군이 윤번제로 하는 것이나 국방참모본부 구성에서 3군 균형을 맞추자는 것 모두 좌절됐다. 그 결과 합참의장 직을 육군이 독점하게 됐고, 합참의 요직도 육군의 독차지가 됐다.

노태우 정부에서 완결하지 못한 통합군 체제로의 전환은 김영삼 정부에서도 다시 검토됐다. 당시 집권당인 신한국당 정보화특별위원회는 60만 명의 육·해·공 3군 체제를 20만명 규모의 통합군제로 단계적으로 감군하는 방안을 당 지도부에 건의하기도 했다.36) 그러나 통합군제를 목표로 검토된 지휘구조 개편계획은 해·공군의 반대로 추진되지 못했다.

김대중 정부의 국방개혁은 1998년 4월 15일 국방부장관 직속기구로 발족한 국방개혁추진위원회가 주도했다. 국방개혁 과제 중 지휘구조와 관련된 사안은 육군의 부대구조 개편이었다. 육군의 1군과 3군 야전사령부를 해체하고 지상군작전사령부를 창설한다는 것이 주요 내용이었다.

육군 부대구조 개편계획이 백지화된 이유는 부대 해체의 전제조건인 군단 중심의 전술·지휘통제체제(C4I)가 구축되지 못했기 때문이라는 것이다. 또 다른 이유는 작계 5027이 1·3군 체제를 근거로 하고 있기 때문에 한미연합방위체제에서 이런 개편 작업이 용이하지 않다는 것이다. 틸러리 한미연합사령관도 천용택 국방부장관과 김진호 합참의장에게 서한을 보내 개편계획을 반대했다.37)

---

36) 김동한, 「역대 정부의 군구조 개편 계획과 정책적 함의」, 『국가전략(2011년)』 제17권 제1호, 70-71쪽.

37) <한국일보> 1998년 12월 2일치.

지상군작전사령부 창설이 무산된 것은 육군 병력 감축으로 인한 안보위협 및 기존 작전체제의 손상에 대한 우려가 표면적인 이유였다. 내면적으로는 군사령부와 후방 군단의 자리가 없어지는 것에 반대하는 육군 고위층들의 반발 때문이었다. 주목되는 것은 한미연합사령관이 자신의 위상 실추를 우려해 반대한 또 다른 이유다.

육군 개편계획의 무산 과정에서 한미연합사령관과 국방부장관이 직접적이고 주도적인 역할을 했다는 사실은 육군 부대구조 개편계획이 단순히 국내 차원의 문제가 아닌 것임을 여실히 드러낸 것이다. 육군의 이해관계뿐만 아니라 한미연합방위체제를 근간으로 운용되는 작전시스템으로 인해 미국의 견해가 중요한 결정요인으로 작용하고 있음을 보여준 것이다. 육군 위주의 한국군 구조가 주한미군을 국제분쟁의 기동군으로 활용하려는 미국의 패권 및 군사전략과 밀접하게 연관되어 있음을 주목하게 되는 대목이다.

역대 정부의 군 상부 지휘구조 개편 노력이 좌절됨에 따라 지휘구조의 주요 직위를 육군이 독식하는 관행은 여전히 개선되지 않았다. 육군에 편중된 인적 구성은 합참뿐만 아니라 국방부의 경우에도 심각한 수준이다. 계급구조도 육군 위주의 편향성이 심각하다. 육군 위주의 군구조 하에서 3군 균형발전과 합동전력의 증진을 기대할 수 없다. '국민의 군대'인지 '육군의 군대', 나아가 '주한미군의 군대'인지 구분하기 어려운 한국군 정체성의 위기에서 군의 전력이 제대로 나올 리가 없다. 자주국방도 요원할 수밖에 없다.

다. 전시작전권 환수와 군사주권의 확립

한미연합사령관은 직속상관인 미국 인도태평양사령관의 지휘를 받아 한반도에서 전쟁이 발생했을 때 전쟁 진입 단계부터 종결까지 '책임'을 지게 된다. 7명의 한국군 4성 장군 중 6명은 연합사령관의 작전통제 아래로 들어가고 나머지 1명인 합참의장은 '전쟁 지도'에는 참여하겠지만, 주로 전황 보고를 받는 일을 할 것이다. 한반도 전쟁에서 한국군은 사실상 권한도 책임도 없는 것이다.

전시 작전통제권이 없는 한국군의 무기는 미군의 '작전자산'이 된다. 미군의 '전략자산' 전개는 한반도에서 군사적 긴장을 유지·고조시킴으로써 미국의 전략적 이익에 더 기여한다는 점을 인식해야 한다. 한·미 핵협의그룹(NGG)에서 한국의 역할이 커진다 한들 미국이 지휘하는 작전통제권 구조 속에서 별 의미가 없다. 한·미·일 3국 군사동맹화도 실제로는 미·일 '전략동맹' 강화와 미군 주도의 전쟁지휘체계의 확장이라 보는 것이 옳다.

스톡홀름국제평화연구소(SIPRI)에 따르면, 2006-2015년 미국의 재래식 무기 구매국가 1위가 바로 한국이다. 무기 구매 측면에서는 한국이 미국의 동맹국 중 가장 큰 고객이다.38) 윤석열 정부가 출범 1년 만에 미국 무기만 약 18조원 어치를 구매한 것으로 확인됐다. 이는 문재인 정부 임기 5년 동안의 약 2조5000억원보다 7배 이상 많은 것이다. "미국산 무기 편중으로 한국군의 무기체계와 군사전략이 미국에 심각하게 종속됐다"면서 "이는 장기적으로 한국의 군축을 어렵게 할 뿐만 아니라 동북아시아의 군비 경쟁과 안보 딜레마를 심화하는 악순환을 가져올 것"이라는 비판이 제기됐다. "2022년 5월 조 바이든 미국 대통령의 방한 이후 윤석열 정부가 미국 무기를 급하게 사 들이기 시작했다"는 지적이 나왔다.39)

어떤 무기든 국방에 도움이 될 것임은 물론이다. 그러나 현재의 지휘

---

38) <국민일보> 2016년 5월 18일치.

39) <시사저널> 2023년 5월 12일치.

체계에서 아무리 3축체계를 강화하고 매년 몇조 원에 이르는 미국산 무기를 구매하고 미국의 핵자산을 한반도에 전개한다고 해도 그것들을 우리 마음대로 쓸 수 있는 게 아니다. 전작권 없는 한국군의 실체를 직시해야 한다.

2015년 10월 23일 한·미 간 연례안보협의회(SCM)에서 전시작전통제권을 특정 시한을 정하지 않고 '조건'에 기초해 한국으로 이양하는 데 합의했다. 이 때 합의한 3대 조건은 △ 한반도 및 역내 안보환경, △ 전시작전통제권 이후 한국군의 핵심 군사능력, △ 북한핵·미사일에 대한 한국군의 필수 대응능력 등을 기준으로 한다는 것이었다. 이는 북한의 핵과 미사일 위협에 대한 우리 군의 대응능력이 갖춰지고 북한과 동북아의 안정이 찾아오면 그 때 전작권을 환수하겠다는 것으로 풀이된다. 사실상 '무기한 연기'가 돼버린 것이다.

당시 국방부는 전작권 환수 일정 연기의 이유로, 첫째, 2012년 12월 북한이 대륙간탄도미사일(ICBM) 발사 기술을 사용한 로켓 발사 성공과 둘째, 2013년 2월 북한의 제3차 핵실험을 꼽았다. 전작권 반환 연기론자들의 천편일률적인 주장은 북한 핵 문제와 급변사태 때문에 연기해야 한다는 걸 앞세운다.

이에 당시 미국 부시 행정부의 국방부는 "북한이 어떤 무기를 들고 나오든, 그것은 한국군에 대한 전작권을 한국군 통수권자가 가져야 하느냐, 마느냐의 문제가 아니다"며 "북한이 핵무기를 사용하려 한다면, 한·미 양국의 최고 통수권자 간의 전략적 협의와 결단에 따라 핵우산을 가동시키는 문제"라고 일축했다. 북한 핵문제는 6자회담을 통해 외교적으로 해결하되 그것이 실패한 조건에서 북한이 남침을 강행하고 한국측에 핵무기를 사용할 경우, 그 시기 한국과 미국의 최고사령관인 두 대통령이 최종 결정하는 것으로, 주한미군의 한국군에 대한 전시작전통제권을 갖느냐 하는 것과 무관하다는 것이다. 즉 작전지휘권에 관한 문제가 아니라 북한의 핵무기 사용에 대비하여 미국과 한국이 어떤 군사적 옵션을 가질 수 있는가에 관한 문제다.

북한의 급변사태에 대해서는 이미 2008년부터 한미 양국 정부가 과거의 개념계획 수준의 논리를 작전계획으로 격상해서 대비테세를 만들고 있는 소위 '개념(작전)계획 5029'가 있다. 이는 북한 내부의 급변사태에 관한 것으로, 북한의 남침이 아니며 전시가 아닌 평시 상황에 벌어지는 일에 대한 대비책이다.

전작권 전환을 위해서는 세 가지 전작권 전환 조건을 충족시키고, △ 기본운영 능력, △ 완전운용 능력, △ 완전임무수행 능력 등 3단계의 검증을 거쳐야 한다. 전작권 전환의 세가지 조건이 과도하고 불합리한 내용이 많다. 전작권 전환을 위한 조건이 너무 방대하고 까다롭다. 이 프레임이 유지되는 한 미국이 동의해 주지 않으면 진전이 이루어질 수 없다. 중국을 겨냥해 신냉전을 주도하며 중국 포위전략을 추구하는 미국이 한반도에서의 군사적 주도권을 놓으려 하지 않을 것이다.

2017년 출범한 문재인 정부는 한미 정상회담에서 박근혜 정부가 사실상 '무기한 연기'인 '조건에 기초한 전작권 전환'을 추인함으로써 전작권 전환은 기대하기 어렵게 됐다. 박근혜 정부는 한미연합사를 해체하고 한국 합참 주도로 새롭게 미래사령부를 창설하려고 했다. 새로운 사령부를 창설하려고 하니까 운용능력의 검증이 필요하게 된 것이다. 그래서 새 사령부 창설의 전제였던 3단계 검증이 생긴 것이다.

문재인 정부는 새 사령부를 창설하는 것이 아니고, 한미연합사는 그대로 유지하며 미군인 연합사령관을 한국군 4성 장군이 맡도록 하는 것이었다. 따라서 운용능력 3단계 검증을 없앴어야 한다. 그럼에도 한국군 장성이 과연 연합사를 지휘할 능력이 있느냐를 검증하거나 조건을 거는 문제를 문재인 정부가 수용하게 된 것이다. 당시의 한국군 능력을 가지고 미군인 한미연합사령관은 지휘할 수 있고, 한국군 장성은 안 된다는 것은 논리적으로 적절치 않다.

근본적으로 전작권 전환의 문제는 조건이나 능력의 문제가 아니라 의지의 문제고, 전략적 선택의 문제다. 전작권 전환은 조건이 아니라 시기를 명시하는 방식으로 해야 한다. 군 지휘구조의 문제도 현재의 통합형이 아니라 병렬형이 옳다는 의견도 있다.

자주국방은 자주방위에 속하는 개념으로 주체적 의지를 중요시한다는 특징을 갖는다. 사전적 의미의 자주국방은 '자국의 국방태세를 타국에 의존하지 않고 자주성을 가지고 자기 책임 하에 실시하는 것'이다.[40] 자주국방이란 외부의 침략으로부터 국민의 생명과 재산, 영토, 주권 그리고 기본가치를 군사적으로 안전하게 보위하되, 이를 다른 나라(단체)에 의해 부당하게 통제 또는 강요됨이 없이 자국의 자조적 '의지'와 자립적 '능력', 그리고 자율적 '행위'에 기초하여 자주적으로 성취 및 달성하는 것이라고 할 수 있다. 자주란 "다른 나라에 의해 부당하게 통제 또는 강요됨이 없이 국제적으로 통용된 자국의 정당한 주권을 자국의 자유로운 의지에 따라 행사할 수 있는 상태"라고 정의된다.[41]

자주국방이란 자국에 대한 위협이 어떤 것이고, 어느 정도인가를 판단하여 이에 어떤 방법으로 대처하는 것이 최선인가를 자주적으로 분석하여 결정하고, 그 결정을 주체적으로 집행하는 것이다. 현대적 의미의 자주국방은 국제적 안보협력을 배제하는 것이 아니다. 자주국방은 국가 방위를 위한 군사적 조성과 사용에서 외국의 부적절한 영향을 받지 않는 것으로 요약할 수 있다.

전작권 환수와 자주국방력의 강화가 이루어지지 않는 한, 한국 국민

---

40) 이희승, 『국어대사전』, 민중서림, 1994, 3191쪽.
41) 권태영, 「우리의 자주국방 노력과 21세기 선진국방 방향」, 『21세기 한국의 군대와 사회』, 한국국제정치학회, 1997, 61쪽.

의 자괴감 극복과 군의 자긍심 회복도, 북한 위협 관리와 한반도 평화와 통일의 주도를 할 수 없다. 한국군이 자주적인 국방력을 갖출 때 비로소 한반도 문제에 대한 한국의 주도적인 역할을 기대할 수 있다. 한국 주도의 평화협정 체결이나 한반도 평화체제의 실현, 나아가 통일도 자주적인 국방력을 바탕으로 해야 용이해진다. 전시 작전통제권 회복은 외교의 자율성 발휘로 국제무대에서 한국 외교의 지평을 확대하는 데도 기여할 것이다.

제2장

미국의 대외정책과 CIA

1. CIA의 등장

가. CIA의 등장 배경

　대한민국 정부 수립 이후 미국 중앙정보국인 CIA는 우리나라의 정치에도 직·간접으로 심대한 영향력을 행사해 왔으며, 소련의 KGB에 대항해서 미국 패권주의의 전위 역할을 조용히 수행했다. 한국은 CIA의 비밀활동 범위에서 아주 조그마한 영역을 차지하고 있지만, 과거의 백범 김구 등의 암살, 6·25, 4·19, 김대중 납치사건, 박정희 대통령 저격, 1980년 신군부와의 관계, 광주항쟁, 대한항공기 격추 등 나라를 뒤흔든 사건이 발생했을 때마다 CIA의 역할에 대하여 끊임없이 의문이 제기돼 왔던 것은 사실이다.
　미국의 정보기관은 제2차 세계대전 때 창설돼 전후 CIA로 정비될 때까지 다소의 개편이 있었다. 이를 간단히 정리하면, 정보조정국(OCI: 1941)→ 전략사무국(OSS: 1942)→중앙정보그룹(CIG: 1945. 10)→중앙정보국(CIA: 1947. 10)으로 바뀌었다. 해방 후 한국에 진주한 미 육군 24군단은 자체의 정보기구와 한국인 경찰기구를 만들었다. 미 육군

24군단에는 일반참모부(General Staff)를 의미하는 G-1에서 G-5까지의 참모부가 있었으며, 이 가운데 정보를 담당하는 "G-2" 참모부가 있었다. G-2의 초대 책임자는 세실 N. 니스트 대령이었으며, 그 밑에 미군 장교와 사병, 미국인 민간요원 그리고 한국인들이 있었다.

또한 미 24군단에는 한국 진주 초기 G-2와 달리 별도의 정보기구인 CIC(방첩대)가 있었다. 알렉산더 스위프트 대령이 초대 책임자였던 방첩대는 진주 초기에는 7사단에 배속되었으나, 업무의 효율화를 위해 1945년 9월 20일자로 G-2 산하로 편입됐다. 이밖에도 미 군정은 조병옥 경무국장, 장택상 수도청장을 수뇌로 하는 한국인 경찰조직을 운영했다. 따라서 미 군정시대 주요 정보·수사기관은 G-2, CIC, 경찰 등 세 조직으로 분류할 수 있으며, G-2나 CIC 등 미군 정보기관은 한국인으로 구성된 경찰조직과 긴밀한 협조관계에 있었다.

CIA는 미 의회의 승인을 거쳐 영국의 도움으로 세계 최초의 '민주적' 비밀정보기관으로 1947년 10월 창설됐다. CIA는 업무의 영속성, 대통령 직속체제, 중앙통제, 민간수뇌부 등의 원칙 이외에 의회의 감독 기능을 주요하게 여겼으며, 그것은 곧 CIA에 정통성을 부여하는 것이었다. 또한 군부에 의한 CIA의 장악은 정보조직의 효율성을 감소시키고, 국가를 위기의식으로 몰고가는 왜곡되고 편향된 정보해석을 유발할 것이 우려됨에 따라 민간수뇌부의 원칙이 강조됐다.[1] CIA는 국가안보회의(NSC)를 통해 대통령에게 보고하게 되어 있다.

1947년 미국의 국가보안법에는 비밀공작이라는 기능이 명시되어 있지는 않다. 그러나 CIA는 국가보안법 제102조에서 국가안보회의의 지시에 따라 국가안보에 영향을 미치는 정보업무에 관련된 기능과 의무

---

1) R. 제프리스 존스 지음, 김상민 옮김, 『미국 대외공작사: CIA와 미 외교정책』, 5-6쪽.

를 수행하는 기구로 규정돼 있다. 이것은 비밀공작을 의미하는 것으로 해석됐다. 이런 비밀공작은 정권의 지원, 또는 전복시키기 위한 준 군사적, 정치적 공격 그리고 마지막으로 암살 등을 포함한다.

CIA는 비밀공작을 수행하면서 각국의 자존심과 민족주의를 무시하기도 했으며, 자국민들의 지지를 받는 사회주의 운동을 저지하기 시작했다. 이후 오늘에 이르기까지 미국의 역대 대통령들은 당파를 초월해 이런 CIA의 모든 비밀선전, 비밀공작, 심리전에 대해 이를 지지하고 승인했다.

첫째, 비밀선전은 주로 이념적으로 대립되어 있는 선진국에 적용했다. 1947년 미국 노총이 프랑스 노동운동권의 반공세력을 지원함으로써 공산당의 집권을 좌절시켰으며, 1948년 이탈리아 공산당의 집권도 저지했다.

둘째, 비밀공작은 후진국인 제3세계 국가들에 주로 적용했으며, 뇌물, 증여, 협박, 암살, 쿠데타 조직, 선거조작의 방법을 동원했다. 1987년 한국 대통령선거 개표결과에 대한 CIA의 컴퓨터 조작설도 CIA 비밀공작방법의 하나이기 때문에 그 개연성을 갖는 것이다. 특히 제3세계에서의 공작은 전략적 이해뿐만 아니라 다국적 기업의 이해와 깊이 관련돼 있다.

CIA는 1949년 외국 정부 전복의 첫 시도로서 알바니아에 우익 독재자를 세우려 했지만, 공산당 정권을 전복하는 데 실패했다. 아시아에서는 중국의 공산화에 따라 1949년 중국 항공사 CAT의 접수를 시작으로, CIA는 미국 중심의 국제항공사의 설립과 매입을 통해 전세계적인 항공제국을 형성하게 됐다. 이것은 CIA의 자체 항공교통시설의 확보로, 준군사적 형태를 띤 공작(군수물자의 아군기지까지의 정확한 수송)과 비밀업무(첩보활동)를 수행할 수 있는 능력을 증대시키기 위한 것이었다. CIA의 이런 배경 때문에 소련에 의해 1983년 격추된 대한항공

여객기의 소련 영토 내에서의 첩보활동 가능성을 둘러싸고 지금까지 논란이 돼온 것이다.2)

한반도 전쟁 이후 미국에서는 극우 매카시즘이 촉발됐고, CIA의 효과적인 방어로 매카시즘이 좌절된 후 그 반동으로 CIA의 비밀 극대화가 이루어졌으며, 국가안보라는 미명 아래 CIA의 무능과 비행마저 감추려 했다. 아이젠하워 미국 대통령은 한반도 전쟁을 겪으면서 비용이 훨씬 적게 들고 결정적인 역할을 할 수 있는 비밀 전복공작의 필요성을 절감하게 됐다. 이에 따라 CIA는 미국의 비위에 거슬리는 우익 독재자들의 몰락을 조작하기 위한 시도를 개시하게 됐으며, 민주적으로 선출된 좌익 성향의 정부에 대해서는 공개적으로 전복을 추진했다.

CIA의 비밀공작 수행은 어떤 국가에 대해 미국이 개입했다는 인상을 주지 않고 타국의 내정에 간섭할 수 있는 이점이 있었고, 미국의 대통령과 국무부는 이 점을 활용했다. 비밀공작은 외교문제를 다루는 데 있어서 가장 효과적인 대안으로 인식되고 있고, CIA가 그 임무를 맡고 있는 것이다. 이런 비밀공작 수행은 미국 대통령이 결정하고, 대개의 경우 국가안보회의의 권고에 따라 이루어진다. 비밀작전이 고려되는 경우는 정상적인 외교수단으로는 미국 외교정책의 목적을 충분히 달성할 수 없다고 판단되는 상황, 그리고 군사행동을 하는 것은 지나치다고 판단할 때에 한한다.

CIA 비밀공작의 대표적 성공사례는 1953년 필리핀 막사이사이의 집권, 같은 해 팔레비의 이란 쿠데타 지원, 1954년 과테말라의 좌경 민선정부를 전복한 독재자 알마즈 대령의 쿠데타 지원, 1961년 도미니카 독재자 라파엘 트루힐로 암살, 1963년 베트남의 고딘 디엠 암살, 1964년 칠레의 대통령 선거에서 기독교 민주당을 지원하여 사회당 후보 아

---

2) R. 제프리스 존스, 앞의 책, 6-7쪽.

엔데를 언론을 통한 여론조작으로 패배시킨 것과, 1970년 대통령 선거에서 선출된 아옌데 대통령을 사회 혼란을 일으킨 뒤 1973년 피노체트 군부 쿠데타로 살해한 것 등을 들 수 있다.

이와 같이 CIA는 대외정책의 한 수단으로서 비밀공작을 수행해왔다. CIA의 이런 비밀공작 활동은 미국 사회와 국제 사회로부터 많은 비난을 받았으나 냉전기간 동안에는 하나의 필요악으로 인식돼 왔다. 미국의 국가이익이 걸린 사안에 비밀공작의 수행이 요구된다면 CIA는 언제라도 그 임무를 수행될 수 있을 것이라는 추측이 가능한 것이다.[3]

미국은 소련 뿐만 아니라 미국이 전략적 이해를 갖고 있는 지역에 대한 정보수집도 중요하게 다뤘다. 그 대표적인 사례가 제4차 중동전쟁 때 이스라엘의 핵무기 사용 의도를 포착한 사실이다. 전쟁에서 이집트와 시리아의 기습으로 이스라엘은 패전의 위기에 직면했다. 이스라엘군은 전세가 전환되지 않을 경우 이집트 카이로에 핵공격을 가하기 위해 제리코 미사일에 핵탄두를 장착하려고 했다. 미 CIA가 이를 포착했고, SR-71의 항공정찰을 통해 이를 확인했다. 당시 미 대통령 닉슨은 소련의 브레즈네프 서기장에게 긴급전화를 해 이를 통보하고 이집트에 핵탄두를 제공할 것을 제의했다. 닉슨의 제안에는 이스라엘과 이집트 사이의 핵전쟁에 미국과 소련이 끌려 들어가지 않으려는 속셈이 있었던 것이다.

탈냉전은 혁명적이라고 할 만큼 구조적인 변화를 불러일으켰다. 제2차 세계대전 이후 세계질서의 기본구조로 자리잡아온 얄타체제와 냉전체제가 붕괴되고, 민주주의와 시장경제라는 새로운 형태의 세계질서가 구축됐다. 이에 따라 냉전체제의 산물인 CIA를 비롯한 정보기관도 기

---

[3] 이상휘, 「외교정책 결정과 정보기관에 관한 연구-냉전기 미국외교정책 결정에 있어 CIA의 역할을 중심으로」, 연세대학교 행정대학원, 47-48쪽.

능축소와 같은 변화를 겪게 될 것으로 예측됐다. 그러나 미·중 간의 신냉전 양상과 함께 격동하는 세계질서 재편기를 맞아 세계가 더욱 다양한 도전에 직면하게 됨에 따라 각국의 정보기관들은 오히려 그 활동영역을 넓혀가는 양상을 보이고 있다.

나. CIA의 개입 사례

CIA의 직무는 미국 정부의 해외 비밀정책을 수행하는 일이다. 다른 국가의 내정에 간섭하는 비밀공작은 CIA의 직무 중에서 가장 논란이 많은 부문이다. 비밀공작 중에서도 '특수작전'은 가장 잔인하고 직접적인 공작이다.

이 공작의 활동들은 주로 준(準) 군사적 또는 전쟁과 같은 성격을 띠었으며, 정치공작(침투와 조작)이나 선전, 정보 파악의 경우와는 매우 다르다. 골칫거리인 반군(叛軍)의 봉기를 진압하거나 비(非) 우호적인 정권을 적시(適時)에 전복시킬 때 단호한 공작이 필요하다고 CIA 내에서 널리 인식되고 있다. 이 경우 CIA는 흔히 자체 내의 '군대'인 특수작전부(SOD)에게 그 임무를 맡긴다.

대부분의 비밀공작원들이 매우 세련된 기교를 사용하려고 하는 데 비해 '특수작전'은 원칙적으로 폭력적이고 잔인하다. '특수작전'은 비록 소규모로 비밀리에 진행되지만, 전쟁을 치르는 격이다. 이 승부 판에 전쟁의 규칙이 적용될 수도 없다.

CIA는 본부 요원이나 계약 고용원들의 훈련용으로 미국 내 또는 해외 양성소를 설치, 운영하고 있다. '농장'이란 이름의 버지니아주 동남쪽에 있는 캠프 피어리가 기본과정을 거치는 곳이었다. 파괴공작이나 중무기 처리 같은 고도의 기술은 노드 캐럴라이나주의 비밀 CIA 기지에서 배운다. 공수(空輸) 기술과 같은 공군작전은 양쪽 훈련소에서 다

같이 교육하고, 애리조나주 턱슨 근처에 있는 '인터마운튼 항공' 본부에서도 이 과정을 교육한다. 운하지대에 있는 비밀훈련소는 정글전략과 사지(死地)에서 살아남는 기술을 가르치는 곳이다. 1950년 한반도 전쟁 발발 이후 CIA는 특수작전을 위해 상당수의 간부 요원들을 채용해 훈련시켰다.

베트남의 경우 미 CIA는 약 4만5천 명의 민간임시방위군(CIDG)에게 자금을 지원했다. 현지 게릴라부대인 CIDG는 미군 특수부대의 작전지휘를 직접 받아 전투를 했다. CIA는 또한 월맹을 공격하는 게릴라부대를 조직했는데, 이 부대는 고성능의 중무장으로 특수하게 고안된 PT형 보트로 해변에 상륙하는 해상 특공대의 임무 수행에 주력했다. 베트남 전쟁에서 미국의 월맹 공격의 계기가 됐던 통킹만 사건에는 미 CIA의 이런 기습부대의 작전이 개입되어 있었다.4)

● 과테말라의 아르벤츠 정권 전복공작

1951년 과테말라의 대통령 선거에서 집권한 아르벤츠(Arbenz)는 1952년 농지개혁법에 따라 미국 기업인 유나이티드 프루츠(United Fruits)사 소유의 비경작 토지를 국유화했다. 유나이티드 푸루츠사가 항의하자 아르벤츠 정권은 유나이티드 프루츠사가 세금보고서에 기재한 지가(地價)인 600만 달러를 배상액으로 제시했다. 그러나 미 국무성은 1,500만 달러의 배상액을 요구했다. 미 국무성의 요구는 배상액 청구의 현실성을 전제로 한 것이라기보다는 사실상 개입의 구실을 찾기 위한 데 있었다.

아르벤츠 정권 전복공작은 CIA 한국지부 책임자로서 제3세계 민족

---

4) 존 D. 마크스·빅터 마체티 지음, 조순환 옮김, 『CIA 중앙정보국』 125-127, 135-136쪽.

운동 진압전문가인 엘버트 해니(Albert Haney)가 총괄했다. CIA는 1954년 1월부터 6월까지 아르벤스 제거작전에 약 2천만 달러의 자금을 투입했다. 이는 반란군과 비밀공군 폭격대의 조직, 비밀 라디오 방송국 설치 등을 위해 쓰인 자금이었다.

  CIA의 아르벤스 제거작전은 먼저 군을 장악하고, 직접적인 군사행동보다는 심리적의 효과를 활용하는 데 초점을 두었다. CIA가 계획한 군부쿠데타의 지도자는 미국 캔사스주 레벤워즈에 있는 미 육군 지휘 참모학교에서 훈련을 받은 적이 있는 카를로스 카스티요 아르마스 대령이었다. 아르마스는 쿠데타를 일으키기 전인 1953년 10월 미국의 플로리다를 방문해 CIA의 라틴아메리카 책임자인 킹(J. C, King)을 만나고 과테말라로 돌아왔다. 귀국한 아르마스는 1953년 12월 민족해방전선을 결성하고 반란군 조직작업에 들어갔으며, CIA는 이를 위해 300만 달러의 자금을 지원하고 반란군의 군사훈련을 담당했다.

  1954년 온두라스로부터 국경을 넘어온 아르마스의 반란군은 과테말라 내에 진지를 구축하고 공군기를 동원해 과테말라시에 삐라를 살포하고 폭탄을 투하했다. 이 작전에서 결정적인 역할을 한 것은 미국의 CIA가 적극 활용한 '자유의 소리' 방송이었다. CIA는 방송을 통해 수많은 명령이 하달되는 것처럼 조작함으로써 마치 수많은 반란군이 미국의 지원을 받아 행동하는 것처럼 꾸몄다.

  CIA가 심리전을 통해 과테말라 사회와 정권 내부를 혼란에 빠뜨리고 내부 분열을 조장한 것이다. 아르벤스 정권 내 좌파는 전면적인 저항을 주장한 반면, 군부는 타협적인 태도를 보였고, 중산층은 미국이 지원하는 반군을 상대로 한 전쟁을 반대했다. 이런 내부의 분열과 혼란을 이용해 1954년 6월 쿠데타 주동자인 아르마스는 소수의 군부대를 이끌고 미국의 공군 지원을 받아 크게 힘들이지 않고 아르벤스 정권을 붕괴시킬 수 있었다.

● 필리핀에서의 비밀공작

1950년 대지주들의 착취에 항거하는 훅스(Huks) 게릴라들은 루손섬을 사실상 장악하는 상황이었다. 이 게릴라들을 지원하는 세력은 주로 소작인들이었다. 미국은 훅수 게릴라를 진압하기 위한 공작을 폈다.

진압공작 담당자는 에드워드 랜스데일 중령이었다. 그는 좌익게릴라 진압을 위한 가장 효과적인 방법은 반군이 준동하는 지역에 국민의 지지를 받는 정권을 세우는 것이라고 믿었다. 랜스데일의 지휘를 받아 라몬 막사이사이는 훅스 게릴라 지지를 약화시키기 위해 개량주의적 토지개혁을 단행했다. 예상대로 일반 농민들이 막사이사이 쪽을 지지하기 시작했다. 활발한 대민사업도 전개했다. 점차 농민들은 훅스세력권에서 점차 벗어나기 시작했다. 1953년 막사이사이는 대통령으로 선출됐고, 훅스 게릴라들은 루손섬에서 멀리 떨어진 산악지대인 시에라 마드레로 쫓겨나게 됐다.

● 칠레에서의 비밀공작

미국의 칠레에 대한 비밀개입은 1963년부터 1973년에 이르는 10년간의 광범위하고 지속적인 것이었다. CIA의 비밀자금 사용은 단순한 언론·선전조작 활동을 비롯해 칠레 정당들에 대한 대규모 지원, 여론조작, 쿠데타 조종을 위한 직접적인 시도에 이르기까지 광범위한 것이었다. 칠레에서 벌인 미국의 공작은 다국적 기업에 대한 이익을 제한할 소지가 있을 수 있는 민족주의 정부를 막는 것이 목적이었다.

CIA는 온갖 노력을 다해 사회주의자인 살바도르 아옌데(Salvador Allende)의 정권 장악을 저지하려고 했다. CIA는 우선 1964년의 대통령 선거에서 에두아르도 프레이가 이기도록 지원하는 공작에 나섰다. 1962년 기독민주당의 정치적 활동을 조종하는 공작작업을 벌여 대통령 선거에서 에두아르도 프레이를 지원하기 위한 특별위원회를 구성했다.

CIA의 활동은 지부가 작성한 자료들을 선전요원들을 통해 칠레 미디어에 유포시키는 일, 출판에 대한 직접적인 지원, 그리고 학생, 농민, 노동자 조직들에 대한 공산당과 좌익의 영향력을 저지하는 노력 등 다양하게 전개됐다. 미 백악관이 칠레와 관련해 특별한 위험요소나 기회를 발견하면, CIA의 특별사업들은 보다 광범위한 미국 정책들의 일환으로서 발전, 추진됐다. CIA는 이 공작에 300만 달러를 투입했으며, 결국 1964년 9월 선거에서 프레이를 대통령으로 선출하도록 하는 데 성공했다.

그러나 1970년 9월 선거에서는 CIA의 비밀공작에도 불구하고 아옌데가 1등을 차지했다. 당시 미국 대통령 닉슨은 CIA 국장인 헬름스에게 아옌데의 집권을 저지하는 비밀공작을 명령했다. CIA는 곧바로 '트랙 1'과 '트랙 2'로 불리는 비밀공작에 착수했다.

'트랙 1'의 목적은 여론 및 칠레 의회에 영향력을 발휘함으로써 아옌데가 대통령으로 선출되지 못하도록 하는 것이었다. 당시 칠레 헌법은 대통령 선거에서 1위와 2위를 한 후보들 중 한 명을 칠레 의회가 대통령으로 선출하도록 규정하고 있었다. CIA의 의도는 2등이었던 알레산드리를 대통령으로 선출한 뒤, 알레산드리가 바로 사임함으로써 대통령 선거를 다시 치러 현 대통령인 프레이를 다시 선출한다는 것이었다. '트랙 1'은 실패로 끝났다.

'트랙 2'는 아옌데의 집권을 저지하기 위해 군부 쿠데타를 일으킨다는 것이었다. 그러나 육군 참모총장인 슈나이더 장군은 쿠데타를 거부해 이 역시 실패로 돌아갔다. CIA의 사주를 받은 쿠데타 음모세력은 아옌데가 대통령으로 취임하기 이틀 전, 슈나이더 장군을 납치하려다 슈나이더가 저항하자 그를 살해했다.

대통령으로 취임한 아옌데는 구리광산을 국유화하는 등 칠레 경제의 대미 의존도를 낮추려고 했다. 이로 인해 권익을 침해받게 된 다국적기업인 ITT는 아옌데 정권의 전복을 위해 CIA와 밀접한 협력관계를 맺는다. 미국은 아옌데 정권을 전복시키기 위해 다양한 비밀공작을 전개했다.

닉슨 미 대통령은 세계은행 등이 자금 융자를 못하도록 칠레에 대한 경제제재를 강화했다. 이는 아옌데의 사회개혁 프로그램 추진을 위한 자금유통을 막아 버리려는 조치였다. 이와 함께 파업활동, 특히 트럭 파업활동을 지원했다.

CIA는 '트랙 2'의 연장선상에서 다시 군부쿠데타를 도모했다. CIA는 쿠데타 이후 체포해야 할 아옌데 지지세력의 명단을 작성하고, 쿠데타 과정에서 점거해야 할 구체적인 계획까지 세워 칠레 군부와 접촉해 아옌데 정권 전복공작에 들어갔다. CIA의 비밀공작은 1973년 9월 11일 피노체트를 중심으로 한 군부쿠데타로 성공을 거두었다. 아옌데는 쿠데타군에 저항하다가 살해당했고, 이후 칠레는 군부정권의 통치를 받게 됐다. CIA는 아옌데의 취임 이후부터 800만 달러의 비밀공작 비용을 사용했다.

● 쿠바에서의 비밀공작

미국의 코앞인 쿠바에 사회주의 정권이 들어서자 미국은 이에 충격을 받고 카스트로 정권을 붕괴시키기 위해 많은 비밀공작을 전개했다. CIA는 자파타(Zapata) 작전을 세웠다. 이 작전은 망명 쿠바인을 중심으로 쿠바에 침공한 후 카스트로에 반대하는 쿠바인들 세력과 협력해 카스트로 정권을 타도한다는 것이었다. 이 작전은 아이젠하워 대통령이 승인한 것이었지만, 실행은 케네디 대통령에 의해 승인됐다.

1961년 4월 16일 1,400명의 쿠바 침공군이 7척의 함정으로 쿠바의 피그스만에 상륙했다. 침공군은 카스트로 정규군과 민병대에 포위당했고, 쿠바 공군은 침공군을 폭격했다. 3일 간의 전투 끝에 침공군은 114명의 전사자를 낸 후 항복했다. 피그스만 침공작전 실패는 미국의 위신을 크게 실추시켰다. 또한 CIA의 지위가 심각하게 손상됐고, CIA에 대한 해외여론은 최악의 상태에 이르렀다.

피그스만 침공이 실패한 이후에도 CIA는 카스트로 정권 타도를 위한 비밀공작을 계속 벌였다. 이 비밀공작은 두 가지로 구성됐다. 하나는 카스트로를 암살하는 비밀공작이었다. 이 비밀공작은 독극물을 이용하는 것부터 마피아를 이용하는 방법까지 여러 가지로 전개됐다.

다른 하나는 '몽구스' 작전이라고 불리는 전복공작이었다. 이 공작은 1961년 11월부터 1962년 11월까지 지속됐다. 공작은 쿠바 사회의 혼란을 야기해 쿠바인 스스로의 무장봉기를 통해 카스트로 정권을 붕괴시킨다는 게 목적이었다. 이 공작의 총 책임자는 필리핀에서 훅스 게릴라를 진압한 랜드데일이었다. 그러나 카스트로 암살공작과 몽구스 작전은 케네디가 암살당한 이후 실질적으로 중단됐다.5)

다. CIA의 한국 개입 의혹

여운형이 중심이 돼 1945년 8월 17일 결성한 조선건국준비위원회(건준)는 한반도 전역에 걸쳐 14개 지부를 두었다. 이어 9월 6일 건준 활동가 수백 명이 서울에 모여 조선인민공화국(인공)을 선포하고, 과도정부를 구성할 지도자 87명을 선출했다. 절대 다수가 일제 식민지 감옥에서 출소한 항일 투사들이었다. 이틀 뒤 인공은 이승만(주석), 김구(내

---

5) 이상휘, 앞의 책, 55-62쪽.

무부장), 김규식(외무부장)을 앞세운 내각 명단을 발표해 좌익과 우익의 연합을 향해 나갔다. 인공은 9월 14일 발표한 선언문을 통해 "일본 제국주의 잔재 세력을 완전히 축출하는 동시에 우리의 자주독립을 방해하는 외국 세력과 모든 반민주적 반동세력에 철저히 투쟁해 완전한 독립국가를 건설하고, 진정한 민주주의 사회를 실현할 것을 기약한다"고 천명했다.

브루스 커밍스는 "외국군의 점령이 없었더라면 인공과 인민위원회는 몇 달 만에 한반도를 장악할 수 있었을 것"이라고 단언한다. 그러나 9월 8일부터 군정을 시작한 미군은 인공을 인정하지 않은 채 보수·친일 세력과 손을 잡았다. 더 나아가 일제의 경찰기구를 그대로 활용하고 항일 유격대를 토벌하던 일제 군인들을 모아 국방경비대를 창설했다.

미 군정은 처음부터 38선을 공산주의에 대한 봉쇄선으로 설정하고, 남한의 민족독립세력을 멀리했다. 특히 1946년 가을 민중 봉기를 제압한 뒤 '좌익' 세력 탄압을 본격화했다. 이후 한반도 정치 정세를 주도한 것은 미 군정이었다. 한반도는 1947년 트루먼 독트린이 소련 봉쇄를 공식화하기 한참 전인 1945년 말에 냉전을 처음 시작한 곳이 됐다.[6]

미 군정의 그림자 조직이었던 정보기구 방첩대(CIC)는 미국의 한반도 내에서의 이해를 관철시키기 위해 남한의 정치 지도자들을 대상으로 감시, 감청, 연행, 연금 등 가능한 모든 일을 수행했다. 특히 백범 김구의 암살범인 안두희가 바로 미군 방첩대(CIC) 요원이었으며, 여운형, 송진우 등의 암살에도 미국의 정보기구가 관련됐다는 것은 충격적인 사실이다. 이런 사실은 해방 직후부터 1948년 12월까지 한국 CIC에서 정보장교로 일하다가 미국으로 돌아간 조지 실리 소령이 백범 암살 사흘 뒤인 1949년 6월 29일 작성해 상부에 제출한 보고서에서 밝혀졌다.[7]

---

6) <한겨레신문> 2023년 6월 10일치.

보고서에 따르면, 당시 육군 포병대 소위였던 안두희는 CIC의 정보원 및 첩보요원으로 활동했다. 또한 여운형, 송진우 등의 암살에 관여한 것으로 알려진 극우 테러단체 백의사(白衣社)를 이끈 일본 밀정 출신의 염동진도 미국의 주요 정보원으로 활동했으며, 안두희 역시 백의사의 특공대원이자 염동진의 심복이었다고 보고서는 설명했다. 송진우는 1945년 12월 30일 자택에서 한현우 등 자객들의 피습으로 암살됐다.

여운형은 1947년 7월 19일 오후 미 군정의 민정장관직 제안을 수락하기 위해 미군 고위 장교를 만나러 가던 중이었다. 갑자기 트럭이 나타나 그가 탄 승용차를 가로막고 암살범이 들이닥쳐 권총으로 승용차에 있던 여운형을 살해하고 달아났다. 근처에 있던 파출소 경찰관이 암살범은 검거하지 않고 오히려 암살범을 뒤쫓던 여운형 수행 경호원을 붙잡는 이상한 일이 벌어졌다. 여운형의 암살에 경찰이 깊숙하게 관여한 것 아니냐는 의혹이 나온 이유다. 수사 끝에 암살범의 배후 윤곽이 밝혀질 즈음 느닷없이 상부에서 수사 중단 지시가 내려와 의혹은 더욱 증폭됐다. 의혹은 실리의 보고서를 통해 여운형의 암살에 미국 정보기구가 관련된 것으로 밝혀진 것이다.

해방을 맞아 백범 김구는 1945년 9월 2일 '14개조 당면정책'을 발표했다. 핵심은 임정법통론과 국가건설방안이었다. 임정법통론의 구체적 내용은 1) 중경임시정부의 정권 접수, 2) 임정 주도의 민족대표회의 소집에 의한 과도정권 수립, 3) 선거에 의한 정식 정부 수립 등 3단계로 요약된다. 그러나 미 군정은 임정법통론의 인정을 거부했고, 그 첫 단계로 임정자격으로서의 귀국을 단호하게 반대했다. 마침내 미 군정은 11월 19일 엄밀하게 "개인 자격"으로 귀국하며, 귀국 후에도 "정부로서 활동하지 않겠다"는 각서를 요구해 김구로부터 이를 받아냈다.

---

7) <경향신문> 2001년 9월 4일치.

김구는 귀국 후 정세를 관망하다가 신탁통치와 관련된 모스크바3상회의 반대운동과 함께 포고령을 발표해 임정의 정권 접수를 발표했다. 미 군정은 이를 "쿠데타"라고 규정하고, 초기에 이를 제압했다. 이와 함께 미 군정의 하지는 김구를 불러 질책하고 경고까지 했다.

당시 임정은 좌익은 물론 우익들의 지지도 받고 있었다. 비록 임정이 미 군정에 의해 공식적으로 거부됐지만, 다수 우익들의 인정을 받고 있었던 것이다. 따라서 김구는 임정 주도에 의한 정권수립의 2단계로, 우익 정당사회단체 대표와 지역대표가 포함된 비상국민회의를 소집하고, 이를 과도정권수립을 위한 입법체로 규정했다. 이처럼 임정을 기반으로 국가를 건설하려는 김구진영과 미 군정의 확대 강화를 우선적으로 지향하는 미국과의 갈등은 심상치 않은 단계로 진행됐다.

실리 보고서에 따르면, 백범 김구는 CIC가 외국지도자 암살 대상 1호로 올려놓고 있었다고 한다. 1976년 <월간중앙> 2월호 부록에 실린 'CIA 외국지도자 암살계획-미 상원조사특별위원회 보고서'에서도 김구가 암살 대상 1호로 올라 있던 것으로 밝혀졌다. 미국이 김구를 암살 대상으로 올린 것은 김구가 남한만의 단독정부 수립을 반대하고, 남북통일정부 수립을 위해 노력했기 때문인 것으로 분석된다. 미국은 자신의 정치적 입장과 배치되는 인물들을 제거하면서 철저하게 친미노선을 이행하는 이승만을 지원하려고 한 것이다.

1949년 6월 26일 김구가 자택인 서울 경교장에서 한국군 포병장교 소위 안두희에 의해 암살을 당하는 사건이 일어났다. 백범 암살사건의 배후로는 장은산 포병사령관, 김창룡 특무대장, 채병덕 총참모장, 신성모 국방장관 등이 지목돼 왔으며, 이승만 대통령이 지시 또는 묵인한 것으로 알려졌다. 1990년대 초반에 안두희 자신이 "미 OSS 출신 중령을 만나 백범 암살에 대한 암시를 받았다"고 고백했다가 이를 부인한 적이 있었다.

안두희는 1947년 신의주에서 월남한 뒤 서북청년회(西北靑年會)에 가입해 종로지부 총무부장과 중앙 총무부장을 지냈다. 이 시기 안두희는 미군 방첩대(CIC)의 정보원 및 요원으로, 그리고 우익 테러조직인 백의사(白衣社)의 자살특공대원이었다. 그는 1948년 11월 육군사관학교 8기 특3반에 입교한 뒤 1949년 한독당 조직부장 김학규(金學奎)의 추천으로 한독당원이 되었다. 이는 김구(金九)를 죽이기 위한 의도적인 포석이었다. 당내 내분으로 조작해 배후를 은폐하려는 시도였다.

김구를 살해한 그는 1949년 8월 5일 국방경비법 위반으로 중앙고등군법회에서 종신형의 선고를 받았다. 그러나 석달 뒤인 11월 국방장관 신성모(申性模)가 육군참모총장 채병덕(蔡秉德)의 상신을 받아들여 종신형에서 징역 15년으로 감형되는 일이 벌어졌다. 6·25전쟁이 일어나자 서울육군 형무소에서 복역 중이던 그는 1950년 6월 27일 형집행정지로 풀려났다. 7월 10일에는 신성모 국무총리서리 겸 국방장관의 특별명령 4호로 육군 소위에 원대 복귀해 9월 중위로 진급하는 등 그는 승승장구했다. 1952년 2월 15일 신성모의 명령으로 형 면제까지 받은 뒤 12월 25일 소령 진급과 동시에 예편하기에 이르렀다. 그의 이상한 '행운'은 계속됐다.

안두희는 1956년 10월부터 10년 정도 1군사령부 관내 전 사단에 공급하는 군납 식료품 공장인 신의기업사(信義企業社)를 경영해 엄청난 재산을 축적한 것으로 알려졌다. 그는 중형을 면한데다가 1년도 복역하지 않았으며, 석방 후 군에 복귀해 소위에서 소령까지 특진까지 하는가 하면, 군부가 군납사업을 알선해 재산 축적까지 할 수 있도록 해주었다는 사실은 그를 비호하는 어마어마한 세력이 있거나 배후에 누군가가 있지 않으면 도저히 있을 수 없는 일이었다. 이승만(李承晩) 정부의 국가 공권력이 그의 범행을 은닉시켜주거나 방임시킨 측면이 있었다.

1995년 한국 정부 차원에서는 처음으로 진상규명에 착수한 국회법사위원회 소속 진상규명소위원회(위원장 강신옥)는 "미국이 암살 사건에 대해 정보와 지식을 가졌던 것으로는 보이지만, 암살사건에 개입했다는 증거는 없다"며 "미국이 혹시 갖고 있을 CIC나 CIA 자료가 공개된 이후 밝혀질 것으로 보인다"고 결론을 내렸다. 마침내 미군 CIC 정보장교 실리의 보고서를 통해 안두희가 미군 방첩대(CIC) 요원이었음이 밝혀진 것이다.

보고서는 재미 역사학자인 방선주 박사가 미 국립공문서보존기록관리청에서 입수해 국사편찬위원회에 전달했다. 보고서에 따라 당시 미국이 백범 암살을 방관 또는 사주했을 가능성이 높은 것으로 드러난 것이다. 실리의 보고서가 2001년까지 국내에 공개되지 않은 것은 한국 내에서 작성된 것이 아니라 미국 현지에서 작성돼 한국 관련 문서와 따로 보관돼 왔기 때문이다. 방선주 박사는 자료에 붙인 소견서에서 "한미관계를 중심으로 한 현대사 연구의 흐름을 바꿀 만큼 중요한 자료"라고 평가했다.

2. 미국의 한국 정치 개입

가. 이승만의 북진통일론과 에버레디 작전

미국은 해방 이후 한국의 정치에 끊임없이 관여해왔다. 한반도는 미국의 패권전략과 이익에 밀접하게 관련돼 있기 때문이다. 따라서 미국은 친미세력을 앞세우기 위해 요인 암살, 정권 전복, 군사쿠데타 사주 등으로 한국 정치에 개입했다.

1950년 일어난 한반도 전쟁이 중국의 개입으로 장기전 국면으로 접어들자 미국을 비롯해 중국, 소련은 전쟁 피로감을 느끼기 시작했다. 이에 따라 한반도 전쟁을 끝내자는 국제적 기류가 형성되기에 이르렀다. 그러나 이승만 대통령은 북진통일(北進統一)을 부르짖으며 휴전을 맹렬하게 반대했다.

미국은 중국의 전쟁 개입과 1·4 후퇴 이후 북진통일이라는 승리의 조건이 불가능해졌다는 인식을 갖게 됐다. 이와 함께 미국이 원치 않는 전쟁에 계속 휘말릴 수 있다는 불안감에 휩싸였다. 휴전을 결사반대하며 무력북진통일을 주장하는 이승만으로 인해 미국은 부담감을 느끼기 시작했다.

미국과 유엔군사령부에 의한 이승만 대통령 축출을 목표로 한 쿠데타 계획인 '에버레디 작전(Operation Everready)'이 등장하게 된 배경이다. 이 계획은 1975년 <뉴욕타임스>가 공개함으로써 알려졌다. '에버레디 작전'의 첫 계기는 1952년 '부산정치파동'이었다.

1952년 5월 26일 '부산정치파동'이 일어나고, 다수의 야당 정치인들이 체포되는 사태가 벌어졌다. 6월 25일 미국 합동참모본부가 마크 클라크 유엔군사령관에게 극비 전문을 보내 비상시 한국 정부를 장악할 상세한 정치 군사적 계획의 수립을 요구했다. 7월 5일 마크 클라크는 이승만 체포를 포함한 일련의 군사계획안 수립이 끝났음을 본국에 보고했다. 그러나 미국의 외교적 압력에 굴복한 이승만이 체포한 야당 정치인들을 석방하고, 제2대 대통령 선거에서 이승만이 압도적인 지지를 받아 당선된 사실을 주목하며 이에 부담을 느껴 '에버레디 작전'은 실행되지 않았다.

1952년 미국 대통령 선거에서 당선된 아이젠하워의 대선 공약과 취임 이후의 정책은 일관되게 한반도 전쟁의 조기 종결과 미군의 조속한 귀환에 중점을 둔 것이었다. 그럼에도 이승만의 북진통일과 휴전반대 주장은 계속됐다. 휴전협정이 성립될 가능성이 짙어진 1953년 4월 이후부터는 한국의 휴전반대가 범국민운동으로 전개되기에 이르렀다.

이처럼 휴전의 기운이 무르익어 갈 무렵, 신태영 국방부장관은 성명을 통해 평화수립 전제조건을 발표했다. 그 내용은 ① 북괴 반역군의 무장을 즉시 해제시킬 것, ② 한국 영토로부터 중공군은 즉시 철수할 것, ③ 국제연합 관리 하에 북한에서 총선거를 실시할 것, ④ 외국 침략에 대하여 국제적 보증을 확보할 것, ⑤ 포로송환을 다루는 국제회의에서 한국대표를 참가시킬 것 등이었다. 이와 함께 대한민국 국회도 미국에 대해 한국의 완전통일을 보증하지 않는 어떠한 정책도 시행하지 말도록 요청하는 결의안을 채택했다.

그러나 휴전회담 대표들은 1953년 4월 10일 휴전을 요구하는 국제정세에 밀려 제네바협약 제109조에 따라 병약하거나 부상당한 포로들의 교환에 합의를 보게 됐다. 그러나 한국정부는 이날부터 대대적인 휴전반대운동을 다시 전개했다. 이승만 대통령은 중공군이 압록강 남쪽에 그대로 남아 있게 된다면 한국군의 작전지휘권 위임을 철회하고, 필요하다면 단독으로라도 싸울 것이라고 아이젠하워 미 대통령에게 통보했다.

6월 8일 휴전을 위한 포로송환협정이 조인됐다. 6월 18일 이승만은 유엔군과 아무런 상의도 없이 3만5천명의 반공포로들을 일제히 석방해 버렸다. 아이젠하워 미국 대통령은 그의 회고록에서 임기 8년 동안 유일하게 자다가 깬 사건이라고 언급했다. 윈스턴 처칠 영국 수상도 아침 면도를 하다가 보고를 받고 놀라 얼굴을 베었다고 한다.[8]

아이젠하워는 미 국무부 차관보 월터 S. 로버트슨을 한국에 급파했다. 한·미 간 한미상호방위조약 체결과 한국에 대한 미국의 경제원조를

---

8) https:namu.wiki/w/에버레디 계획.

조건으로 휴전에 동의하기로 합의가 이루어졌다. 그럼에도 이승만은 공공연히 휴전을 반대했다. 이에 테일러는 자체적으로 '에버레디 작전' 수정안을 준비하고, 신임 유엔군사령관 존 힐의 승인을 받았으나 실행되지는 않았다.

1953년 10월 1일 한미상호방위조약이 체결된 뒤에도 한·미 간의 관계는 긴장과 갈등의 연속이었다. 이승만 대통령이 북진통일을 다시 주장하면서 한국군의 대폭적인 증강을 요구했기 때문이다. 미국은 한국의 군사력이 강화되면 단독 북진의 수단으로 사용될 가능성을 우려했다.

아이젠하워 대통령은 한미상호방위조약의 비준을 앞두고 1953년 11월 닉슨 부통령을 한국에 보내 친서를 전달했다. 친서의 핵심 내용은 한국이 만일 단독으로 북진하면 한국군은 비참한 패배를 면치 못할 것이며, 한국의 경제 부흥을 위한 예산을 미 의회에 요구할 수 없게 될 것이라는 경고였다.

1954년 1월 한국 국회 및 미국 상원에서 한미상호방위조약이 비준됐다. 그러나 이승만 대통령이 아이젠하워 대통령에게 서신을 보내 한국이 통일을 위해 단독행동을 취할 수 있음을 통지함으로써 3월 18일로 예정됐던 비준서 교환이 연기되고 말았다.

이 해 7월 미국을 방문한 이 대통령이 아이젠하워 대통령과의 정상회담에서 자신의 무력통일 구상을 설명했고, 미국은 이에 대해 한국이 먼저 공세적 행동을 취하는 것에 관심이 없음을 분명하게 밝혔다. 7월 29일 미국이 군사 및 경제원조에 관한 합의의사록 초안을 한국 쪽에 전달했으나 이 대통령은 서명을 거부하고 귀국해버렸다.

9월 초 작성된 합의의사록 초안에는 한국이 미국과 협력하고 한국군을 유엔군사령부의 작전 지휘권 하에 두는 조건으로 미국은 한국에게 7억 달러 상당의 경제 및 군사원조를 제공한다는 내용을 담고 있었다.

이는 당시 미국의 해외 원조 중 가장 큰 규모였다. 그러나 이 대통령은 초안에 담긴 "모든 평화적 수단을 통해" 한반도의 통일을 모색한다는 표현에 거부감을 갖고 이의 삭제를 요청했다. 양측은 협상 끝에 통일문제와 관련된 조항 전체를 아예 삭제하기로 합의했다. 마침내 11월 17일 '한국에 대한 군사 및 경제원조에 관한 대한민국과 미합중국 간의 합의의사록'이 변영태 외무장관과 브릭스 주한미국대사가 양국을 대표하여 공식 서명함으로써 발표되기에 이르렀다.

한국은 상호방위조약을 통해 미국으로부터 안보를 확약받았고, 합의의사록을 체결해 미국의 군사 및 경제원조를 받게 됐다. 미국은 유엔사가 한국군을 작전 통제할 수 있게 됨으로써 한국군의 독자적인 행동을 제약할 수 있게 됨에 따라 이 대통령의 군사행동으로 인한 전쟁에 끌려들게 될 가능성을 대폭 감소시켰다는 점에서 상당한 위안을 얻을 수 있었다.9)

이승만의 북진통일 주장은 계속됐다. 1954년 11월 8일 일본 도쿄에서 헐, 테일러 등 미 군부 고위 인사와 주한미국 대사 엘릭스 브릭스 등이 모여 이승만이 계속 휴전을 거부할 경우 '에버레디 작전'을 발동시키기로 합의하고, 이를 승인해줄 것을 본국에 요청했다. 하지만 이승만이 말로만 휴전을 인정하지 않는다고 외치고, 실제로는 한국군이 휴전을 무시하라는 지시를 내리지 않았으며 군대를 움직이지도 않았다. 이에 미국은 '에버레디 작전'을 발동시키지 않았다.

이승만의 북진통일 주장은 국민적 합의와 동원을 통해 지지기반을 강화할 수 있는 담론이었지만, 1953년 휴전과 함께 '약발'이 떨어지기 시작했다. 1956년 대선에서 '빨갱이'로 비하했던 조봉암이 의외로 많은 득표를 했고, 이 해 10월엔 민주당이 전당대회에서 '유엔 감시 하의

---

9) <세계일보> [최완규의 한·미동맹사], 2023년 9월 25일치.

남북 총선거'를 들고 나왔다. 이처럼 시대적 분위기가 변함에 따라 이승만은 북진통일을 대신할 카드가 필요했다. 그 대신의 카드가 반일(反日)이었다.

때마침 1958년 일본에서 시작된 만경봉호 재일교포 북송작업은 반일정책의 좋은 명분이자 계기였다. 이승만은 미국에 보란 듯이 대대적인 반일 군중시위를 조직하며 위력을 과시했다. 이런 이승만의 반일 기조는 미국의 동아시아 전략과 구상에 짐이 될 수밖에 없었다.

당시 아이젠하워는 '뉴룩(New Look)' 전략에 따라 한국과 일본의 국교 정상화는 물론 적극적인 동맹관계를 만드는 것이 중요한 과제였다. 미국의 전략적 목표는 일본의 경제를 부흥시켜 일본의 돈으로 한국의 군사력을 지탱하는 것이었다. 미국은 한국에 연평균 2억 달러가 넘는 원조를 제공하고 있었는데, 미국은 점차 한국 정부가 이 돈으로 일본 물자를 사들이도록 압박하기 시작했다.

이로 인해 이승만과 아이젠하워의 갈등이 본격화됐다. 이승만은 미국의 구상과는 전혀 다르게 생각했기 때문이다. 이승만은 한국이 동아시아에서 정치·경제적으로 일본보다 우위에 있어야 한다고 생각했고, 자신은 동아시아를 대표하는 지도자로서 대우받기를 원했다.

본질적으로, 뉴룩정책은 한국보다 일본이 더 많은 수혜를 입는 구조였다. 한국이 미국으로부터 받은 돈으로 일본 제품을 사들이면 일본의 공업화와 경제는 발전하겠지만, 한국의 경제부흥은 느려지고, 일본의 경제에 종속될 수밖에 없는 구조였기 때문이다. 그래서 이승만은 일본 물자를 구매하는 것이나 일본과의 국교 개선 등에 격렬하게 저항했다. 그래서 당시 미국의 한 관료는 한·일 관계 개선 및 뉴룩 전략은 "이승만이 현장에서 사라진 후에야 해결될 수 있는 주요한 정치적 문제"라고 표현하기도 했다.10)

미국과의 갈등, 야당의 성장, 미진한 경제발전 등이 1950년대 후반 이승만 정부를 옥죄어왔다. 이럴수록 이승만 정부의 정권 유지에 급급한 강경파가 득세했고, '사사오입' 개헌, 조봉암 사형, 경향신문 폐간 등 각종 무리수가 잇따르면서 좌초의 길을 걷게 됐다. 게다가 이승만에 실망한 미국은 한국에 대한 원조를 대폭 삭감했고, 이는 한국 경제에 큰 타격을 주었다. 파국은 결국 1960년 3·15 부정선거와 4·19 혁명을 통해 종결됐다.

이승만 정권의 부정선거와 그에 대한 한국민의 분노의 표출은 미국으로서는 이승만이라는 부담을 덜 수 있는 절호의 기회가 됐다. 1950년대에 네 차례 입안되고 검토됐던 미국의 '에버레디 작전(이승만 제거계획)'이 한국민의 분출에 편승하여 성공을 거두는 순간이었다. 4·19 혁명 당시 주한미국 대사가 시위대를 공개적으로 지지하고 나섰고, 이승만을 찾아가 "미국은 더 이상 당신을 지지하지 않는다"고 말하는가 하면, 이승만이 권좌에서 물러나는 '하야(下野) 성명' 발표를 종용하기도 했다. 이승만의 운명은 사실상 미국이 쥐고 있었다고 해도 틀린 말은 아니다.

나. 박정희 시해사건과 미국 연루설

박정희 대통령이 5·16 군사쿠데타를 통해 집권한 것은 역사적으로 해방 이후 한국 군부의 첫 부상을 의미하는 것이었다. 미국의 한국 군사정권 수립 작전인 '에버레디 작전'에서 미국은 당시 장면 부통령을 새로운 친미정권의 수장으로 세우기 위한 군부 쿠데타를 계획하고, 이를 실행할 군부 인사 중 정치적 야심이 있는 장교들을 물색했었다. 이때 검토 대상에 오른 인물들은 미군에 의해 철저히 검열된 육군본부 작

---

10) <중앙일보> 〔유성운의 역사정치〕, 2019년 11월 24일치.

전국 장교들로서 당시 작전국 차장이었던 청년장교 박정희도 명단에 포함돼 있었다. 1961년 박정희의 5·16 군사쿠데타로 인해 미국의 '에버레디 작전'이 결과적으로 실현된 셈이다.

　5·16 군사쿠데타에의 미국 연루설, 즉 미국의 역할을 배제할 수 없는 것은 한국군의 작전통제권을 주한미군사령관이 장악하고 있기 때문이다. 쿠데타를 하려면 군대의 이동이 필수적인데, 군대 이동에 대한 승인권을 주한미군사령관이 갖고 있었다. 한국의 쿠데타들은 모두 미국과 연루되지 않고는 성공할 수 없는 구조인 것이다.11)

　미국의 연루 가능성은 5·16 군사쿠데타 이후 미국이 보인 반응을 보면 더욱 커질 수밖에 없다. 쿠데타 직후인 7월 20일 미8군 사령관 제임스 벤들리트 대장은 "한국에는 민주정치가 시기상조"이며, "군사정권은 한국의 반만년 역사를 통해 가장 훌륭한 정부"라고 발언함으로써 박정희 정권을 전폭적으로 지지했다. 5·16 쿠데타 당시 미 중앙정보국(CIA) 국장 덜레스는 1964년 5월 3일 영국 비비시(BBC) 방송에 출연해 "나의 재임 중 CIA의 해외활동으로서 가장 성공을 거둔 것은 5·16 쿠데타였다. 미국에서 일부 지도자가 지지하고 있던 장면 내각은 부패했고, 이승만 정권을 타도한 민중의 기대에 부응하지 못했다. 위태로운 순간이었다. 만일 미국이 무언가를 하지 않았더라면 민중은 공산주의자들의 선동에 현혹돼 남북통일을 요구하는 폭도들을 지원했을지도 모른다"고 말했다.

---

11) 민족문제연구소의 박한용 연구실장은 팟캐스트 방송 '라디오 반민특위'에서 "UN사령부가 1961년 4월부터 박정희의 쿠데타 계획을 인지하고 있었으며, 국군의 작전지휘권을 미국이 가진 상황에서 쿠데타 병력 이동 역시 미국의 승인, 적어도 사후승인이 있었음을 알려준다"고 언급하고, "쿠데타 직후 박정희는 주한미대사관을 방문해 막걸리잔을 부딪히며 술을 마셨다"는 사실을 폭로했다. dcinside.com. 갤러리. 516 쿠데타.

미국의 쿠데타 지지에 부응하듯 박정희는 미국의 입장을 충실하게 수행하는 것으로 나타났다. 미국은 한·미·일 3각 동맹을 형성하기 위해 이승만 정권에게 한·일 수교를 요구했지만, 이승만은 이를 거부했다. 미국의 요구는 일제의 식민 지배를 겪은 한국민들의 정서상 도저히 받아들일 수 없는 것이었기 때문이다. 그러나 박정희는 미국의 요구대로 한일수교를 단행했다. 또한 박정희는 "반공을 국시의 제1로 한다"며 반공반북 정책을 전면에 내세웠다.

1969년 7월 닉슨 미국 대통령의 '괌 독트린'과 1971년 3월 주한미군 7사단 철수 이후 자주국방의 명분을 내세운 박정희 대통령의 '핵 드라이브'가 나오면서 한·미 관계는 복잡한 양상을 띠게 됐다. 박정희 대통령은 각 국가의 안보는 스스로 책임져야 한다는 닉슨 독트린과 이에 따른 주한미군 철수에 대한 대응조치를 취해나갔다. 자주국방의 토대가 되는 방위산업의 육성을 위해 중화학공업에 집중 투자하는 한편, 핵무기 개발의 의지를 보였다.

1974년 인도의 핵실험 성공과 함께 핵확산 문제에 대한 미국의 관심은 한국으로 쏠렸다. 미국은 정보 분석 결과 남한이 10년 이내 '제한적' 핵무기를 개발하고, 이를 운반할 수 있는 능력을 확보할 것이라는 결론을 내렸다. 미국은 남한의 핵 개발이 주변 국가에 정치적 파장을 불러일으킬 것을 우려했다.

박정희 대통령의 핵 개발 노력에 대한 미국의 대응책은 "대한민국 정부의 핵무기 개발을 저지하고, 핵실험이나 핵무기 운반체제 개발 능력을 최대한 억제하는 것"이었다. 남한의 핵 개발을 저지하려는 미국 정부의 목표는 두 가지로 나타났다. 하나는 남한에 직접적인 압력을 행사하는 것이었고, 다른 하나는 핵 공급국과 공동정책을 추진해 남한이 핵무기 제조 기술에 접근하지 못하도록 하는 것이었다.

비밀해제된 미국의 문서에 따르면, 키신저 미 국무장관은 스나이더 주한 미 대사에게 보낸 1975년 3월 4일자 전문에서 "우리의 기본목표는 핵무기와 운반체계를 개발하려는 한국의 노력을 좌절시키는 것이다. 민감한 기술과 장비에 대한 한국의 접근을 금지하고, 한국이 핵확산금지조약(NPT)에 가입하도록 압력을 가하라. 또 한국의 핵 관련 시설에 대한 감시를 강화해야 한다"고 강조했다. 전문을 보낸 바로 다음 달인 4월 박 대통령은 1970년에 발효된 NPT를 비준했다.

그러나 NPT를 비준한 지 두 달 뒤인 1975년 6월 박 대통령은 <워싱턴포스트>와의 회견에서 "핵무기를 개발할 능력이 있다"며 핵 개발의 의지를 나타냈다. 이에 슐레진저 미 국방장관은 "북한이 도발해올 경우 핵 사용도 불사한다"고 강조함으로써 박 대통령의 발언에 즉각적인 반응을 보였다. 그의 발언은 남한에 대한 핵우산 방침을 밝혀 남한이 독자적으로 핵무장을 할 필요가 없다는 점을 강조하기 위한 의도로 해석된다.

1975년 8월 서울의 한미안보협의회에 참석하기 위해 방한한 슐레진저 미 국무장관은 박 대통령과 만난 자리에서 핵 개발 포기를 설득하는 한편, "한미관계를 손상시키는 가장 안 좋은 요소는 바로 자체적 핵무기 확보 노력"이라며 경고의 뜻을 분명하게 나타냈다. 미국은 한국의 방위력 증강, 자주국방의 기치를 내건 박정희 대통령의 '핵드라이브'에 강한 의구심을 가졌다. 이로 인해 한국의 국방과학연구소(ADD), 원자력연구소와 그 산하의 핵연료개발공단에 대한 미국의 감시 강도는 갈수록 심해졌다.12)

박정희 대통령은 미국이나 국제사회의 가혹한 제재를 모면하면서 핵무장에 성공한 이스라엘의 경우에 주목했다고 한다. 이스라엘은 자국의 핵문제에 대해 '시인도, 부인도 하지 않는' NCND(Neither Confirm Nor Deny) 원칙을 고수했다. 이런 이스라엘의 핵무장과 관련한 '의도

---

12) 전두환, 『전두환 회고록』, 자작나무숲(2017), 240-242쪽.

적 모호성'은 미국이 이스라엘의 핵무장을 눈감아줬다는 비난을 자초했다. 이와 달리 미국은 한국에 대해서는 이런 '모호성'을 보여줄 낌새도 없이 압박의 강도를 높여갔다.

　미국 정부는 한국이 핵확산 의혹을 불식시키지 않으면 의회의 도움으로 미국 수출입은행의 차관 지원을 중단시켜 한국의 핵 개발 프로그램을 저지하겠다는 위협을 가했다. 또한 핵무기 개발계획을 강행하는 경우 한미 안보관계가 전면적으로 재검토될 것이라는 노골적인 위협도 가했다.13) 유신체제 말기 박 대통령의 잦은 '자주' 표방에 대해 미국은 국수적 민족주의로 기운다는 우려를 가졌다. 이런 미국의 우려는 미국이 한국의 국내문제에 직접 개입하도록 추동하는 계기로 작용했다.

　1979년 7월 30일 카터 미 대통령은 한국의 인권문제를 거론하며 주한미군 철수 카드를 들고 청와대를 찾았다. 박 대통령은 혈맹인 양국 관계를 외면한 채 작심한 듯 카터 대통령에게 일방적인 강의를 했다. 박 대통령이 핵 개발 카드로 카터 대통령에게 맞선 것이다.

　"이 작자(박 대통령)가 2분 안에 입을 닥치지 않으면 방을 나가버리겠다". 카터 대통령이 박 대통령으로부터 국제안보정세에 관한 설명을 듣다 화가 치밀어 사이러스 미 국무장관에게 건넨 쪽지의 내용이다. 카터 대통령 일행은 곧바로 청와대 회담을 박차고 나와 미8군으로 직행했고, 새벽같이 본국으로 날아갔다. 카터는 2015년 발간된 자서전에서 "동맹국 정상과의 회담 중 가장 불쾌했던 순간"이라고 회고했다. 청와대 회담 얼마 후 박 대통령이 피살된 10·26 사건이 벌어졌다.

　인권 및 민주화 우선 정책을 표방한 카터 행정부는 박 정권에 의한 김영삼 신민당 당수 국회 제명(10월 4일)에 대해 한미 외교관계 수립 이

---

13) Don Oberdofer, *Tow Koreas*: a Contemporary History, Basic Books, 1997, p.72.

후 처음으로 즉각적인 대사 소환 조치를 취하는 반응을 보였다. 글라이스틴 주한 미국 대사는 김영삼 제명에 이어 터진 부마사태가 확대되고, 한국 국내의 긴장이 높아지자 공식 언급을 하고 나섬으로써, 직접적인 개입으로의 변화된 태도를 나타냈다. 한·미 간의 갈등 양상은 김재규의 10·26 거사 결정에서 미국 변수가 영향을 미친 것으로 드러난다.

박정희 대통령 시해사건에 대한 미국 연루설에 대해 <워싱턴포스트> 1979년 10월 30일자는 글라이스틴 주한 미 대사의 "모두 헛소리이며 쓰레기같은 이야기"라는 반응을 지적하며 미국은 관련이 없다는 점을 강조했다. 그러나 이와는 대조적으로 며칠 후 <뉴욕타임스>는 이건영 3군단장과 김재규의 연계 가능성을 거론했다. 이와 함께 김재규가 사건 당일 단독으로 무모하게 시해를 감행하기에는 간단하게 판단내리기 어려운 측면이 있었다는 점을 부각했다.

박 대통령 시해사건은 미국의 사전 공모로 발생했다는 미국 개입설은 박 대통령 시해사건에 대한 미국의 책임 여부와 관련해 계속돼 왔다. 미국 연루설의 소지를 제공한 대표적인 근거가 박 대통령 시해사건 당시 미 동아태평양 담당 차관보였던 홀부룩이 시해 4년 전인 1975년 9월 <뉴욕타임스> 매거진에 박 대통령 교체설을 거론한 기고문이다. 박 대통령의 독자적 핵무기 개발 시도와 관련된 미국의 압박이 이런 음모설이 불거지게 된 본질적인 이유다. 미국 연루설에 대한 미국의 반응은 시해사건에 자신들이 직접 개입하지는 않았으나 자신들의 대한정책과 당시 한·미 창구 실무자들 간 접촉에서의 자신들 언행으로 인해 미국이 박 대통령 시해사건에 간접적으로 영향을 미쳤음을 긍정하는 형식으로 나타났다.

전두환 전 대통령은 그의 자서전에서 박 대통령 시해사건과 관련해 이렇게 회고했다.

"박 대통령이 암살당하자 미국이 관련된 것 아니냐는 추측이 퍼진 것은 어쩌면 자연스러운 일이었다. 나도 10·26 사건에 미국이 관련됐을 것이라는 추측이 사실일 수 있다고 생각했다. 김재규는 정상회의 전후로 한 달 동안 글라이스틴 미 대사를 최소한 세 차례 만났다. 포버트 브루스터 미국 CIA 지부장도 자주 만났다. 김재규가 미국에 의해 원격조종당한 것이거나 암시를 받았던 것이라는 추측들이 그럴듯한 시나리오로 받아들여졌다. 김재규-김계원-정승화까지 연루된 이 사건은 미국의 묵인이나 최소한 암시 정도는 있었을지도 모른다는 상식적인 의심을 갖고 있었다."

전두환은 권력을 쥐자마자 '한반도 비핵화'라는 선물을 들고 워싱턴을 방문했다. 그는 미국의 목적이 한반도 인권이 아니라는 점을 간파한 것이다.14)

다. 12·12 군사쿠데타와 미국 안보이익

미국이 박정희 군사쿠데타를 받아들였다는 것은 곧 한국 군부의 부상을 인정한다는 의미였다. 박 대통령이 시해된 이후에도 미국은 역시 한국 군부를 가장 유력한 박 대통령의 차후 지도세력으로 주목했다. 한국 정치에 대한 미국의 개입은 1979년의 두 번째 군사쿠데타에서 전면적으로 드러난다.

미국이 당시 임기가 채 끝나지 않은 주한미군사령관 존 배시를 소환하고 대신 존 위컴을 신임 사령관에 임명한 것에서 개입의 징후는 나타났다. 존 위컴은 1961년 8월부터 미군 1기갑사단 제5연대 작전장교로 근무하면서 한국의 장교들과 인맥관계를 두텁게 쌓은 인물이었다. 위

---

14) 오창규 칼럼, 「10·26과 미국, 그리고 전두환」, <DataNews> 2021년 11월 30일치.

컴은 1980년 8월 7일 <AP통신> 및 <로스앤젤레스 타임스>와 가진 인터뷰에서 12·12 쿠데타에 대해 "한국의 10월 사태 이후 미국의 대한정책이 가장 성공한 일 중의 하나는 전두환 정권이 수립된 것이다. 우리의 노력은 헛되지 않았으며, 우리의 보람도 크다"고 밝혔다.

위컴 사령관은 12·12 거사계획을 사전에 입수했다. 11월 중순 경 그는 한국의 육사출신 장성들이 모종의 음모를 꾸미고 있다는 내용의 정보가 담긴 메모를 한국군 측에 건네고 내사지시를 내렸다.15) 그러나 내사지시는 한국군 수뇌부에 의해 유야무야 넘어갔다.

미국이 12·12 군사쿠데타를 사전에 인지한 점은 사실이다. 그럼에도 이에 직접 대응하는 자세를 취하지 않고, 노재현 장관이나 유병현 합참부의장에게 간접적으로 쿠데타 모의 정보를 전하는 형식을 취했다. 바로 이 대목에서 미국이 전두환 신군부를 지지한 것 아니냐는 주장이 나오게 된 것이다.16)

거사 당일 밤 미군 벙커에서 노재현 국방장관과 함께 있었던 위컴 미 사령관은 새벽까지 '기다려 보자'는 관망의 결정을 내렸다. 이런 미국의 대응 태도는 결국 쿠데타의 성공을 도와준 것이나 다름없었다. 미국으로서는 미국의 정책수행에 더 도움을 주는 세력, 또는 미국의 이익을 수호하고 이익추구 정책을 집행하는 데 좀 더 협조적인 세력이 실권을 장악하는 것이 유리했을 것이다. 결과적으로 미국의 '신중한 불개입', 즉 '관망'은 신군부 병력이 특별한 저항 없이 상황을 종료하고 궁

---

15) 정보문건을 받은 문홍구 장군은 즉시 노재현 국방장관에게 보고했다. 노 장관은 자신도 메모를 받았다는 점과 전두환 보안사령관을 통해 확인해 보았다고 밝히고, 절대고 그런 일이 있을 수 없다고 적극적으로 부정했다. 『신동아』 1993년 9월호, 「문홍구 예비역중장의 증언」, 301-319쪽.

16) 이삼성, 『미국의 대한정책과 한국민족주의』, 한길사(1993), 신현익, 앞의 책, 102-104쪽에서 재인용.

극적으로 쿠데타를 성공하게 하는 데 결정적인 도움이 되었다. 12·12 사태는 미국이라는 정치적 외세에 의해 한국 국내의 상황이 정리된 '외세결정론(外勢決定論)'에 입각한 문제해결 양상을 보여준 사례였다. 당시 한국의 당위적 목표였던 인권이나 민주화는 무시되고 미국의 국익이 우선된 것이었다.

박 대통령 서거 후 한반도 안보이익을 전제로 한 동아시아전략 차원에서의 미국의 선택은 유신체제의 유일한 대체세력을 한국 군부에 초점을 맞춘 것이었다. 동아시아에서 미국의 안보이익을 우선하는 미국의 정책적 고려가 한국의 신정권 대두와 관련된 미국의 정책 전개과정에서 '안보이익 우선'이라는 명제에 얽매임으로써 미국의 정책 운용의 폭은 제한될 수밖에 없었다. 이런 미국의 한계는 다음과 같은 윌리엄 글라이스틴 대사의 언급에서 드러난다.

"우리는 한국의 미군 주둔과 협력을 동아시아의 안정과 안보유지를 위한 우리의 국익에 결정적으로 중요한 것으로 판단해 그런 이익을 위태롭게 할 조치는 한국의 민주발전에 반하는 것이라도 일시적으로 '참으면서' 멀리하는 것이 옳다고 생각했다. 동아시아의 전략적 균형유지에 대한 우리의 이익에 관한 최종적 고려로 우리는 한국에 적극 개입하기도 하고 1979-80년 강경 제재조치를 삼가기도 했다."

그의 언급을 통해 동아시아에서의 미국 이익 수호를 위해서는 한국 이익은 유보될 수도 있고, 신군부의 부상이 미국 이익과 연결돼 신군부에 대한 강경제재 조치가 유보될 수 있었음이 밝혀진 것이다. 즉 미국의 안보전략의 이익은 한국 군부 선택 문제와 필연적으로 얽혀있고, 신군부 세력에 의한 새로운 정권 수립 과정에서 미국은 안보와 안정을 우선했으므로 군부의 집권을 방치할 수밖에 없는 상황이었다. 주목되는 것은 글라이스틴 대사의 솔직한 고백대로 미국의 안보적 이기심이 한국 군부의 선택과 이에 따른 5공의 성립과 연결돼 있다는 점이다.[17]

전두환 신군부세력이 군권을 장악한 뒤 한국군 일부 세력들 사이에서 역 쿠데타 음모가 있었다. 그러나 주한미군 최고사령관이었던 존 위컴은 이런 일부 한국군 일부 세력의 역 쿠데타 제의를 거부했다.18) 미국은 신군부를 현실적인 대안으로 인정한 것이다.

미국은 관망정책을 취했던 12·12 사태와는 달리 광주사태에서는 적극적 개입의 입장으로 전환했다. 광주 학생 시위가 고조되자 한국 정부의 '비상사태 대비계획'에 따라 군 병력으로 경찰력을 대체하는 것에 반대하지 않을 것임을 표명함으로써 미국은 처음부터 적극적인 개입 의사를 밝혔다.19) 이어 미국은 광주 민주화 투쟁을 진압하기 위한 전두환 신군부의 1980년 5월 17일 비상계엄 확대조치를 사전 승인했다.

광주사태를 위기라고 평가한 미국은 야당지도자 김대중을 통한 사태 해결 가능성을 점쳤다. 그러나 미국은 김대중을 통한 사태 해결은 엄청난 조건의 비용이 드는 해결방법이라고 부담을 가졌을 수 있다. 따라서 미국은 비용 최소화라는 원칙으로 미국의 안보이익을 지키는 선에서 'DJ(김대중) 카드'를 포기하고, 신군부를 선택하는 쪽으로 기울었다. 결국 미국은 광주사태에 대비한 한국군 특수부대 이동의 사전승인과 20사단 병력의 이동, 무력진압에 대한 암묵적 지지 등을 통해 전두환

---

17) 신현익, 앞의 책, 208-209쪽.

18) 위컴이 역 쿠데타 제의를 거부한 이유에 대해 첫째, 역 쿠데타 그룹이 미국의 지지로 무엇을 바라는지 알지 못했다는 점, 둘째, 자신들이 알고 있는 '악마'에 대신해 알지 못하는 '악마'를 끌어들일 가능성이 있었다는 점, 셋째, 한국군끼리의 충돌로 이어져 그로 인한 소요가 북한의 개입을 불러들일 가능성이 있었다는 점 등을 들고 있다. 신현익, 앞의 책, 114쪽.

19) 글라이스틴 미국 대사는 계엄령이 선포되기 전인 1980년 5월 8일 한국 내 정세를 논하기 직전에 워싱턴으로 "한국 정부가 군대를 투입하는 것에 대해 미국 정부가 반대한다는 암시를 주지 않을 것이다"라는 외교 전문을 보냈다.

신군부 지지라는 필연적인 결과를 낳게 됐다.

주한미군사령관 위컴 장군이 1980년 5월 19일 해럴드 브라운 미 국방장관에게 보낸 정책건의서를 보면, 미국이 전두환의 신군부를 현실적 대안세력으로 선택하지 않을 수 없었던 이유가 명백히 드러난다.

"우리는 한국에 대한 미국의 중대한 안보이익에 악영향을 줄 수 있는 행동은 취하지 말아야 한다. 미국의 관심은 이 지역의 평화와 안정을 지키는 것이다. 우리가 그들(전두환 일파)에 대하여 경제제재 조치를 취하는 것은 반드시 신중을 기해야 한다. 오히려 한국 경제를 악화시키고 국방비 축소 결과를 가져올 수 있기 때문이다."[20]

미국은 5월 22일 백악관 국가안전보장회의를 소집해 미 국무장관 머스키, 국방장관 브라운, 안보담당보좌관 브레진스키, 중앙정보국장 등이 참석한 가운데 광주 진압작전을 의결했다고 한다.[21]

한국군 20사단은 수도권 방위가 주 업무인 정예부대였다. 미국 정부가 5·18 광주민주항쟁을 진압하기 위해 수도권 방위 임무를 맡고 있던 20사단을 이동시켜 투입하도록 함으로써 전두환의 집권을 협조한 것은 미국이 민주주의를 수호하는 우방임을 굳게 믿고 있었던 광주 시민들의 배신감을 불러일으켰다. 이로 인해 반미의 무풍지대였던 한국의 국민들 사이에서 반미의 움직임이 일기 시작했다.

한국 최초의 반미운동이 1985년 5월 23일 서울 미문화원 점거농성 사건으로 터져 나왔다. 이 사건 이전에도 광주사태에 대한 미국의 책임 문제가 거론됐다. 1982년 3월의 부산 미 문화원 방화사건이었다. 이 때

---

20) 신현익, 앞의 책, 211쪽.

21) 1980년 5월 22일 <동아일보>는 "존 위컴 주한유엔군 및 한미연합군사령관은 그의 작전지휘권 아래에 있는 일부 한국군을 군중진압에 사용할 수 있게 해달라는 한국 정부의 요청을 받고 이에 동의했다"고 보도했다. dcinside.com 갤러리 2022.08.02.

미국의 책임 문제가 정면으로 거론됐지만, 방화로 인한 사망 사실에 묻혀 미국 문제는 유야무야 넘어가고 말았다. 그러나 서울 미 문화원 사건에서는 전 세계의 이목이 집중된 가운데 미국 책임 문제가 제기됐다.

이날 함운경을 비롯해 서울대, 고려대, 연세대, 서강대, 성균관대 등 5개 대학생 73명이 미문화원 도서관을 점거하고 농성에 들어갔다. 학생들은 "전국학생총연합 광주학살원흉처단투쟁위원회" 명의로 살포된 유인물을 통해 ① 광주사태의 진상과 그 책임자를 명백히 국민 앞에 공개할 것, ② 광주학살 주모자와 관련자들은 책임질 것, ③ 광주사태에 대해 책임을 지고 미국은 한국 국민 앞에 정중히 사과할 것 등을 요구했다.

세계는 이 사태가 한국에서 일어나는 반미운동의 시작이 아닌지 예의 주시했다. 언론사 기자들의 질문도 이 사건이 반미운동의 일환이냐 아니냐는 것에 집중됐다. 광주사태가 아닌 반미의 문제가 사건의 핵심이 돼버린 것이다.

24일 미국 대사 워커가 학생들에게 서신을 보냈다. 미국은 광주사태에 대한 책임을 끝까지 부인했다. 미국의 입장에 변화가 있을 것 같지 않다는 판단을 한 학생들은 26일 태극기를 앞세우고 미 문화원을 나와 경찰 버스에 올라탔다. 사건은 발생 72시간 만에 막을 내렸다.[22]

미국은 광주항쟁 무력진압에 이어 1987년 6월 항쟁을 6·29 선언으로 마무리하는 과정에도 깊숙이 개입했다. 미국의 한국 정치 개입은 21세기에도 계속돼 2007년 이명박 정권 초기 노골적으로 나타났다.

라. 전두환의 호헌선언과 미국의 6월항쟁 개입

광주민주화운동을 유혈진압하고 집권한 전두환은 국민들의 민주화

---

22) 유시춘외, 『70·80 실록 민주화운동Ⅱ』, 경향신문사(2005,5), 46-49쪽.

열망을 탄압하고 군사독재를 유지하는 데 급급했다. 마침내 전두환은 1987년 4월 13일 '호헌조치'를 발표해 군사독재의 연장 의지를 보였다. 차기 대선을 직선제가 아닌 간선제로 치르며, 개헌 논의는 서울올림픽 이후로 미루겠다는 것이다. 전두환은 자신의 군부 내 사조직인 '하나회'에 의한 영구집권을 획책하려는 의도였다. 전두환은 4월 22일 로널드 레이건 미국 대통령에게 보낸 친서를 통해 대통령 직선제 개헌을 반대하며 현행 헌법을 고수하겠다는 입장을 전달했다.

전두환의 꼭두각시에 불과한 대통령 선거인단에 의한 대통령 선출로 군사정권을 연장하려는 '호헌선언'에 맞선 '호헌철폐' 운동이 재야단체들을 중심으로 일어나기 시작했다. 5월 18일 "박종철 고문치사 사건의 진상은 조작되었다"는 김승훈 신부의 성명은 엄청난 파문을 일으켰다. 전두환 군사독재의 야만적인 고문살인과 조작에 대한 국민들의 분노는 요원의 불길처럼 번졌다.

5월 23일 '박종철 고문살인 은폐조작 규탄 범국민대회준비위원회'가 발족됨으로써 사태는 급격하게 악화됐다. 군사독재에 대한 국민적 분노를 바탕으로 5월 27일 '민주헌법쟁취국민운동본부(약칭 국본)'가 결성됐다. '호헌철폐'와 '직선제 개헌 쟁취'를 위한 역사적인 범국민운동이 전개되기 시작했다.

6월 2일 전두환은 국회의장단과 민정당 중앙집행위원들을 청와대로 초청한 자리에서 노태우 대표를 대통령 후보로 추천했다. 6월 10일 노태우 대표는 올림픽공원 실내체육관에서 열린 민정당전당대회에서 정식으로 대통령 후보로 지명됐다. 바로 이날 민주헌법쟁취국민운동본부는 박종철 고문살인과 은폐조작을 규탄하며 호헌철폐와 직선제를 요구하는 대중집회를 벌였다. 전국 22개 지역에서 40만 명이 참가하는 동시다발적 시위가 전개됐다. 일부 시위대는 명동성당으로 들어가 6월 15일까지 농성을 계속했다.

6월 18일 취루탄추방대회는 서울을 비롯해 전국 16개 지역에서 150만 명이 가두시위에 나섰고, 부산에서는 30-40만 명이 참가해 경찰이 진압을 포기하는 사태까지 벌어졌다. 이 대회로 6월 시위는 세계적인 뉴스로 떠올랐고, 전두환 정권은 시위 진압에 군 병력을 동원하려고 했다. 이날 퇴근 무렵 국방부와 육해공군본부 소속 장교들은 퇴근은 하되 비상소집에 대비하라는 지시를 받았다.

이날 밤 부산의 시위 상황을 보고받고 군 병력 동원을 결심한 전두환은 보안사령관에게 전화를 걸어 국방부장관과 각 군 참모총장에게 출동 준비 상황을 점검할 것을 통보하라고 지시했다. 필요하다면 전방에 있는 예비 부대까지도 동원하라는 지시였다. 명령을 받은 박희도 육군참모총장은 철도청에 임시열차를 배정해 줄 것을 요청했다. 이종구 2군사령관도 부산 및 마산 지역에 군을 동원할 준비를 했다.

6월18일 최루탄 대규모 시위 뒤 전두환 정권의 계엄령 선포가 있을지 모른다는 얘기가 민주헌법국민운동본부(국본) 집행부에서도 나돌았다, 19일 새벽 서울 성공회에 모인 국본 집행부 간부들 사이에서는 "내란 음모죄로 감옥에서 만날 수도 있겠다"는 말이 오갔다. 이날 모임에서는 직선제 개헌을 위한 대국민 행진에 관한 논의가 진행됐다.

6월 19일 새벽 부산의 시위 군중 사이에서도 군이 동원된다는 소문이 나돌았다. 부산 역 앞에서 시위를 벌이던 2만여 명 중 1만여 명이 부산역에서 1km 가량 떨어진 KBS 부산본부 건물을 점거하려고 했다. 부산 KBS에는 전경 3개 중대가 배치되어 있었다. 도로를 꽉 메운 시위대는 KBS 건물을 향해 물밀 듯이 밀어닥쳤다. 시위대는 KBS 건물 주변을 완전히 포위했다.

19일 새벽 1시 국방부와 각 군 본부의 계엄관련 핵심요원들이 육군본부 벙커로 소집됐다. 이들은 계엄령이 선포될 경우에 대비해 계엄사령부의 기구와 조직, 부대 배치 등에 대한 점검 작업을 했다. 이날 아침

8시 30분 전두환은 시위 진압을 위해 군을 동원해야 한다는 건의를 받았다. 10시 30분 국가안전기획부장, 국방장관, 3군 참모총장, 수도경비사령관, 보안사령관 등이 청와대 집무실에 모였다. 전두환은 대전과 대구에 1개 사단, 전남, 광주에 2개 여단, 부산에 1개 사단과 1개 연대, 서울에 4개 연대를 배치할 것을 지시했다. 디데이와 시간까지 정해줬다. 20일 04:00시였다.23)

19일 아침 주한 미8군의 정보부대는 한국군에 동원령이 내려졌다는 정보를 입수했다. 미8군에서는 이날 오후에 릴리 주한 미 대사가 전두환 대통령을 만나 레이건 대통령의 친서를 전달하기로 돼 있다는 사실을 알고, 릴리 대사에게 군 동원을 막아달라고 부탁했다. CIA 한국지부가 입수한 정보에 의하면 전두환은 6월 20일 새벽 4시를 기해 위수령을 선포한다는 것이었다. 이미 육군 작전참모에게 작전명령이 하달된 사실이 확인됐다.

미국 정부는 군 동원을 막기 위해 릴리 대사가 공식적으로 레이건 대통령의 친서를 전달하기로 했다. CIA 한국지부는 청와대에 연락해 19일 오후에 릴리 대사가 전두환 대통령과 면담하기로 일정을 잡았다. 이것이 전두환 대통령의 요청으로 오후 2시로 앞당겨졌다. 청와대 방문에 앞서 릴리 대사는 윌리엄 리브시(William J. Livesey) 주한미사령

---

23) "내일 새벽까지 전부 진입하도록 해야 돼요, 이것은 계엄선포가 아니라 비상조치입니다. 군부 동원도 할 수 있고, 군법회의도 할 수 있고, 정당 해산까지도 가능해요. 안기부에서 준비가 다 돼 있지", 전국의 지역별 비상조치 시 병력배치 계획에 관한 보고를 받은 전두환의 말이다. 2008, 7, 17, 13:38, https://blog.naver.com/yslee1789/140053721048. 전두환은 그의 회고록에서 "시위대에 의해 시청사가 점거될 위기에 놓이게 됐다는 보고를 받고 부산지역에 위수령을 발동해서 군을 출동할 수 있도록 준비태세를 갖추라고 6월 18일 자정 군 관계자에게 지시했다가 다음날 오후 유보시켰다"고 회고했다. 전두환, 앞의 책, 612쪽.

관을 만나 정치 위기 상황에서 군 병력 사용은 바람직하지 못하다는 데 의견을 모았다.

CIA 한국지부는 주한미군에 협조를 요청해 탱크 5대를 지원받았다. 이어 수도권에 있는 특전사령부, 수도방위사령부 등 주요 한국군 정문 앞에 가서 마치 탱크가 고장이 나 수리를 하는 것처럼 꾸며 버티고 있으라는 지시를 내렸다. 주한미군을 동원해서라도 한국군 병력 출동을 막겠다는 의도의 조치였던 것이다. 한국군 보안사령부 등 정보기관들은 주한미군에 확인을 요청하는 한편, 즉시 상황을 전두환에게 보고했다.

19일 오후 2시 전두환 대통령과 릴리 주한 미 대사의 면담이 진행됐다. 릴리가 레이건 대통령의 친서를 전달하자 전두환은 그 자리에서 친서를 읽었다. 레이건 대통령의 친서는 백악관과 국무성이 공동 작성한 것으로 자극적인 표현은 없었다. 그러나 행간에 담긴 뜻은 정치 위기를 군 동원이 아닌 대화와 타협으로 풀어나가라는 것이었다.

친서는 "언론의 자유와 TV, 라디오의 균형잡힌 보도는 공정한 선거의 실현을 위해 필수적"이라고 강조하고, 전두환 정권에 대한 우려를 나타냈다. 친서를 전달한 릴리 대사는 강경하게 직설적으로 경고했다.

"미국 정부가 대안을 제시했음에도 불구하고 위수령을 선포하겠다는 것은 한국 국민의 열망을 무시하고, 강권통치를 하겠다는 의미밖에 안 됩니다. 이는 누가 보더라도 정권을 연장하기 위한 사전 포석으로 생각할 것입니다. 만약 레이건 대통령의 의견을 무시하고 군을 동원한다면, 1980년 광주에서와 같은 불행한 사태의 재발을 자초하는 결과를 가져올지 모릅니다." 릴리 대사는 단호한 어조로 전달했다. 오후 3시 30분 면담을 마친 릴리 대사는 청와대에서 나왔다.

오후 3시부터 4시까지 육군본부에서 위수령 관계 실무자 회의가 열렸다. 박희도 육군참모총장이 주재한 회의에는 육군본부 참모들뿐만 아니라 부산지역을 관할하는 이종구 2군사령관과 부산 주둔 53사단을 관할하는 군단장 및 시위진압 부대인 충정부대의 지휘관들이 참석했다. 회의에서 부산지역에 투입될 병력으로서 53사단과 서울 의정부에 있는 26사단의 1개 연대가 결정됐다. 26사단 병력은 부산 출동 명령을 받고 특별히 마련된 임시열차를 타기 위해 의정부역으로 이동하기 시작했다.

릴리 대사와의 면담을 마친 전두환은 오후 4시 병력 출동을 유보하라고 지시했다.[24] 이기백 국방부장관은 고위 당정회의를 끝내고 국방부 장관실로 돌아오자마자 전두환으로부터 "군 출동은 유보한다"는 전화를 받았다. 출동 25분 전의 일이었다. 이 때문에 미처 연락을 받지 못한 26사단 병력은 의정부로 이동하는 도중 원대복귀 명령을 받기도 했다.

레이건 미국 대통령의 친서 내용 중 언론의 자유와 공정한 보도를 강조한 대목과 관련해 주목되는 것은 당시 국내는 물론 국제적으로도 유례가 없을 정도로 파문을 일으킨 '보도지침' 언론조작 사건이었다. 사건은 1986년 9월 6일 『보도지침, 권력과 언론의 음모』라는 제목의 『말』지 특집호를 통해 전두환 정권의 언론조작이 폭로되면서 시작됐다. 조작의 내용은 매일매일 각 언론사에게 보내는 지침을 통해 보도하지 말아야 할 것은 물론 보도할 기사도 아주 세세한 것까지 일일이 지시하며 간섭하는 것이었다. 기사의 내용, 크기, 심지어 사진 게재 여부와 함께 사진 설명까지 정권의 입맛대로 지시했다. 언론조작을 폭로했다는 이유로 김태홍, 신홍범, 김주언 등이 구속되면서 사건은 더욱 증폭됐다. 너무나도 엄청난 언론조작 사실은 국내는 물론 국제사회에도 충격의 파문을 불러일으켰다.

영국 런던의 인권옹호기관인 앰네스티 인터내셔널은 1987년 1월 보도지침 사건을 긴급사안으로 채택하고 구속 언론인들의 즉각 석방을 촉구하고 나섬으로써 국제언론운동의 전개를 촉발했다. 미국 뉴욕의

---

24) 전두환, 앞의 책, 635쪽.

언론인보호위원회가 1월 9일 보도지침 사건 구속 언론인들의 석방을 촉구하는 서한과 전문을 한국의 대통령과 법무·문공부장관에게 보내자고 호소해 국제언론운동단체들의 석방촉구운동이 전개되기 시작했다. 운동은 미국 의회, 정계까지 확산됐다.

1987년 1월 23일자로 된 <전두환 대통령에게 보내는 서한>을 통해 미 하원외교위원장, 아시아·태평양 소위원장, 인권위원장, 노사위원장 등 미 의회 의원 48명이 구속 언론인 석방과 언론의 자유 보장을 촉구했다. 3월 18일 열린 미 상원의 한국관계청문회에서는 "한국 민주화와 관련해 최우선적으로 조치해야 할 것은 언론기본법 폐지 등 언론자유 보장"이라는 주장과 함께 보도지침 사건이 다루어졌다. 한국의 언론 자유 보장을 촉구하는 운동은 캐나다, 영국, 서독, 벨기에 등 세계 각국으로 번져나갔다. 한국의 언론의 자유를 강조한 레이건 미국 대통령의 서한은 이런 국제적인 흐름을 반영한 것이라고 볼 수 있다.

1987년 당시의 국제정세는 미국의 로널드 레이건 대통령과 미하일 고르바초 소련 공산당 서기장이 중거리핵전력조약(INF)을 체결함으로써 냉전의 종식을 향하는 상황이었다. 동아시아에서는 한국과 필리핀의 독재가 비판의 대상이 됨으로써 미국에게도 부담이 됐다. 게다가 전두환 정권의 위수령 발포로 인해 전국적인 유혈사태가 벌어질 경우 사태의 진전이 어떻게 전개될지는 예측할 수 없는 일이었다. 특히 광주항쟁에 대한 미국의 책임 문제로 인해 나타난 반미운동이 자칫 작전통제권을 갖고 있는 미국의 책임 논란과 얽혀 더욱 확산되는 상황은 미국으로서도 받아들이기 어려웠을 것이다.

차기 한국 정부의 수장에 대한 미국의 입장은 노태우로 나타났다. 미국은 노태우의 당선을 위해 노골적으로 개입했다, 주한 미국 대사 제임스 릴리는 노태우 대표를 집권 민정당의 대통령 후보로 지명하는 전당대회에 참석해 미국의 지지를 공개적으로 표명했다. 1987년 12월 대통령

선거에서 노태우가 당선됨으로써 미국의 개입은 성공적으로 진행됐다.

마. 이명박 정부와 게임플랜

2011년 위키키리스가 폭로한 미국 외교전문을 보면, 그동안 미국이 한국의 내정에 공공연하게 개입해왔음을 보여준다. 외교 전문에 나타난 주한 미국 대사관은 한국 내 정보원들의 단편적인 정보를 미 국무부에 전달하는 수준을 넘어 전략적 목표에 대한 의견을 제출해 미국의 핵심 이익을 관철하는 데 중요한 역할을 했다. 이명박 정부에 대한 미국의 개입이 바로 그런 사례다.

미국은 정책조정위원회(Policy Coordination Committee, PCC)를 가동해 주한 미 대사관 정보를 바탕으로 새로 당선된 이명박 대통령에게 개입하기 위한 '게임플랜(Game Plan)'을 수립했다. 이 사실은 2007년 12월 19일 본국으로 전송한 '미국의 우선 목표와 관련해 한국의 새 지도자에 개입하기'라는 문서와 이에 첨부한 '한국 대통령 당선자에 개입하기 위한 게임플랜(Game Plan)'에 의해 드러났다.

2007년 한국의 대선이 끝난 직후 버시바우 대사는 이명박 후보의 당선을 "(미 대사관이) 대통령직 인수위원회와 차기 한국 정부에 개입하기 위해 추진해온 미국의 정부 부처 간 게임플랜 수립에 기여할 수 있는 기회"로 받아들였다. 한미 FTA 비준, 미국산 쇠고기 시장 개방, 이라크 자이툰 부대 파병 연장 등 미국의 과제를 해결할 수 있는 기회로 본 것이다. 이런 미국의 기대는 머지않아 현실이 됐다.

주한 미 대사관은 '대통령직 인수위원회'를 통해 이명박 대통령이 우선 달성해야 할 목표를 설정했다. 알렉산더 버시바우 주한 미 대사는 "우리에게는 앞으로 그들과 함께 논의해야 할 6자회담, 이라크 파병 연장, FTA 비준, 쇠고기 시장 개방 등과 같은 중요한 사안들이 있다. 우리가 모든 레벨에서 신중하게 그들에게 개입해야 한다"며 '모든 레벨'에서의 개입을 주장했다. 그는 당면한 실현 과제와 관련해 이라크 파병 연장과 쇠고기 시장 개방 등을 나열하며 인수위를 대상으로 하는 공적 목표를 뚜렷하게 밝힌 것이다.

또 다른 외교 전문에 따르면, 주한 미 대사관은 최시중을 비롯한 대통령직 인수위의 핵심 관계자들과의 다양한 만남을 통해 그들의 목표에 대한 한국 쪽의 이행 계획을 끊임없이 요구했다. 한 예로, 2007년 12월 26일 외교 전문을 보면, 버시바우 대사는 한나라당 박진 의원과 유종하 전 외무장관 등 대통령직인수위 핵심 인사들을 만나 이명박 대통령의 취임 전에 한미 FTA와 쇠고기 시장 개방 문제에 대한 진전이 있기를 바란다는 요구를 전달했다.

나아가 버시바우 대사는 이명박 정권의 수립을 계기로 '보다 나은 한미관계'를 위한 전략의 수립에 본격적으로 돌입했다. 그 결과 미국의 새로운 한미동맹 수립 전략은 '보다 발전적이고 전략적인 한미동맹을 위한 2020비전'이라는 외교문서로 나타났다. 김용진 KBS 기자가 쓴 '그들은 아는, 우리만 모르는: 위키리크스가 발가벗긴 대한민국의 알몸'에 따르면, '2020비전'은 미국이 중국을 견제하기 위해 한미동맹을 조금씩 바꾸며, 주한미군 유지를 위해 한국의 보수세력 집권의 필요성을 노골적으로 드러내고 있다. 보고서 내용은 한미동맹이야말로 중국과 북한을 견제할 수 있고, 이라크 파병 등의 군사적 지원 또한 쉽게 얻어낼 수 있으며, 한국이 미국의 두 번째 무기 고객이라며 주한미군을 유지해야 한다는 것이다.

미 대사관의 전문을 자세히 뜯어보면, 한국은 미국의 적극적인 아군이자 동맹이면서도 오히려 하나의 게임 캐릭터로서 "미국의 '게임플랜' 대로 움직이는 나라"다.25) 미국이 바라는 대로 이명박 정부는 2008년 4월 미국산 쇠고기를 위해 한국 시장을 개방했다. 이라크 파병도 연장했다. 한미 FTA는 날치기로 통과시켜 줬다.

버시바우 미 대사는 "우리가 한국에 군사력을 유지하는 것은 우리의 전략적 이익을 증진시키기 위해서다. 이를 위해서는 우리는 3단계를 반드시 밟아야 한다. 첫째, 한미동맹의 임무를 적절하게 업데이트해야 한다. 둘째, 우리의 광범위한 안보 목적을 지켜나가면서 주한미군을 새 임무에 맞게 전환해야 한다. 셋째, 한국 정부와 양국 대중들에게 동맹의 새 임무와 구조를 설명해서 지속가능한 한미동맹에 대한 지지를 공고히 한다. 우리 군사력의 한국 주둔은 한국인들에게 반드시 적절한 것으로 보여야 한다. 우리 한미동맹의 임무는 지금도, 앞으로도 반드시 양국의 이익에 공히 봉사하는 것으로 보여야 한다"고 말한다.

버시바우 대사는 한국에서 주한미군 주둔의 정당성이 점차 약해짐에 따라 미국의 동북아 패권전략에 결정적인 역할을 담당하는 주한미군을 어떻게 하면 계속 주둔시킬 수 있을까에 대한 문제에 골몰했다. 버시바우 대사는 2008년 4월 이명박 대통령과 부시 미국 대통령의 첫 정상회담 의제를 설정했다. 그가 제안한 의제는 글로벌 동반자 관계에 기초해 변화된 한미동맹에 헌신하겠다는 두 정상의 공동선언, 이를 위한 '비전 연구' 발족, 주한미군 주둔비용 분담을 50대50으로 하여 이를 5년간 유효하도록 하는 방위비 분담 약속 등이었다. 이렇게 버시바우 대사가 설정, 제안한 의제는 남김없이 받아들여졌다. 이명박 대통령은 미국이 중시한 한미 FTA를 '날치기'라는 비판을 받으면서까지 국회에서 통과시켜 줬을 뿐만 아니라 미국산 무기를 14조 원어치나 구입한다는 계약을 체결했다.

이처럼 미국의 한국 내정 개입과 각종의 불평등조약이 한국 정부의 별다른 반발 없이 일사천리로 진행될 수 있었던 것은 한 미 협상에서

---

25) <미디어오늘> 2012년 1월 18일치.

한국 쪽 협상 당사자들 가운데 상당수가 한국이 아닌 미국의 이익을 위해 활동했기 때문에 가능한 일이었다. 미국은 한국 사회 전반에 미국을 위한 정보원들을 심어놓고, 한국 내 주요 정보를 청취해왔다. 이런 '검은 머리 미국인들'로 인해 미국은 한국 정부를 상대로 미국의 요구를 저항도 별로 받지 않고 원활하게 관철시켜 나갔던 것이다. 2011년 위키리크스가 폭로한 미국 외교문서에는 미국이 심어놓은 한국의 정보원들이 고스란히 드러났다.26)

미국 외교문서에 이명박 대통령의 최측근으로 주목받으며 언론, 통신 분야를 담당했던 최시중 전 방송통신위원장이 등장한다. 그는 포항 출신으로 이상득, 이재오 전 특임장관과 함께 2007년 당시 이명박 대선본부에서 핵심 역할을 했던 '6인회'의 멤버다. 또한 방송통신위원장으로서 종합편성채널 방송을 강행하는 등 정책과 홍보 분야에서 막강한 영향력을 발휘했던 인물이다.

최시중은 여론조사기관인 한국갤럽 회장 시절인 1997년 12월 12일부터 당시 주한 미 대사인 스티븐 보즈워스를 만나 15대 대선 사전 여론조사 결과를 유출한 혐의가 있다는 사실이 KBS 탐사보도팀의 취재에 의해 밝혀졌었다. 대선을 며칠 앞둔 시기로 여론조사 결과가 주한미대사관으로 유출된 것이다. 그의 여론조사 결과 유출행위는 실정법을 위반한 것이었다. 최시중은 이후에도 한국갤럽 회장 신분으로 "한국 정치에 관해 의견을 나누는 경우가 종종 있다"며 주한미국대사와의 잦은 접촉을 스스로 고백했다.

이로부터 10년이 지난 2007년 10월 12일에 최시중은 위키리크스가 폭로한 미국 외교전문에 "미국 대사관의 오랜 정보원"으로 등장한 것이다. 최시중은 이날 이명박 대통령 후보의 고위 참모 자격으로 주한 미국

---

26) dcinside.com 갤러리, '미국의 노골적인 한국정치 개입', 2022, 8, 2.

대사인 알렉산더 버시바우를 만나 대선 판도에 대한 의견을 서로 주고받았다고 한다. 미 대사관은 외교전문에서 "한국갤럽의 전 오너이자 이명박 대통령 후보의 고위 참모인 최시중은 최근 우리에게 이 후보가 리버럴 진영의 선두 후보에 현재 30% 가량의 지지율 차이로 앞서고 있지만, 통합민주당의 대선후보 경선 승자가 12월 15일 확정되면 지지율 상승을 누릴 것이라는 것이다. 그럼에도 불구하고 영악한 선거 관찰자이자 미국 대사관의 오랜 정보원인 최시중은 통합민주당이 정치적 실수를 계속할 것이고, 그래서 후보 선출과 차후의 단일화 등을 활용하는 데 실패할 것이라며 조심스레 낙관하는 입장을 견지했다"고 기술했다.

뿐만 아니라 위키리크스가 폭로한 2008년 1월 18일자 미국 외교전문에 따르면, 1월 17일 최시중은 대통령직인수위원회 관계자 자격으로 미국 대사를 만나 초대 외교장관 인선에 관한 정보를 슬쩍 흘리기도 했다. 또한 이명박 당선자가 "미국을 절대 실망시키지 않을 것"이라고 강조하기도 했다. 그의 지위를 감안해 볼 때 최시중 위원장과 주한 미국 대사 사이의 접촉은 그가 방송통신위원장이 된 이후에도 지속됐을 가능성이 매우 크다.

미국은 청와대의 대통령 비서관들까지 정보원으로 동원했다. 제2차 남북정상회담 준비가 한창이던 2007년 8월과 9월 미국은 박선원 청와대 통일안보전략 비서관으로부터 남북정상회담과 관련한 청와대의 내부 상황 정보를 입수했다. 2007년 9월 4일 주한 미국대사관 정무담당관은 박선원 비서관을 만나 남북정상회담이 추진된 경과를 상세히 보고받고, 이를 추진했던 보안 조직 구성원 명단을 받았다고 한다. 미국 외교전문은 이와 관련해 "박선원 비서관은 노무현 정부가 지난 수년간 남북정상회담을 추구해왔다고 말했다. 박 비서관 자신과 이종석 당시 청와대 국가안보보좌관, 국정원 간부 서훈 등으로 구성된 소규모 전권 그룹이 4년 전 청와대 내에 직접 꾸려졌다"고 적혀있다.

뿐만 아니라 미국은 한 미 통상교섭에서도 청와대 정보원들을 활용해 노무현 정부의 협상대응을 미리 파악했다. 2007년 9월 7일 노무현 대통령은 호주 시드니의 APEC 정상회의에 참석해 조지 부시 미국 대통령과 쇠고기 수입과 관련한 회담을 가졌다. 미국은 정상회담에 앞서 노무현 대통령의 협상전략을 알아내기 위해 회담 3일 전인 9월 4일 미 대사관 소속 경제참사관이 청와대 경제정책담당 김승호 비서관을 만나 한 미 FTA와 미국산 쇠고기 수입에 대한 청와대의 입장을 탐문했다. 미국은 외교문건에서 김승호 비서관을 두고 '절대 보호 요망(strictly protect)'이라며 "우리에게 청와대가 무슨 생각을 갖고 있는지에 대해 통찰력을 제공한 가치 있는 정보원"이라고 평가했다. 이처럼 미국이 평가할 만큼 김승호 비서관은 협상 상대방인 미국에게 한국 정부의 작전을 모두 소상하게 발설한 것이다.

통상교섭본부의 핵심 인사였던 김현종도 미국 외교문서에 등장한다. 그는 2004년 7월부터 8월까지 장관급인 통상교섭본부장을 역임하며 대외 무역 정책의 핵심인물로 손꼽힌 인물이다. 위키리크스가 폭로한 외교전문에 따르면, 한 미 FTA 협상이 교착상태에 빠진 2006년 7월 24일 김현종은 청와대 관계자 회의 후 버시바우 주한 미 대사와 전화 통화를 했다. 이후의 미국 외교문건에서 버시바우 대사는 김현종의 행위에 대해 "한국 정부의 약제비 적정화 방안 발표에 대해 미국 정부에 미리 알리고, 공식 발표하기 전에 미국이 의미있는 코멘트를 할 시간을 주며, 자유무역협정(FTA) 의약품 작업반에서 협상할 수 있도록 한다는 등의 내용이 관철되도록 죽도록 싸웠다(fighting like hell)"고 평가했다. 한국 협상대표가 미국 정부에게 청와대 내부 회의 내용을 알려주고, 한국 약제비 정책으로 미국의 기업이 피해를 입지 않도록 "죽도록 싸웠다"는 것이다. 김현종이 한국의 공무원인지 미국의 공무원인지 알 수 없는 노릇이다. 미국은 한국 정부 내의 고위 관료들을 정보원으로 포섭해 이들로부터 우리 정부의 내부 정보를 미리 빼내는 수법으로 협상 테이블에서 미국의 요구를 관철시켜 왔다.

3. 미국의 한일관계 개입

가. 1965년 체제와 미국의 압력

한국과 일본 사이의 갈등 문제의 본질은 기본적으로 일본의 과거 제국주의적 침략과 식민지 지배에 대한 과거 청산이 제대로 처리되지 못한 데서 비롯된다. 과거 청산 문제를 둘러싼 갈등의 근본적 원인은 일제의 책임을 묻지 않고 전후 청산을 덮어둔 1952년의 샌프란시스코 체제에 있다. 미국이 전후 청산을 외면한 샌프란시스코 체제를 등장시킨 이유는 사회주의 세력과의 대결에서 일본의 역할과 가치를 중시한 미국의 일본 중시정책 때문이다. 따라서 한일 간의 과거 역사와 관련한 문제가 제기될 때마다 전략적으로 일본을 중시하는 미국이 개입하고 나섬에 따라 한일 관계가 갈등의 악순환을 할 수밖에 없는 과정의 연속이라 할 수 있다.

6·25 전쟁을 정전협정체제로 정리한 아이젠하워 미국 대통령은 비용은 줄이면서 대외 영향력은 지속하는 '뉴룩(New Look)' 전략을 채택했다. 이 전략은 동맹국 간 군사동맹(지역적 집단안보체제)의 구축을 비롯해 미국이 직접 주둔하는 해외기지 축소, 재래식 전력의 유지비는 동맹국이 부담한다는 것 등이었다. 이 전략에 따라 한국과 일본의 국교 재개는 물론 적극적인 동맹관계를 만드는 것이 중요해졌다. 또한 한정된 예산으로 지원해야 하므로 동맹국의 향후 진로도 특화할 필요가 있

었다.

　미국은 '뉴룩' 전략의 기준으로 '일본-경제개발, 한국-군사 강화'라는 등식을 도출했다. 즉 일본의 경제를 부흥시키고, 한국은 군사력을 강화해 일본의 돈으로 한국의 군사력을 지탱하는 것이 미국의 최종 목표였다. 미국의 속셈은 미국의 '돈'을 절약하자는 것이었다. 미국은 연평균 2억 달러가 넘는 미국 원조를 받는 한국 정부에게 원조 받는 돈으로 일본 물자를 사들이도록 압박했다.

　이승만과 아이젠하워 사이의 갈등이 본격화됐다. 이승만은 한·일 국교정상화 이전에 상호 불가침조약을 체결해야 한다고 요구했다. 또한 장개석 대만 총통에게는 일본을 축으로 하는 미국 측의 동아시아 구상 대신 한국과 대만이 주축이 되는 지역방위동맹을 구축하자고 제안하기도 했다. 이승만의 반일 기조는 미국의 동아시아 구상에 짐이 될 수밖에 없었다.

　한일회담은 1951년 10월의 예비회담이 개최된 이래 1965년 6월 한일기본조약의 체결에 이르기까지 14년의 기간이 소요된 길고도 힘든 여정이었다. 특히 청구권 문제는 양국에게 전후 과거 청산이라는 커다란 의미를 갖고 있었다. 1949년 발표된 '대일배상요구조서'에서 잘 드러난대로 한국 정부는 침략과 지배라는 일본의 역사적 죄상에 대한 책임을 묻고, 정당한 권리를 행사한다는 차원에서 대일 배상 요구권을 주장했다. 그러나 당시 상황은 한국에게 유리하게 돌아가지 않았다. 1945년 발표된 연합국배상위원회 폴리(Edwin W. Pauley) 특사의 보고서가 '한국은 연합국의 일원이 아니었기 때문에 일본과의 교전국 지위를 인정받을 수 없고, 따라서 배상을 받을 권리도 주어지지 않는다'고 규정한 때문이다.

　1차 회담 당시 한일 양국은 청구권 문제를 둘러싸고 일진일퇴의 공방을 벌였다. 그래서 미국의 입장이 어떤 것인지가 한국과 일본에게는 결정적으로 중요한 문제였다. 양국은 여러 번에 걸쳐 미국의 공식적인 견해 표명이나 유권 해석을 요구했다. 그러나 입장이 난처했던 미국은 애매모호한 태도를 유지하면서 개입을 피했다.

이런 애매한 입장에서 벗어나 미국이 한일 문제에 대해 적극적으로 개입하기 시작한 것은 케네디 행정부 때였다. 케네디 정권은 출범 전부터 세계에 대한 미국의 관여를 확대하고, 공산주의 팽창을 저지하는 것을 외교의 기본 방향으로 천명했다. 미국이 자본주의 국가들의 전후 재건을 지원하며, 공산주의와의 체제 경쟁에서 이기고, 아시아 국가들을 지원하는 적극적인 외교 정책을 펼치기 위해서는 상당한 규모의 대외 원조를 지속적으로 투입함으로써 미국의 헤게모니를 유지할 필요가 있었다.

한일국교정상화는 미국의 대공산권 봉쇄 정책의 주요한 관건이었다. 특히 1961년 7월 북·중·소 삼각군사협력관계가 형성되면서 한층 시급한 과제가 됐다. 일본 역시 국교정상화의 중요성을 공식적으로 강조했다. 이런 상황에서 케네디 행정부는 한일회담의 표류를 더 이상 두고 볼 수만은 없게 됐고, 이전 정권보다 적극적으로 한일회담에 개입하기 시작했다. 이후 인도차이나 반도의 정세가 악화되고, 쿠바 미사일 위기가 고조됐던 1962년 후반기에 이르자 한일 대립의 문제에 더 이상 시간을 빼앗길 여유가 없었다. 케네디 정권은 한일회담의 조기 타결을 위해 한국과 일본에 더욱 강력한 압력을 가하게 됐다.

결과적으로 보았을 때 미국의 압력은 한국과 일본에 비대칭적으로 작용했고, 사실상 한국의 양보를 요구하는 것이었다. 미국은 한국 정부에게 배상의 의미가 있는 청구권을 강조하지 말고, 총액도 축소할 것을 강요했다. 미국은 심지어 청구권의 액수까지 조정했다.[27]

---

27) 2005년 민족문제연구소가 국사편찬위원회 소장 해외수집자료 중 미국 국립

1948년 대한민국 정부 수립 이후 1960년대 초기에 이르기까지 한국 경제는 미국의 원조에 절대적으로 의존해 왔다. 1948-1962년의 기간 미국이 한국에 투입한 원조 총액은 세계 4위인 약 54억 달러에 달했다. 그러나 미국의 원조정책은 한국의 발전과 사회의 안정을 이루는 데 별다른 성과를 거두지 못했다는 평가를 받고 있었다. 비슷한 시기 북한은 한국보다 더 급속하게 경제사회 발전을 이룩해 한국보다 나은 모습을 보였다.

   마침내 케네디 행정부는 미국의 대외정책을 근본적으로 재검토했다. 검토 결과는 한국 정부가 경제개발 계획을 세우고 효과적으로 추진해 나갈 수 있도록 미국이 경제원조를 통해 적극적으로 지원해야 한다는 것이었다. 문제는 진정한 성과를 거두기 위해서는 기존의 군사원조 중심의 공여정책에서 경제 원조에 역점을 둘 뿐만 아니라 자국의 원조 부담을 나누어 질 수 있는 파트너가 있어야 한다는 점이다. 미국은 일본의 역할을 요구했다. 1960년대 일본은 고도성장기를 경험하고 있었고, 미국의 제2의 무역 상대국이었다.

   일본은 제5차 한일회담이 열리기 전부터 청구권 명목의 자금을 한국에 전달하는 방식의 해결 대신 다른 방안으로 '경제협력 방식'을 찾으려고 했다. 일본은 샌프란시스코 강화조약 체결 당시부터 배상 성격을 배제한 과거사 청산을 고려했고, 미국도 '패키지 딜(package deal)'이 필요하다며, 일본의 입장에 동조했다. 이후 청구권 교섭은 청구권 명목을 포기할 수 없다는 한국에 대해 미국과 일본이 설득하거나 요구, 압력을 가하는 양상으로 흘러갔다.

문서보관소의 소장 문서들을 조사하는 과정에서 한일기본협정 체결 전후 한·미·일 3국 간 비밀협상 과정과 독도 문제 등 충격적인 내용의 사실을 확인했다.

한국 정부가 한일회담 타결에 적극 나서지 않을 경우, 경제 원조를 동결 또는 삭감할 것이라는 미국의 단호한 경고는 한국 정부로서는 무엇보다도 두려운 채찍이었다. 실제로 미국의 원조 규모는 1957년 정점을 찍고, 1960년까지 크게 삭감됨으로써 경제성장률도 역시 매우 저조했다. 한국 정부는 미국의 경제 원조가 제대로 이루어지지 않는다면 경제 성장을 통한 정권의 정당성을 획득하기란 사실상 불가능한 일임을 실감할 수밖에 없게 됐다.

이런 의미에서 한일회담은 한국과 일본의 양국 간 교섭이라기 보다는 미국을 제3의 '관여자'로 참여시킨 채 진행된 것이었다. 또한 미국의 대한 원조 방식 전환은 한일 교섭의 진전을 촉진하는 중요한 변수로 작용했을 뿐만 아니라 청구권 문제를 경제협력 방식에 의한 타결로 귀결시키는 데 큰 영향을 미쳤다.[28] 1965년 한·일 국교 정상화 협상은 미국의 엄청난 압력으로 성사된 것이었다.[29]

이와 같은 미국의 압력으로 인해 한일기본조약은 일제의 식민 지배와 독도 문제의 청산은 뒤로 미뤄지고 일본의 한국에 대한 경제협력 차원에서 마무리됐다. 한일기본조약 전문과 각 조항에서 식민 지배에 대한 일본의 사죄 표현은 전혀 없었다. 한·일 간 기본합의사항인 일본의 '무상공여' 3억 달러의 사용권도 일본 쪽에 있었다.

남한에서는 박정희 정권의 '굴욕외교'에 반대하는 시위가 전국 곳곳에서 벌어졌다. 시위는 '6·3 사태'로 절정에 달했다. 북한은 남한이 "배

---

28) 탈조선 갤러리 2023. 4. 8.

29) 미국의 브루스 커밍스 시카고대학 교수는 1965년 한·일 국교 정상화에 미국의 엄청난 압력이 있었다며, "미국은 지난 70년간 일본에 대한 한국·중국의 주장에 관심을 보여주지 않았다"고 밝혔다. 그는 일본은 침략자로서 독일처럼 분단됐어야 했다. 그러나 한반도가 분단됐고, 일본은 매우 관대한 처분을 받았다고 주장했다. <한겨레신문> 2015년 6월 13일치.

상 권리를 포기했다"며 "미국이 남조선을 전초기지로 하고, 일본 군국주의 세력을 끌어들여 동북아시아 군사동맹을 구축해 아시아 침략전쟁에 동원하기 위한 것"이라고 비난했다.30)

1965년 12월 8일 한일기본조약 비준서의 교환이 완료됨에 따라 '1965년 체제'가 시작됐다. '1965년 체제' 이후 한·일 관계는 반공을 목표로 한 한·미·일 삼각동맹 관계 속에서 전개됐다. 한일기본조약의 결함에서 비롯되는 한·일 간 갈등은 공산권에 대한 공동전선의 협력 차원에서 조정되거나 미봉됨으로써 '1965년 체제'가 유지됐다. '1965년 체제'가 기본적으로 유지될 수 있었던 것은 한·일 간 안보와 경제 협력이 갈등의 표면화를 억제하고 조기 수습을 촉진하는 기능을 했기 때문이다. 그러나 일제의 책임 문제를 배제한 한일기본조약의 근본적인 결함은 한일 간의 갈등으로 터져 나왔으며, 이에 따른 한일 간의 교섭에 대한 미국의 개입, 간섭은 계속됐다.

나. 오바마 행정부의 위안부 문제 간섭

박근혜 정부는 출범 초기부터 "위안부 문제의 해결 없이는 정상회담도 없다"는 원칙론을 내세우며 일본에 대한 강경한 자세를 유지했다. 일본군 위안부 문제만을 다루는 첫 회의로서 오바마 미국 대통령의 아시아 순방을 앞두고, 2014년 4월 16일 서울에서 한·일 국장급회의가 열렸다. 그러나 일본 정부는 '위안부' 문제가 1965년 청구권 협정으로

---

30) 북한은 중·소 분쟁과 한국군의 베트남 파병, 한일기본조약 체결 등을 위기로 인식하고, 1966년 10월 5일 제2회 조선로동당 대표자회의에서 '자주노선'을 조선로동당의 공식 외교노선으로 표명했다. 대회에서 김일성은 "미국이 동북아시아 군사동맹을 구축해 아시아 침략전쟁에 동원하려는 것"이라고 최종 평가했다. 박정진, 「북일 국교정상화와 '65년 질서」, 105쪽.

해결됐고, 법적 책임은 없으며, 인도적 지원은 가능하다고 기존의 입장을 되풀이함으로써 한·일 협상은 진전을 보지 못했다.

일본 정부는 협의를 시작한 지 채 한 달도 되지 않은 2014년 5월 고노담화 검증 작업에 착수해 6월 20일 "한·일 외교당국 간에 고노담화 문안 조율이 있었다", "군 '위안부' 강제연행의 증거가 없었다"는 등의 검증 결과 발표로 고노담화를 정치적 타협의 산물로 폄훼하고, 무력화시켰다. 이어 2014년 7월에 열린 유엔 시민·정치 권리위원회 심의에서는 '성노예'라는 표현이 적절하지 않다면서 역사적 사실을 부인했다. 협상은 교착상태에 빠질 수밖에 없었다.

2015년 초부터 오바마 미 행정부의 개입 징후가 나타나기 시작했다. 오바마 2기의 아시아 재균형 전략은 한·미·일 3각 동맹의 실질화가 핵심이었다. 동아시아 핵심 동맹국들인 한·일 정부 간 과거사 갈등이 미국 정부는 못마땅했다. 아시아 재균형 전략의 발목이 잡혀있기 때문이다.

이 해 3월 웬디 셔먼 당시 미 국무부 정무차관은 "과거사를 덮고 가자"는 메시지를 공개적으로 던졌다. 그는 "과거의 적을 비난함으로써 값싼 박수를 얻는 것은 쉬운 일"이라며 한·일 간의 역사문제를 비하했다. 그는 "민족주의적 감정에 휘둘려 더 이상 사죄같은 거 요구하면 안 된다"는 식의 압박 발언을 했다. 오바마 대통령은 한·일 정상을 잇따라 워싱턴으로 초청해 화해를 종용했다.

2015년 초여름 때까지만 해도 박근혜 대통령은 "일본이 해법을 가져오라"며 아베 신조(安倍晋三) 총리의 정상회담 요청에 일절 응하지 않았다. 한·일 간 협의에 참석했던 한 당국자는 "위안부 문제만큼은 절대 물러서지 않는다. '내가 죽더라도 너의 갈비뼈 하나는 부러뜨리고 죽는다'는 각오"라고 털어놓기도 했다.[31] 익명의 한국 정부 관계자는 "협상 과정에서 일본은 '한국이 양보하지 않아 진전이 없다'고 미국을 설득했고, 미국이 다시 한국을 압박하는 악순환이었다"고 전했다.

이런 상황에서 2015년 6월 12일 미국 방문을 앞둔 박근혜 대통령이 <워싱턴포스트>와의 인터뷰에서 "군 '위안부' 문제에 대한 한·일 간의 논의가 상당한 진전을 보였으며 마지막 단계에 이르렀다"고 발표했다. 당시 박근혜 대통령이 방미를 앞두고 갑자기 그런 발언을 한 이유도 알 수 없지만, 피해자나 지원단체의 의견도 들어보지 않고 어떤 논의를 하고 있다는 것인지 알려지지 않았다. 비록 이 해 11월 2일 한·일 정상이 서울에서 만나 일본군 '위안부' 문제의 협상을 가속화하자고 합의했지만, 12월 15일 제11차 한·일 국장급 협의를 마칠 때까지만 해도 당시 한국쪽 수석대표인 이상덕 외교부 동북아국장이 "올 해 안에 추가 합의는 어렵다"면서 연내 타결이 무산됐음을 시사하기도 했다.

'위안부' 협상이 급물살을 타기 시작한 것은 헌법재판소가 2015년 한·일 청구권협정에 대해 각하 판결을 한 뒤였다. 12월 24일 기시다 후미오(岸田 文雄) 외무상이 한국을 방문하기로 결정했다. 일본에서는 한·일 외교장관 회담에서 '위안부' 지원기금 설립을 비롯해 구체적인 해결방안을 제시하고, 한국 정부가 소녀상 이전을 검토하고 있다는 등의 보도가 연일 터져 나왔다.

2015년 12월 28일 '한·일 외교장관 회담 공동기자회견'이라는 제목으로 한·일 외교장관이 일본군 '위안부' 문제에 대한 합의 내용을 발표하고, 협상 타결을 선언했다. 피해자 할머니를 비롯해 많은 사람들이 전혀 예상치 못한 일이었다. 한·일 외교장관이 발표한 내용은 1995년 발족한 '여성을 위한 아시아평화국민기금'이 피해자들에게 전달하려 했던 일본 내각총리대신 명의의 '사과의 편지' 내용과 거의 일치했다. '사과의 편지'에는 '도의적 책임'이라고 한 반면, 공동기자회견에서는

---

31) <동아일보> 2011년 10월 5일치.

'책임'이라고 표현한 부분만 다르다. 문제는 일본 정부가 언급한 '책임'이 일본 정부가 그동안 주장해온 내용에서 조금도 벗어나지 않는다는 점이다.

아베 신조 총리는 한·일 외교장관 공동기자회견 직후 박근혜 대통령과의 전화회담에서 "위안부 문제를 포함해 한·일 간의 재산·청구권 문제는 1965년 청구권협정으로 최종적이고 완전하게 해결되었다는 우리의 입장에 변함이 없다"고 강조했다. 기시다 외무상도 기자회견 후 "책임의 문제를 포함해 일·한 간의 재산 및 청구권에 관한 일본 정부의 법적 입장은 종래와 전혀 변함이 없다"고 밝혔다. 일본 정부는 합의에서 재단에 출연하기로 한 10억 엔은 배상금이 아니라는 말까지 했다.

책임 인정은 사실 인정을 전제로 하는 것임에도, 일본 정부는 합의 이후에도 계속 일본군 '위안부' 문제를 부인했다. 아베 총리는 2016년 1월 18일 참의원 예산위원회에서 일본군 '위안부'를 강제 연행한 증거가 없다고 말했다. 이 해 2월 16일 유엔 여성차별철폐위원회의 일본에 대한 정기 국가보고서 심의에서 일본 정부는 강제동원의 증거가 없고, '위안부'는 조작된 것이며, '위안부'가 성노예라는 것도 잘못된 개념이라고 주장했다. 이처럼 12·28 공동기자회견 이후 아베 총리를 비롯해 일본 정부가 보여준 태도를 보면, 일본 정부가 일본군 '위안부' 문제를 인정하고, 피해자와 국제사회가 요구한 해결 원칙에 따라 이를 해결하기 위해 합의한 것이라고 볼 수 없다.

일본군 '위안부' 생존 피해자들은 합의 절차에서 피해자들이 완전히 배제되고, 일본 정부에게 제대로 책임도 묻지 못한 이런 합의에 매우 분노했다. 이옥선, 강일출 피해자들은 2016년 1월 25일 아베 총리의 사죄를 받기 위해 일본을 방문했으나 끝내 만나지 못하고 돌아왔다. 김복동 등 9명의 피해자들은 유엔 인권조약기구 및 특별보고관에게 12·28 합의의 문제를 제기하는 탄원서를 제출했다. 또한 29명의 생존 피해자들과 8명의 사망 피해자 유족 등이 헌법재판소에 합의의 위헌성을 묻는 헌법소원 청구를 했다.

일본군 '위안부' 이슈는 고(故) 김학순이 1993년 비엔나 세계인권회의에서 증언한 것을 계기로 유엔인권기구의 주목을 받기 시작했다. 이후 유엔인권기구는 일본군 '위안부' 문제를 과거사 청산, 전시 여성에 대한 성폭력, 여성에 대한 차별, 고문, 인종차별, 기타 자유권 및 사회권 등의 영역에서 중요한 사안으로 다뤄왔다.

사안을 다루는 핵심은 피해자 관점(victim perspective)이다. 피해자의 단순 의견 청취나 수렴은 피해자 중심 접근 방식이 아니다. 회복적 정의 실현의 과정에서 피해자들의 요구를 중심에 두고 이들의 주도성을 바탕으로 실현해 나가는 것이야말로 피해자 중심의 접근 방식이라 할 수 있다. 그러나 12·28 합의는 피해자 중심의 해결 과정에서 심각한 문제를 드러냈다. 합의 과정에서 피해자 당사자와의 협의가 전혀 이루어지지 않았다. 협의 또는 대화의 부재는 곧 내용상의 문제로 이어졌다.

이와 관련해 유엔인권기구는 12·28 합의 과정에서 피해자 중심의 해결 원칙을 채택하지 않은 데에 대해 유감을 표명했다. 구체적으로 피해 생존자들과 적절한 협의 과정이 없었고, 따라서 이들의 의견을 충분히 반영하지 못했다고 지적했다. 나아가, 진정한 보상을 받았는지 또는 최종적 해결은 피해 생존자들만이 결정할 수 있는 문제라고 일축했다. 유엔인권기구는 강한 어조의 유감 표명과 함께 권고의 이행을 촉구했다.

유엔인권기구가 그동안 촉구해온 권고는 △ 피해자 중심의 해결을 위해 즉각적이고 효과적인 법률적 행정적 조치를 취할 것, △ 공개적으로 사과하고 성노예 범죄에 대한 법적 책임을 공개적으로 인정할 것, △ 피해자 및 가족에 대한 배상과 만족, 완전한 재활 등 완전하고 효과적인 구제 및 배상을 인정할 것, △ 교과서에 충분히 수록하는 것을 포함해 '위안부' 이슈에 대해 학생과 일반 대중을 교육할 것, △ 역사적 사실에 대한 부인과 반복적인 부인을 통해 피해자에게 다시 상처 주는 것을 중단할 것 등이다.

유엔의 여성차별철폐위원회는 2016년 3월 7일 최종의견서에서 일본군 '위안부' 피해자가 당사국의 책임 또는 그들이 겪은 중대한 인권침해 행위에 대해 공식적이고 명확한 입장을 받지 못하고 사망한 점을 지적했다. 이어 생존자뿐 아니라 사망자를 포함한 모든 피해자에 대해 계속해서 구제가 되지 않는 것이 또 다른 중대한 인권침해행위라고 규정했다. 즉 사망자에 대해 권리구제가 되지 않고 있는 것도 중대한 인권침해로 본 것이다.

한국 정부는 12·28 합의 선언에서 10억 엔으로 역사적 사실을 은폐하고 식민지 범죄의 기억을 지우려는 일본 정부에 동조해 도저히 이해하기 어려운 합의를 했다. 한국 외교부와 여성가족부는 피해자와 그 가족을 찾아다니면서 12·28 합의로 모든 문제가 해결됐으니 재단을 지지해달라고 설득하고 나섰다. 12·28 합의와 공동기자회견 발표는 정부의 위헌적인 부작위의 선언으로서 피해자의 재산권과 인간으로서의 존엄 및 가치, 그리고 국가로부터 외교적으로 보호받을 권리와 알 권리를 침해한 위헌적 행위다.[32]

이런 한·일 정부의 위안부 합의에 대해 미국 정부는 이를 매우 반기며 즉각적인 환영의 반응을 나타냈다. 미국 백악관은 합의 발표가 나온 28일 수전 라이스 국가안보보좌관 명의의 성명을 통해 "한국과 일본 정부가 합의를 도출한 것을 축하한다"며 "양국은 합의문에서 위안부 문제를 최종적이고 불가역적으로 해결한 것"임을 분명하게 강조했다. 이어 라이스 보좌관은 "한·미·일 3자 안보협력의 진전을 비롯해 폭넓은

---

32) 이상희, 김기남, 「유엔과 헌법재판소로 간 2015년 한·일 외교장관 '위안부 합의'」

지역 및 세계의 문제들에 대한 협력을 심화하기를 바란다'고 주문했다. 존 케리 미 국무장관 명의의 논평도 "이 합의가 '최종적으로 불가역적으로' 위안부 문제를 해결할 것임을 분명히 했다"고 강조하고, "국제사회가 이를 지지해줄 것을 요청한다"고 밝혔다.

미국의 반응에서 가장 주목되는 것은 이 합의가 "최종적이고 불가역적인 합의"라고 강조한 대목이다. 이는 동아시아 핵심 동맹국들인 한·일 정부 간 과거사 갈등을 못마땅하게 여겨온 미국 정부가 한국 정부에게 더 이상 거론하지 말라고 '쐐기'를 박기 위한 것으로 보인다.33)

2015년 12월 28일 발표된 한·일 위안부 합의 과정은 졸속 그 자체였다. 2017년 12월 27일 공개된 위안부 합의 태스크포스(TF) 조사보고서에는 협상 당시 박근혜 정부가 합의 타결을 매우 서둘렀던 정황이 곳곳에 담겨 있었다. 국내 반발이 너무나도 뻔히 예상되는 일본 쪽 요구사항을 협상 막판에 대폭 수용하는가 하면, 합의 타결 뒤 국제무대에서 위안부 문제에 대한 언급을 삼가라는 지시도 있었던 것으로 드러났다. TF는 피해자 의견 반영보다는 한·일관계 개선을 서둘러야만 했던 절박한 이유로 '미국의 개입'을 지목했다.

보고서에 따르면, 한·일 간 협상의 진전이 없자 2015년 2월 주요 협상 채널을 이병기 대통령 비서실장과 야치 쇼타로(谷內正太郎) 일본 국가안보국장 간 협의로 채널을 옮겼다. 이 때부터 협상의 속도가 나기 시작했다. 한국 정부는 위안부 소녀상 문제와 '불가역적 해결' 표현 등 양국 외교부 국장급 채널에서는 팽팽하게 맞섰던 쟁점들 상당 부분을 양보했다. 오태규 TF 위원장은 이날 브리핑에서 "위안부 합의는 고위급 비공개 협의에서 주로 다뤄지고, 국장급 협의는 조연에 불과했다"고 설명했다.

---

33) <한겨레신문> 2015년 12월 29일치.

합의 이행을 위한 청와대의 과도한 지침도 눈에 띈다. '국제사회 비난, 비판 자제' 문구와 관련해 청와대가 외교부에 '기본적으로 국제무대에서 위안부 관련한 발언을 하지 말라'는 지시를 내렸다. 전시 여성폭력 문제에 대한 국제사회에서의 한국 발언권을 청와대가 앞장서 제한하고 나선 것이다. 청와대가 이처럼 합의 내용보다 타결 그 자체에 집착한 데 대해 "박근혜 대통령이 연내 타결에 강한 의욕을 보였다"고 설명했다. 근본적으로는 한일관계 개선에 대한 미국의 압박을 박근혜 정부가 견디지 못했다는 게 외교가의 중론이다.[34]

다. 윤석열 정권의 제3자 해결 논란

2017년 5월 당선 직후 문재인 대통령은 아베 신조 일본 총리와의 첫 통화에서 "위안부 합의는 우리 국민이 정서적으로 수용할 수 없다"는 입장을 표명했다. 한국 정부쪽에서는 위안부 강제동원을 인정한 고노, 무라야마 담화에 대한 언급도 나왔다. 2018년 10월 일제강점기 강제징용 사건에 대한 대법원 판결이 나왔다.

대법원 최종 확정 판결은 강제징용 피해자의 개인 위자료 청구권을 인정해 강제징용 피해자에게 일본의 신일철주금(피고)이 각각 1억원씩 배상하도록 하라는 것이다. 이에 따라 대구지방지법원 포항지원은 2019년 신일철주금의 대한민국 내 자산을 압류했다. 이에 대해 일본 정부가 대법원 판결에 강하게 반발함으로써 한일관계의 경직을 초래했다.

일본 정부는 한국이 1965년 한일협정을 위반했다며 국제사법재판소 제소를 강변했다. 2019년 7월 일본은 한국에 대한 수출 규제로 경제보

---

[34] <한국일보> 2017년 12월 27일치.

복 전쟁에 나섰다. 2022년에는 독도에 대한 영토 도발에다 일제 시대 조선인 강제 노동 동원의 현장인 사도광산을 유네스코 세계유산으로 등재하겠다고 나섬으로써 역사전쟁도 일으켰다. 한일관계는 악화될 수 밖에 없었다.35)

이런 상황에서 2022년 5월 윤석열 정부가 들어섰다. 윤석열 대통령은 2021년 6월 29일 당시 윤봉길 기념관에서 대통령 선거 출마 선언을 하면서 한일관계 악화에 대한 '한국 정부 책임론'을 거론했다. 그는 "문재인 정부가 이념편향적인 죽창가를 부르는 바람에 한일관계가 수교 이래 가장 열악해졌으며, 회복이 불가능할 정도로 망가졌다"고 일본 정부가 아니라 한국 정부를 비판했다. 그 비판도 한일관계 개선방안에 대한 일본 <NHK> 기자 질문에 대한 답변이었다.

2023년 3월 6일 윤석열 정부는 일제 강점기 강제징용 피해자들에 대한 배상금의 '제3자 변제안'을 발표했다. 발표 내용은 2018년 일본 전범 기업들이 강제징용 피해자들에게 배상해야 한다는 한국 대법원 판결의 원고들에게 일본 기업 대신 한국 정부가 판결금 및 지연이자, 즉 배상금을 지급하겠다는 것이다. 배상금 재원과 관련, 민간의 자발적 기여 등을 통해 마련하고, 향후 '일제강제동원피해자지원재단'의 목적사업과 관련한 가용 재원을 적극 추진할 계획이라는 것이다. 아울러 한국 정부는 "자유민주주의, 시장경제, 법치, 인권이라는 보편적 가치를 공유하는 가장 가까운 이웃인 일본과 함께 한일 양국의 공동이익과 지역 및 세계의 평화번영을 위해 노력할 수 있게 되기를 바란다"고 밝혔다.

2023년 3월 15일 윤석열 대통령은 일본 <요미우리> 신문과의 단독

---

35) 한국 정부가 반대할 것이기 때문에 기시다 후미오 일본 총리와 외무성은 사도광산의 등재신청을 보류하기로 했었다. 그러나 "역사전쟁을 걸어온 이상 피하면 안 된다"며 아베 신조 전 총리를 비롯해 자민당 보수파가 반발하고 나서자 기시다 일본 정부가 등재신청을 강행하기로 입장을 바꿨다.

인터뷰에서 한일관계 최대의 쟁점인 강제동원 피해자 배상을 일본 피고 기업이 아닌 한국 재단이 대신하는 '제3자 변제'로 추진하는 것과 관련해 "내가 생각한 것"이라고 밝혔다. 또한 그는 일본에서 나오는 우려에 대해서도 "걱정할 필요가 없다"고 안심시키며, "나중에 (한국 쪽이 일본 피고 기업에) 구상권 행사가 되지 않도록 하는 방안을 검토해 이번에 강제징용 해법에 대한 결론을 내렸다"고 말했다. 이날 대통령실은 일본의 직접적인 사과가 없다는 지적에 대해 "일본에게 사과를 한 번 더 받는 것이 우리에게 어떤 의미가 있는지 생각해볼 필요가 있다"며 더 이상의 일본 쪽 사과나 일본에 대한 비판을 정부 차원에서 포기할 것임을 천명했다.

윤석열 정부안을 보면, 과거 역대 정부가 추진해온 '일본 피고 기업의 배상 참여'는 빠졌다. 일본의 사과 조차도 일본의 직접적인 사과나 반성의 언급을 피해 이전 일본 내각들의 입장을 재확인하는 '간접 사죄' 형식으로 이뤄졌다. 그러나, 2014년 5월 일본 정부는 사과, 반성의 언급을 한 '고노담화' 검증작업을 벌여 그 결과 "군 위안부 강제연행의 증거가 없다"고 발표함으로써 '고노담화'를 부인했다. '간접 사과'의 의미도 없는 것이다.

미국 언론은 미국의 화해 압박을 윤석열 정부의 배상안 발표의 배경으로 분석하기도 했다. 미국 정부는 윤석열 정부의 발표에 환영의 반응을 나타냈다. 네드 프라이스 미국 국무부 대변인은 "한국과 일본은 인도태평양을 비롯한 전 세계에서 가장 중요한 2개 동맹국이고, 양국 관계 강화는 우리의 공동목표를 향한 진전으로 이어진다"고 말했다. 미 국무부는 바이든 행정부 들어 한·미·일 세 나라 관계 증진에 얼마나 많은 공을 들였는지를 강조했다. 3국 정상회담을 비롯한 고위급 회담을 25차례나 가졌다는 것이다.

<로이터>는 미국이 중국과 북한의 위협에 맞서기 위해 한일 간 분

쟁 해소를 압박해 왔다고 전했다. <월스트리트저널>은 한일 두 나라가 화해한다면 중국, 북한에 대응하기 위한 미국 주도의 동맹국 협력이 증진될 것으로 관측했다.36)

2023년 3월 7일 강제동원 피해자와 시민단체는 윤석열 정부안 철회를 요구하며 이를 규탄하는 긴급시국선언을 발표했다. 강제동원의 생존 피해자들은 정부안에 거부 입장을 밝혔으며, 피해자 대리인단은 정부안에 거부하는 피해자들은 일본 전범 기업들의 국내 자산을 집행하기 위한 추심 절차를 계속 진행하겠다는 입장을 밝혔다. 정부가 피해자 의사에 반해 법원에 돈을 맡기는 공탁 절차를 일방적으로 진행할 경우 이를 무효화하는 절차도 밟겠다고 강조했다.

이 해 3월 13일 미쓰비시의 양금덕, 김성주, 일본제철의 이춘식 생존 피해자들은 대리인을 통해 '제3자 변제'의 주체가 될 일제강제동원피해자지원재단에 정부안을 거부한다는 입장을 공식 통보했다. 통보 내용은 재단이 자신들의 의사에 반해 피고 기업들의 채무를 변제하지 않도록 해달라는 것이다. 이는 향후 법적 절차에 대비하기 위한 준비 절차임을 분명히 한 것이다. 강제동원 피해자와 유족 4명은 3월 24일 대전지법에 일본의 전범 기업인 미쓰비시중공업의 한국 내 특허권 압류명령을 신청했으며 법원은 이를 받아들여 압류결정을 내렸다.

강제동원 피해자들이 정부안을 거부하고 나서자, 윤석열 정부의 행정안전부 산하 재단은 이 해 7월 '제3자 변제안'을 거절한 피해자 4명을 피공탁자로, 법원에 피해 배상금을 공탁했다. 그러나 각 법원의 공탁관들은 피해자인 채권자들의 의사에 반하는 공탁이라며 재단 쪽의 공탁을 수리하지 않았다. 또한 재단의 이의신청도 받아들이지 않았다. 예를 들어 2023년 7월 4일 광주지법 공탁관은 생존 피해자 양금덕 할머니가 제

---

36) <YTN> 2023년 3월 7일치.

3자 변제안 거부 의사를 명확하게 밝혔다는 점을 고려해 정부의 신청을 수리하지 않았으며, 정부의 이의신청도 받아들이지 않았다.

이런 법원의 결정으로 인해 속전속결로 강제동원 문제를 끝내려던 윤석열 정부의 계획은 틀어지게 됐으며, 정부는 '졸속 부실 공탁'을 강행했다는 비판을 받았다. 정부는 언론에 공개된 이의신청서에서 "강제동원 피해자가 동일하게 금전 채권의 만족을 얻을 수 있기 때문"이라고 주장했다. "전범 기업이 낸 돈인지 우리 정부 예산의 돈인지가 중요한 게 아니라 동일한 금액만 받으면 피해자의 만족감은 같을 것"이라는 주장을 일본이 아닌 대한민국 정부가 편 것이다.37)

대법원은 2023년 12월 21일 강제동원 피해자들의 2차 소송도 원고 승소 판결한 원심을 최종 확정했다. 피해자들이 처음 소송을 제기한 지 9년 10개월여 만이다. 미쓰비시와 일본제철은 1965년 6월 대한민국과 일본 사이에 체결된 한일청구권협정으로 피해자들에게 배상 청구권이 없고, 손해배상 시효가 만료됐다고 주장했다. 하지만 대법원 재판부는 "원고들에게 2018년 대법원 판결이 선고될 때까지는 일본기업들에 대해 객관적으로 권리를 사실상 행사할 수 없는 장애사유가 있었다"고 밝혔다. 이에 앞서 대법원 전원합의체는 2018년 10월 "1965년 한일 청구권협정으로 양국 피해 배상과 보상이 일부 이뤄졌더라도 개인의 손해배상 청구권과 일본 기업의 책임은 사라지지 않는다"며 피해자들에게 손해배상을 청구할 수 있는 길을 열어줬다.

대법원의 확정판결에 대해 일본 정부는 또 다시 비난하고 나섰다. 히야시 요시아마 일본 관방장관이 피해자와 유족들이 일본 기업을 상대로 낸 2차 손해배상 소송에서 승소한 데 대해 한일 청구권협정에 명백히 반하는 것으로, 매우 유감이고 결코 받아들일 수 없다는 반응을 보

---

37) https://namu.wiki/w/강제징용%20피해배상금%20제3자변제안

인 것이다. 일본 정부는 주일 한국공사를 초치해 항의했다.

한국 정부는 곧바로 '제3자 변제안'을 다시 꺼내들고 나왔다. 한국 정부는 대한민국 사법부의 판결에 대해 일본 정부가 공개적으로 비판하고 나서는 것에 유감을 표시하고, 한국 사법부의 판단을 존중해야 한다는 원론적 대응이라도 했어야 하지만, 아무런 반응을 보이지 않았다. 대한민국 최고 단위의 판결에 대해 한일 정부가 공동 대응하는 양상을 보인 것이다.

대법원 판결의 핵심은 일본 전범 기업들이 강제동원 피해자들에게 배상하라는 것이다. 그러나 일본 전범 기업은 배상을 위한 재단에 한 푼도 내지 않았다. 한국 정부가 재단을 만들어 일본 기업 대신 변제해 준다는 것은 대법원 판결의 취지에 결코 부합하지 않는다. 이는 윤석열 행정부가 사법부의 판결을 부정하고 비트는 행위로 삼권분립에도 어긋난다.

2018년 일제 강제징용 피해자 대법원 손배 승소 판결의 이행이 한국 윤석열 정부의 집요한 방해와 일본 정부의 전범기업 사주로 거의 무산된 상황이다. 2018년 대법원 승소 판결 이행에 대한 한일 두 정부의 방해 행위는 피해자 명예회복 및 손배를 넘어서 일제 식민지 강점을 합법화시켜주는 것이며, 또 대한민국 헌법의 핵심가치의 훼손이요, 역사 정의의 파괴다.

제3장

핵 패권주의와 북한 핵문제

1. 핵 패권주의의 등장과 핵 확산

가. 핵 패권주의와 핵확산금지조약

인류는 제2차 세계대전 후반 미국이 일본의 히로시마와 나가사키에 투하한 핵무기를 통해 일찌기 유례가 없던 핵의 가공할 위력을 절감하게 됐다. 세계대전 이후 소련과 영국, 프랑스 및 중국이 핵실험에 잇달아 성공함으로써 국제사회는 핵무기 확산이 무분별하게 계속된다면 인류 공멸을 초래하게 될지 모른다는 인식을 하게 됐다.

원자력이 평화적으로 이용될 경우 인류에게 매우 유용한 에너지 자원이지만, 군사적 목적으로 악용되면 인류의 생존을 위협할 치명적인 수단이 될 수 있다. 이에 따라 원자력이 군사적으로 전용되지 못하도록 하는 체계적 방지 장치가 필요하게 됐다. 이를 위해, 핵실험금지, 핵물질 및 기술의 통제 등을 국제법적인 규약으로 강제할 수 있는 조약 또는 협정과 국가의 핵투명성을 능동적으로 확보하기 위한 핵무기 비확산 체제가 구축됐다. 그 결과 과연 인류는 안전해졌는가.

인류는 역사상 가장 위험한 시기로 접어들었다는 경고가 잇따른다.

댄 스미스 스웨덴 스톡홀름국제평화연구소장은 2022년 "우리가 인류 역사상 가장 위험한 시기 중 한 때로 빠져들고 있다"며 "전 세계 정부들이 지정학적 긴장을 완화하고, 무기 경쟁을 늦추며, 환경과 기아 위기의 악영향에 대처할 합의를 위해 협력할 길을 찾는 게 시급하다"고 촉구했다.[1] 그러나 인류를 위협하는 핵무기 보유량의 증강 속도는 멈출 줄 모른다. 핵비확산 체제의 문제점과 한계는 무엇인가.

미국은 1945년 7월 16일 뉴멕시코 주 알라모고도 사막에서 암호명 '트리니티'라는 인류 최초의 핵 실험에 성공했다. 미국이 제조한 핵무기는 1발과 플루토늄탄 2발로서 플루토늄탄 1발은 핵실험용으로 사용되고, 나머지 2발은 일본에 투하됐다. 핵폭탄의 투하로 나타난 참상은 상상을 초월한 것이었다.

두 차례의 세계전쟁을 치른 당시 국제 여론은 핵무기 철폐였으며, 미국도 전쟁이 끝난 후 핵무기 생산을 중단하고 핵에너지를 오로지 평화적으로만 이용하겠다고 약속했다. 국제 여론의 압력으로 핵무기 철폐를 위한 시도가 유엔을 통해 진행됐다. 그러나 이 시도는 당초의 핵무기 폐기 약속과 달리 핵 독점을 통한 패권주의를 추구하려는 미국의 의도로 인해 실패로 끝났다.

미국의 핵 독점 의도는 1946년 '맥마흔 법'으로 불리는 원자력법(Atomic Energy Act: MacMahon Act)안이 미국 의회에서 통과됨으로써 노골적으로 드러났다. 법안의 골자는 영국, 프랑스를 포함한 어떤 국가에게도 핵에 관한 정보 유출을 금지한다는 것이었다. 이 법에 따라 모든 핵 관련 물질 및 시설을 전반적으로 통제하기 위해 미국원자력위원회가 설치됐다.

미국은 독점적 핵 보유를 위해 1946년 원자력의 평화적 이용에 관한

---

[1] <한겨레신문> 2023년 6월 13일치.

위원회를 만들어 딘 애치슨 위원장을 통한 국제적 핵 통제체제를 추진했다. 이에 소련은 국가 주권 침해와 미국의 핵 독점 영구화를 지적하고 이를 반대하면서 원자탄의 이용 및 제조 중단을 촉구하는 제안을 내놓았다. 그러나 핵 통제나 폐기를 위한 시도는 끝내 무산되고 말았다.

이에 따라 핵무기 개발을 포기하는 대신 원자력 에너지의 개발을 지원하는 각종 계획들이 제시됐다. 미국은 전 세계에 존재하는 핵 물질을 유엔의 기구에 이관하고 이 기구로 하여금 핵 물질을 배타적으로 관리하도록 하자는 계획, '바루크 플랜(Baruch Plan)'을 유엔에 제안했다. 그러나 이런 제안은 당시 소련의 반대 등으로 인해 본격적인 핵비확산 체제의 출범으로 발전하지 못했다.

결국 소련은 1949년 핵 실험에 성공했으며, 영국도 1952년 자력으로 핵 실험에 성공했다. 소련은 1953년 수소폭탄 실험까지 성공적으로 실시했다. 미국의 핵 독점시대가 사실상 끝난 셈이다. 미국은 소련 등과의 핵 과점을 통한 상호 공존 전략으로 입장을 바꿀 수밖에 없게 됐다. 핵의 국제화시대가 시작된 것이다.2)

1953년 12월 아이젠하워 대통령은 '핵 평화안'을 유엔에 제출했다. '핵 평화안'의 초점은 핵 과점에 의한 통제 의도였다. 이 안에 따른 미소 간 합의로 1957년 7월 29일 국제원자력기구(IAEA)가 설립됐다. IAEA 헌장에 70여 국가가 서명해 1958년부터 IAEA 활동이 시작됐다.

그러나 IAEA의 활동에 의한 핵 통제로는 핵확산을 막는 데는 한계가 있었다. 핵 확산이 진행된 이유는 동서 냉전체제 대결의 매커니즘에 따른 핵무기 개발경쟁과 상대 진영에 대한 핵 우위를 노린 핵 강대국들의 동맹국에 대한 핵무기 개발 지원 때문이었다. 핵 확산의 가장 큰 요인은 핵 강대국들의 핵무기 개발경쟁이었다.

---

2) 신재곤, 「핵에너지와 핵무기확산금지조약」, 『국방논집』제17호, 175쪽.

핵 강대국들은 핵 과점을 지키기 위해 핵 확산을 통제하면서도 상대 진영에 대한 대결적 우위를 지키기 위해 자기 진영 동맹국들의 핵 개발을 지원하는 이중정책을 폈다. 특히 미국은 1950년대 원자력 수출 장려 정책으로 핵 확산을 조장하는 역할을 했다. 많은 국가들이 미국으로부터 원자로를 도입하고 핵 연료 및 기술을 지원받았다. 1960년 1월 당시 핵 개발이 가능한 국가가 프랑스, 서독, 캐나다 등 12개국에 이른 것도 미국의 핵 원조에 의한 것이었다.

현재의 핵확산금지조약(NPT) 체제에 대한 본격적인 논의는 1958년 9월 아일랜드의 외무장관인 아이켄(Frank Aiken)이 유엔총회에서 핵무기 보유국의 수를 제한하는 내용의 국제적 협정을 체결할 필요성을 제기하면서 시작됐다. 그는 1959년 핵무기의 수평적 확산 방지를 목적으로 하는 "핵무기의 광범위한 확산방지"라는 안을 유엔총회에 제출했다. 핵 비확산을 국제적 규범으로 발전시킬 필요성을 강조한 이 안은 그러나 당시 북대서양조약기구(NATO)의 지지를 얻지 못해 결의로 채택되지 못했지만, 뒷날 NPT의 기본골격으로 제시됐다.[3]

핵 비확산에 관한 논의가 유엔을 중심으로 전개되고 있는 가운데 프랑스가 1960년 2월, 중국이 1964년 10월에 핵실험에 성공했다. 이에 따라 핵보유국들 간 핵군비 경쟁에 대한 국제사회의 우려가 높아졌다. 또한 원자력의 평화적 이용 부문에서도 원자력 발전을 도입하는 국가가 늘어나고, 그 이용 범위도 확대되는 등 원자력의 이용·개발이 본격적으로 진전되기 시작했다. 이에 따라 세계적으로 핵무기 비확산에 대한 관심이 높아지면서 핵 확산을 방지하기 위한 국제체제의 출범 필요성도 절실해졌다.

---

3) 백진현, 「핵확산금지조약(NPT)의 성과와 한계」, 『핵비확산체제의 위기와 한국(오름, 2010)』, 49-49쪽.

미국은 1965년 8월 18개국 군축위원회(ENDC)에 핵 비확산을 목적으로 한 조약 초안을 제시했다. 다음 달인 9월 소련이 대안을 제시하자 핵 비확산 논의가 더욱 활발해졌다. 제안에 대해 핵을 보유하지 않은 국가들은 첫째, 핵 비보유국에 대해서만 핵무기를 보유하지 않는다는 의무를 부과하는 것은 합당하지 않으며, 둘째, 핵 비보유국은 안전이 보장되지 않고, 셋째, 핵 비보유국의 원자력의 평화적 이용이 제약을 받으며, 넷째, 안전조치의 차별적 적용 등의 문제를 제기했다.

문제 제기에 대해 핵 보유국은 조약의 초안에 핵군축을 위해 성실하게 교섭하며(제6조), NPT가 핵 비보유국의 원자력의 평화적 이용을 위한 권리에 영향을 주지 않으며(제4조), 평화 목적의 핵폭발의 이익은 모든 당사국에 제공하며(제5조), 미국과 영국도 안전조치 수락을 선언함으로써 타협이 이루어졌다. 이에 따라 NPT가 1968년 7월 서명을 받기 위해 개방됐다. 미국과 영국, 소련이 기탁국으로 지정되고, 기탁국을 포함해 43개국이 비준서를 기탁함으로써 마침내 NPT가 1970년 3월 발효되기에 이르렀다. NPT가 핵 보유국과 핵 비보유국의 근본적인 차이를 인정하는 전형적인 불평등조약임에도 불구하고 채택될 수 있었던 것은 핵무기의 전면적 철폐라는 이상론보다는 핵 확산과 핵군비 경쟁을 중단시켜야 한다는 당장의 시급한 현실론을 많은 국가들이 받아들인 때문이다.

NPT는 핵무기를 보유하는 국가의 수를 조약 채택 당시의 핵보유국(미국, 소련, 영국, 프랑스, 중국)으로 동결시킴으로써 핵전쟁의 가능성을 줄여 세계를 보다 안전하게 하고, 핵무기 개발에 소요되는 자원을 원자력의 평화적 이용으로 유도한다는 취지에서 비롯됐다. 그래서 NPT의 목적은 핵무기의 확산 방지(수평적 확산 방지), 핵무기 경쟁 중지(수직적 확산 방지) 및 핵군축 실현, 원자력의 평화적 이용 보장 등이다. 이런 점에서 NPT는 비확산 조약일 뿐 아니라 군축조약인 것이다.[4]

이처럼 NPT 체제가 수평적 확산 방지를 주요 목적으로 표방하게 되자 핵 비보유국들은 조약 의무의 불평등성을 들어 핵보유국에게 군축 의무를 요구했다. 이에 따라 제6조는 조약 당사국이 빠른 시일 내에 핵 군비 경쟁을 중지하고, 핵 군축에 관련된 효율적인 조치 및 전면적이고 완전한 군비 축소를 규정하는 조약에 대한 협상을 성실히 이행해야 한다고 규정했다(핵군축). 제6조는 NPT의 11개 조항 중 가장 모호한 조항으로 이 조항의 해석을 둘러싸고 NPT 채택 이후 줄곧 핵 보유국과 핵 비보유국 간 뜨거운 논란이 벌어졌다.

NPT는 당사국의 평화적 목적의 원자력 활동을 보장하는 규정을 두고 있다. 조약 제4조는 평화적 목적을 위한 원자력의 연구, 생산, 이용 및 개발의 권리를 저해하지 않는다고 규정했다(원자력의 평화적 이용). 또 원자력의 평화적 이용을 위한 교류·협력을 장려하고, 특히 개발도상국의 원자력 이용 및 개발에 대한 조약 당사국들의 협력을 강조했다.

NPT는 제10조에서 탈퇴와 조약 연장에 관한 규정을 둠으로써 당사국의 주권적 권리를 보호하겠다는 의지를 분명히 했다. 즉 조약 당사국이 NPT 가입으로 인해 자국의 최고 이익이 위태롭게 됐다고 결정하는 경우, 3개월 전에 통보하고 조약에서 탈퇴할 수 있다. 또 조약 발효 후 25년이 경과된 뒤 조약의 연장을 결정하는 회의를 개최할 것을 규정하

---

4) 핵무기의 수평적 확산방지는 조약 제1, 2, 3조에 규정되어 있다. 제1조는 조약당사국인 핵보유국은 어떤 경우에도 핵비보유국에게 핵무기, 핵폭발장치 또는 그 관리를 이양하지 않을 것과, 이를 원조·장려·권유하지 못하도록 하고 있다(핵보유국의 의무). 제2조는 조약당사국인 핵비보유국은 어떤 경우에도 핵무기나 핵폭발장치 또는 그 통제권을 수령하지 않고 그 제조에 대한 어떤 원조도 받지 않아야 한다고 규정하고 있다(핵비보유국의 의무). 제3조는 핵비보유국이 원자력의 평화적 이용으로부터 핵무기로 전용되는 것을 방지하기 위해 IAEA와 전면안전조치협정을 체결하고 모든 원자력 활동에서 IAEA의 사찰을 허용해야 한다고 규정하고 있다(안전조치).

고 있다. 이 조항에 따라 1995년 5월 NPT 연장회의를 개최해 이 조약의 효력을 무기한 연장하기로 결정했다.

NPT는 불과 11개의 조문으로 구성된 비교적 간단한 조약이지만, 이들 조문이 상호 긴밀하게 연관되어 있음을 주목할 필요가 있다. NPT는 핵 비확산(제1, 2, 3조), 핵 군축(제6조), 그리고 원자력의 평화적 이용(제4조)이라는 세 축 사이에 미묘한 균형에 의해 지탱되는 체제인 것이다. 하나의 축에서 문제가 생기면 NPT 체제 전체의 안전이 위협을 받게 되는 것이다.[5] 이런 NPT 체제의 문제점과 한계 때문에 NPT 체제가 도전을 받게 된다.

나. 핵비확산체제의 한계와 핵확산

NPT 체재의 핵심은 핵 비확산과 핵 군축이다. 문제는 핵 보유국들의 핵 군축이 제대로 이루어지지 않고, 오히려 핵무기 증강과 함께 핵 위협이 증대되는 상황에서 핵 비확산이 제대로 될 수 없다는 점이다. 핵무기 보유국 중심의 군사질서에 대한 안보 우려가 갈수록 심해지는 상황에서 비핵국가들에 대해서만 비핵의 의무를 지우는 것은 설득력을 갖기 어렵다. 핵확산금지조약 체제가 핵 개발의 대상으로 주목되는 나라들을 포함하지 않음으로써 보편성을 확보하지 못했다는 점은 출범 시점부터 문제다. 조약에 가입하지 않은 나라들이 존재한다는 것은 핵확산금지체제의 정당성과 권위의 손상, 형평성 논란의 요인이 될 수밖에 없기 때문이다.

핵확산금지조약 체결 당시 독일, 이탈리아, 스웨덴 등을 포함한 상당수의 국가들이 이 조약을 항구적인 것으로 받아들이기를 거부했다. 이

---

5) 백진현, 앞의 책, 50-52쪽.

들 국가들은 조약이 발효된 후 25년이 되는 시점에서 조약을 재검토하고, 조약의 연장 여부를 결정해야 한다고 주장한 것이다. 이들의 주장이 반영된 조약의 조항에 따라 조약 발효 25년이 경과한 1995년 NPT의 장래를 결정하기 위한 평가 및 연장회의가 개최될 수 있게 됐다.

핵확산금지조약이 성립된 이후에도 핵 보유국을 중심으로 핵 확산이 질적·양적으로 늘어났다. 이는 강대국들이 세계 안보 불안을 해소하려는 평화 이념보다 자국의 이익을 우선시키는 데서 비롯된 현상이었다. 미국과 소련은 핵 군비증강을 계속해 1980년대말 핵탄두 수가 눈덩이처럼 늘어나 5만 개에 이르렀으며, 운반수단의 장거리화, 정확도 개선, 다탄두화, 위력의 다양화, 경량화, 소형화 등을 통한 질적·양적 팽창을 거듭했다.

조약에 규정된 조항에 의거해 열린 '1995 NPT 연장 및 평가회의'에서 핵 선진국과 후진국의 갈등이 뚜렷하게 나타났다. 특히 비확산 및 핵 군축, 비핵무기국에 대한 안전보장 등의 문제에서 양쪽의 입장이 팽팽하게 대립됐다. 비핵국은 핵무기의 궁극적 철폐를 목적으로 한 핵군축 일정 제시, 핵국가의 비핵국가에 대한 법적 구속력 있는 적극적 및 소극적 안전보장 약속, 포괄적 핵실험 금지 조약의 조속한 체결 등을 강력하게 요구했다. 이에 대해 핵무기보유국은 비현실적이라는 이유로 핵무기 감축과 제거를 위한 어떤 종류의 타임 테이블도 거절했다. 그러나 핵국가들은 포괄적 핵실험금지조약의 1996년 이전 체결, 핵실험 자제, 미가입국의 조기 가입 촉구 등의 요구를 수용하지 않을 수 없었다.

'1995 NPT 연장 및 평가회의'는 연장부문에서 핵 비확산 및 핵 군축에 관한 원칙과 목표 및 조약 평가절차 강화와 함께 무기한 연장을 결정함으로써 핵확산금지체제가 국제적으로 영구히 작동하는 계기를 마련했다. 원칙과 목적의 주요한 내용으로는 1996년까지 포괄적 핵실험 금지조약 협상의 완료, 핵군축 추진 공약의 재확인, 핵무기 물질의 생산을 중단하기 위한 협상의 시작, 기존 핵무기 감축, 비핵지대 창설 장려, NPT의 보편성 확보를 위한 적극적 노력(핵무기를 보유하면서 NPT에 가입하지 않고 있는 이스라엘, 파키스탄, 인도를 NPT에 가입시키기 위한 노력), 핵 비보유국에 대한 핵무기 불사용 공약 재확인 및 강화 등이 포함된다.

그러나 NPT의 무기한 연장이 결정된 후 처음 개최된 2000년 검토회의는 별로 좋지 않았다. 무엇보다도 1995년 채택됐던 원칙과 목적의 상당 부분, 특히 핵 군축과 관련한 핵강국들의 의무들이 제대로 이행되지 않았기 때문이다. 핵물질생산금지조약의 교섭은 정체 상태에 머물렀고, 미국과 소련의 군축협상도 별다른 진전이 없었다.

미국 상원은 포괄적 핵실험 금지조약의 비준 동의를 거부함으로써 '1995년 NPT 회의'의 합의를 정면으로 위배했다. 클린턴 미 행정부는 핵 군축에 악영향을 끼칠 미사일방어체제 구축을 계속 추진하고 나섰다. 게다가 1998년 인도와 파키스탄이 핵실험을 단행해 핵군비 경쟁의 위험은 심각한 수준으로 발전했다.

회의에서는 핵 보유국의 의무 이행 지연에 대한 핵 비보유국의 질타가 쏟아졌다. 마침내 2000년 회의 최종문서는 핵군축의 실현을 위해 반드시 취해야 할 13개의 구체적이고 실질적인 조치를 명시했다. 특히 최종문서는 5개 핵보유국으로 하여금 NPT 6조에 규정한 비핵화에 이를 수 있도록 각국이 보유한 핵무기를 완전히 제거할 것을 분명하게 약속하도록 했다.

1995년과 2000년 회의를 통해 어렵게 형성된 협력과 타협의 분위기는 이후 급속히 냉각되기 시작했다. 그 원인은 유일한 초강대국인 미국의 근본적 정책 변화에서 비롯됐다. 2001년 출범한 부시 행정부는 미국의 선택의 자유나 재량을 제한하는 다자협력이나 국제법에 대해 근본적인 의구심을 갖고 있었다. 특히 부시 행정부의 대외정책과 안보정책의 이념적 기반을 제공했던 '네오콘'들은 국제기구에 기반한 다자주의를 경멸했고, 필요하다면 일방적인 행동도 주저해서는 안 된다는 입장이었다.

부시 미 행정부의 이런 시각은 NPT에 대해서도 적용됐다. 부시 행정부는 NPT 체제가 미국의 전략적 선택을 지나치게 억제한다고 보았다. 특히 1995년과 2000년 검토회의를 통해 채택된 핵 군축의 원칙과 목적의 상당 부분은 부시 행정부로서는 수용하기 어렵다고 판단했다. 부시 대통령은 취임하자마자 미사일 방어체제의 적극 추진 입장을 발표하고, 이를 위해 미·러 간 탄도미사일방어조약(ABM Treaty)을 폐기하겠다고 천명했다. 이런 입장은 2000년 검토회의에서 채택된 13개 조치와 정면으로 배치되는 것이었다.

2001년의 9·11 테러공격 이후 부시 행정부의 일방주의적 경향은 더욱 강화됐다. 부시 대통령은 불량국가나 테러집단이 대량살상무기를 개발하거나 획득하는 것이야말로 미국의 안보에 대한 최대의 위협이 된다고 보고, 이를 저지하기 위해 선제적 무력사용도 불사하는 부시 독트린을 발표했다. 아울러 미사일방어체제의 구축을 미국 안보정책의 최우선 과제로 삼았다. 이에 따라 ABM 조약은 결국 폐기되고 미·러 간 본격적인 핵군축 협상은 사실상 불가능하게 됐다. 부시 행정부는 NPT에 기반한 비확산체제로는 미국이 당면한 안보위협에 제대로 대처할 수 없다고 보고, 보다 강력한 반테러 정책과 반확산 정책으로 선회했으며, 이런 정책변화는 결국 NPT 체제에 부정적 영향을 미쳤다.

부시 행정부의 정책변화는 2002년의 국가안보전략보고서로 나타났다. 보고서는 다자주의와 국제법보다는 미국의 일방적 행동과 미국 주도의 연대를 통한 문제 해결을 선호하고, ABM 조약의 폐기, START 협상의 중단, 그리고 미국의 자유를 제한하는 다자간 군축조치에 대한 지지 거부 등을 천명했다. 이와 함께 '테러와의 전쟁', 정권교체를 통한 적대세력의 극복 등을 미국의 주요 전략으로 내세웠다.

2005년 검토회의는 미국의 근본적 정책변화로 인해 의제를 둘러싼 논란이 벌어졌다. 미국은 1995년과 2000년의 검토회의에서 채택되었던 합의를 논의의 기초로 수용하기를 거부하고, 대신 이란과 북한의 확산위협에 초점을 맞출 것을 주장했다. 반면 이집트를 비롯한 비동맹국가(NAM)들은 기존의 합의와 공약을 재확인할 것을 요구하며 NPT의 보편성을 강조했다.

그러나 미국은 포괄적 핵실험 금지조약 비준이나 핵물질생산금지조약 협상의 진전, 핵실험 유예, 핵 군축 진전 등 미국의 안보이익을 제약할 수 있는 어떠한 합의나 공약을 받아들일 의사가 전혀 없었다. 그래서 과거와 달리 NPT 검토회의에 참석한 미국 대표단의 직급이 낮았고, 활동도 매우 소극적이고 수동적이었다. 미국은 핵 군축에 관한 NPT의 기존 합의를 존중할 의사도 없었을 뿐만 아니라 협상의 돌파구를 열기 위해 양보를 하거나 리더십을 행사할 의지도 없었다. 반면 원자력의 평화적 이용과 관련해 미국이 선호하는 소수의 국가들을 제외한 다른 국가들의 핵연료주기 개발 권리를 인정하지 않았다. 이는 물론 NPT 제4조에 따른 원자력의 평화적 이용 권리와 배치되는 것이다.

2005년 검토회의가 아무런 성과도 없이 막을 내린 데는 여러 가지 이유가 있겠지만, 이런 미국의 일방적 태도와 무관심이 결정적 요인이었다는 데 거의 이론이 없다. 뿐만 아니라 검토회의 4개월 후 개최된 2005년 9월 유엔 정상회담에서도 미국의 일방주의는 계속됐다. 정상회담 최종문서에서도 미국의 고집으로 핵 비확산과 핵 군축에 대한 언급이 생략된 것이다. 코피 아난 유엔사무총장은 이에 대해 "우리는 금년에 두 번 실패했다. 한 번은 NPT 회의에서 그리고 또 한 번은 바로 지금이다"라고 한탄했다.[6]

NPT가 성립할 수 있었던 가장 큰 협상 요인의 하나는 핵무기를 갖지 않은 나라들이 핵무기를 포기하는 대신, 핵 보유국들은 핵 군축의 의무를 수용한 데 있었다. 그러기 때문에 핵 보유국들이 핵군축의 의무를 이행함으로써 이를 실현하려고 하지 않을 경우, 핵 비확산이 계속 유지되기를 기대하기는 어렵다. 이는 단순히 법적으로 핵 보유국이 조약의 의무를 위배했으므로 핵 비보유국이 조약을 이행할 의무가 면제될 수 있다는 차원을 넘어 핵무기의 존재 그 자체가 핵 확산을 유발하는 가장 큰 동인이라는 전략적 고려에서 기인한다.

핵 비보유국의 입장에서 볼 때 상대국은 핵을 보유하는 반면 자신은 핵이 없는 상황은 전략적으로 결코 바람직하지 않은 만큼 핵을 보유하려는 유혹을 받을 수밖에 없다. 이런 환경에서 핵 비확산의 전망이 결코 밝을 수 없다. 이런 점에서 NPT 체제의 한 축인 '핵군축'이 무너지면 NPT 체제 전체가 무너질 위험에 처하게 되는 것이다.

그럼에도 불구하고 핵군축을 규정한 NPT 6조는 대단히 모호해 조약 어디에도 핵군축의 분명한 시간표나 검증체제, 의무이행체제에 대한 언급이 없다. 그래서 핵 보유국들은 이 조항에서 법적 의무를 부과했다기보다는 궁극적인 목적으로서 비핵화를 설정한 정치적 성격의 규정으로 해석한다. 단순한 선언적 규정으로 여기는 것이다. 그렇더라도 2000년 검토회의에서 채택된 13개의 실제적 조치는 비핵화에 대한 핵 보유국들의 명백한 의무를 확인했다. 그러나 부시 미 행정부는 이 결정의 수용을 거부했다.

또 다른 문제는 NPT 제1조에서 핵무기가 지리상 어디로든 확산될 수 있도록 허용하고 있다는 점이다. 핵 보유국이 핵무기에 대한 관리권을 갖고 있는 한, 핵 보유국으로부터 다른 국가로 핵무기를 이전할 수 있게 한 것이다. 1958년 아일랜드의 아이켄 외무장관이 핵무기 확산

---

6) 백진현, 앞의 책, 54-59쪽.

방지를 주장했을 당시 겨냥했던 것은 핵무기의 지리적 이전에 따른 위험을 관리하기 위한 것이었다. 그럼에도 조약 체결 당시의 전략적 현실을 고려해 핵무기의 지리적 이전 문제는 NPT 규율 대상에서 제외됐다.

비록 핵 보유국이 자국의 핵무기에 대한 통제권을 유지한다고 하더라도 핵무기를 지리적으로 확산할 경우, 이에 위협을 느낄 핵 비보유국은 핵무기를 가져야겠다는 유혹을 더욱 받게 될 수 있다. 여기에다 NPT가 모든 나라들을 대상으로 할 수 있는 보편성을 확보하지 못함에 따라 조약의 실효성이 현저히 감소될 밖에 없다. 인도와 파키스탄, 이스라엘이 NPT에 가입하지 않고 독자적으로 핵개발에 성공할 수 있었던 것은 이런 NPT의 취약점과 한계에서 비롯된다.

미국의 이중적인 핵전략과 정책도 핵 확산을 부채질하는 요인이라 할 수 있다. 미국은 자국이 선호하는 인도와 원자력협정을 체결해 인도의 핵보유를 사실상 인정함으로써 NPT 체제에 큰 타격을 주었다는 비판을 불러일으켰다. NPT에 가입하지 않고 핵개발에 성공할 경우 그 과정에서 많은 어려움을 겪겠지만, 시간의 경과에 따라 궁극적으로 핵보유의 현실이 인정된다면 핵비확산 체제의 정당성과 설득력은 크게 떨어질 수밖에 없다.

다. 핵의 정치화와 핵 대결시대

21세기 세계의 군사적 구도는 9개의 핵무장국과 184개의 비핵국가로 구분된다. 핵무기의 확산과 핵전쟁의 우려를 해소하기 위해 1970년 출범한 핵비확산조약체제는 미국과 영국, 프랑스, 소련, 중국 등 5개 국가의 핵보유를 공식적으로 인정하고, 나머지 국가들은 핵무기 개발을 하지 못하도록 한 불평등한 체제였다. 그래서 핵비확산(NPT)체제가 출범한 이후에도 핵 보유국과 핵 비보유국 사이에는 핵 확산 방지와 핵

확산 시도라는 국제정치적 게임과 이로 인한 갈등이 벌어져왔다. 이런 와중에도 189개국들이 회원국이 돼 NPT체제의 규범을 받아들이고 있으나 이스라엘을 비롯해 인도, 파키스탄, 북한 등이 NPT체제 밖에서 핵무기를 개발함으로써 NPT체제에 대한 도전과 위협이 계속되고 있다.

NPT상의 5개 핵보유국이 조약 6조의 핵군축 의무를 제대로 이행하지 않을 뿐만 아니라 오히려 핵군비 확장에 나섬으로써 NPT체제의 정당성과 설득력을 훼손하고, 나아가 핵전쟁의 위험성을 높여주고 있다. 핵 비보유국의 핵개발에 대해서는 제재를 가하면서 핵보유국의 조약 위반 행위에 대해서는 아무런 조치가 취해지지 않는다. 핵 비보유국의 핵개발에 대한 제재조차도 핵 보유국이 자국의 진영논리나 이해관계에 따라 차별적으로 적용하기 때문에 NPT체제의 설득력이 도전을 받을 수밖에 없게 됐다.

냉전시대에는 미국과 소련이 서로를 파괴할 수 있는 역량을 보유하면서 핵무기를 제한하고, 수많은 협정을 맺어 1986년 7만400개에 달하던 세계 핵탄두 비축량은 2023년 현재 1만2500개까지 줄어들었다. 하지만 핵 군축과 관련한 미국의 조약 탈퇴, 러시아의 우크라이나 침공, 중국의 핵무기 증강 등으로 새로운 핵무기 경쟁시대에 대한 경고가 나온다.

미국은 2002년 당시 조지 W. 부시 대통령이 북한과 이란을 거론하며 탄도 미사일 조약에서 탈퇴했다. 2019년에도 도널드 트럼프 대통령이 러시아와 중국 부상을 이유로 중거리핵전력조약에서 탈퇴했다. '뉴스타트' 조약(신전략무기 감축협정)은 2010년 당시 버락 오바마 대통령이 러시아와 협상한 후 2021년 조 바이든 대통령이 5년간 갱신했다. 이 협정을 통해 미국과 러시아 양측의 '전략적 핵무기(파괴력이 높은 장거리 무기)'가 배치된 탄두 1550개와 대륙간탄도미사일(ICBM), 폭격기,

잠수함발사탄도미사일 700개로 제한했다.7) 뉴스타트 조약은 2026년 2월로 만료될 예정이지만, 2023년 2월 러시아는 '뉴스타트'를 중단했다. 전 세계 핵 비축에 대한 마지막 제약이 사실상 사라진 셈이다.

신기술도 전 세계 핵 긴장을 악화시키고 있다고 <이코노미스트>는 지적했다. 극초음속 미사일은 탄도 미사일보다 탐지나 격추가 더 어렵다. 센서와 정확도 향상으로 기습 공격에 대한 우려가 커졌다는 것이다. 인공 지능(AI)의 확산도 컴퓨터가 핵전쟁을 어디까지 수행할 수 있을지 의문이 제기된다.

미국은 핵무기 3대축인 '트라이어드'의 현대화를 적극 추진하고 있다. 핵 산업 기반을 강화해 미래에 필요할 경우 더 많은 무기를 생산한다는 전략이다. '뉴스타트' 조약이 만료되면 미국은 비축하고 있는 무기를 대륙간 탄도 미사일에 여러 개 배치해야 한다고 주장했다.

2023년 3월만 해도 세계 양대 핵보유국의 핵위험감축센터(NRRC)간 연결망은 미사일과 폭격기 움직임을 알리는 메시지를 서로 주고 받았다. 2011년 발효된 장거리 핵무기 제한을 포함한 '뉴스타트' 조약에 따라 2023년 한해는 2000여 건이 오갔다. 하지만 이제는 탄두 수에 대한 반기별 업데이트도 중단됐다. 2020년 3월 이후 현장 사찰도 없다. 글로벌 핵무기 통제가 힘을 잃은 것이다.

게다가 중국도 핵무기 증강에 가세하고 나섰다. 미 국방부는 2035년까지 중국의 핵탄두 비축량이 약 1500개까지 늘어날 것으로 예상했다. 이는 뉴스타트의 배치 제한에 근접한 수치다.

2023년 4월 19일 <뉴욕타임스>는 "중국이 빠르게 핵무장에 나서고 있다"며 "미 국방부는 (중·러) 양국의 핵무기 보유량이 미국을 크게 능

---

7) '뉴스타트' 조약은 전장에서 사용하는 소형 무기는 통제하지 않고 있다는 결점이 있다. 핵 추진 순항 미사일 어뢰 등이 포함되지 않는다.

가할 것으로 우려한다'고 전했다. 중국은 1964년 첫 핵실험을 했다. 그러나 마오 쩌둥은 "최소 억지" 전략을 강조하면서 냉전시대 핵 경쟁이 돈 낭비라고 강조했고, 시진핑이 등장하기 전까지 중국의 핵 보유량은 억제된 걸로 보인다.

그러나 시진핑 주석은 2022년 10월 전국인민대표회의 연설에서 "강력한 전략 억지시스템 구축"의 필요성을 강조함으로써 이전과 달라진 입장을 보였다. 특히 미·중 갈등이 깊어지면서 강력한 핵 억지력을 가지려는 시 주석의 생각이 굳어졌다고 <뉴욕타임스>는 분석했다. 카네기국제평화재단 선임 연구원 통 자오는 "시진핑이 미·중 경쟁, 나아가 대결 의지가 더 커졌다. 중국의 핵무장이 미국의 힘의 균형 평가에 중요한 변수가 될 것이며, 중국이 (미국과) 대등한 강국이 될 것이라는 현실을 받아들일 수밖에 없을 것"이라고 말했다.

중국과 국경 분쟁 상태인 인도에선 160개 이상 핵탄두 비축량을 늘릴 것이라는 전망이다. 비슷한 숫자의 핵탄두를 보유한 파키스탄도 핵탄두 확보를 늘릴 수 있다. 약 30개 탄두를 보유한 것으로 보이는 북한은 대륙간탄도미사일을 집중적으로 시험하고 있다. 이란은 사실상 임계점에 이른 핵 보유국이 됐다는 평가다.[8]

핵비확산체제는 중대한 기로에 놓였다. 핵비확산체제의 현상유지냐, 강화냐, 핵무기의 완전한 철폐냐의 선택을 근본적으로 고민해야 할 상황에 처한 것이다. 문제는 핵비확산체제의 강화나 핵무기의 완전한 철폐는커녕 현상유지마저 가능하겠느냐는 점이다.

이처럼 핵비확산체제의 현상유지조차 어렵게 된 데는 핵 군축의 의무를 이행하지 않을 뿐만 아니라 오히려 핵군비 경쟁을 가속화하는 핵보유국들의 책임이 크다. 특히 핵강국들이 핵무기 증강 경쟁을 벌이는

---

[8] <한국경제> 2023년 8월 31일치.

수직적 핵확산과 핵 군축의 실종, 그리고 비핵국가에 대한 핵 선제공격 위협, 이중적인 핵정책 등은 비핵국가들의 핵개발, 즉 수평적 핵확산을 부추기는 결과를 초래했다. 북한에 이어 이란이 10번째 핵보유국이 될 수도 있다. 그럴 경우 11번째 핵보유국이 나오지 않는다는 보장이 없다.

NPT 회원국이 아닌 인도는 1974년 5월 핵실험을 감행함으로써 핵무장 능력이 있음을 내외에 과시했다. 인도는 1950년대와 1960년대에 미국과 캐나다로부터 기술지원을 받아 연구용 원자로를 건설했으며, 플루토늄 추출시설을 세웠다. 1962년 중국과의 국경분쟁에서 패배한 뒤 핵무기를 갖겠다는 의지가 확고해졌으며, 1974년 드디어 핵폭발 실험을 하기에 이른 것이다.

그럼에도 불구하고 인도는 평화적 핵폭발 실험을 했다고 주장했다. 미국·캐나다와 체결한 원자력협정을 위반한 것이 아니라는 것이다. 이에 대응해 캐나다는 모든 원자력 상업계약을 취소했으며, 미국은 1963년도에 판매한 타라푸스 핵발전 원자로에 대한 통제를 강화했다. 1980년대 들어 인도는 파키스탄이 핵능력을 보유함에 따라 핵위협이 파키스탄으로부터 온다고 주장하며 핵개발을 서두른 것으로 보인다. 인도는 1998년 5월 6차례나 핵실험을 강행했다. 2008년에 이르러 인도의 핵보유 수는 100여기 내외로 추정됐다. NPT 회원국이 아닌 인도는 모든 핵시설에 대해서도 IAEA의 안전조치를 취하지 않고 있다.

인도는 핵실험금지조약이 성안된 1996년까지 기존의 핵보유국 5개국이 시한이 설정된 전면 핵폐기에 찬성하지 않을 경우, 핵실험금지조약에 가입하지 않겠다고 완강한 입장을 보이며 1998년 연쇄적인 핵실험을 감행했다. 그럼에도 미국은 2007년 인도와 원자력협정을 체결했다. NPT를 위반하고 핵을 보유한 인도에게 미국이 원자력 기술을 제공하는 것에 대한 세계적인 비난 여론이 일어났다. 국제적인 비확산 규범을 위반한 다른 국가들에 대해 일반적으로 제재를 가해왔던 미국이 인도에 대해서만 유독 인센티브를 제공하는 것 아니냐며 미국의 차별적 대우에 대한 비난이었다.

파키스탄은 1971년 인도·파키스탄 전쟁에서 패배한 후 1972년 핵무기 개발계획을 수립했다. 1974년 인도의 핵실험에 자극을 받아 핵무기 개발을 서둘렀다. 마침내 1994년 8월 전 파키스탄 수상 나와츠샤리프가 파키스탄의 핵무기 보유를 선언했다.

이스라엘은 주변의 중동국가들로부터 오는 생존상의 위협을 억제하고 대응한다는 명분을 내걸고 핵무기 개발을 시작했다. 그 계기는 1956년 수에즈 운하 위기 발생이었다. 미국의 반대에 부딪쳐 이스라엘은 프랑스로부터 비밀리에 지원을 받아 핵개발을 추진했다. 이스라엘은 사실상 핵보유국으로 간주되고 있다.

핵 강대국들은 핵 과점을 지키기 위해 비핵국가들의 핵 개발을 통제하면서도 상대 진영에 대한 대결적 우위를 지키기 위해 자기 동맹국들의 핵 개발을 지원하는 이중정책을 폈다. 특히 미국은 1950년대 원자력 수출 장려 정책으로 핵 확산을 조장하는 역할을 했다. 많은 국가들이 미국으로부터 원자로를 도입하고 핵 연료 및 기술을 지원받았다.

미국은 1870년대 중반 이란의 핵 개발을 적극 지원했다. <워싱턴포스트>는 2005년 3월 27일 만약 호메이니 혁명과 테헤란 미국 대사관 인질사건으로 미국과 이란의 핵 협력이 중단되지 않았다면, 이란은 미국 행정부가 지원한 미국산 핵 설비를 통해 핵무기 제조에 필요한 플루토늄과 고농축 우라늄을 대량 확보할 수 있었을 것이라고 보도했다. 이란의 핵개발을 비판한 헨리 키신저 전 미국 장관은 왜 30년 전과 현재의 생각이 달라졌느냐는 질문에 "당시는 (이란이) 동맹이었고, 상업적 거래였다"고 말했다는 신문의 보도다. 이란 모호센 아민자테 외무차관도 "이란의 에너지 상황은 달라지지 않았는데 미국이 이슬람 정권의 핵 개발만 비난하는 것은 친미정권은 핵을 가져도 되고, 미국과 관계가 나쁜 정부는 핵을 가질 수 없다는 논리일 뿐"이라고 비판했다.9)

2. 북한 핵문제의 등장과 핵 패권주의

가. 북한 핵문제의 등장 요인과 전개

핵폭탄을 보유해야겠다는 북한의 집념은 아시아 태평양 전쟁 시기 항일 유격대의 일원으로서 소련군 88여단의 대대장이었던 김일성이 갖게 된 지정학적 인식에 근원이 있다. 직접적인 원인은 한반도 전쟁 때 핵무기를 사용하려고 했던 미국의 위협에서 비롯된다. 1951년 초 미국은 핵무기를 투하할 뻔했다. 트루먼 미국 대통령이 맥아더 사령관을 해임한 바로 그 때였다.

1951년 3월 10일 맥아더는 한반도에서 미 공군의 우위를 유지하기 위해 "공격 개시일의 핵무기 재량권(D'day atomic capability)"을 요청했다. 소련이 한반도 인근으로 공군 사단을 이동시키고 만주의 공군기지에 폭격기를 배치할 준비가 된 것 같다는 정보가 미 정보부에서 흘러나온 뒤였다. 중국이 한반도 국경에 거대한 병력을 새로 집결시킨 때였다.

1951년 4월 5일 미 합동참모본부는 새로운 병력이 대규모로 전투에 투입되거나 만주 기지에서 폭격기들이 발진해 미국 자산을 파괴하려고 할 경우, 그곳에 즉시 핵폭탄을 투하해 보복하라고 명령했다. 같은 날

---

9) <한겨레신문> 2005년 3월 29일치.

미 원자력위원회 의장 고든 딘은 마크4의 탄두 캡슐 9개를 핵무기 수송부대로 지정된 공군 제9폭격대로 옮길 준비를 시작했다. 다음 날인 6일 합동참모본부 의장 오마 브래들리 장군은 마크4를 "원자력위원회에서 군대로" 이관해도 좋다는 트루먼 대통령의 승인을 받았고, 대통령은 중국과 북한의 표적에 핵폭탄을 사용하는 명령서에 서명했다. 제9폭격대는 괌에 배치됐다.

그러나 "맥아더 장군의 해임에 따른 혼란 속에서" 그 명령은 전달되지 않았다. 트루먼은 4월 11일 맥아더 해임을 발표한 것이다. 그래서 핵폭탄은 투하되지 않았다.

1951년 6월 미 합동참모본부는 전술작전 지역의 핵무기 사용을 다시 숙고했다. 전쟁이 1953년까지 지속되면서 핵무기 사용 제안은 여러 차례 더 있었다. 가장 위협적이었던 것은 허드슨 하버 작전(operation Hudson Harbor)이었다.

이 작전은 전장에서 핵무기 사용 역량을 확증하려는 것이었다. 목적 달성을 위해 1951년 9월과 10월 오키나와에서 B-29 폭격기가 발진해 가상의 핵폭격 비행으로 북한 상공을 날면서 '가짜' 핵폭탄이나 TNT 증폭탄을 투하했다. 평양의 지도자들은 불과 6년 전에 히로시마, 나가사키를 폐허로 만든 B-29 폭격기의 공격 비행 연습을 지켜보면서 심장이 떨렸을 것이다. 그 폭탄이 진짜인지 가짜인지 매번 확인할 수 없었기 때문이다.[10]

미국 정부는 전쟁을 끝내기 위해 정전협정 전후에 북한과 중국에 대해 대량보복 위협을 구사했다. 정전협정의 유엔군쪽 대표인 클라크 장군은 1953년 5월 22일 "공산측이 마지막 제안을 거부하고 건설적인 제

---

10) 브루스커밍스 지음, 조행복 옮김, 『브루스커밍스의 한국전쟁』, 현실문화연구 (2017), 222-225쪽.

안을 내놓지 않는다면 나는 정전협상을 중단하고 한반도에서 전혀 시도된 적이 없는 새로운 방식으로 전쟁을 수행할 권한을 부여받았다"고 말했다. 미국 정부는 필요한 경우 중국에 대한 위협을 신속하게 행동으로 옮길 수 있다는 의지를 밝힌 것이다. 의지는 1953년 봄 핵탄두를 탑재한 미사일을 오키나와에 배치하는 것으로 나타났다.

핵전쟁을 불러일으킬 수 있다는 미국의 대량보복 위협으로 인해 정전협정 체결이 촉진된 것은 분명해 보인다. 정전협정 체결 후 1954년 4월 제네바 회의에 참석한 덜레스 미 국무장관은 공산주의자들이 빨리 전쟁을 끝내지 않으면 만주의 기반을 위협할 전쟁으로 확대될 수도 있다는 인식을 하고 나서야 비로소 정전이 가능했다고 회상했다. 아이젠하워 대통령도 정전협정이 체결될 수 있었던 원인이 무엇이냐는 질문에 대해 핵전쟁의 위협이라고 공개적으로 밝혔다.[11]

이처럼 미국의 대량보복 핵전략이 탄생한 데는 한반도 전쟁이 직접적이고 막대한 기여를 한 것이다. 대량보복전략의 골자는 한반도 전쟁에서와 같이 공산주의의 군사적 모험을 국지적인 재래식 전력으로 대처하는 데 멈추지 않고, 공산주의 종주국들에 대해 즉각적으로 또한 대량으로 보복할 수 있는 능력을 갖춤으로써 대응하겠다는 것이다. 미국의 대량보복 핵전략의 탄생 배경은 다음 세 가지로 요약할 수 있다.

첫째, 미국이 한반도 전쟁에서 겪은 뼈아픈 경험의 산물이다. 전쟁에서 값비싼 희생을 치른 미국은 전쟁을 가급적 빨리 끝내길 원했다. 그럼에도 공산권을 봉쇄하기 위해서는 미국의 힘을 투사할 수단이 필요했다. 그 수단의 대안이 바로 대량보복전략이었다. 지상전에 개입해 엄청난 희생을 치르는 대신 공산주의의 심장부를 직접 전략핵무기로 공

---

11) 전성훈, 「미국의 핵전략 변화와 함의」, 『핵비확산체제의 위기와 한국』, 오름 (2010년), 221-222쪽.

격하겠다고 위협함으로써 공산주의자들의 군사적 모험주의를 사전에 차단하겠다는 것이다.

둘째, 적정한 억지력을 유지하는 데 따른 '비용 절감 효과'의 경제적 측면이다. 아이젠하워 정부는 세금을 줄이고 예산의 균형을 잡으면서 가급적 국방비를 줄이려고 했다. 이런 목표는 한반도 전쟁을 치를 수 있을 만큼 많은 예산의 수준으로 재래식 전력을 유지하는 한, 달성할 수 없다. 미국은 재래식 전력의 비용을 핵무기에 투입하면 더 큰 파괴력을 갖게 된다는 것을 깨달은 것이다.

셋째, 핵무기와 운반수단의 제조기술이 발달함에 따라 전쟁수행 방법도 변화될 것이라는 고려다. 다양한 규모의 핵무기를 융통성 있게 활용함으로써 대규모의 재래식 전쟁을 피할 수 있다는 기대를 한 것이다. 대량보복전략은 미국이 핵무기를 사용하지 않는 전쟁은 하지 않겠다는 독트린이다. 동맹국들은 주로 병력을 제공하는 대신 미국은 핵무기를 통해 자유세계를 지키는 데 기여하겠다는 선언이다.[12] 전면핵전쟁이 아니면 굴복이라는 양극단의 선택을 강요한 대량보복전략이 선언된 것은 1954년 1월이다.

한국의 국방정책도 미국의 새로운 핵전략에 따라 큰 영향을 받았다. 아이젠하워 정부는 한국의 안보도 한국의 지상군인 육군과 미군의 핵무장 공군력으로 담당하도록 했다. 미국의 대량보복전략으로 한국군의 전력 구조가 육군에 중점적인 비중을 두는 육군 중심의 불균형한 구조로 진행됐다.

한반도 전쟁 당시 미국의 핵무기 사용을 두려워했던 북한은 휴전 직후인 1954년 인민군 내에 핵무기 방어 부문을 설치했다. 1962년에는 영변에 원자력연구소를 설립하고, 김일성대학과 김책공대에 핵 연구

---

12) 전성훈, 앞의 책, 220-221쪽.

분야를 새로 만들었다. 북핵 문제는 이처럼 히로시마와 나가사키 핵폭격, 1949년 소련의 핵실험, 한반도 전쟁 기간 중 미국의 핵 위협, 그리고 중국의 핵실험 등 동북아 핵 지정학의 연속성 맥락과 관련된다.

북한은 1970년대부터 남북 간의 정전상태를 끝내고 평화정착과 함께 미국과의 정치·경제적 정상화로 체제를 유지하려는 전략을 시도했다. 이런 북한의 전략은 1974년 3월 미국에 대한 평화협정 체결 제의로 시작됐다. 당시 남북 간의 국력 면에서 남쪽이 우세해지고, 북한의 경제 및 개방 시도가 중동의 석유 파동 등의 이유 때문에 어려워진 때였다. 미국과 중국, 일본은 서로 전략적 협력관계로 사이가 좋은 시기였다. 그럼에도 미국의 반응은 냉담했다. 소련에 대한 미국의 냉전 전초기지인 한반도의 지정학적 이유 때문이었다.

냉전 종식 후 한국과 소련의 수교에 이은 1992년의 한·중 수교로 북한은 국제적 고립에 빠졌다. 북한은 미국과의 관계 정상화를 위해 매우 적극적으로 나섰다. 김일성이 심지어는 "미국이 필요하다면 한반도 통일 뒤 진해만을 쿠바의 관타나모 기지처럼 미 해군의 잠수함 기지로 조차해 줄 수도 있다"고 말할 정도였다. 북한이 중국 덩샤오핑의 권고로 1992년 남북기본합의서로 상징되는 남북관계 개선에 적극 나선 것도 북·미 관계 개선을 위해 미국의 관심을 끌려는 북한의 전략적 의도였다. 그럼에도 미국은 요지부동으로 관심을 보이지 않았다.[13]

김정일의 등장과 함께 핵 개발을 매개로 한 북한의 '벼랑끝 전술'이 시작됐다. 그는 미국의 이해관계보다 미국이 가장 싫어하는 핵무기 개발 카드를 꺼내 '공포의 핵 도미노' 현상을 미끼로 미국을 협상 테이블로 끌어들이려 했다. 핵 개발 위협으로 미국과의 관계 정상화를 이루자

---

13) 오진용, 「북핵에 대해 중·러는 더 이상 북한을 돕기는 어려울 것이다」, 『북한』, 2003년 4월호, 86-88쪽.

는 의도였다.

그러나 미국은 강경했다. 1993년 1차 북한 핵 위기가 터지자 중국은 북한과 미국의 군사적 충돌 가능성을 우려했다. 지정학적 차원에서 중국은 사태를 방관할 수 없었다. 중국은 쉬신(徐信) 부참모장을 북한에 두 번씩이나 보내 북한을 설득했으나 북한 군부가 듣지 않았다. 마침내 북한의 영변 핵기지를 폭파하겠다는 미국의 최후 통첩이 나왔다. 미국은 북핵 개발의 주요 시설을 크루즈 미사일로 선제타격을 하려고 했다.

사태는 심각하게 돌아갔다. 김영삼 전 대통령은 회고록에서 1994년 6월 16일 청와대 안보수석으로부터 레이니 주한 미 대사가 기자회견을 할 예정이라는 보고를 받았다고 밝혔다. 회견 내용은 "회견 직후 주한 미군 가족과 민간인 및 대사관 가족을 서울에서 철수시킨다"는 것이었다. 이에 김 전 대통령은 레이니 대사에게 미국의 북폭을 반대한다며 "한국군은 단 한 명도 절대 동원하지 않겠다"고 경고했다는 것이다. 다행히도 6월 17일 북한을 방문한 카터 전 미국 대통령의 중재가 이루어져 전쟁 위기를 모면할 수 있었다.

이후 북한과 미국의 제네바 협상이 성공적으로 진행돼 1994년 10월 21일 북한과 미국의 제네바 합의가 이루어졌다. 제네바 기본합의의 핵심 내용은 미국이 북한의 안전을 보장하고 경수로 건설과 대체에너지인 중유 제공 등 경제적 지원을 하며, 북한과의 외교관계를 정상화한다는 것이었다. 합의에서 미국은 북한에 대한 핵무기 위협과 사용을 하지 않겠다는 공식적인 보장을 해주기로 했으며, 북한이 기존에 갖고 있던 흑연감속로를 대체하는 2기의 경수로를 제공하는 문제를 주선해 주기로 했다. 또한 핵 프로그램 동결로 인한 에너지 부족을 보충하기 위해 연간 50만 톤의 중유를 북한에 공급해 주기로 합의했다. 이에 대해 북한은 핵 활동을 전면 동결하고, 기존 핵 시설을 궁극적으로 해체하는 것이었다.

북한과 미국의 '제네바 기본합의'로 제1차 북한 핵위기는 수습 단계로 접어들었다. 합의 이행을 위한 한반도에너지기구(KEDO)가 가동됐다. 문제는 북미 제네바 합의가 한반도의 평화를 진정으로 염두에 두고, 북·미 관계의 발전을 위한 의지와 진정성을 바탕으로 한 것이었느냐는 점이다.

나. 북한 붕괴론과 제네바 합의 파탄

북한 핵 문제의 해결이 아닌 악화의 가장 큰 요인의 하나가 "북한은 망할 것이다"라는 '북한 붕괴론'이다. '북한 붕괴론'은 북핵 문제를 협상이 아닌 북한 급변사태 등 다른 강압적인 방법으로 해결하려는 것으로, 이에 위협을 느끼게 될 북한이 핵무기체계의 완성을 추구하도록 추동하는 요인이 될 것이기 때문이다. 제네바 합의 이행의 전망을 어둡게 하는 '북한 붕괴론'의 징조가 제네바 합의가 이루어진 지 사흘 후 나타났다. 10월 24일 미국이 '제네바 합의'에 동의한 것은 '북한 붕괴론'에 대한 확신 때문이라는 미국 <워싱턴포스트> 보도가 나온 것이다.

1990년대 중반 북한에서 시작된 '고난의 행군'은 '북한 붕괴론'의 배경이 됐다. 당시 북한은 김일성 주석 사망, 식량 위기, 경제공황 등 건국 이래 최대의 시련기이자 위기에 놓여 있었다. 미국은 이런 상황을 염두에 두고 애초부터 합의사항의 완전한 이행과 그 이후의 결과를 상정하지 않았다는 것으로 풀이되는 <워싱턴포스트>의 분석이다. 합의가 깨지고 말 것이라는 생각이었다면 합의를 이행하겠다는 의지와 진정성이 있을 리가 없다.

한국에서는 국가안전기획부가 '북한 붕괴론'의 제기와 전개과정에서 중심적인 주체의 역할을 했다. 안기부는 국가정보를 정치 논리로 둔갑시켜 '북한 붕괴론'을 조장했다. '북한 붕괴론'은 북한 김일성 주석의 사망을 계기로 본격적으로 등장했다.

북한의 김일성 주석이 사망한 지 한 달여가 지난 1994년 8월 9일이었다. 이날 북한 평양 대동강 남쪽 외교단지에 "김일성 타도하자"는 전단이 발견됐다는 외신 보도가 나왔다. 전단을 누가 뿌렸는지 사실을 확인하기 전까지는 북한 내에서 조직적 저항이 시작됐다고 볼 수 없다는 게 전문가들의 의견이었다. 그럼에도 청와대 수석비서관회의에서 전단 사건과 관련된 국가안전기획부의 보고를 받은 박관용 비서실장은 "드디어 시작됐구만"하며 반색을 했다. 김일성 주석 사망 이전에는 "미국이 북한을 폭격하거나 다른 수단으로 망하게 할 것", 사망 이후에는 "저절로 망할 것"이라는 '북한 붕괴론'은 전단 사건을 계기로 확산됐다.

이후 김영삼 대통령은 여러 자리에서 "통일은 새벽처럼 온다", "북한은 길어야 3년"이라는 말을 장마철의 소나기처럼 쏟아냈다. '멀지 않아 망할 북한'과의 교류는 김영삼 정부의 임기가 끝날 때까지 중단됐다. 제1차 '북한 붕괴론' 시기였다. 그러나 '북한 붕괴론'은 현실로 나타나지 않았다.

김정일 권력 체계가 '고난의 행군'으로 결속과 안정을 유지해나가자 미국의 '네오콘(신보수주의자)'을 비롯한 강경파 세력이 제네바 기본합의를 재검토해야 한다고 주장하고 나섰다. 제네바 합의의 판을 깨려는 움직임이 나타났다. 1998년 상반기 미국은 북한을 겨냥한 핵전쟁 훈련을 실시했다. 미국이 북한에 대해 핵무기 위협과 사용을 하지 않겠다는 약속을 해놓고 북한을 대상으로 핵공격 훈련을 실시한 것은 제네바 약속의 위반이었다.

이 해 8월 17일 미국 <뉴욕타임스>가 북한 금창리 지하시설 핵개발 의혹을 제기하는 보도를 함으로써 파문을 일으켰다. 미국은 북한의 핵개발 의혹 제기와 함께 금창리 현장 조사를 요구했다. 북한은 "금창리

지하시설은 '민간 경제시설'로 미국의 의혹 제기는 허구"라며 미국의 요구를 강력하게 비판했다. 파문과 논란 끝에 1999년 3월 15일 북한이 미국의 현장 조사를 허용하는 대신 미국은 북한에 경제지원을 한다는 조건으로 타결이 이루어졌다.

미국은 페리 대북정책조정관을 북한에 파견하는 등 2000년 5월 두 차례 금창리 현장 조사를 실시했으나 의혹 시설은 발견하지 못하고 텅 빈 동굴만 확인했을 뿐이었다. 미국은 합의대로 북한에게 곡물 10만톤과 세계식량계획을 통한 50만톤 가량의 식량을 제공했다. 북한은 미국의 식량 지원에 대한 대가로 미군 유해를 상환하고, 미사일 발사를 유예했다. 이처럼 우여곡절을 겪으면서도 제네바 합의가 유지됐으나 2001년 부시 행정부가 들어선 이후 상황이 달라졌다. 미국의 대북정책이 강경기조로 바뀌면서 제2차 '북한 핵위기'가 잉태되기 시작했다.

부시 미 행정부가 북한에 대한 강경기조의 정책을 펴기 시작한 계기는 2001년 터진 '9·11 테러 사건'이었다. 이슬람 원리주의 테러조직 알카에다가 2001년 9월 11일 미국에서 자행한 테러는 미국의 중동정책뿐만 아니라 한반도 정세에도 형용할 수 없는 복잡한 영향을 끼쳤다. 특히 '북한 핵 문제'가 부정적인 영향을 받았다.

테러 사건이 터지자 부시 미국 대통령은 '테러와의 전쟁'을 선포했다. 사건이 터진 지 이틀 뒤인 9월 13일 북한 외무성 대변인은 "유엔 회원국으로서 모든 형태의 테러, 테러에 대한 어떤 지원도 반대하며, 이런 입장은 변하지 않을 것"이라고 강조하는 입장을 밝혔다. 이어 외무성 대변인은 11월 3일 "'테러 자금 조달 억제를 위한 국제협약과 '인질 억류 방지를 위한 국제협약'에 가입하기로 결정했다"고 선언했다.

그럼에도 '제네바 기본합의'에 부정적 인식을 갖고 있던 부시 행정부는 제네바 기본합의 재검토와 이를 대체할 구상에 들어갔다. 구상은 북한에 대한 강경한 자세로 나타났다. 부시 행정부는 2002년 1월 8일 북한을 중국과 함께 핵 선제공격의 대상으로 포함시킨 '핵태세 검토 보고서'를 내놓았다. 선제공격 대상으로 북한이 제1순위였다.14)

이어 2002년 1월 19일 부시 미국 대통령은 의회 연두교서에서 북한과 이란, 이라크 등 세 나라를 '악의 축'으로 규정했다. 북한을 '3대 주적'의 하나이면서 "선제공격으로 정권 교체를 해야할 대상"으로 지목했다. 미국의 강경세력 '네오콘'인 존 볼턴은 2002년 5월 연설에서 "'악의 축' 세 나라 가운데 첫 군사 목표는 이라크, 그 다음은 북한, 세 번째가 이란"이라고 예고했다. 이는 북한과 외교관계를 정상화하기로 한 '제네바 기본합의'의 정신과 취지에 배치되는 것이었다.

마침내 '제네바 합의'를 파탄시킨 '2002년 제2차 북한 핵위기'가 터졌다. 위기는 이 해 10월 2-5일 북한을 방문한 미국의 켈리 특사가 근거도 명확하게 제시하지 않은 채 북한의 우라늄 핵 개발 의혹을 제기한 데서 비롯됐다. 미 국무부 동아시아태평양 차관보 켈리 특사가 새로 임명돼 북한을 방문한 후 10월 17일 "북한이 다시 핵무기 개발을 하고 있다는 사실을 시인했다"고 발언한 것을 미국 정부가 공식 발표함으로써 위기가 촉발된 것이다.

켈리 특사는 10월 3일 북한에서 김계관 부상을 만나 "북한의 고농축 우라늄에 대한 확실한 증거가 있다"며 "계획의 폐기가 대화의 전제조건"이라고 통보했다. 이에 대해 김 부상은 "그런 계획은 없다"고 즉석에서 부인했다. 다음 날 강석주 외무성 제1부장이 "미국이 우리를 '악의 축'이라며 선제공격을 하겠다고 위협하는 마당에 우리도 국가 안보를 위한 억제력으로 핵무기는 물론 그보다 더 강력한 것도 가질 수밖에

---

14) 박선원, 「북핵 위기 해결을 위한 신정부의 전략」, 『국가전략』 제9권 1호 (2003년), 8-9쪽.

없지 않느냐'고 말했다고 켈리 특사는 문제의 발언을 한·일 정부에 설명했다.

한·일 정부는 강석주의 발언이 북한의 고농축 우라늄 계획을 인정한 것이라고 단정하기엔 모호하다고 판단해 '강석주-켈리' 대화록 사본 공유를 요청했다. 그러나 미국은 이 요청을 거부했다. 또한 "미국이 적대시 정책을 버리면 미국의 안보 관심사의 해결이 가능하다", "최고위층과의 회담을 통해 일관타결을 희망한다"는 강석주의 제안도 외면했다.

북한은 핵무기 개발 사실을 부인하며, 강석주가 "보유할 자격이 있다"고 가정적인 상황에서의 핵무기 보유 관련 발언을 "보유했다"라고 확정적인 단어로 오해한 것이라고 주장했다. 강석주의 발언은 "북한이 주권국가임을 강조함과 동시에 핵무기와 그 이상도 가질 권리가 있다"는 주장이었다는 것이다. 10월 25일 북한 외무성은 담화를 통해 "미국 특사는 아무런 근거 자료도 없이 우리가 핵무기 제조를 목적으로 농축우라늄 계획을 추진해 조·미 기본합의문을 위반하고 있다고 걸고 들었다"며 "북미 정상화에 대한 기대를 갖고 미국의 특사를 받아들였는데 미국 특사의 일방적이고 오만한 태도에 크게 실망했다"고 미국을 비난했다.

부시 행정부는 2002년 11월 13일 백악관 국가안보회의에서 '제네바 기본합의'에 따른 미국의 핵심의무 사항인 대북 중유 제공의 중단을 결정했다. 이어 다음 날 한반도에너지개발기구 집행이사회에서 한·일 정부를 윽박질러 이 해 12월부터 대북 중유 공급을 중단하기로 공식 결정했다. 이에 '네오콘' 볼턴은 "해냈습니다. 신이시여 고맙습니다"라고 외쳤다고 그의 회고록에서 술회했다.15)

'제네바 기본합의'가 파기되자 북한은 합의에 따라 8년간 유지한 영

---

15) <한겨레신문> 2022년 7월 25일치.

변 핵시설의 동결조치에 대한 원상회복에 나섰다. 핵 동결 해제 및 핵시설 재가동 선언(12월 12일), 핵관련 시설의 봉인 제거, 국제원자력기구 사찰관 추방, 핵확산금지조약(NPT) 탈퇴 선언(2003년 1월 10일)이 이어졌다. '2002년 북한 핵위기'가 점차 악화됐다. 위기는 남북 및 북일 간 정상회담을 계기로 한 남북 간 교류협력의 활성화와 북·일 간 관계 정상화 움직임에 쐐기를 박으려는 미국의 의도에서 비롯된 것이라는 분석이 나왔다.

북·미 제네바 합의가 파기된 뒤 지미 카터 전 미국 대통령은 2003년 9월 1일자 <유에스 에이 투데이(USA Today)> 특별기고에서 북·미 양쪽의 책임을 거론하며 "직접 대화 거부, 선제공격과 핵무기 선제사용 위협, 북한 선박 나포, 북을 겨냥한 탄도미사일 알래스카 배치, 북한에 대한 미국의 '악의 축' 규정 등과 같은 미국의 대북 적대시 정책 때문에 북한이 핵 개발을 선택하도록 만들었다"고 '미국 책임론'을 지적했다. 제임스 레이니 전 주한 미국 대사와 제이슨 샤플린 전 한반도에너지기구(KEDO) 고문은 이 해 9월 2일자 공동기고에서 "미국 강경파가 대북 고립정책으로 북한의 핵 개발 강행을 오히려 부추기고 있다"고 우려했다. 이런 우려는 '제2차 북핵 위기'를 수습한 2005년 9·19 공동성명을 파탄 낸 미국의 근거없는 '북한의 위조 달러 유포' 의혹 제기와 대북 금융제재에 반발한 북한의 2006년 10월 제1차 핵실험으로 현실화됐다.

다. 미국의 적대시 정책과 6자회담의 실종

미국의 북한에 대한 적대시 정책과 북한 핵 위기의 전략적 근원은 1990년 4월 미국 부시 행정부가 발표한 '동아시아 전략 구상(ESAI 1)'이다. 구상은 "동북아에서 미국의 전략적 이익 8개항"에서 "역내 헤게모니 국가의 출현을 막을 힘의 균형 유지, 핵 확산 억자" 등의 목표가 적시돼 있다. 구상은 이후 △ 중국 견제, △ 1차 북핵 위기, △ 북·미, 북·일 관계 정상화 거부·차단 등으로 구체화됐다.

미국의 북한 핵 개발 의혹 제기로 북한 핵 문제가 터진 뒤 북한은 미국과의 관계 개선의 물꼬를 트기 위해 적극적으로 나섰다. 1992년 1월 뉴욕 주유엔 미국 대표부에서 김용순 비서와 아널드 캔터 미 정무차관의 만남은 1948년 이후 사상 첫 북·미 회담이었다. 북한은 매우 적극적이었다. 회담에서 김용순 특사는 '평화유지군으로서 미군의 한반도 주둔 용인(요청)'을 거론했다.

그러나 소련과의 냉전 승리에 도취한 미국은 북한이 '친미하고 싶다'고 내민 손을 맞잡을 생각이 전혀 없었다. 협상을 하지 말라는 지침을 받은 캔터는 김용순에게 "핵사찰을 받든가, 더 심한 고립과 경제적 붕괴의 길을 걷든가 양자 택일의 선택지 밖에 없다고 거듭 강조했다"고 당시 미 국무장관 제임스 베이커는 그의 회고록에서 밝혔다. 김용순은 핵사찰과 관련한 북한의 방침과 '실천'을 설명하며 다시 고위급 접촉을 하자고 여러 차례 요청했다. 캔터의 반응이 시원치 않자 '1차 북핵 위기'가 비등점으로 치닫던 1993년 2월 3일 국제회의 참석을 명분으로 김용순은 워싱턴을 방문하려는 '마지막 시도'를 했으나 미 행정부는 비자 발급을 거부했다. 이런 미국 쪽 '냉대'의 결과는 이 해 3월 12일 북한의 핵비확산금지조약(NPT) 탈퇴 성명 발표로 나타났다. 소련이라는 '적'이 사라진 동북아의 패권 유지에 '새로운 가상의 적'이 필요한 미국이 선택한 결과였다.16)

냉전 종식 후 조정기를 거친 미국은 1996년 미일동맹 강화 이후 새로운 '적'을 상정한 패권전략을 가다듬었다. 클린턴 미 행정부가 추구

---

16) <한겨레신문> 2021년 6월 29일치.

한 1993년 '전면적 검토'의 핵심은 대외적 '위험'을 발견해 미군의 개입 태세를 확립하는 것이었다. 1996년 2월에 발표된 '개입과 확산의 국가 안보 전략'에서 미국은 마침내 소련의 자리에 북한을 비롯한 '깡패국가(rouge state)'들을 내세웠다.

미국의 북한에 대한 적대시 정책은 2001년 들어선 부시 행정부에서 본격화됐다. 9·11 테러 직후인 9월 30일 미 국방부는 '4개년 국방검토 보고서'에서 적대국의 정권교체와 전략목표가 달성될 때까지 외국의 영토를 점령할 수 있다고 발표했다. 미국의 일방주의 전략이다. 특히 2002년 1월 9일 미국 국방부가 제출한 '핵 태세 검토 보고서'는 핵무기 확산과 핵전쟁의 위험성이 매우 우려되는 충격적인 내용이었다. 이에 대해 미국의 독선적이고 패권주의적인 대외정책의 반영이라는 비판이 제기됐고, 미국 내에서도 한반도의 핵 전장화를 우려하는 여론이 대두됐다.17)

보고서의 문제점은 첫째, 핵무기를 전쟁의 억지가 아니라 수단으로 바꾸고 있다는 점이다. 전략핵무기보다 사용이 용이한 신형 전술핵무기를 개발하겠다는 것은 핵무기 사용 가능성을 높일 뿐만 아니라 핵 보유국은 물론 핵을 갖고자 하는 나라들의 새로운 군비경쟁을 일으킬 우려가 높다. 둘째, 핵무기를 보유한 나라가 비핵국가에 대한 핵 선제공격을 고려하고 있다는 점이다. 핵무기 사용 대상국으로 지목한 북한 등 7개국 가운데 중국과 러시아를 제외하고는 모두 비핵국가이다. 셋째, 미국 스스로 금지하고 있는 핵 실험 재개의 필요성을 제기함으로써 핵 확산을 부추길 수 있다는 점이다. 2002년 3월 12일 <뉴욕타임스>와 13일 <워싱턴 포스트>는 사설에서 미국이야말로 위험한 '핵 불량배 국

---

17) 김태효, 「핵 태세 검토 보고서와 세계의 전략」, 『국제문제』 제33권 제8호 통권 384호(2002년 8월), 66쪽.

가로 낙인찍힐 것이라고 비판했다. 미국이 북한이나 이란 등에게 핵무기를 포기하라고 요구할 명분이 없다는 것이다.

2002년 1월 29일 부시 대통령은 미국을 위협하는 '악의 축' 국가들을 포함해 잠재적 적대국가에 대해 군사력을 동원해 공격할 수 있다는 합법성을 강조했다. 이 해 9월 17일 부시 행정부는 미국이 필요하다고 판단할 경우 선제공격할 수 있다는 국가안보전략보고서를 발표했다. '부시 독트린'이라고 불리는 이 전략은 억제와 봉쇄에 초점을 둔 기존의 전략과는 근본적으로 다른 것으로, 네오콘 울포위츠의 구상이 반영된 것이었다. 일방주의적 선제공격 전략인 '부시 독트린'은 전 세계의 논란과 비난을 불러일으켰다. 이 전략에 따라 2003년 미국의 이라크 침공이 진행됐다.

대북 적대시 전략인 '부시 독트린'은 제2차 북핵 위기를 악화시키는 직접적인 계기로 발동됐다. '악의 축'에 대한 '선제공격론'이라는 대북 적대적 인식은 북한에 대한 징벌적 조치로 나타났다. 북한은 "만약 여의치 않으면 핵무기를 개발할 수도 있다"고 으름장을 놓았다. 제2차 북핵 위기가 부시 행정부의 일방적인 대북 적대적 조치로 주도됨으로써 북한과 미국의 대립·갈등이 격화될 수밖에 없었다.

제2차 북핵 위기에서 중국은 제1차 위기 때보다 적극적으로 개입했다. 북한의 핵 개발 위협이 단순한 협상 카드가 아니라 체제의 안전 보장을 위한 군사적 수단으로 발전시키겠다는 북한의 변화 움직임을 주목한 때문이다. 중국 등의 중재 노력으로 2003년 8월 중국 베이징에서 남북한과 미국, 중국, 러시아, 일본 등이 참석한 제1차 6자회담이 열렸다.

제1차 회담에서 참가국들은 북한 핵 문제의 평화적 해결과 6자회담이 계속돼야 한다는 원칙에 합의했으나 공동발표문은 내지 못하고 의장 요약 발표문으로 8월 29일 마쳤다. 제1차 6자회담이 끝난 후 북한

<로동신문>은 논평을 통해 자위수단과 방어적 성격의 측면을 강조하며 "세계적으로 핵무력을 가장 많이 갖고 있는 나라는 미국이다. 이런 형편에서 핵무기를 갖지 못한 나라들은 미국의 핵 위협에 대처해 자위적 국방력을 갖추지 않을 수 없다. 우리의 핵억제력은 미국의 대조선 핵선제공격, 무력침공에 대처하기 위한 것"이라고 주장했다. 논평은 또한 핵억지력을 보유하되 핵무기를 다른 나라에 이전하지 않겠다는 의사를 표명하면서 "우리는 핵억제력으로 미국과 싸움하겠다고 한 적이 없으며, 그것을 다른 나라에 팔겠다고 말한 적도 없다"고 주장했다. 유엔 총회에 참석 중이던 최수헌 외무부상도 2003년 10월 1일 "핵억지력의 어떤 수단도 다른 나라에 이전할 의사가 없으며, 핵억제력은 다른 나라를 공격하기 위한 것이 아니라 우리의 주권을 방어하기 위한 자위적 수단"이라고 강조했다.18)

제2차 6자회담(2004.2.25-2.28)에서 미국은 '완전하고 검증 가능하며 불가역적인 핵 폐기'를 목표로 북한이 핵무기 외에 평화적 목적의 핵 활동까지도 동결해야 한다는 입장을 보였다. 이에 북한은 핵 동결 대상은 핵무기에 국한돼야 한다는 입장으로 맞섰다. 미국은 "북한이 핵무기 계획을 검증 가능하게 불가역적으로 완전하게 포기해야 안전 담보나 정치·경제적 혜택을 논의할 수 있다"며 북한의 '선(先) 핵 포기'를 요구했다. 북한은 미국의 적대시 정책의 포기와 핵 문제 해결 조치의 동시행동과 이행의 원칙을 제안했다.

제2차 북핵 위기에서 북한은 미국과의 직접 대화와 북한의 핵 포기에 대한 북한의 체제 안전보장 등의 보상을 요구했다. 이에 대해 미국은 이른 바 "북한의 잘못된 행동에 보상은 없다"는 원칙을 내세우며 북한의 양자 대화 요구를 거부했다. 미국이 내세운 징벌적 원칙은 이후

---

18) 전성훈, 앞의 책, 225-226쪽.

북핵 문제에 대한 미국의 기조가 돼 바이든 미 행정부까지 견고하게 유지됐다.

미국의 징벌적 원칙은 북핵 문제의 '완전하고, 검증가능하며, 불가역적, 폐기(Complete, Verifiable, Irreversible, Dismantlement)' 방식과 북한의 선(先) 핵폐기 요구로 나타났다. CVID 방식에 대해 북한은 전쟁 패전국에게나 사용할만한 용어라며 반발했다. 1994년 북·미 제네바 합의의 주역인 로버트 갈루치 전 미국 특사는 "CVID가 눈에 확 들어오는 문구이지만, 현실적으로 말이 안 되는 소리"라고 비판했다.

그는 "현대식 무기는 식탁 아래에 들어갈 정도의 크기에 불과하다는 점을 알아야 한다"며 "어떤 핵사찰도 북한의 모든 식탁 아래까지 조사할 수는 없을 것"이라고 말했다. 그는 "2차 대전 때 일본 나가사키를 파괴하는 데 사용된 핵분열성 물질은 골프공 정도의 크기였다. 플루토늄으로 만든 골프공이 북한에 존재하지 않는다는 것을 세계에 입증할 수 있는 검증 체제를 기대할 수 있겠는가"라고 되물었다. 또한 "비핵화를 불가역적으로 할 수 있다는 생각에 잡혀있다는 것도 이치에 맞지 않는다. 북한이 한 번 만들어본 것이라면 다시 만들 수 있지 않겠냐'고 로버트 갈루치 전 미국 특사는 반문했다.

북한에 대한 선(先) 핵 폐기 요구도 비현실적인 것으로, 북한을 적대시하는 징벌적 발상의 발로다. 우크라이나가 1990년대 핵을 포기하지 않고 핵보유국으로 남아있었다면 러시아가 침공할 수 있었을까. 리비아의 카다피가 핵을 포기하고 몰락한 사례를 지켜본 북한이 먼저 핵을 포기할 가능성은 사실상 없다.

우여곡절 끝에 2005년 7-9월 개최된 제4차 6자회담에서 9·19 공동성명이라는 획기적인 진전이 이루어졌다. 북핵 폐기 및 각국의 상응조치, 특히 한반도 평화체제와 동북아 안보협력기구 구성에 관한 합의는 근본적인 의미의 성과였다. 북한은 모든 핵무기와 핵 계획을 포기하고,

조속한 시일 안에 탈퇴했던 핵확산금지조약에 다시 복귀하기로 했다. 미국은 이에 대한 반대급부로 북한과의 관계 정상화 조치를 취하기로 했다.

그러나 미국은 북한을 압박하기 위한 별도의 징벌적 수단을 준비하고 있었다. 역사적 합의가 진행 중인 2005년 9월 15일 미국 정부는 마카오 소재 방코델타아시아(BDA) 은행에 대해 이 은행에 개설돼 있는 북한 계좌에서 위조 달러와 관련된 혐의가 발견되었으므로 북한과의 금융거래를 중단하지 않으면 미국 금융시장에 대한 BDA의 접근을 차단하겠다고 통보한 것이다. 그 결과 2,500만 달러 가량의 북한 금융자산이 동결됐다.

미국의 대북 금융제재 및 규탄과 이에 맞선 북한이 "위폐 유포는 근거 없는 모략"이라고 반발하는 사태가 벌어졌다. 북한은 미국의 금융제재에 반발해 2006년 7월 대포동 2호 발사, 10월 제1차 핵실험을 단행해 북핵 위기의 상황이 전개됐다. 그러나 미국은 북한의 위조지폐 제조에 대한 명확한 증거를 제시하지 못했다.

위기는 북한의 자금 유통에 아무런 문제가 없음이 확인돼 2007년 2월 13일 북핵 폐기와 미국의 대북 금융제재 해제 약속을 골자로 한 '2·13 합의'로 일단락됐다. 북한은 2008년 6월 북한 영변원자로 냉각탑을 폭파하고, 중국에 북핵신고서를 제출했다. 부시 미국 대통령은 북한의 신고와 관련해 "북한을 45일 내에 테러지원국에서 해제하겠다"고 밝혔다.

그러나 45일이 된 8월 11일 부시 대통령은 북한에 대한 테러지원국 명단 삭제 불가를 천명했다. 북한 김정일 위원장의 '8·11 쇼크'는 8월 17일과 21일 사이에 일어난 김 위원장의 뇌졸중의 직접적인 원인으로 알려졌다. 문제의 핵심은 북한의 핵 신고 사항에 대한 미국의 검증 문제 제기에서 비롯됐다.

미국이 북한의 신고 사항 이외에 추가로 요구한 5가지 사항에는 플루토늄 뿐만 아니라 우라늄 핵 프로그램과 핵 관련 '신고시설 외의 의혹 시설 전반'을 사전 통지 없이 불시에 방문해 사찰하도록 북한이 허용해야 한다는 것 등이 들어있었다. 북한으로서는 도저히 받아들이기 어려운 사항들이었다.19)

이명박 정부의 한국과 일본은 북한에 대한 중유 공급을 중단했다. 미국도 북한의 냉각탑 폭파 때 약속한 50만 톤의 식량 공급을 이행하지 않았다. 북한은 2009년 4월 장거리 로켓 발사, 5월 25일 제2차 핵실험을 단행했다. 2009년까지만 해도 북한의 핵전략은 미국과의 관계정상화로 체제 안전을 보장받으려는 '편승전략'이었으나 핵 억제력으로 맞서려는 '균형전략'으로 바뀌어 북한은 2012년 '경제·핵무력 건설 병진노선'을 통해 핵무기체계 완성을 위해 매진했다.

3. 북핵 악순환과 미국 책임론

가. 미국 책임론과 근거

북한 핵문제는 왜 합의대로 이행되지 않고, '북한 핵위기'의 악순환이 거듭되는가. 북한 핵문제의 책임론으로는 △ 북한 책임론, △ 미국 책임론, △ 중국 책임론 등이 거론된다. '북한 책임론'의 골자는 '반드

---

19) 2009년 9월 29일자 <뉴욕타임스>는 미국이 요구한 검증계획은 "패전국만이 받아들일 법한 것", <워싱턴포스트>는 "어느 주권국가라도 받아들일 수 없는 요구"라고 보도했다.

시 핵억지력을 갖겠다'는 북한의 결의로서, 북한 지도자들은 핵무기로 정권의 정통성을 뒷받침하려고 한다는 것이다. 그들은 외세, 특히 미국의 침략에 맞설 억지력으로 핵무기가 필요하다고 간주한다는 것이다. 그래서 북한 핵의 완전한 비핵화는 북한 정권의 성격과 목표가 근본적으로 바뀌지 않고는 불가능하다고 로버트 아인혼 미국 브루킹스 연구소 선임연구원은 말한다.

북한·중국·러시아는 미국의 적대시 정책 때문에 미국이 북핵 합의를 일방적으로 파기한 것이라는 '미국 책임론'을 주장한다. 미국은 패권전략에 따라 '한반도의 비핵화와 평화'라는 현상 변경을 바라지 않으며, '전략적 인내'라는 현상 유지 정책을 선호한다는 것이다. '중국 책임론'은 북한이 핵을 포기하도록 중국이 자국의 영향력을 100% 활용할 생각이 없기 때문이라는 논리다.

북한 핵문제는 본질적으로 미국의 패권전략과 북한의 생존전략의 충돌이다. 미국은 중국과의 패권경쟁이 심화될수록 패권전략에 보다 집중적인 노력을 기울일 수밖에 없다. 미국으로서는 '잠재적 패권국가'로 부상하려는 중국을 견제하는 데 '북한 악마화'의 전략적 가치를 미국 패권전략의 전략적 자산으로 만들어 미국 패권전략 전개의 원동력으로 활용할 필요가 있다고 생각할 것이다. 북한 핵문제가 한반도 비핵화와 평화로 이어지지 않고 북한 핵 위기로 반복적인 악순환을 하게 되는 근본적인 이유다.

미국은 북한의 '금창리 핵 개발'과 '우라늄 핵 개발' 의혹을 근거도 제대로 제시하지 않은 채 제기함으로써 1994년의 '제네바 기본합의'를 파탄냈다. 미국의 '우라늄 의혹' 제기로 벌어진 제2차 핵위기를 수습하고 어렵사리 이루어낸 '2005년 9·19 공동성명'은 마찬가지로 '북한의 위조 달러 제작 의혹'을 미국이 근거도 없이 터트려 난관에 봉착하고 말았다. '위조 달러 제작 의혹'이 근거 없는 것으로 밝혀짐으로써 9·19

공동성명 제2단계 조치 이행을 위한 '2007년 10·3 합의'가 이루어졌으나 이 또한 미국의 터무니없는 북한 핵 사찰 요구로 깨져 버렸다.

미국에서는 미국과 중국이 김정일 체제 이후를 논의해야 하며 '개념계획 5029'를 작전계획으로 격상해야 한다는 '북한 급변사태론'이 광범위하게 거론됐다. 이로 인해 북한에서는 '미국은 북한의 정권 교체를 원하고, 김정일 없는 북한을 바란다'고 여겨 '핵 협상 불가론'이 대세로 확산되면서 '핵무기 의존증'이 심화됐다. 미국과 잘해보려고 했는데 '8·11 쇼크'를 당함으로써 훼손된 지도력의 회복을 위해 로켓 발사, 제2차 핵실험을 하게 된 것이다.

문제는 공교롭게도 남한과 북한, 북한과 일본 사이의 교류나 협력이 활발해질 때마다 북한 핵 위기가 터진다는 사실이다. 1991년부터 시작된 북한과 일본의 수교회담이 7차에 이를 정도로 진행됐다. 1992년 남북기본합의서를 계기로 남북간의 교류도 활발해졌다.

미국의 패권전략상 동북아 냉전구도의 현상 변경을 바라지 않는 미국의 개입이 시작됐다. 미국의 개입으로 인해 일본이 북한과의 수교 교섭 초기에는 제기하지 않았던 북한 핵문제를 국교 수립의 실질적 전제조건으로 북한에 제시했다. 결국 제1차 북핵 위기로 북·일 8차 회담이 중단되고 말았다. 남북간 기본합의서도 사문화되고, 남북 교류도 사라졌다. 북한의 '나진 선봉 자유무역지대 활성화' 등 북한의 개혁과 개방 노력도 물거품이 됐다.

제1차 북핵 위기가 1994년 제네바 합의로 수습된 이후 2000년 6·15 남북정상공동선언을 계기로 남북 간의 화해와 협력·교류가 매우 활기차게 진행됐다. 분단 50여 년 만에 비무장지대에 깔려있는 지뢰를 없애고, 남북 간의 철도와 도로를 잇는 경의선과 동해선 철도·도로 연결 사업이 진행됐다. 북한도 2002년 7월 경제개혁 조치를 취하고 신의주 특구를 비롯해 금강산 관광지구, 개성공업지구 계획을 발표했다. 발표 내용은 공단관리기관 책임자를 남쪽 인사로 합의하는가 하면, 사유권, 상속권 등 재산권과 신변안전을 보장하는 혁신적인 것이었다.

미국은 남북관계의 속도 조절을 요구하고 나섰다. 이와 관련해 2003년 초 미국을 방문한 임성준 청와대 외교안보수석은 1월 8일 "미국이 얼마 전부터 한국 정부에 대해 북한과 새로운 경제협력 사업을 추진하지 말 것을 요청했었다"고 밝혔다.[20] 2002년 9월 주한 유엔군사령부의 위임에 따라 진행되던 비무장지대 지뢰 제거 작업과 금강산 관광사업에도 미국은 개입했다.

2002년 10월 미 8군 사령관은 비무장지대 지뢰 제거 작업의 속도 조절을 요구하며 지뢰 제거 상호 검증 문제를 제기했다. 전례 없이 북한 검증단 명단의 수신처를 유엔사로 명기할 것을 요구해 차질이 빚어졌다. 지뢰 제거 작업이 3주 중단되다 검증 절차를 생략한 채 다시 재개되는 일이 벌어졌다.

이에 한국 정부는 2003년 1월 7-9일 임성준 청와대 외교안보수석을 미국에 보내 남북 군사실무회담 타결을 위한 군사분계선 통과 문제에 대해 미 행정부가 융통성을 보여달라고 요청했다. 임 수석은 럼스펠드 미 국방장관과 라이스 미 백악관 안보보좌관을 만나 남북 철도 및 도로 연결, 개성공단 착공, 금강산 육로관광 등 3대 현안사업은 핵 사태 이전부터 추진해온 사업으로 이 사업이 진전될 경우 북한 핵문제 해결에도 도움이 된다는 입장을 전달했다. 그러나 미국은 정전협정에 따라야 한다고 이를 거절했다.[21]

미국은 북한과 개선을 하려는 일본의 외교에도 개입하고 나섰다. 2002년 9월 고이즈미 일본 총리가 북한을 방문한 것은 일본이 모처럼

---

20) <조선일보> 2003년 1월 10일치.

21) <경향신문> 2003년 1월 13일치.

시도한 독자 외교였다. 이는 미국이 상정한 범위를 뛰어넘는 것이었다. 고이즈미 총리의 구상에는 북한과의 관계 정상화 카드도 들어 있었기 때문이다. 한반도와 일본을 포괄하는 동북아 경제권의 주도권을 장악하려는 사전 포석의 구상이라는 분석도 나왔다.

일본이 북한과 정상회담을 갖기로 전격적으로 합의하자 미국의 개입이 시작됐다. 일본은 북한과의 정상회담 사실을 8월 27일 미국에 통보했다. 다음 날 미국 부시 행정부는 내부적으로 북한 핵문제를 쟁점화하기로 내정하고, 이 사실을 일본 정부에 통보했다. 북·일 정상회담에 대한 미국의 부정적인 입장의 통보였다.

그럼에도 북·일 정상회담은 예정대로 열렸다. 2002년 9월 17일 북·일정상회담이 전격적으로 성사됐다. 북한이 북일정상회담에 응한 것은 미국 부시정부의 강경책을 견제하기 위한 의도였다. 미국에서 9·11 테러가 일어나자 부시 정부에 강경파가 득세하면서 북·미관계는 급속히 냉각되었다. 특히 북한을 '악의 축(Axis of evil)'으로 지목하면서 북·미관계의 악화는 절정에 이르렀다. 따라서 북한은 미국의 가장 중요한 동맹국인 일본과 관계를 개선하는 것을 북·미대립 해소의 출구전략으로 삼았던 것이다. 여기에 2002년 7월 '7·1 경제관리개선조치', 9월 '신의주 경제특구'를 발표한 북한은 경제가 고립된 상황에서 일본의 경제 지원 또한 절실했다.[22]

일본은 정상회담을 통해 북·일 관계의 가장 큰 이슈인 납치문제와 미사일문제를 동시에 해결함으로써 고이즈미 정부의 지지율을 반등시키고자 했다. 고이즈미 정부는 경제개혁의 부진으로 지지율 하락을 면치 못했기 때문에 납치문제 해결에 관심을 돌리게 된 것이다. 또한 일본은

---

22) http://www.ohmynews.com/NWS_Web/view/at_pg.aspx?CNTN_CD=A0000345488)

북한의 미사일 문제를 해결함으로써 미국으로부터 보다 자주적인 입장에서 가장 큰 안보위협을 해소하는 데 개입하고자 했다.

북·일정상회담 후 발표된 '평양선언'을 통해 일본은 납치문제를 사실상 공식화하는데 성공했다. 정상회담에서 김정일 국방위원장은 일본이 요구한 11명의 납치 피해자 외에 3명을 더해 총 14명의 생사를 확인해주며 사과와 재발방지를 약속했다. 북·일 간의 수교 교섭이 원활해지는 징후였다.

이런 상황에서 미국 특사 켈리의 북한 방문을 계기로 2002년 10월 17일 '제2차 북한 핵 위기'가 터졌다. '북한 핵 위기'의 징조는 평양에 가면서 서울에 들른 켈리 특사가 한국 정부에 귀띔한 대북 협상 내용에서 드러났다. 그는 북한과의 협상이 아니라 포괄적 제안을 하러 가는 것이라며 북한의 농축 우라늄 핵 개발을 추궁하겠다는 의사를 내비쳤다. 뭔가 일이 뒤틀려가고 있음을 느끼게 하는 켈리 특사의 귀띔이었다.

켈리 특사의 방북을 계기로 터져 나온 북핵 위기에 대해 미국이 서둘러 이를 터트렸다는 분석이 나왔다. 일본 월간지 <중앙공론> 2002년 10월호에 따르면, 켈리 특사의 방북 이후 미국이 북한의 핵 개발 문제를 서둘러 표면화한 것은 의욕적인 북·일 관계 정상화 움직임에 쐐기를 박으려는 의도였다는 게 일본 외교가의 지배적인 관측이었다. <중앙공론>의 보도 내용에는 북·일 정상회담에 대한 미국의 강한 불쾌감이 드러나 있었다.[23]

'제네바 합의'를 파기시키려는 징후는 미국의 정보당국에서 흘러나왔다. 미 정보당국은 북한이 2000년대 초반 일본 나가사키에 떨어진 핵폭탄의 30배에 달하는 핵무기를 생산할 것으로 평가했다. 그러나 제2차 북핵 위기가 터진 2002년 북한은 단지 소량의 핵분열 물질만 확보

---

23) <한겨레신문> 2002년 11월 27일치.

한 정도였다.

제네바 협상에 참여했던 주엘 위트 미국 존스홉킨스대 연구원은 북한의 우라늄 개발이 '제네바 합의' 파기의 근거라는 주장은 말이 안 된다고 비판했다. 북한은 제네바 합의가 파기된 지 10년이 훨씬 지나서야 무기급 우라늄을 생산했다. 만약 제네바 합의가 존재하지 않았다면 1990년대부터 우라늄에 관심을 가졌던 북한의 생산시기가 훨씬 이전으로 앞당겨졌을 것이라는 게 그의 주장이다. 북한의 우라늄 매장량은 채굴 가능한 매장량만 400만 톤에 이른다. 미국은 북한의 핵탄두 대량 양산을 막을 방법이 없다.

21세기 미국 패권전략의 핵심인 미·일 군사동맹 강화와 일본의 군사력 증강, 미사일방어체계 구축 등의 명분이 '북한 위협론'에서 비롯된다. 북한 위협의 감소나 해소는 미국의 안보 전략에 근본적인 차질을 초래할 수 있다. 1994년 '제네바 기본합의'와 2005년 '9·19 공동성명', '2007년 2·13 합의'가 '한반도 비핵화'를 위한 미국의 전략적 목표가 아니라 패권전략에 따른 북핵 관리를 위한 전술적 수단이었다는 지적이 나오는 이유다.

나. 미국의 대북압박과 북한의 핵무력 완성

북한이 비록 2006년 9월 제1차 핵실험을 했지만, 2007년 2·13 합의가 이루어짐에 따라 2009년만 해도 북한의 핵 전략은 편승전략이었다. 미국과의 관계정상화로 체제 안전을 보장받으려는 전략이었다. 이 해 2월 7일 미국 전문가들의 북한 방문 뒤 기자간담회에서 스티븐 보즈워스는 북한의 비핵화 입장을 재확인했다. 그는 "북한이 실질적인 한반도 비핵화 달성을 위해 지속적으로 준비하고 있다는 것을 확인했다"며 "북한은 핵무기를 보유하고 있다는 입장을 강조했다. 그러나 최종적으로는 핵무기를 포기하겠다고 말했다. 김계관 부상은 이미 핵보유국임을 강조하면서도 NPT 체제나 IAEA에서 이를 인정해달라는 뜻은 아니다"라고 밝혔다.

2008년 12월 북핵 검증에 대한 북·미 간 이견으로 6자회담마저 중단된 상태였으므로 한반도 비핵화를 실현하기 위한 구체적인 비전과 행동이 필요한 시기였다. 2009년 등장한 오바마 미국 행정부는 한반도 비핵화의 결정적 국면을 맞이하고 있었다. 오바마 행정부는 임기 초 '9·19 공동성명'에 따라 북핵 문제를 협상으로 풀려고 했다.

그러나 한국의 이명박 보수정부는 6자회담 재개의 전제조건으로 '북한의 선(先)비핵화', 즉 북한이 먼저 핵을 포기할 것을 요구하며 대북압박에 나섰다. 제4차 6자회담의 성과인 9·19 공동성명에 부정적인 일본도 가세했다. 한·일 보수동맹이 미국 워싱턴 내부의 역학관계를 역전시키는 배경이 됐다.

마침내 미국은 2010년 가을부터 북한이 먼저 핵을 포기하도록 중국이 역할을 할 때까지 인내하면서 기다리겠다는 '전략적 인내' 정책을 폈다. '소극적인 압박'을 통해 북한의 변화를 이끌어내겠다는 허황된 전략이었다. 허황된 전략은 결과적으로 2011년 등장한 북한의 김정은 체제가 2017년 제6차 핵실험을 통해 핵 보유를 선언하기까지의 시간과 공간을 제공한 꼴이 됐다.

2008년 시작된 이명박 정부는 '북한 붕괴론'을 펼치며 대북 압박에 나섰다. 1990년대 중반의 제1차에 이어 제2차 '북한 붕괴론'의 시기가 시작된 것이다. '북한 붕괴론'을 촉진하려는 이명박 정부의 대북 압박 정책이 전개됐다. 2009년 3월 실시된 한미 연합군사훈련의 목적은 북한 정권 제거, 한반도 통일 여건 조성이었다. 다음 달인 4월 5일 북한의 장거리 로켓 발사, 5월 25일 제2차 핵실험 사태가 벌어졌다.

2013년 들어선 박근혜 정부는 북한의 정권 교체 및 붕괴를 공공연한 목표로 내세우고 '북한 붕괴론'에 올인했다. 박근혜 대통령이 내세운 '통일대박론'의 실체는 '북한 붕괴론'으로 드러났다. 박 대통령은 '북한의 붕괴'와 함께 오게 될 '통일대박론'을 국내는 물론 국제적인 자리에서 기회만 있으면 역설했다.

2016년 5월 5일 웬디 셔먼 전 미국 국무부 정무차관은 미국전략국제문제연구소(CSIS) 주최의 세미나에서 북한의 급변사태 등 '북한 붕괴론'을 강조했다. 그는 "(한반도 관련) 핵심 국가들이 북한의 급변사태와 쿠데타 등까지 생각하는 것은 필수적"이라며 중국이 '한반도 안정'을 최우선 순위로 두고 있지만, "더 이상의 현상유지는 지속가능하지 않다"고 한·미·중·일의 한반도 군사적 충돌 대비를 역설했다. 그의 '북한 붕괴론' 강조는 북핵 문제를 협상이 아닌 북한 급변사태 등 다른 강압적인 방법으로 해결하려는 것, 특히 중국의 북핵 전략과 정면 충돌한다는 점에서 주목되는 발언이었다.

그러나 2016년 1월 제4차 핵실험 등으로 북한의 붕괴는커녕 북한 핵무기체계는 오히려 완성단계에 이르렀다. 2016년 5월 7일 <뉴욕타임스>는 "미국과 한국의 정보당국은 북한이 단거리와 중거리 미사일에 소형화된 핵탄두를 탑재할 능력을 갖춘 것으로 결론 내렸다"고 보도했다. 2008년 12월 제6차 회담을 끝으로 6자회담이 자취를 감추고, 제2차 '북한 붕괴론'이 시작된 이후 북한은 제2차-4차 핵실험 등을 진행한 끝에 북한 핵무기체계의 완성단계에 도달한 것이다. 한국과 미국이 '북한의 잘못된 행동에 보상은 없다'는 징벌적 '북한 책임론'을 내세우며 북한의 '선 핵포기'만을 요구하는 '전략적 인내'로 '북한 붕괴'를 기다리다 시간만 허비한 결과다.

이처럼 한국과 미국이 북한과의 대화의 전제조건으로 북한이 먼저 핵을 포기하라고 징벌적 요구를 하며 '북한 붕괴론' 압박에 나서자 북한의 대응 전략도 편승전략에서 균형전략으로 바뀌었다. 한국과 미국의

'선비핵화, 후평화론'에 맞서 북한의 '선평화, 후비핵화론'으로 달라진 것이다. 평화, 즉 안보는 기본적으로 핵억지력을 바탕으로 한 내적균형(internal balancing)을 통해 확보되며, 비핵화는 그 이후의 협상카드로 내놓겠다는 것이다. 균형이란 동맹이나 군비증강 등을 통해 외부의 위협에 대항하는 정책인 데 반해 편승은 위협이 되는 상대 국가와 대내외 정책의 공조를 취함으로써 자국의 안보 혹은 이익을 확보하려는 대외 전략을 뜻한다.[24]

한국과 미국은 미국의 아시아 재균형정책 선언 이후 2012년부터 북한에 대한 선제타격을 위한 실질적인 준비를 해왔다. 이 때부터 해마다 실시되는 키리졸브 훈련과 을지프리덤가디언(UFG) 훈련은 미국의 핵전략자산을 동원하는 선제타격 훈련이다. 2013년 3월 키리졸브 훈련에서는 원자력 추진 잠수함과 핵전략 폭격기, 스텔스 폭격기 등을 대규모로 동원해 대북 선제 타격 훈련을 실시했다. 박근혜 정부는 김정은 제거작전을 실시할 특수부대 운용계획과 함께 '평양을 지도상에서 없애는' 대량응징보복(KMPR)을 추진했다.

2009년 제2차 핵실험을 한 북한은 한국과 미국의 대북 압박과 위협에 균형전략으로 맞서기 시작했다. 2012년 4월 북한 헌법에 처음으로 '핵보유국'임을 명시했다. 2013년 3월 31일 미국의 핵 위협에 맞서 북한 노동당 중앙위원회 전원회의는 경제·핵무력 건설 병진노선의 결정으로 대응했다. 북한의 균형전략은 2013년 경제건설과 핵증강의 병진노선 채택과 그 이후의 핵과 미사일 실험 등을 통해 관철 혹은 실현됐다.

---

[24] 1990년대 초반 1차 북핵 위기의 발생부터 2008년 6자회담이 지속된 기간까지 북한의 대외전략의 기조는 전반적으로 핵과 관계정상화를 맞바꾸는 편승전략에 따라 진행된 것으로 판단된다. 안경모, 「북한의 대외전략 분석(2008-2016)-'편승'에서 '균형'으로의 변화를 중심으로」, 『국가전략』 2016년 제22권 4호, 6-12쪽.

병진노선은 균형전략이 제도화된 결과였다. 병진노선은 외부의 봉쇄와 제재를 피하기 위해 핵무기를 포기하기보다는 이를 감수하고도 핵전력 증강과 경제발전이 가능하다는 논리로 구성돼 있다. 내부자원에 집중함으로써 외부 의존도 자체를 줄이는 방식으로서 '우리의 힘, 기술, 자원'에 의지한 '자강력(自强力) 제일주의'는 이런 논리의 종합적 결과로 보인다.25)

북한의 전략적 입장은 "미국에 대한 편승이 더 이상 최종 목표가 아니며 그것을 통해 안전보장과 경제적 부흥을 담보할 수 있다는 지난 20년의 대외적 목표가 유효하지 않음을 선언"한 것이었다. 즉 미국과의 관계 정상화를 회피할 이유는 없으나 이를 위해 다른 핵심적 이익, 즉 핵무장을 폐기하지는 않을 것이라는 대외적 입장 표명이었다. 이런 북한의 균형전략에 따라 중국의 부상과 중국을 견제하려는 미국의 재균형전략, 이로 인한 양국 간의 갈등과 경쟁, 미·일동맹의 강화와 일본의 군사대국화 움직임, 2010년 이후 심화돼온 동북아 냉전 기류 등을 배경으로 5차에 이르는 북한의 핵실험과 핵무기 운반수단의 개발이 주변국들의 예상보다 빠르게 진행됐다.

북한은 3차에 걸친 핵실험으로 핵무기 개발에 성공했으며, 4차 핵실험(2016년 1월)에서는 수소폭탄 실험에도 성공했다고 발표했다. 5차 핵실험(2016년 9월)에서는 핵탄두의 표준화와 규격화를 이룩했다는 북한의 주장이다. 특히 북한은 2016년 2월 대륙간탄도미사일급인 '광명성 4호'에 이어 6월 3,500km 사거리의 이동식 미사일인 화성 10호 무수단 미사일의 시험발사에 성공함으로써 미국 영토인 괌(Guam)을 공격할 수 있음을 입증했다. 이 해 9월 북한은 미국 본토까지 날아갈 대

---

25) '자강력 제일주의'는 2015년부터 언급되다 4차 핵실험이 결정된 2015년 12월 15일 직후에 발표된 2016년 신년사를 통해 공식화됐다.

류간탄도미사일을 발사할 수 있는 정지위성 운반용 로켓 엔진 시험 결과를 공개했다.

북한은 잠수함발사 탄도미사일의 개발을 위해 2016년 4월 잠수함발사탄도미사일(SLBM)을 시험발사했다. 8월에는 잠수함발사미사일을 500km 날아가도록 하는 데 성공했다. 북한의 SLBM 개발은 잠수함발사미사일의 사전 포착이 힘들어 기존의 미사일방어체계를 무력화시킬 수 있다는 점에서 매우 예민한 반응을 불러일으켰다. 북한의 SLBM 보유는 북한이 1차 공격을 받은 뒤에도 반격할 수 있는 잠재력을 의미하기 때문이다.

북한의 핵능력에 있어서 중요한 것은 적의 공격 뒤 보복공격을 할 2차 공격수단의 생존성이다. 북한의 핵능력이 열세이지만, 북한이 2차 공격수단의 생존성을 갖는다면 미국으로 하여금 '1차 공격의 불확실성'을 인식시켜 북한에 대한 핵공격을 억제하는 효과가 있기 때문이다. 북한은 이동식 발사대 200대 이상을 보유하고 있으며, 미사일 시설들을 지하화하는 등 2차 공격수단의 생존성 확보 노력을 기울이고 있다.26)

북한은 2017년 11월 핵무력체계의 완성을 선언했다. 이어 12월에는 대륙간탄도미사일을 시험발사했다. 북한은 2022년 9월 북한 최고인민회의에서 핵무력정책법을 채택하고, 2023년 9월 핵무력정책을 최상위 법인 헌법에 명시했다. 핵무력정책을 법적으로 고착시킨 데 이어 국가의 기본법으로 공식화한 것이다.

2021년 1월 북한 8차 당대회에서 보고된 핵무력을 보면 사정거리 1만3천km의 화성 15형 미사일의 사정거리를 더 늘리고 다탄두개별유도기술(MIRV)을 적용하는 새로운 미사일의 확보 연구가 마감단계에 와 있다고 한다. 북한 영토 밖에서의 선제적 제압을 위해 잠수함발사탄도

---

26) <연합뉴스> 2016년 6월 24일치.

미사일(SLBM)을 발사할 수 있는 중형 잠수함의 현대화와 설계 연구가 최종 심사단계라는 것이다. 소형 원자로를 잠수함에 탑재하는 기술과 핵연료 제조능력이 있다면 한국과 미국의 방어체계를 일거에 무력화하는 게임 체인저가 탄생하는 셈이다.[27]

북한의 핵무기체계가 완성된 시나리오는 이렇게 전개된다. 핵탄두의 소형화에 성공한 북한은 뉴욕과 워싱턴을 타격할 대륙간탄도미사일을 갖췄다. 북한은 원자력추진잠수함으로 타격 목표지점에서 300km까지 접근해 미국 본토의 주요 군사기지와 대도시를 타격할 수 있다. 미국이 자랑하는 스텔스기들인 F-117A, F-22 랩터, B-2 전략폭격기도 전적으로 믿을 수 없게 된다.[28]

북한은 국제사회의 거센 반발에도 불구하고 2006년 10월 1차 핵실험을 비롯해 2016년 9월까지 다섯 차례의 핵실험을 단행했다. 미국을 비롯해 한반도 주변 국가들은 북한 핵실험과 미사일 발사를 국제사회에 대한 도발로 규정하고 강력하게 규탄했으며, 북한에 대해 다양한 경제제재를 가했다. 국제사회의 대북 경제제재는 2006년 10월 1차 북한 핵실험 때는 유엔 안보리 결의안 1781호, 2009년 5월 2차 핵실험 때 안보리 결의안 1874호, 2013년 2월 3차 핵실험 안보리 결의안 2094호, 2016년 1월 4차 핵실험 안보리 결의안 2270호, 9월 5차 핵실험 안보리 결의안 2321호 등으로 북한의 핵실험이 거듭될 때마다 제제 압박 수위의 강도가 높아졌다. 중국도 유엔의 결의에 동참해 이행조치를 취하며 제재 수위를 강화했다.

대북 제재안 2321호는 그 어느 때보다도 강력한 조치였다. 북한이 치명타를 입을 것이라는 전망이 이어졌다. 2017년 12월 북한의 대륙간

---

[27] <한겨레신문> 2021년 1월 29일치.

[28] <중앙일보> 2016년 4월 28일치.

탄도미사일(ICBM) 발사에 대응한 유엔 안보리 결의안 2397호는 대북제재의 결정판이었다. 결의안은 북한의 수출입을 전면 통제하고, 해외노동자 파견을 봉쇄하며, 금융과 투자를 완전히 차단하는 조치였다. 여기에 미 재무부가 주도한 독자적 대북제재는 달러와 세컨더리 보이콧이라는 무기를 이용해 전세계 은행이 북한과의 거래를 자발적으로 차단하도록 하는 것이었다. 대북제재는 한국 정부와 중국, 러시아도 동참해 강력한 힘을 발휘했다.

북한은 이 압박을 5년 이상 견뎌냄으로써 외부의 공급을 끊으면 북한이 항복할 것이라는 기대는 깨지고 말았다. 2022년에는 국제사회의 대북 제재동맹마저 붕괴했다. 이 해 북한의 세 차례 대륙간탄도미사일 시험에 맞서 유엔 안보리가 추가적인 대북제재를 논의했지만, 중국과 러시아가 거부권을 행사해 추가 제재가 무산됐다. 특히 2023년 9월 러시아 보스토치니 우주기지에서 김정은 위원장과 러시아 푸틴 대통령의 정상회담이 이루어진 이후 두 나라의 전략적 협력관계가 강화됨에 따라 유엔 안보리의 추가 대북제재는 더욱 어렵게 됐다.

다. 전술핵 개발과 선제타격론의 위험성

북한이 외부의 위협에 힘으로 맞서겠다는 균형전략에 따라 핵무력체계의 완성을 향해 매진하면서도 한반도 비핵화의 여지를 완전히 차단한 것은 아니었다. 북한은 2016년 7월 6일 정부 대변인 성명으로 '한반도 비핵화를 위한 5개 원칙'을 내놓았다. 내용은 한국에 있는 미국 핵무기를 공개·철폐하고 검증할 것, 미국이 한반도에 핵 타격수단을 끌어들이지 말 것, 핵이 동원되는 전쟁 행위로 북한을 위협, 공갈하지 말 것, 핵 선제 불사용을 확약할 것, 한국에서 핵 사용권을 쥐고 있는 미군의 철수를 선포할 것 등이었다.

미군의 철수 선포를 제외한 다른 조건들은 이미 합의하거나 합의될 만한 것들이다. 북한은 이런 안전 담보가 실제로 이루어진다면 자기들도 이에 부합하는 조치들을 취하게 될 것이며, 한반도 비핵화 실현에서 획기적인 돌파구가 열리게 될 것이라고 여지를 남겼다.29)이는 한반도 비핵화를 언급조차 하지 않은 김정은 체제에서 이례적인 일이다. 그러나 미국은 이를 거부하고 북한에 대한 압박을 펼쳤다. 협상을 통한 비핵화의 가능성은 다시 사라졌다.30)

　한반도 비핵화의 사실상 마지막 기회는 2019년 2월말 하노이 북·미 정상회담이었다. 비핵화에 대한 기대는 2018년 6월 싱가포르 북·미 정상회담에서 되살아났다. 정상회담에서 "한반도에서 항구적이며 공고한 평화체제를 구축하기 위해 공동으로 노력한다"는 합의가 이루어졌고, 이면 합의의 하나로 트럼프 대통령이 한미군사훈련 중단과 함께 종전선언을 약속한 때문이다.

　하노이 회담에 대한 큰 기대는 미국의 강경세력 '네오콘' 출신인 존 볼턴 보좌관과 일본의 방해공작으로 물거품이 되고 말았다. 볼턴은 그의 회고록에서 트럼프 대통령이 북한에게 양보할까봐 '북한의 완전한 핵신고'의 중요성을 강조하며 이를 밀어붙여 '결렬 옵션'을 입력시키려고 집요하게 노력했다고 밝혔다. 그의 주문대로 트럼프 대통령은 회담장을 박차고 나와 회담은 결렬됐다. 볼턴의 배후에는 한반도 평화가 일본에게는 위협이라고 인식하는 일본이 있었다고 호사카 유지 세종대 교수는 말한다.31)

---

29) <한겨레신문> 2016년 10월 3일치.
30) 제임스 클래퍼 미 정보국(DNI) 국장은 2016년 10월 27일 미국외교협회 주최 세미나에서 "북한을 비핵화하겠다는 생각은 가능성이 없는 것"이라고 말했다. 그는 "북한은 포기하지 않을 것"이라며 "핵무기는 '그들의 생존티켓'이기 때문"이라고 밝혔다. <한겨레신문> 2016년 10월 27일치.

하노이 회담이 결렬된 후 북한은 미국에게 "새로운 계산법"을 요구하고 나섰다. 김정은 북한 국무위원장은 결렬 두 달 뒤인 4월 시정연설에서 "미국이 지금의 계산법을 접고 새로운 계산법을 가지고 우리에 다가서는 것이 필요하며, 올해 말까지 인내심을 갖고 미국의 용단을 기다릴 것"이라고 밝혔다. 이어 최선희 외무성 제1부상은 9월 하순 미국과 실무협상을 진행할 수 있다는 의사를 공개적으로 표명했다. 그는 "만일 미국이 어렵게 열리게 되는 조미 실무협상에서 낡은 각본을 또 다시 만지작거린다면 조·미 사이의 거래는 그것으로 막을 내리게 될 수도 있다"고 미국의 "새로운 계산법"을 촉구했다.

하노이 회담 결렬 이후 북한이 밝힌 미국에 대한 불만은 세 가지로 요약된다. 가장 큰 문제는 미국이 비핵화 요구에만 집중하고, 적대관계 해소라는 선결과제를 외면한다는 것이다. 둘째는 북한이 2년 가까이 핵실험과 장거리 미사일 실험을 유예했지만, 미국은 대북 경제제재를 그대로 유지하는 등 불공정하다는 주장이다. 셋째는 협상에서 필요한 주고받기에는 관심이 없고 미국 국내 정치 맥락에서 유불리만 따지는 행태를 보였다는 불만이다.[32]

2019년 10월 4-5일 스웨덴 스톡홀름에서 북미 실무협상이 열렸으나, 협상 개시 40분만에 "미국이 빈손으로 협상에 나왔다"며 북한은 협상 결렬을 선언했다. 북한이 먼저 비핵화를 하면 경제적 인센티브를 제공하겠다는 미국의 종전 입장을 미국이 되풀이했다는 것이다. 북한은 2021년 1월 노동당 8차대회에서 자력갱생 노선을 채택하고, 미국의 대북제재에 맞선 버티기 전략에 들어가는 한편, 미국에 대한 '강대강·선대선' 원칙을 천명했다. 북한 김정은 국무위원장은 이 해 6월 17일 당

---

[31] <이데일리> 2021년 8월 17일치.

[32] <YTN> 2019년 9월 12일치.

중앙위 전체회의에서 '한반도 정세의 안정적 관리'를 강조하며, "대화에도 대결에도 다 준비가 되어 있어야 하며, 특히 대결에는 더욱 빈틈없이 준비되어 있어야 한다"고 북한의 정책적 입장을 밝혔다.

2021년 집권한 미국 바이든 행정부는 이 해 4월 30일 "세심하고 조정된 실용적 접근법"이라는 대북 정책 재검토 결과를 발표했으나 사실상 오바마 정부의 '전략적 인내'의 재판이라는 비판이 나왔다. 북한은 충분한 명분과 실리가 확보돼야만 외교의 테이블로 나가겠다는 완강한 입장이지만, 바이든 정부의 대북정책은 이를 제시하지 않았다. 이로써 한반도 비핵화는 매우 어렵게 됐다.

북한은 2022년 9월 최고인민회의에서 핵무력정책법을 채택하며 핵을 전쟁 억제 수단을 넘어 선제 공격 수단으로 삼을 수 있다고 내비쳤다. 특히 핵무기 사용 조건으로 '핵무기 또는 기타 대량살상무기 공격이 감행됐거나 임박했다고 판단되는 경우' 등을 언급해 핵무기 사용 문턱을 낮췄다는 점이 주목된다. 김정일 국무위원장은 연설에서 "핵심적인 핵보유국으로서 사명을 다해나가자면 핵무기의 고도화를 가속적으로 실현해 나가는 것이 매우 중차대한 문제"라며 "핵무기 생산을 기하급수적으로 늘이고 핵타격 수단들의 다종화를 실현하며 여러 군종에 실전배치하는 사업을 강력히 실행해야 한다"고 말했다. 북한 핵무기체계의 질적 고도화와 함께 핵무기 대량생산의 의지를 밝힌 것이다.

문제는 극단적 선택이라고 할 수 있는 전술핵무기의 선제적 사용 가능성이 거론됨으로써 한반도의 핵전쟁 위험성이 매우 높아지고 있다는 점이다. 전술핵무기, 즉 저위력(低威力) 핵무기는 합의된 분명한 기준은 없으나, 대략 10kt 미만을 지칭하며, 최소 0.3kt의 폭발 위력으로, 전략적, 전술적 작전 전개가 가능한 다양성과 유연성을 갖춘 핵전력으로 정의할 수 있겠다.

냉전 이후 핵전략의 진화는 핵무기를 군사 무기로 만드는 노력이었으며, 이로 인해 핵무기와 재래식 무기의 경계가 점점 좁혀져 온 과정이었다. 폭발 위력이 하향 조정되고 정밀성이 향상된 저위력 핵무기는 전략 핵무기와 달리 민간인 대량 살상 등 부수적인 피해를 최소화 할 수 있어 전장(戰場) 사용이 실제로 가능한 무기로 부각돼왔다. 핵전쟁이 일어날 경우, 피해를 최소화하고 수용 가능한 수준에서 전쟁 종결을 도모하자는 제한핵전쟁 논리는 냉전시대부터 제기돼왔으며[33] 2010년대 중반이후 다시 부각되기 시작했다.

핵무기가 최후의 억제(deterrence) 수단으로 남아야 하는지, 전장에 투입할 수 있는 실전 전력(war-fighting)인지는 핵전략 역사상 대표적인 논쟁의 대상이었다. 핵무기의 억제력을 강조하는 진영에서는 보복 위협인 확증파괴에 기초한 전략적 안정성을 중시하는 반면, 실전 전력의 기능에 중점을 두는 진영에서는 억제가 깨졌을 경우를 대비한 핵전쟁 수행에 관심을 기울여왔다. 인류 공멸을 불러오는 무제한적인 전면 핵전쟁이 결코 일어나서는 안되는 일임은 분명한 만큼 만약 핵전쟁이 발발한다면, 이는 조절되고 제한된 방식으로 수행되어야 한다는 제한 핵전쟁의 관념이 점차 늘어났다.

저위력 핵무기의 활용을 강조하는 제한핵전쟁 논리는 핵무기 사용의 문턱을 낮춤으로써 핵전쟁의 위험성을 높이게 된다는 문제를 불러일으킨다. 핵 사용의 문턱이 낮추어질수록 저위력 핵무기의 군비 경쟁이 가속되고, 선제공격의 유혹을 부추길 수도 있다. 무엇보다도 저위력 핵무기 경쟁과 제한핵전쟁 논리가 한반도와 관련된다는 데 문제의 심각성이 있다.

미국에서는 트럼프 행정부 들어 저위력 전술핵무기 개발이 본격화되

---

[33] 김정섭, 「우크라이나 사태로 본 핵전쟁의 문턱-저위력 핵무기와 제한핵전쟁」, 『세종정책브리프』 No. 2022-07(2022. 4. 22), 4쪽.

고, 미국의 핵 사용 옵션이 보다 다양해지고 용이해짐으로써 핵전쟁의 위험성이 한층 높아졌다. 트럼프 행정부의 신형 2종 저위력 전술핵무기34)개발은 미국 우선의 '힘을 통한 평화', '훨씬 치명적이고 신속한 전력 구축'을 위해 핵무기의 역할이 더욱 확장된 것을 의미한다. 2018년 미국의 핵태세보고서(NPR)는 '핵'을 '핵과 비핵 공격'에 대한 억제력 제공 수단으로 수정했다. 핵은 물론 재래식 무기의 공격에서도 핵을 사용하겠다는 것이다.

트럼프 행정부 때 공개된 핵 독트린은 미국이 14년만에 새롭게 내놓은 '핵 운용 전투 교리'로서 '억제 독트린'이 아니라 핵무기 사용을 염두에 둔 '전투 독트린'이라는 점에서 파문을 일으켰다. 미국의 핵 독트린은 핵전쟁에 대한 미군의 사고 전환을 상징하는 매우 위험한 사고체계라는 비판을 불러일으켰다.35) 미국 전문가들은 개량형 저위력 전술핵폭탄이 상대적으로 적은 방사능을 방출하면서 지하시설 타격에 맞춰 특화됐다는 점을 들어 북한을 염두에 두고 있는 것으로 추정한다. 로버트 수퍼 미 국방부 핵·미사일방어 담당 부차관보도 더 이상 핵 전면전 위협만으로는 긴장 격화를 방지할 수 없다면서 적성국들이 긴장 확대를 단념하도록 하는 대안으로 저위력 핵탄두 개발에 방점을 둔 미국의 핵 전략이 필요하다고 밝혔다.36) 이런 미국의 북한에 대한 핵 위협은 북한의 핵 개발을 자극하는 요인으로 작용했다.

북한의 핵개발 경로는 전략핵과 전술핵 개발을 동시에 추구함으로써 미국에 대한 최소 응징 억제와 한반도 역내를 겨냥한 거부적 억제전략

---

34) 신형 3종 저위력 핵무기는 ① 저위력 핵탄두가 탑재된 Trident-2 SLBM, ② 핵 벙커버스터로 불리는 저위력 중력 폭탄, 지하 깊은 곳 최대 100m의 목표물을 타격할 수 있다. ③ 저위력 핵탄두를 탑재할 수 있는 핵 순항미사일.
35) <한겨레신문> 2019년 6월 21일치.
36) <뉴시스> 2020년 11월 14일치.

을 병행하는 것이다. 북한 핵전략의 근간은 미국 본토에 대한 직접적인 타격 능력을 확보함으로써 북한에 대한 미국의 군사 행동을 억제하려는 '확증 보복(assured retaliation)' 태세로 해석된다. 아울러 북한은 전술핵과 단거리 신형 전술 유도무기의 개발을 통해 전술적 수준에서 핵전쟁을 수행할 능력의 확보도 병행하여 추구해왔다. 미국의 군사적 개입 방지를 미국 본토 응징 옵션에만 의존할 경우 억제의 신뢰성이 떨어질 수밖에 없다는 고려가 작용한 것으로 해석된다. 북한의 전술핵과 단거리 신형 유도무기 개발은 한국과 미국의 우월한 재래식 전력을 상쇄하는 차원에서 전술핵의 작전적 운용을 강조하는 비대칭 확전 태세로 분석된다.[37]

저위력의 전술핵무기 개발과 제한핵전쟁 논리가 부각됨과 동시에 선제타격론의 주장이 2022년 이후 부쩍 늘어난 것은 한반도 핵전쟁의 위험성에 대한 불안감을 한층 증폭시키는 요인이다. 2022년 대통령선거 과정에서 당시 국민의 힘 윤석열 대선후보는 핵을 탑재한 북한의 미사일 도발을 가정해 "선제 타격 말고는 방법이 없다"고 밝혔다. 2022년 1월 11일 새해 기자회견에서 한 외신기자가 북한의 미사일 위협에 대한 방지 계획을 묻자 "마하 5이상의 미사일이 수도권에 도달해서 대량 살상을 하는 데 걸리는 시간은 1분 이내"라고 지적하고, "요격이 사실상 불가하다"며 킬체인의 선제타격밖에는 막을 수 있는 방법이 없다고 주장했다. 황수영 참여연대 평화군축센터 팀장은 "킬체인을 바탕으로 하는 선제타격론은 선제타격이나 예방적 전쟁을 금지한 유엔헌장, 침략적 전쟁을 부인한 대한민국 헌법의 평화주의 원칙을 위반하는 것"이라고 비판했다.[38]

---

[37] 김정섭, 앞의 책, 19쪽.
[38] <한겨레신문> 2022년 1월 12일치.

한반도 정세는 2022년 윤석열 후보가 대선에 승리하면서부터 급속히 악화됐다. 미국은 이 해 3월 핵 선제 사용을 명시한 핵태세검토보고서를 공개했다. 여기에 편승해 서욱 국방부장관의 대북 선제타격 발언이 나왔다. 이후 한미·한미일 군사훈련이 하루가 멀게 한반도에서 전개됐다. 북한도 연일 ICBM, SRBM 탄도미사일 심지어 전술핵 운용부대들의 핵반격 가상 종합훈련을 하고 나섰다.

북한이 김여정 담화(2022년 4월 2일과 4일)를 통해 '선제타격론'을 제기한 배경에는 미국의 선제타격 개념을 담은 핵태세검토보고서를 비롯해 한미의 선제타격론과 작전계획, 한미연합훈련의 강화, 윤석열 정부의 대북 강경책 등이 중첩되면서 북한의 심리를 자극한 측면이 있다. 한미의 북핵 대응이 정밀타격이든 미국의 저강도 핵무기 역량 강화든, 북한이 '선제타격'에 대한 문제를 제기하는 것은 북한의 핵시설 및 핵능력이 한미의 정밀한 선제타격에 의해 무력화되는 것을 북한이 두려워할 가능성이 있기 때문이다.[39]

선제타격론은 항상 워싱턴에서 나왔다. 전시작전권을 미국이 갖고 있기 때문이다. 대북 선제타격론이 처음 등장한 것은 1994년 1차 북핵 위기 때였다. 당시 클린턴 행정부가 북핵 시설에 대한 타격을 검토했고, 주한 미국인에 대한 소개작전까지 추진했다가 수백만명의 희생자가 나올 것으로 추산돼 포기했다. 두 번째는 2002년 부시 행정부가 선제공격 독트린을 채택하고 북한을 '악의 축'으로 지목했을 때다. 세 번째는 트럼프 행정부 초기로 북한이 핵실험과 대륙간탄도미사일 시험발사를 감행하면서 비등해졌다.

2017년 말 북한과 미국 간 군사적 긴장이 절정에 달했을 때 트럼프

---

39) 홍민, 「북한 김여정의 대남 담화와 선제타격론 제기 배경」, 『통일연구원 (2022, 4, 6, Online Series)』, 4쪽,

대통령은 주한미군 가족 철수 명령안을 검토하도록 했다. 빈센트 부룩스 당시 한미연합사령관은 '비전투원 철수령같은 작은 일'도 '미국 쪽의 군사행동 준비를 뜻하는 매우 심각한 움직임으로 받아들여져 북한의 대응을 촉발'하는 불꽃이 될 수 있었다고 회고했다. 그는 "당신이 검토하던 시나리오에 미국의 선제공격도 포함됐느냐"는 질문에 "모든 방안의 계획이 서 있었다"며 미국 대통령만의 결정으로도 미국의 선제공격이 이루어질 수 있음을 내비쳤다.[40]

2022년 3월 30일 공개된 미국의 핵태세검토보고서에서 바이든 대통령은 '핵 단일 목적 사용', 즉 핵공격을 받았을 때에만 핵을 사용한다는 입장을 바꾸어 "'미국은 동맹국 및 협력국의 핵심적 이해를 방어하기 위한 극단적 환경에서만 핵사용을 고려할 것"이라고 밝혔다. 핵뿐만 아니라 비핵 위협 또는 재래식 전쟁에서 핵전쟁으로의 비화 등 모든 상황에 대해 핵무기의 사용 가능성을 열어둔 것이다. 북한의 입장에서는 바이든 정부가 '핵 단일 목적 사용'의 입장에서 후퇴함에 따라 기존처럼 핵전쟁이 아니더라도 미국의 자의적 판단에 의해 저강도 핵탄두에 의한 선제타격을 받을 수 있다는 우려를 가질 수 있는 것이다.[41]

중요한 것은 한반도 한민족의 절멸적 운명의 결정권이 운명의 당사자인 한민족 자신에게 없다는 사실이다. 한반도 전쟁이 언제든 우리의 의사와 관계없이 폭발할 위험성을 배제할 수 없다. 도널드 트럼프 대통령이 취임 초부터 북한을 핵무기로 선제공격하려고 했다는 사실을 주목하지 않을 수 없는 이유다.

---

40) <연합뉴스> 2019년 1월 24일치.

41) 홍민, 앞의 책, 3-4쪽.

제4장

정전협정체제와 한반도 평화

1. 정전협정체제의 남북협력 방해와 유엔사 부활

가. 정전협정체제의 한계와 군사적 긴장

정전협정은 체결 당시의 군사적 접촉선을 군사분계선으로 삼아 폭 4km의 비무장지대(DMZ: Demilitarized Zone)를 설정하고, 이를 완충지대로 할 것을 규정하고 있다. 정전의 구체적 보장책으로서는 쌍방이 군사인원, 군사무기 및 자재 등을 보충할 경우에도 정전성립 당시 보유하고 있던 정도를 초과하지 못하도록 했다. 아울러 정전의 충실한 실시와 규제조치의 올바른 집행을 위해 군사정전위원회 및 중립국 감시위원회를 두고 그 하부기구를 각각 설치 및 운영하는 것을 규정했다.[1] 그러나 이런 규정들은 제대로 지켜지지 않거나 유명무실하게 됐다.

정전협정이 한반도 전쟁을 종식시키고 소극적 평화를 가져온 것을

---

[1] 김강녕, 「정전협정체제의 평화체제로의 전환: 과제와 전망」, 『통일전략』, 3권 2호(2003), 4쪽, 이승열, 「정전체제와 평화체제」, 『북한연구학회(2013 하계학술회의)』37쪽에서 재인용.

부정할 수는 없다. 그럼에도 정전협정 자체가 가진 잠정적 성격으로 인해 발생하는 한계가 엄연히 존재한다. 먼저 협정의 성격을 두고 조약 문서에서는 정전(armistice)이라고 규정했고, 미국에서는 교전 중지(truce)라고 명명했다. 이런 점에서 한반도 전쟁의 정전은 종전(the end of war)을 의미하는 게 아니다. 다시 말하면 조약의 내용상 한반도 전쟁은 끝나지 않은 것이고, 임시로 중단된 상태다.

정전협정이 항구적 평화를 보장하는 것이 아니라는 점에 대한 규정은 정전협정 제4조 60항에 명시되어 있다. 이에 따라 1954년 한반도 평화 문제를 해결하기 위해 제네바 국제회의가 열렸으나 당시 양측의 입장 차이가 너무 커 회의는 별다른 성과를 거두지 못했다. 한반도 전쟁을 유발한 국내적, 국제적 요인이 엄존하는 상황에서 한반도 평화의 실현을 목적으로 한 평화회담의 성공을 기대하기는 어려운 일이었다. 제네바 평화회담이 소기의 목적을 달성하지 못하고 결렬된 것은 그러한 현실 때문이었다. 정전협정체제가 70년이 넘도록 유지된 것은 정전협정체제를 낳은 국제적 세력 판도와 대립 구도가 계속 반영된 결과였다.

정전협정체제의 가장 큰 문제점은 정전협정이 전쟁의 원인을 해결하지 않고 군사적 교전행위만을 중지한 것으로서 군사적 충돌 요인을 남겨둔 것이라는 점이다. 정전협정에서 군사분계선(휴전선)을 설정하면서 육상의 군사분계선은 휴전선을 경계로 확정됐지만, 해상의 군사분계선은 명시되지 않은 것이다. 정전협정은 해상분계선과 관련해 "상대방의 군사통제 하에 있는 육지에 인접한 해상으로 한다"고 규정했다(정전협정 제2조, 가, 15). 정전협정은 해상경계선의 토대가 될 영해의 폭에 대하여 정확한 거리를 구체적으로 규정하지 못하고, '육지에 인접한 해상'이라는 애매한 표현으로 규정함으로써 남북 간 군사적 충돌의 불씨를 남긴 것이다.[2]

정전협정 협상 과정에서 유엔군 쪽은 실제 전선에 입각한 경계선 확정을 주장했다. 이에 대해 공산군 쪽은 38선의 복원을 주장했다. 협상 끝에 실제 전선을 군사분계선 경계선으로 하는 원칙에 합의함으로써 정전협정이 타결됐다.

그러나 정전협정에서 육상 군사분계선은 설정됐지만, 해상 군사분계선은 명시되지 않았다. 협정 협상 기록에 따르면, 해상 군사분계선에 관해 유엔군 쪽은 당시 일반적으로 인정됐던 폭 3해리의 영해를 주장했으나, 공산군 쪽은 12해리라고 맞섰다. 유엔군 쪽은 서해 5개 도서가 모두 포함되도록 한 분계선을, 공산군 쪽은 경기도와 황해도의 도 경계선의 연장선을 주장한 것이다. 양쪽이 끝내 합의를 보지 못해 결국 정확한 거리 대신 '육지에 인접한 해상'으로 규정되고 말았다.

당시 유엔군은 북한 연안 도서의 대부분을 통제하고 있었기 때문에 실제 전선은 북한 해역과 유엔군이 장악했던 대부분의 도서의 사이에 존재하고 있었다. 전쟁 기간 동안 유엔군이 한반도 해역을 실질적으로 장악하고 있었던 것이다. 따라서 유엔군 쪽은 보상 없이 일방적으로 물러날 수는 없었으므로 육상 분계선을 조정하자고 제안했다. 유엔군 쪽은 다른 협상에서 약간의 양보를 받고 5개 도서 군을 제외한 대부분의 섬들을 북한에 내줌으로써 타결이 이루어졌다.[3]

이에 따라 유엔군은 정전협정을 통해 육지의 군사분계선 연장선의 북쪽에서 전쟁 이전인 1950년 6월 24일 시점에 북한이 점령하고 있었던 대부분의 도서를 북한에게 이양하고, 이에 대한 예외 조치로 백령도를 비롯해 서해 5개 도서들을 계속 유엔군 통제 하에 남겨두는 조치를 단행했다(정전협정 제2조 가, 13(나)). 당시 유엔군 사령관 클라크 대장

---

2) 이종연, 「북방한계선(NLL)의 국제법적 지위」, 『신아세아』18권 4호(2011년 가을), 10쪽.

3) 임성채, 「서해 북방한계선(NLL)에 관한 북한의 전략」, 『북한연구』제10권 (2007), 45쪽.

은 협정의 집행 조치로 북한의 해상과 섬들을 점령하고 있던 한국 해군을 포함한 유엔군 군함들에게 서해 5개 도서 인접 해역 이남으로 철수하라는 명령을 내렸다.[4]

클라크 대장은 1953년 8월 30일 서해 5개 도서 군(백령도, 대청도, 소청도, 연평도, 우도)으로부터 북쪽으로 3해리 되며, 동시에 서해 5개 도서 군과 북한 점령지 사이를 서해 북방한계선으로 일방적으로 설정했다. 이와 함께 육상의 비무장지대 해상에서 북방한계선 1-5km 구간에 완충지대를 만들었다. 당시 북진통일을 주장하는 이승만 정부의 남한이 우세한 해군력을 동원해 북진공격을 할 우려가 있는 상황에서 남한 해군의 북진한계를 내부적으로 규제하고, 나아가 남북 간 우발적 충돌을 방지하는 한편, 정전체제를 안정적으로 관리하기 위해 유엔군사령관이 내부적 작전규칙의 일환으로 서해 북방한계선을 그은 것이다.

국제법적으로 군사적 목적을 위해 설정된 지역은 영해를 규정하는 경계선이 아니라는 것이 국제법 학자들의 공통된 견해다. 미 국무부도 북방한계선 통과를 영해의 침범으로 보지 않는다. 이영호 국방장관도 1996년 7월 16일 국회본회의 대정부 질문답변을 통해 "해상 북방한계선은 우리 어선이 조업 도중 잘못해 월북할 것을 우려해 우리가 임의로 설정한 북방한계선인 만큼 북한에서 넘어와도 정전협정과는 무관한 것"이라고 답변했다.

정전협정이 발효된 이후 1973년 10월까지 20년 동안 북한은 북방한계선을 넘어온 일이 없었다. 북한은 강한 해군력을 보유하지 못했기 때문이다. 그럼에도 불구하고 북한은 1957년 초부터 북한 경비정이 5개 도서 연안을 순시하기 시작했고, 가끔 한국 어선을 나포해 갔다.

북한은 1973년 10월 23일부터 12월까지 경비정 60여 척으로 43회에

---

4) 이종연, 앞의 책, 10-11쪽.

걸쳐 북방한계선을 넘어와 연평도, 대청도, 백령도 인접 해상까지 침범했다. 북한은 이 해 12월 1일 개최된 제346차 군사정전위원회 전체회의에서 "황해도와 경기도의 도계선 북서쪽의 해역은 북한의 영해이며, 서해 5개 도서에 출입하는 선박은 북한의 사전 승인을 받아야 한다"고 주장했다. 북한이 북방한계선의 법적 지위를 부정하고 나선 것이다.5)

이에 앞서 북한은 이 해 9월 2일 이른 바 '조선 서해 해상군사분계선'을 일방적으로 선포하고 "북방한계선(NLL)은 무효"라고 주장했다. 1977년 7월 1일에는 '200해리 경제수역'을 발표하고, 8월 1일에는 동해에서 50마일, 서해에서는 경제수역 경계선이 남북 간의 해상 군사분계선이라고 일방적으로 주장했다.

서해 해상분계선을 둘러싼 남북 간의 갈등은 1999년 6월 15일 사상 최초로 남북한 해군의 상호 포격전으로 이어지고 말았다. 이 포격전에서 북한 함정 6척이 침몰 또는 파손됐으며, 승조원 30명 이상이 사망하고, 70명이 부상당한 것으로 미 <CNN> 방송에 보도됐다. 남한 쪽은 장병 9명이 부상을 입고, 함정 5척이 손상됐다.6)

포격전 이후 북한은 제6차 유엔사-북한군 장성급 회담에서 "NLL은 북한의 12해리 영역 안에 있다"며 "이를 인정할 수 없다"고 주장했다. 다음 해인 2000년 3월 23일 북한은 "조선 서해 해상군사분계선"과 "서해 5개 도서 통행 질서"를 발표하고, 남한에서 5개 도서로 출입하는 2개 수로를 지정하는 한편, "남한의 모든 군과 민간 선박의 통행을 2개의 수로로 제한한다"고 주장했다.

이후 2002년 6월 11-28일 제2차 연평해전이 발생해 한국 해군 장병 6명이 전사했다. 이어 2009년 11월 10일 대청도 해전, 20010년 3월 24

---

5) 해군본부, 「NLL은 우리가 피로써 지켜낸 해상분계선(2011)」, 19쪽.
6) 임성채, 앞의 책, 64-65쪽.

일 한국 해군 천안함 침몰, 이 해 11월 23일 연평도 포격 사태가 벌어졌다.

2024년 2월 15일 김정은 북한 국무위원장은 동·서해 북방한계선(NLL)과 관련해 "국제법적 근거나 합법적 명분이 없는 유령선"으로 규정하고 '실제적 무력행사를 경고하며 긴장 수위를 크게 높였다. 김 위원장은 "조선 서해에 몇 개의 선이 존재하는지는 중요하지 않으며 또한 시비를 가릴 필요도 없다"며 "명백한 것은 우리가 인정하는 해상 국경선을 적이 침범할 시에는 그것을 곧 우리의 주권에 대한 침해로, 무력도발로 간주할 것"이라고 말했다. 그는 1월 15일 최고인민회의에서도 "우리 국가의 남쪽 국경선이 명백히 그어진 이상 불법무법의 '북방한계선'을 비롯한 그 어떤 경계선도 허용될 수 없으며, 대한민국이 우리의 영토, 영공, 영해를 0.001㎜라도 침범한다면 그것은 곧 전쟁도발로 간주될 것"이라고 밝힌 바 있다.

북한이 기존의 '해상군사분계선'이나 '경비계선' 대신 '국경선' 표현을 사용한 것은 남북관계를 동족이 아닌 교전국 관계로 규정한 북한의 새 노선을 반영한 것으로 풀이된다. 한국 합동참모본부는 북한이 주장한 해상 국경선이 정확히 무엇을 뜻하는지는 추가 확인이 필요하다면서도, NLL은 우리 군의 변치 않는 해상경계선이란 입장을 재확인했다. 임을출 경남대 극동문제연구소 교수는 "해상 국경선을 사수하겠다고 노골적으로 밝힌 점은 향후 남북 간 서로가 피하기 쉽지 않은 극단적 대결을 예고한다"고 분석했다. 이와 관련, 김정은 위원장은 NLL을 부정하고 무력행사를 위협하면서도 '적이 침범할 시'라는 전제를 잊지 않았다. 남북 간 충돌을 비껴갈 최소한의 공간은 남아있는 셈이다.[7]

---

[7] <노컷뉴스> 2024년 2월 16일치.

나. 유엔사 활성화와 일본의 편입 동향

　냉전 시기 불안정한 평화를 담보한 정전협정은 그 한계와 문제점에도 불구하고 한반도에서 불필요한 충돌을 막고 긴장의 확대가 실질적 충돌로 이어지는 것을 제한하는 역할을 한 측면이 있다. 그 대표적 사례가 1968년 푸에블로 사건과 1976년 판문점 '미루나무 사건'이라 할 수 있다. 1968년 동해안 원산 앞바다에서 미국 첩보선 푸에블로호가 북한에 나포된 사건은 북·미 양국이 중립국감시위원회 위원을 매개로 비공식 접촉을 벌여 군사정전위원회의 틀과 연계돼 북·미 양자회담으로 협상이 타결됐다. 1976년 판문점 미루나무 사건은 판문점에서 일어난 북한군과 미군의 충돌사건으로 사건 이후 유엔군사령관은 군사정전위원회를 소집해 양쪽이 협상을 통해 사태가 확대되는 것을 막을 수 있었다. 두 사건은 정전협정의 한계를 보여준 것이기도 하지만, 정전협정의 존재로 인해 한반도에서 작은 충돌이 대규모 충돌로 확대되는 것을 방지한 역할을 한 것이기도 하다.

　그럼에도 불구하고 1953년 체결된 정전협정체제는 오랜 세월에 걸친 국제정세의 변화로 인해 유엔군의 위상도 바뀌며 한반도의 안전과 질서를 엄격하게 통제할 수 없는 한계를 드러낼 수밖에 없게 됐다. 정전협정 체결 이후 미국, 영국 등 일부 국가들을 제외한 나머지 국가들은 한반도에서 철수했다. 1954년 제네바 평화회담 결렬 이후에도 유엔군사령부는 유지됐지만, 미국을 제외한 국가들은 연락 장교를 한국에 파견하는 형태로 이루어졌다. 유엔군의 구성국 군인은 사실상 한국과 미국만 남게 된 것이다.

　북한을 비롯한 사회주의권에서는 유엔군사령부를 해체하려는 움직임이 나타났다. 1974년 제29차 유엔 총회에서 한반도 내 외국군 철수와 유엔군사령부 해체를 요구하는 결의안이 상정돼 정치위원회에서 부결되는 일이 벌어진 것이다. 그러나 1975년 8월 페루에서 열린 비동맹 외상회의에서 북한과 베트남이 비동맹 회원국으로 가입하면서 상황이 달라졌다.

이 해 제30차 유엔 총회에서 남북한 지지 세력 사이에 일대 외교 대결이 전개됐다. 9월 22일 유엔 총회에서 자본주의 진영은 남북대화의 지속 촉구, 휴전협정 대안 및 항구적 평화 보장 마련을 위한 협상 개시 등의 내용의 결의안을 제출했고, 사회주의 진영은 유엔군사령부의 조건 없는 즉각 해체, 한반도 내 외국군 철수, 평화협정체제로의 전환 등을 요구하는 결의안을 상정했다.

두 결의안이 표결에 부쳐진 결과 자본주의와 사회주의 진영의 결의안이 동시에 통과되는 일이 벌어졌다. 이와 관련해 미국은 "직접 관계 당사자들이 정전협정 유지를 위해 상호 수락할 수 있는 대안에 동의한다면, 미국 정부는 1976년 1월 1일자로 유엔군사령부를 종료할 용의가 있다"는 내용의 서한을 유엔 안전보장이사회 의장 앞으로 발송했다. 사회주의 진영에서는 결의안 이후 유엔사의 해체를 주장했다.[8]

군사정전위원회는 정전협정 체결 당시 쌍방 5명의 대표 10명으로 구성됐다. 유엔군 쪽 대표단은 미군 장성 1명, 한국군 장교 2명, 영국군 장교 1명, 기타 유엔참전국 1명으로, 공산군 쪽은 북한 장교 4명과 중국군 장교 1명으로 구성됐다. 군정위는 약 40년 동안 정전협정 위반이 있을 때마다 적대적 쌍방 간의 유일한 의사소통의 채널로서 우발적인 군사충돌을 막는 위기관리체계의 기능을 수행했다.

그러나 1991년 3월 군정위 유엔 쪽 수석대표로 한국군 장성인 황원탁 소장이 임명되자 북한은 군정위 소집 요구에 일체 불응하다 1994년 4월에는 군정위에서 일방적인 철수를 선언했다. 정전협정 당사자인 중

---

8) https://namu.wiki/w/유엔군사령부.

국도 이 해 9월 북한의 요구를 받아들여 군사정전위 대표를 소환함으로써 군정위의 기능은 어느 일방에 의해 사실상 폐지된 것이라고 할 수 있다.9)

군정위와 함께 한반도 정전협정을 관리하는 임무를 맡은 중립국감시위원회 또한 사회주의쪽 대표단이 해체된 상태에서 유엔쪽 대표단만 활동하고 있다. 1953년 정전협정에 따라 중감위는 군사정전위원회 소속으로 남북 간의 관계를 통제하는 역할을 해왔다. 중감위는 4개의 국가로 이루어졌으며, 2개 중립국은 유엔군사령부에서 임명하며, 다른 2개 중립국은 북한군과 중국군에서 지명했다. 이들 중립국은 한반도 전쟁에 참여하지 않은 국가로 규정돼 유엔사령부쪽에서는 스웨덴과 스위스를, 북한군과 중국군에서는 폴란드와 체코슬로바키아를 택했다.

북한은 1993년 1월 체코슬로바키아가 체코와 슬로바키아로 분리되자 북한은 체코의 중감위 자격을 거부했고, 이에 따라 체코 대표단은 이 해 4월 철수했다. 폴란드도 1995년 베이징으로 철수했다. 중감위 4개국 중 스위스와 스웨덴만이 판문점 남쪽 지역에서 활동하고 있다. 이로부터 정전협정의 감독기구가 제 역할을 별로 발휘하지 못하게 됐다.

군사정전위원회는 1999년 6월과 2002년 6월 서해에서 남북한 해군 간 교전, 2010년 3월 천안함 사태와 11월 연평도 포격사태에서 아무런 역할을 하지 못했다. 이처럼 군사정전위의 역할이 유명무실해졌기 때문에 정전협정은 국지적 도발을 제어하지 못하는 한계를 드러낸 것이다. 오히려 정전협정체제는 남북한 간은 물론 동북아의 군비경쟁과 한반도의 군사적 긴장의 요인이 되고 있다. 정전체제의 등장은 한반도 나아가 동북아 냉전체제의 완성을 의미하기 때문이다.

정전협정으로 전쟁의 종료가 아니라 단지 교전의 중지만을 한 상황

---

9) 김윤곤, 「정전체제는 무너졌다」, 『한국논단』71권(1995, 7), 39쪽.

에서 남북한 쌍방이 군비를 확충하는 것은 불가피한 현상이다. 북한은 정전체제 때문에 미국의 '선제공격 위협'에 대응해 선군정치를 견지하며 핵과 미사일을 보유하기에 이르렀다. 미국도 정전협정으로 완성된 한반도 냉전체제를 통해 '북한의 위협'을 빌미 삼아 갖가지 군사훈련을 실시하고, 미일동맹을 강화하며 미사일방어체계 구축을 추진했다.

천안함 사태는 한반도 신냉전 기류의 기폭제였다. 천안함 사태의 '북한 소행론'을 주장하는 한국과 미국, 일본 쪽과 이를 부정하는 북한, 중국, 러시아 사이의 의견 대립과 갈등의 한냉전선이 형성됐다. 특히 서해의 핵심이익을 처음 주장하고 나선 중국과 미국의 갈등이 불거진 계기가 바로 이 사태였다.

천안함 사태는 또한 미국의 아시아 복귀를 촉진한 계기이기도 했다. 미국은 후텐마 기지 문제로 냉각된 미·일동맹 관계를 미국의 원안대로 복원하고, 한·미 군사 동맹관계의 질적 강화를 도모했다. 2010년 6월 말 한·미 정상회담에서 오바마 미국 대통령이 "한·미 동맹은 미국 안보뿐만 아니라 태평양 전체 안보의 중추"라고 평가한 것은 한·미 동맹이 한반도 방어만을 위한 목적에서 타이완 사태 등 한반도 이외의 분쟁 사태에 대비한 동맹관계로 확대되고 있음을 뜻한다.

이 해 한국의 이명박 정부는 한·미 미사일방어체제 협력을 강화하겠다고 밝혔다. 이는 북한과 중국, 러시아를 겨냥한 한·미·일 3각 안보협력 관계의 중대한 진전을 의미한다. 이후 한·미·일과 북·중·러의 신냉전 대립구도가 한층 심화되기 시작했다.

한반도는 열강들이 각축하는 연합군사 훈련의 장으로 돼 버렸다. 한국과 미국은 2012년 2월 27일 키리졸브 훈련, 3월 독수리 훈련, 23년 만의 한·미 연합상륙 훈련인 쌍룡훈련을 대대적으로 실시했다. 두 나라는 이어 5월 7일부터 18일까지 역대 최대 규모, 최장 기간의 연합공중전투 훈련을 벌였다. 2010년 7월 한·미 합동 해상훈련에 일본 자위대

장교들이 참관하는 등 한·미·일 공동 군사훈련도 진행됐다.

중국과 러시아의 연합 해상훈련인 '해상협력 2012'가 한반도 주변에서 2012년 4월 24-29일 실시됐다. 양국 모두 주력 함정들을 동원한 역대 최대 규모였다. 러시아 함대가 일본 열도를 우회하지 않고 대한해협을 직접 통화한 것은 일본에 대한 경고라는 분석이 나오기도 했다.

미국의 주도로 국제사회의 진영화가 심화되면서 한반도의 동해가 어느 새 한·미·일과 북·중·러가 갈수록 거세게 맞섬에 따라 세계에서 가장 위험한 '증오의 바다'로 변했다. 동해에서 북한뿐만 아니라 중국과 러시아의 군사적 움직임이 본격화한 것은 미·중의 갈등이 악화된 2019년 여름부터다. 일본 방위성은 <방위백서>(2022년판)에서 "2019년 이후 중·러 양국이 일본해(동해)·동중국해·태평양 상공에서 폭격기를 동원한 공동비행(2019년 이후 6번)을 하고 있다"고 밝혔다.[10]

주목해야 할 것은 미국이 추구해온 주한미군의 전략적 유연성과 유엔군사령부의 활성화 계획에 따라 영국과 호주 등 유엔군사령부의 전력제공국들이 한반도의 연합훈련에 참가하기 시작했다는 사실이다. 특히 윤석열 정부 들어 한미연합연습·훈련 시나리오가 전면 개편되면서 북한이 가장 민감해 하는 연합훈련인 쌍룡훈련에 호주에 이어 영국이 가세했다. 쌍룡훈련의 결정적 행동 단계인 연합상륙돌격 훈련은 해상에서부터 공중돌격대와 해상돌격대가 동시에 목표지점에 상륙해 목표지점을 탈환하는 훈련이다. 인천상륙작전에서도 알 수 있듯이 적 후방에서 허를 찌르는 상륙훈련은 방어가 아닌 공세적 성격의 훈련이다.

2023년 3월 20일부터 4월 3일까지 전개된 쌍룡훈련에 영국 해병대 코만도가 처음으로 참가했다. 이 훈련에는 한국의 독도함과 '작은 항공모함'이라고 불리는 미국의 마킨 아일랜드함을 비롯한 함정 30여척, 각

---

[10] <한겨레신문> 2023년 7월 20일치.

종 헬기와 F-35B 등 항공기 70여대, 그리고 상륙돌격장갑차 등이 동원됐다. 이전엔 여단급으로 실시됐으나 사단급으로 확대된 역대급이었다.

연합수색훈련에 참가한 영국 해병대 코만도 부대원은 한국 해병대 수색대와 함께 해상으로 침투하는 훈련을 했다. 처음으로 참가한 영국 코만도 부대는 수색 정찰, 침투, 표적 획득, 화력 유도 등 특수작전을 주요 임무로 하는 영국 왕립 해병대 소속 부대다. 1664년 창설돼 1, 2차 세계대전을 비롯해 6·25 전쟁에도 참전해 용맹을 떨쳤다.[11] 2022년 쌍용훈련에는 유엔사 전력제공국 호주가 참가했다.

전력제공국 영국과 호주의 쌍룡훈련 참가는 주목되는 대목이다. 유엔사 전력제공국을 통로로 북대서양조약기구(나토) 회원국들의 참가 길을 여는 것이기 때문이다. 쌍용훈련은 북한의 위협 제거 및 북한 상륙이 중심이지만, 유럽국들과의 합동훈련이 중국과 러시아의 잠재적 위협에 대비하는 성격도 지니는 것으로 보인다. 전력제공국인 프랑스의 항공우주군은 2023년 7월 25일부터 이틀간 김해기지에서 한국 공군과 처음으로 연합공중훈련을 벌였다. 영국, 호주, 캐나다, 프랑스, 뉴질랜드, 콜롬비아 등 유엔사 소속 국가들은 2015년 한미 연합훈련에 처음 참가한 이후 2022년 '비질런트 수톰', '2023년 을지 자유의 방패' 등 한미 연합훈련에 병력을 파견해왔다. 유엔사는 한반도 유사시 별도의 유엔 안전보장이사회 결의 없이 회원국 전력을 즉각 제공하게 된다.

미국의 유엔사 활성화 계획은 주한미군의 전략적 유연성과도 밀접한 관련을 갖는다. 주한미군의 전략적 유연성의 핵심 목표는 타이완 유사시 미국이 필요하다고 판단하면, 주한미군을 동원할 수 있다는 데 있기 때문이다. 문제는 타이완 유사시 주한미군이 타이완 사태로 차출되면 한반도에서 안보 공백이 생길 수 있다는 점이다.

---

11) <연합뉴스> 2023년 3월 23일치.

2021년 5월 폴 러캐머라 주한미군 사령관의 인준 청문회에서 "주한 미군이 타이완으로 전개되면 북한이 도발할 가능성이 있지 않느냐"는 질문에 러캐머라는 "한국군과 유엔사가 대응할 것"이라고 답변했다. 주한미군의 전략적 유연성과 유엔사의 활성화가 긴밀히 연결되어 있음을 확인할 수 있는 답변이다. 미국은 한미동맹의 성격을 북한뿐만 아니라 중국을 상대하는 방향으로 바꾸고 싶어한다. 이에 미국의 핵심 동맹국들인 영국과 호주, 일본 등이 호응하고 나섰다.12)

  윤석열 대통령은 2023년 8월 15일 광복절 경축사에서 일본의 '유엔군사령부 후방기지'를 "북한의 남침을 저지하는 최대 억제요인"으로 강조했다. 일본은 유엔사 전력제공국은 아니지만, 7곳의 유엔사 후방기지가 자리하고 있다. 후방기지는 유사시 한반도에 신속대응 전력을 보내고 군수물자를 지원하는 것을 주된 임무로 한다.

  2023년 11월 14일 서울 국방부에서 한국과 유엔사 국방장관회의가 열렸다. 유엔사의 17개 회원국 국방장관이 모인 회의는 한반도 유사시 공동선언을 채택하고, 유엔사 '재활성화'를 논의하기 위해 마련됐다는 게 한국 국방부의 설명이다. 미국은 한미연합사령부 해체 이후를 대비해 2014년부터 유엔사 '재활성화' 작업을 본격적으로 추진해왔다.

  유엔사 '재활성화'를 위해 미 합참은 2018년 6월 '유엔사 관련 약정 미 전략지침'을 개정해 '전력제공국'의 정의를 "유엔안보리 결의에 근거해 유엔사에 군사적, 비군사적 기여를 했거나 할 국가"로 확대했다. 이에 대해 미국이 유엔사 후방기지 7곳이 배치된 일본을 유엔사에 편입될 수 있도록 한 것이라는 비판이 나온다. 실제 2018년 1월 개최된 유엔사 참여국 외무장관 회담에 일본이 참여하도록 한 것은 일본을 후방기지에서 전력제공국으로 만들기 위한 과정이라는 분석이다. 윤석열

---

12) <프레시안> 2023년 3월 29일치.

한국 정부는 미국과 한국-유엔사 국방장관회의에 앞선 13일 55차 한미 안보협의회를 갖고 유엔사를 기존의 정전관리 기능에서 전투기능을 추가한 전투사령부로 확장하기로 결의하는 한편, 한-유엔사 회원국의 공동훈련을 활성화하고, 유엔사 회원국을 확대하기로 합의했다. 회원국 확대는 일본 자위대의 유엔사 편입을 염두에 둔 것으로 보인다.

일본 자위대가 유엔사의 일원으로 한반도에 합법적으로 진출하게 될 것이라는 우려가 나오지 않을 수 없다. 한국-유엔사 국방장관의 유엔사 '재활성화'가 "한·미·일 군사동맹의 완성이자 아시아판 나토로 가는 길"로서 "미국이 대중국 봉쇄를 위한 새로운 군사동맹으로 유엔사를 작동시키겠다는 것"이라는 비판이다. 오랜 기간 유명무실했던 유엔사가 사실상 제2의 한반도 전쟁을 준비하는 것 아니냐는 우려도 나온다.[13]

다. 종전선언 좌절과 정전협정체제의 반평화

도널드 트럼프 대통령이 취임한 2017년 한반도에는 전쟁 위기가 감돌기 시작했다. 트럼프 대통령은 취임 초부터 북한과 전쟁을 벌이고 싶다는 발언을 계속했다고 한다. 특히 북한을 핵무기로 선제공격하는 문제를 거론하면서 그럴 경우 미 정부가 다른 누군가에 책임을 떠넘길 수 있을 것이라는 발언도 했다는 것이다. 이로 인해 존 켈리 백악관 비서실장과 군 지도부가 어느 때보다도 핵전쟁이 임박했다고 생각했다는 증언이 나온다.

제임스 매티스 미 국방장관은 2017년 1월 12일 미 상원 군사위원회 청문회에서 북핵 미사일 저지를 위한 군사력 사용 가능성을 밝혔다. 트

---

[13] <통일뉴스> 2023년 11월 15일치.

럼프 대통령도 선거운동 기간 "핵무기 사용 가능성을 배제하지 않는다"고 강조했다.14) 한반도는 마치 핵전쟁 5분 전을 향하는 형국이었다.

NBC는 마이클 슈미트 <뉴욕타임스> 기자가 쓴 『도널드 트럼프 대 미국』이라는 책을 인용해 "전 세계가 지금껏 보지 못한 화염과 분노, 노골적인 힘에 맞닥뜨릴 것"이라고 트럼프가 경고했다며 트럼프의 북한에 대한 핵무기 선제공격 발언에 켈리 비서실장이 경악했다고 2023년 1월 12일 전했다. 트럼프는 2017년 9월 그의 첫 유엔 연설에서 김정은을 "로켓맨"이라고 부르며 북한이 군사적 위협을 지속할 경우 "북한을 철저히 파괴할 것"이라고 위협했다. 슈미트 기자는 켈리 비서실장이 더 걱정한 것은 트럼프의 비공개 발언이었다고 전했다. 슈미트 기자는 "트럼프가 계속해 전쟁을 벌이고 싶어 했다"며 그는 대범하게 북한을 상대로 핵무기를 사용하는 문제를 거론했다고 썼다.

켈리는 군 최고 지도자들을 백악관으로 불러 모아, 미국과 북한 간 전쟁이 쉽게 벌어질 수 있고, 그로 인한 피해가 엄청나다는 점을 트럼프에게 설명했다. 슈미트 기자는 그러나 수많은 사람이 숨질 수 있다는 주장에 "트럼프가 아무런 반응을 보이지 않았다"고 기술했다. 트럼프의 반응을 본 켈리가 경제적 피해를 지적하자 트럼프는 잠시 관심을 보였을 뿐이며, 북한을 선제공격하는 등 전쟁을 벌이는 일로 관심을 다시 돌렸다. 이에 켈리가 트럼프에게 선제공격은 의회의 승인을 받아야 한다고 하자 크게 놀라며 짜증을 냈다는 것이다. 슈미트 기자는 켈리가 2018년 봄 트럼프의 자아도취를 자극하는 방법을 쓸 수밖에 없었다면서 북한과 외교관계를 맺어 핵전쟁을 방지하면 "세계 최고의 세일즈맨"임을 보여줄 수 있다며 설득했다고 전했다.15)

---

14) <한겨레신문> 2017년 1월 14일, 2016년 12월 24일치.

15) <뉴시스> 2023년 1월 13일치.

전쟁 위기 상황에서 문재인 대통령은 2017년 7월 독일 쾨르버재단 연설 등에서 베를린 선언으로 불리는 '신 한반도 평화비전'을 발표하고, 북한에 대한 대화 의지의 신호를 보냈다. 그러나 2018년 1월만 해도 북한과 미국이 '핵단추 설전'을 벌여 한반도에는 핵전쟁 위기마저 감돌았다. 전쟁 위기에서 평화의 소중한 싹을 틔운 계기는 평화올림픽으로 승화된 평창올림픽이었다.

문 대통령은 2017년 9월 유엔총회 기조연설을 통해 "평화의 위기 앞에서 평창이 평화의 빛을 밝히는 촛불이 되기를 바란다"고 평창동계올림픽의 평화를 호소했다. 2017년 11월 13일 유엔총회는 '평창올림픽 휴전 결의'를 만장일치로 채택했다. 아이스하키 남북 단일팀이 구성된 2018년 2월 9일 평창올림픽 개막식에는 김여정 북한 노동당 중앙위원회 제1부부장이 김영남 최고 인민위원회 상임위원회 위원장과 함께 참석해 '2018년 한반도 평화의 봄'을 예고했다. 토마스 바흐 국제올림픽위원회(IOC) 위원장은 "평창올림픽을 통해 한국과 북한 사이에 평화로운 대화를 향한 문이 활짝 열렸다"고 평가했다.

평창올림픽 열흘 뒤인 2018년 3월 5일 정의용 청와대 국가안보실장을 비롯한 '대북특별사절단'이 평양으로 가 김정은 위원장을 만났다. 정 실장은 3월 6일 판문점 평화의 집에서 기자회견을 열고 "남과 북은 4월 말 판문점에서 제3차 남북정상회담을 개최하기로 했다"고 공식 발표했다. 이어 미국으로 간 정 실장은 3월 9일 백악관에서 트럼프 대통령을 만난 뒤 백악관 출입기자들 앞에서 "김정은 위원장은 트럼프 대통령을 가능한 조기에 만나고 싶다는 뜻을 표명했고, 트럼프 대통령은 항구적인 비핵화 달성을 위해 김정은 위원장과 5월 말까지 만나겠다고 말했다"고 발표해 세계를 놀라게 했다.

남북정상은 2018년 4월27일 '4·27 판문점 선언'을 통해 "5월1일부터 군사분계선 일대에서 확성기 방송과 전단 살포를 비롯한 모든 적대행위들을 중지하고 그 수단을 철폐하며 앞으로 비무장지대를 실질적인 평화지대로 만들어 나가기로 했다'고 합의했다. 평화의 싹은 이 해 5월 역사상 최초의 북·미 정상회담으로 평화의 대장정을 이룩했다. 트럼프 대통령은 "나는, 우리가 엄청난 성공을 거둘 것"이라며 "그들(북한)은 (대화가 진행되는 동안) 미사일을 쏘지 않을 것이다. 비핵화를 약속했다. 그래서 대단한 것"이라고 강조했다.

2018년 9월 19일 문재인 대통령과 김정은 북한 국무위원장은 평양에서 가진 남북정상회담의 '평양공동선언'의 부속합의서로 '9·19 군사분야 합의서'를 채택했다. 여기에는 '판문점 선언'에 담긴 비무장지대(DMZ)의 비무장화, 서해 평화수역 조성, 군사당국자 회담 정례화 등을 이행하기 위한 후속 조치가 명시됐다. 이와 함께 김정은 위원장의 서울 답방이 거론됐다.

이처럼 남북관계 개선의 속도가 점점 빨라지자 미국의 개입이 시작됐다. 이 해 11월 비핵화와 남북 협력, 대북 제재 문제 등을 수시로 조율하기 위한 협의체로 '한·미 워킹그룹'이 만들어져 사사건건 남북관계의 발목을 잡고 나섰다. 남북한이 코로나 엔데믹 사태를 맞아 타미플루의 대북 인도적 지원에 합의했지만, 워킹그룹에서 이를 운반할 트럭을 두고 대북 제재 위반 여부를 따지는 바람에 시간을 끌다가 끝내 타미플루 지원이 무산됐다. 금강산에서 열리는 남북행사 취재진에 대한 워킹그룹의 승인이 늦어져 취재진이 노트북을 가져가지 못하는 일도 벌어졌다.

김여정 제1부부장은 2020년 6월 '워킹그룹'에 대해 "남쪽이 스스로 제 목에 걸어놓은 친미사대의 올가미"라고 비난했다. 그러나 한국 외교부는 '워킹그룹' 덕분에 대북 제재 면제 문제에서 미국과 원스톱 논의가 가능하다는 순기능을 강조했다. '워킹그룹'에 대한 사회적 비난 여론이 커지는 가운데 한국 외교부는 2021년 6월 22일 "한·미 북핵 수석

대표 협의시 기존의 한·미 워킹그룹의 운영현황을 점검하고, 이를 종료하는 방향으로 검토하기로 합의했다"며 '워킹그룹' 대신 국장급 협의를 강화하기로 했다고 발표했다. '워킹그룹'이 출범 2년여 만에 사실상 폐지된 것이다.

비무장지대를 포함한 한반도 긴장 완화와 평화정착에 기여해야 할 유엔군사령관도 남북관계에 개입하고 나섰다. 남북 협력이 한창이던 2018년 11월 8일 부임한 에이브럼스 사령관은 통일부 차관이 초청한 한독통일자문위원회 참석자들의 비무장지대 초소 방문을 불허하는가 하면, 여러 기관과 단체의 남북교류협력 사업 추진을 위한 비무장지대 출입도 안전문제를 이유로 여러 차례 거부했다. 또한 통일부 장관의 대성동 방문 시 기자단 동행을 막았다. 심지어 그는 2021년 5월 13일 한국 국내 현안에 대해 발언하지 않는 관례를 무시하고 그의 환송행사 고별사를 통해 대북 전단 살포 금지와 관련, '표현의 자유'를 언급하기도 했다.16)

한국 정부는 남북이 합의한 '4·27 판문점 선언'의 이행과 교착상태에 빠진 북·미 대화의 촉진을 위해 집중적인 노력을 기울였다. 노력의 초점은 '종전선언'이었다. '판문점 선언'은 제3조에서 "남과 북은 정전협정 체결 65년이 되는 올해에 종전을 선언하고, 정전협정을 평화협정으로 전환하며, 항구적이고 공고한 평화체제 구축을 위한 남·북·미 3자 또는 남·북·미·중 4자 회담의 개최를 적극 추진해 나가기로 했다"고 천명했다. 종전선언 추진은 북·미 정상의 '6·12 북미공동성명'과 남북의 '9월 평양공동선언'에서도 재확인했다.

문재인 대통령은 세 차례에 걸친 유엔총회 기조연설을 통해 종전선언에 대한 국제사회의 협력을 호소했다. 문 대통령은 2018년 유엔총회

---

16) <한겨레신문> 2021년 5월 20일치.

기조연설에서 "전쟁종식은 매우 절실하며, 평화체제로 가기 위해 반드시 거쳐야 할 과정이다. 비핵화를 위한 과감한 조치들이 관련국 사이에서 실행되고 종전선언으로 이어질 것을 기대한다"고 강조했다. 문 대통령의 종전선언 호소는 2020년과 2021년 유엔총회 기조연설에서도 이어졌다.

그러나 2023년 6월 28일 윤석열 대통령은 '자유총연맹 제69년 창립 기념행사'에서 "반국가세력들은 종전선언을 노래 부르고 다녔다"고 비판했다. 그런데 '종전선언 노래를 제일 먼저 부른' 사람은 조지 부시 미국 대통령이었다. 북한의 1차 핵실험(2006년 10월9일) 한 달 뒤인 2006년 11월18일 베트남 하노이에서 아시아태평양경제협력체(아펙) 정상회의를 계기로 한·미 정상회담이 열렸다. 이 자리에서 부시 대통령은 노무현 대통령한테 "북한과 종전협정을 체결하겠다. 나와 노 대통령, 김정일이 종전협정서에 함께 사인하자는 것"이라고 비공개로 제안했다. 부시 대통령은 종전선언을 북핵 해결의 유인책으로 처음 화두로 꺼낸 것이다. 부시 대통령은 2007년 9월7일 오스트레일리아 시드니에서 열린 아펙 정상회의 때 한·미 정상회담에서도 "한국전쟁을 종결시키기 위한 평화협정을 김정일 위원장 등과 함께 서명할 수 있다"는 뜻을 거듭 밝혔다.

2019년 2월 하노이 북미 정상회담 이후에도 문재인 한국 정부가 종전선언 추진에 집착하자 정전협정체제에 의존해 기득권을 구축해온 국내외 기득권 세력의 반발과 반대가 거세게 일어났다. 특히 정전협정체제의 현상 변경을 결코 용납하지 않는 미국의 거부 반응이 노골적으로 나타났다. 일본도 여기에 가세했다.

미 상원 외교위원회 공화당 간사 제임스 리시 의원이 종전선언에 대한 비판의 포문을 처음 열었다. 그는 2022년 1월 6일 "문재인 정부의 종전선언 제안을 우려한다"며 "이는 한국을 더 안전하게 만들지 않고 북한뿐 아니라 중국에도 선물"이라고 반대 논평을 내놓았다. 미 하원 외교위 크리스 스미스 공화당 의원은 "바이든 행정부에 문재인 정부가 제안한 종전선언에 동참하지 말 것을 강력하게 경고한다"면서 "종전선언은 인권개선과 비핵화를 효과적으로 분리해 김정은의 요구를 수용하는 것"이라고 밝혔다. 이에 35명의 공화당 의원들은 "북한 정권의 비핵화 약속이 없는 일방적인 종전선언에 강력히 반대한다"는 성명을 채택하고, 토니 블링컨 국무장관, 제이크 설리번 백악관 안보보좌관, 성 김 국무부 대북특별대표 앞으로 2022년 12월 7일 이를 발송했다.

일본도 종전선언을 희망하는 한국에 난색을 표시하고 나섰다. 2021년 11월 8일 워싱턴에서 처음 열린 한·미·일 3국 고위급 협의에서 후나코시 다케히로 일본 외무성 아시아대양주 국장은 한국전쟁에 대한 종전선언은 시기상조라고 밝히며 난색을 나타냈다. 이 해 9월 문재인 대통령의 유엔총회 종전선언 제안에 대해 일본이 처음 거부 입장을 밝힌 것이다.17)

해리 해리슨 주한 미국대사는 "종전선언을 하려면 북한이 비핵화를 향해 상당한 움직임을 보여야 한다. 완전한 핵시설 목록을 제공하는 것"이라고 단언했다. 이처럼 '종전선언'은 미국의 완강한 대북 '선(先)핵포기' 입장의 장벽에 가로막히고 말았다. 북한의 '비핵화'보다 남북관계 개선이 앞서가면 한·미·일 공조가 흐트러질 수 있다는 일본의 우려도 '종전선언'을 가로막는 요인이다.

---

17) <뉴시스> 2021년 11월 8일치.

2. 한·미·일 동향과 한반도 위기

가. 한·미·일 준동맹과 일본 재무장

　미국은 미·일 정상회담을 통해 패전국 일본의 군사력 증강을 승인·지지하고, 한·미·일 협력관계의 강화를 적극적으로 추진했다. 조 바이든 미국 대통령은 2023년 8월 18일 한·미·일 캠프 데이비드 정상회의를 갖고, 한·미·일 3국 협력을 3국 동맹 수준으로 끌어올리겠다는 의지를 과시했다. 바이든 대통령이 취임 이후 외국 정상을 미국 메릴랜드주 캠프데이비드로 초청한 것도, 한·미·일 정상만을 위해 3국 정상들이 모인 것도 처음 있는 일이었다.

　바이든 대통령과 그의 행정부는 취임 초부터 중국 견제를 위한 인도·태평양 전략 차원에서 역내 핵심 동맹국인 한국과 일본의 협력을 강화하는 데 중점을 뒀다. 그러나 일제 강제징용·위안부 등 과거사 문제로 최악의 상태에 머물러 있던 한일 관계가 걸림돌로 작용했다. 이에 '아시아의 차르'로 불리는 커트 캠벨 백악관 국가안보회의(NCC) 인도·태평양 조정관 등 백악관 참모들은 한일 관계 개선을 위해 노력을 기울였다. 특히 바이든 대통령은 핵·미사일 위협을 고도화해온 북한과 함께 인도·태평양에서 군사·경제적 영향력을 확대하고 있는 중국을 향해 한·미·일 3국 협력의 진전을 과시하는 등 강력한 메시지가 매우 필요한 상황이었다.

　윤석열 한국 대통령이 국내의 반대 여론에도 불구하고 제3자 변제 형식의 강제징용 배상문제의 해법을 발표함으로써 과거사 문제의 꼬인

실타래를 푸는 등 한·일 관계 개선에 앞장섬에 따라 한·일 관계가 급진전됐다. 미국도 이를 놓치지 않고 북대서양조약기구(NATO)·동남아시아국가연합(ASEAN) 등 다자회의를 계기로 한·미·일 정상회의를 개최하면서 한·일 관계 개선을 독려하고, 3국간 협력을 강화해 나갔다. 백악관 고위 당국자는 바이든 행정부 출범 초기부터의 노력을 설명하면서 "이번 정상회의는 오랫동안 비공개적으로 많은 막후의 관여와 독려가 있었기에 가능했다"고 설명했다.

'캠프데이비드 정상회의'의 합의를 토대로 향후 한·미·일 3국이 협력을 넘어 '3국 동맹'으로 가는 수순을 밟고 있다는 평가가 나왔다. 미국 내 전문가들은 '준(準) 동맹'이라는 표현을 썼다. 심지어 '한·미·일 준동맹 시대'라는 개념도 등장했다. 바이든 대통령은 한·미·일 정상회의 후 가진 공동기자회견에서 "제가 가장 행복한 것처럼 보인다면 그게 맞다. 그레이트, 그레이트 미팅(훌륭한, 훌륭한 회의)이었다"며 만족감을 감추지 않았다.[18]

회의 결과는 세 문서로 나타났다. 정상회담의 정례화 등 3국 간 포괄적 협력방안을 망라한 한·미·일 공동성명 '캠프데이비드 정신', 한·미·일 협력 추진 과정의 원칙을 문서화한 '캠프데이비드 원칙', 지역적 도전, 도발 위협에 대한 정보 교환, 메시지 조율, 대응조처를 신속하게 협의한다는 '3자 협의에 대한 공약(Commitment Consult)' 등이다. 한·미·일 3국에 위협이 닥쳤을 때 즉각적으로 공동 대응에 나설 수 있다는 점에서 사실상 동맹에 준하는 안보협력틀이 만들어진 것이다. 이로써 대중, 대북 견제 목적을 전면에 내세운 인도·태평양 지역협력체 가동이 공식화됐다.

강제 의무 조항은 없지만, '정신'과 '원칙'을 묶어볼 때 '공약'은 사

---

18) <뉴스1> 2023년 8월 22일치.

실상 위협에 공동 대응하겠다는 자동개입(트리거) 조항으로 해석될 여지가 크다. 중요한 것은 한국과 일본이 어느 한 당사국의 안보에 영향을 미칠 상황이나 위기가 발생할 경우, 서로 협의할 것을 약속했다는 점이다. 그동안 미·일 동맹과 한·미 동맹이 '틈새'를 보이면서 어긋나 있던 상황을 정리했다는 점, 즉 두 양자동맹을 일체화해 '틈'을 없앴다는 점이야말로 '획기적', '역사적'이라는 평가가 나오게 되는 핵심이다.

『포린폴리시(Foreign Policy)』의 주간 <뉴스레터>는 한·미·일 안보협력 강화의 최대 공로자가 윤석열 대통령이라고 지적했다. 그러면서 세 정상이 퇴임한 뒤에도 이번에 만들어진 협력의 틀이 이어질지 의문을 던졌다. 『포린 어페어즈』도 미국에게 기회의 창을 열어준 윤 대통령의 대일정책이 한국에서 저항에 직면하고 있다는 사실을 환기했다.

캠프데이비드에서 확인된 것은 한·미·일 3자 안보협력의 제도적 장치로 여러 수준의 3자 회담과 합동군사훈련을 정례화한 데 그쳤다는 점이다. 이를 담보할 기구를 갖고 있지 못하며, 이를 마련하는 것도 쉽지 않다. 한·미·일 정상회담 정례화라는 것도 쿼드처럼 각국에서 실시하는 것과 달리 국제회의에서 회담을 마련해 연 1회 실시한다는 데 머문 내용이다.

주목되는 것은 유엔군사령부다. 캠프데이비드 합의에도 그 실행을 담보하기 위한 기구로 동북아 지역에서 나토와 같은 다자안보기구를 창설한다는 것은 쉽지 않다. 이런 상황에서 유엔사는 아시아판 나토를 대신할 수 있는 기구가 될 수 있다. 이런 점에서 미국과 일본의 입장에서는 한·미·일 준동맹이 지속가능한 중국 견제로 작동하기 위해서는 한반도의 정전협정체제가 지속되어야만 한다. 그래서 윤 대통령은 2023년 8·15 경축사에서 유엔사의 기능을 강조한 것이다.

문제는 대중국 포위망에서 한·미·일 3국의 처지가 다를 수밖에 없다는 점이다. 한·미·일 '준동맹'이 한반도 정전협정체제를 배경으로 과거 냉전시대의 3각 안보협력과 같은 위계적 질서를 보이고 있다는 점에서 그 구속력과 위협, 또는 피해가 같을 수 없다. 대중국 포위망의 최전선에 서 있는 한국은 포위망의 가장 깊숙한 곳에서 중국을 정면으로 상대하게 된다. 반면, 후방기지의 위치에 서 있는 일본, 전선과 후방을 연결하며 관리하는 위치의 미국은 한국에 비해 위협이나 피해로부터 자유로운 공간이 크다. 한국이 가장 큰 피해의 희생양이 되기 십상이다.

한·미·일 준동맹에 맞춰 북한과 중국, 러시아의 접근이 활발해지면서 동북아시아에 진영화와 대립의 조짐이 거세지고 있다. 특히 한반도를 중심으로 두 진영의 합동훈련이 빈번해지면서 군사적 긴장이 높아졌다. 동북아 신냉전의 기류가 가속화되고 있는 것이다.

2023년 7월 중·러 해군이 연해주 블라디보톡 인근 동해상에서 연합훈련을 실시한 것은 미국 전략핵잠수함 켄터키가 부산에 기항하는 시기에 맞춘 것이었다. 이 훈련에서 중·러 연합함대가 미국 알래스카 인근 해상까지 진출함으로써 미국을 긴장시켰다. 이 해 8월에는 미군 전략정찰기가 북한의 원산 동해 해역 상공 등에서 선회비행을 하며 경제수역 상공을 세 차례 침범한 데 대해 북한이 전투기를 긴급 발진시켜 대응하는 일이 벌어졌다. 북한은 주권 수호를 위해 어떠한 물리력도 사용할 준비가 돼 있다고 강조했다.[19]

동아시아에서는 미·중 갈등, 일본의 대국주의 등 강대국 간의 힘겨루기가 상수로 됐다고 이종원 일본 와세다대학 교수는 말한다. 그는 "일본의 방점은 미국을 중심으로 한 신냉전에 찍혀있다"며 "일본은 샌프란시스코 체제의 '버전2'로 움직인다"고 분석했다. 아시아 관여의 축소가 불가피해진 미국이 일본에 보다 큰 역할을 부여했고, 이에 따라 일

---

19) 평화재단, 〔제311호 현안진단〕 캠프데이비드 정상회담의 성과와 과제, 2023년 8월 22일.

본은 대국주의로 흐르고 있다는 것이다.[20]

2019년 7월 1일 일본은 한국에 대한 반도체, 디스플레이 소재 수출을 규제함으로써 경제보복 전쟁을 일으켰다. 한국 대법원의 일제 강제징용에 대한 배상 판결에 대한 보복이었다. 한·일 관계는 수교 이래 최악의 상황에 이르렀다. 남기정 서울대 일본연구소 교수는 "한·일 관계가 대전환 시대에 맞게 업그레이드되지 못했고, 일본이 동북아 질서 재편을 둘러싸고 '한국 길들이기'를 하려는 것이 원인"이라고 분석했다. 일본의 한국에 대한 경제보복 전쟁은 동북아의 패권국가로 자리매김하려는 일본이 한국을 자신의 통제권에 묶어두려는 의도에서 비롯된 것이다.

한·일 간 위기가 고조된 배경에는 한반도 정전협정체제를 둘러싼 갈등이 존재한다. 남기정 교수는 2019년 8월 28일 일본 중의원 제1의원회관에서 열린 '동아시아 국제심포지엄'에서 "한국은 위기를 고조시켜온 한반도 정전협정체제를 종식하려 했고, 일본은 이 체제를 전제로 성립한 동북아시아의 전략적 균형을 유지하려고 했다"며 "이것이 한·일 사이에 지정학적 전선을 형성했다"고 분석했다. 한반도 전쟁 이후 지속된 정전과 제2차 세계대전 이후의 냉전을 보는 두 나라의 역사적 인식이 어긋나면서 한·일 양국 사이에 불신이 증폭됐다며 이는 일본의 한국 수출 규제로 위기가 고조되는 배경이 됐다고 그는 진단했다.[21]

주목되는 것은 "미국은 무조건 일본 편이라고 봐야 한다"는 박한식 조지아대 명예교수의 분석이다. 그에 따르면, 일본이 재무장하면 미국의 군산복합체가 일본을 상대로 엄청난 경제적 이득을 챙길 수 있다는 것이다. 일본의 재무장이라는 측면에서 지소미아는 필수라는 것이다.

---

[20] <프레시안> 2019년 12월 10일치.
[21] <연합뉴스> 2019년 8월 29일치.

그는 미국이 한국 정부의 편을 들기 어려운 구조라고 강조한다.[22]

일본이 글로벌 무대에서 군사 강국이라는 지위 확보를 염두에 두면서 미일동맹은 물론 서방국가들과의 군사협력 수준을 높이게 되면, 한·미·일 안보협력 내에서도 일본의 독자적 영향력을 중대시키려고 할 것이다. 이와 함께 한·일 간 안보협력의 확대를 요구하는 외부 요인도 늘어날 게 분명하다. 미일동맹이 동맹 내에서 일본의 군사적 기여를 강화하고, 동아시아 지역에서 미군의 전력 운용에 대한 일본의 후방 지원의 범위를 확대하는 데 초점을 맞춰왔기 때문이다.

나. 일본 군사대국화와 윤석열 정부의 용인

한반도는 격변의 3중 복합 위기를 맞고 있다. 2018년을 기점으로 본격화된 미·중 대결이 한국의 입지를 위협하고 있다. 미·중 대결이 날로 심해질수록 한국은 상대적으로 자율적인 영역이 크게 줄어듦에 따라 위협 요인이 늘어날 수밖에 없다. 근본적으로는 세계 평화의 유지를 위한 규범에 기반한 국제질서, 즉 국제적 평화 거버넌스의 붕괴다. 이로 인해 약육강식의 논리가 지배하는 국제질서가 밀어닥칠 것이 우려된다. 과거 제국주의 힘의 논리에 희생당했던 일제 36년과 6·25의 비극을 겪은 한국의 입장에서는 매우 어려운 상황에 직면하게 되는 것임을 의미한다. 게다가 남북한은 윤석열 정권 이후 '강 대 강'의 적대적 대결로 무력시위 공방전을 벌여 한반도 전쟁 이후 가장 어려운 시기를 맞고 있다는 경고도 나온다. 우선 미국의 패권전략에 따른 한·미·일 안보협력 관계 강화 방침에 편승한 일본의 군사대국화 행보가 가속화하고 있어 주목된다.

---

22) <서울신문> 2019년 9월 4일치.

기시다 후미오 일본 정부 내각은 2022년 12월 16일 국제질서와 안보 상황 변화를 이유로 국가안보전략을 개정해, 유사시 북한·중국 등 주변국 미사일 기지를 직접 타격할 수 있는 '반격능력'을 명시했다. 2013년 국가안보전략을 만든 뒤 10년만의 첫 개정이다. 새 전략에는 방위비 대폭 증액, 자위대 개편 등의 내용이 포함돼 있다. 아울러 하위 개념으로 일본 방위의 목표를 설정한 '국가방위전략'과 5년 동안 방위 예산이나 구체적인 무기 등을 결정하는 '방위력정비계획'도 승인했다. 이와 함께 일본의 집권 자민당은 연립여당인 공명당과 적의 미사일기지 등을 공격할 수 있는 '반격능력'을 보유한다는 합의서를 채택했다.

　'반격능력'은 아베 총리가 2020년 9월 단순한 미사일방어가 아니라 적 기지를 타격하는 공격능력을 보유하겠다는 담화에서 비롯됐다. '적 기지 공격능력'이 중국이나 북한에 대한 선제공격 개념으로 비칠 우려가 있다는 지적이 계속되자 기시다 후미오 총리 때 '반격능력'으로 명칭이 변경됐다. 그러나 표현만 '반격능력'으로 바뀌었을 뿐 선제공격의 개념이 사실상 포함된 것이라는 지적이 나온다.

　이로써 지난 70여년 동안 유지해온 일본의 안보정책의 틀이 크게 바뀌었다. 전수방위(공격을 받았을 때만 방위력을 행사) 원칙에 따라 태평양 전쟁 패전 뒤 70년 넘게 '방어'에만 머물던 일본의 안보정책이 공격 능력을 갖게 되는 역사적 전환점을 맞은 것이다. 5년 뒤인 2027년에는 일본의 국방예산이 100조원을 넘어 미국과 중국에 이어 세계 3위의 군사대국으로 올라서게 된다.[23] 일본 안보정책의 대전환은 한반도를 포함한 동아시아에 상당한 위험 요인으로 작용할 수밖에 없다.

---

23) 일본 정부는 2022년 현재 국내총생산(GDP)의 1% 수준인 방위비를 5년 뒤 2%까지 증액할 것이라고 못박았다. 현재 세계 9위인 일본(541억 달러)이 5년 뒤 국방예산을 갑절로 늘리면 100조원을 넘어서면서 세계 3위로 급상승하게 된다. <한겨레신문> 2022년 12월 17일치.

일본은 사거리 1000km 이상의 장거리 순항미사일 등을 3단계에 걸쳐 1000발 이상 확보하려고 한다. 1단계로 사거리 1250km 이상인 미국 '토마호크' 순항미사일 500발을 구매해 조기 배치할 계획이다. '토마호크'는 미국이 1991년 이라크 걸프전, 1998년 아프가니스탄과 수단을 선제공격하는 데 사용한 무기다. '토마호크' 미사일은 이후 유고슬라비아와 시리아, 리비아를 공격하는 데도 사용됐지만, 역대급으로 동원된 것은 802기를 쏟아부은 2003년 이라크 침공이었다. '토마호크' 미사일은 미국이 침공할 때마다 선제공격용으로 사용한 선봉장의 무기다.

기시다 후미오 일본 정부가 '적기지 공격능력'을 '반격능력'으로 이름을 살짝 바꿨지만, 언제 어떻게 반격을 할 것인지는 명확하게 밝히지 않았다. 공명당과 합의한 내용은 적의 공격 착수 단계에 타격을 가하겠다는 것이지만, '착수 단계'를 어떻게 정의할 것이냐는 명확하지 않다. 기시다 총리는 "안전보장의 미묘한 부분"이라며 어물쩍 넘어갔다.

그러나 미국이 '토마호크' 미사일을 사용한 이력이나 성능을 보면 '토마호크'는 선제공격용 미사일일 수밖에 없다. 역사상 가장 은밀하고 가장 정확하지만, 가장 느린 미사일이기 때문이다. 1천km를 비행하는 데 거의 한 시간이 걸리는 느림보다. 이에 비해 탄도미사일은 10분도 걸리지 않을 수 있다. 따라서 '토마호크' 미사일의 효과를 보여주려면, 적이 움직이기 한참 전에 미리 발사해야 한다. 적국이 일본을 공격하기 전에 파괴하려면 적의 공격 훨씬 이전에 '토마호크'를 발사할 수밖에 없는 기술적 한계가 있는 것이다. 중국이나 북한이 공격을 하기 훨씬 전에 일본이 '반격'을 위해 '토마호크' 미사일을 발사한다면, 이들은 당연히 일본의 선제공격이 시작됐다고 판단하고, 서둘러 반격할 것이다.

일본 정부는 '국가안보전략'에서 중국·북한을 직접 겨냥하며 "전후 가장 엄중하고 복잡한 안보 환경에 놓이게 됐다"고 진단했다. 중국에 대해서는 "지금까지 없었던 최대의 전략적 도전"이라고 규정했다. 북한을 두고선 "중대하고 임박한 위협"이라고 명시했다.

이에 대해 미국은 지지하고 중국은 반발했다. 미국의 제이크 설리번 국가안보보좌관은 일본의 각의 결정 뒤 성명을 통해 "방위 투자를 대폭 늘리겠다는 일본의 목표는 미·일 동맹을 강화하고 현대화할 것"이라고 환영했다. 그러나 왕원빈 중국 외교부 대변인은 "중국의 위협을 과장해 군비 확장 핑계를 찾는 시도는 성공할 수 없다"며 "결연히 반대한다"고 밝혔다.

일본은 2030년대 사정거리 3천km 극초음속 미사일까지 추진한다. 아무리 미사일이 많아도 공격할 표적을 찾지 못하면 무용지물이다. 일본 정부는 중국과 북한의 공격 목표를 찾아내기 위해 초소형 군집위성 수십개를 지구 저궤도에 발사할 계획이다. 한반도 전역이 일본의 감시권과 미사일 사정권에 포함되는 섬뜩한 정세가 펼쳐지게 되는 것이다.

일본의 (선제)공격능력 보유는 평화헌법을 완전히 무력화하고, 일본이 중국과 동아시아 지역 패권경쟁에 본격적으로 뛰어드는 발판이 될 게 분명하다. 2018년 방위백서에서 이미 북한이 아닌 중국을 '주된 위협'으로 표방해온 일본은 본격적으로 강대국 정치에 도전장을 내밀었다. 2차 세계대전의 패전국 일본이 동아시아의 군사적 강국으로 다시 등장해 대국전략을 펼치게 되면 동아시아의 안정은 크게 교란될 것이며, 일본의 대국전략은 한반도를 겨냥할 것이다.

한국 외교부는 일본이 한반도를 대상으로 적기지 공격 능력 행사 때 한국의 동의가 필요한지를 묻는 질문에 "한반도 대상 반격능력 행사와 같이 한반도 안보 및 우리의 국익에 중대한 영향을 미치는 사안은 사전에 우리와의 긴밀한 협의 및 동의가 필요하다는 입장"이라고 밝혔다. 그러나 일본은 사실상 예방적 선제공격인 '적기지 공격'이라는 '반격능력'의 한반도 적용은 자신들이 판단할 문제라고 공식화했다. 한반도 유사시 미군 함정이 북한의 공격을 받는 상황을 가정했을 때 미국이 원하면 일본 자위대가 '집단적 자위권'에 따라 북한에 반격할 수 있다는 논리도 나온다. 문제는 윤석열 한국 정부가 이런 일본의 군사대국화 전략을 용인, 나아가 지원하고 나선다는 사실이다.

윤석열 대통령은 2022년 11월 캄보디아 프놈펜에서 조 바이든 미국 대통령, 기시다 후미오 일본 총리와 가진 한·미·일 정상회담에서 "3국이 미사일 정보를 실시간으로 공유한다"고 덜컥 합의해 주었다. 윤 대통령은 <로이터> 통신과의 인터뷰에서 "열도 위로 미사일이 날아가는데 그냥 방치할 수는 없지 않겠느냐"며 일본의 군비증강을 사실상 용인하는 발언을 했다. 한국의 군사정보가 일본의 북한 공격에 활용될 수 있다는 맥락으로 읽히는 발언이다.

윤석열 대통령은 2023년 1월 11일 외교부·국방부 업무보고를 받는 자리에서 일본 정부의 방위비 증액과 적기지 공격 능력 명시화에 대해 "일본을 누가 뭐라고 하겠느냐"며 옹호하는 듯한 발언을 했다. 윤 대통령은 취임 뒤 줄곧 강조해온 한·미·일 안보협력의 강화를 위한 3국 공조의 강도를 한층 높이겠다는 의지를 보인 것이다. 하지만 일제 침략과 식민지배 등 과거사에 대한 반성은커녕 대국전략을 펼치려는 일본의 군사 대국화 움직임을 어떻게 합리화할 수 있느냐는 비판이 제기됐다. 김동엽 북한대학원대학교 교수는 "일본 총리가 할 수 있는 이야기이지 한국 대통령이 할 수 있는 이야기가 아니다"라며 "일본의 재무장 문제를 쉽게 합리화하는 것은 적절하지 않다"고 밝혔다. 한반도 지향의 일본의 군사대국화 전략이 전개되는 상황에서 남북한은 윤석열 정부 출범 이후 '강 대 강' 대치 국면으로 치달았다.

북한은 2019년 2월 기대했던 베트남 북·미 회담이 결렬된 '하노이 노딜', 6월 30일 판문점 남·북·미 정상회담의 실패를 겪은 뒤 전략을 근본적으로 바꾸게 됐다. 북한의 전략이 미국과의 관계 정상화를 중심으로 한 편승전략에서 독자적인 핵무력에 기반한 균형전략으로 전환된 것이다. 북한은 안보는 핵으로, 경제는 자력갱생으로, 외교는 중국과 러시아를 중심으로 전개하겠다는 의지를 분명하게 보였다. 나름대로의 성과도 거두었다.

북한은 2022년 9월 8일 최고인민회의 법령으로 핵정책을 법제화했다. 김정은 국무위원장은 이를 통해 "핵 보유국으로서의 우리 국가의 지위가 불가역적인 것이 되었다"고 천명했다. 북한이 이 법령에서 밝힌 '핵무기 사용조건'도 매우 공세적이다. 핵 사용 권한이 김 위원장의 독점적인 권한이라고 적시하면서도 그 조건으로 "국가지도부와 국가 핵무력지휘기구에 대한 적대세력의 핵 및 비핵 공격이 감행되었거나 임박했다고 판단되는 경우"를 명시했다. 특히 핵 사용 명령권자인 김 위원장의 유고 시에 대비해 "사전에 결정된 작전방안에 따라 도발 원점과 지휘부를 비롯한 적대세력을 괴멸시키기 위한 핵타격이 자동적으로 즉시 단행된다"고 강조했다. 이는 "북한의 핵 사용 징후 시 승인권자를 제거해 핵 공격을 막겠다"는 한·미 동맹의 참수작전에 대한 맞대응의 성격으로 보인다.

이에 대응해 한·미도 북한에 대한 위협의 수준을 높여왔다. 2022년 9월 16일 한·미 고위급 확장억제전략협의체(EDSCG) 회의는 "북한의 새로운 핵 정책 법령 채택을 포함해 북한이 핵 사용과 관련해 긴장을 고조시키고 안정을 저해하는 메시지를 발신하는 데 대해 심각한 우려를 표명"하면서 "북한의 어떠한 핵공격도 압도적이며 결정적인 대응에 직면하게 될 것이라는 점을 명확히 했다"며 이를 위해 "미국은 핵, 재래식, 미사일방어(MD) 및 진전된 비핵능력 등 모든 범주의 군사적 능력을 활용한다"는 입장도 밝혔다. 이를 과시하기 위해 핵추진 항공모함과 전략폭격기를 비롯한 미국의 전략자산의 한반도 전개가 빈번해졌다.

한국 정부의 대응도 대북 핵 억지력 구축에 초점을 맞춰왔다. 윤석열 대통령은 2022년 9월 18일 <뉴욕타임스> 인터뷰에서 "굳건한 한·미 동맹의 틀 속에서 확장된 억제력을 강화할 방안을 찾고 싶다"며 "확장억제는 유사시에 미국 영토 내 핵무기 뿐 아니라 북한이 핵으로 도발하는 것을 억지할 수 있는 모든 패키지를 총체적으로 망라하는 것"이라고 밝혔다. 한·미 당국은 외교·국방 차관급 대화 채널인 확장억제전략협의체(EDSOG) 가동을 통해 윤 대통령의 대북억지구상을 구체화한 결과 한미 정상의 「워싱턴 선언」이 나오게 됐다.

다. 남북 적대적 대결과 한반도 위기

윤석열 대통령은 2021년 20대 대통령 선거 대선후보 때부터 북한에 대한 '선제타격', '북한 주적'을 주장하며, 대북 적대적 대결의식을 노골적으로 드러냈다. 이런 대북 의식은 2022년 출범한 윤석열 정부의 외교안보 원칙으로 반영됐다. 이런 대북 적대적 대결위주의 외교안보 원칙은 북한의 반발을 불러일으켜 북한도 '전쟁 주적론'을 '남한 주적론'으로 바꿈에 따라 그 어느 때보다도 강력한 남북한의 '적대적 공생관계'가 부활했다. 이로 인해 '한반도 전쟁위기론'이 심각하게 거론되는 상황에 이르렀다.

대선 후보 때부터 '주적=북한'이라며 '북한 선제타격'을 주장하던 윤 대통령은 당선인 신분인 2022년 4월 14일 미국 <워싱턴포스트>와의 인터뷰에서 '북한 주적론(主敵論)'을 폈다. 윤 당선인은 차기 정부의 외교원칙으로 한국의 주적은 북한이라는 점을 분명히 한 것이다. 그는 북한을 주적이라고 부르는 이유로, △ 북한이 모라토리엄을 파기하고 극초음속 미사일을 시험한 것, △ 고조된 북핵 위협 등의 두 가지를 들었다. 윤석열 정부의 대북 적대적 대결 기조는 북한의 대응으로 이어지는 악순환이 벌어졌다.

2022년 4월 초 서욱 국방부 장관이 '선제타격' 발언을 하자 김여정 북한 노동당 부부장의 담화 대응이 있었지만, '남한 주적론'이 나오지는 않았다. 김 부부장은 담화에서 "우리는 이미 남조선이 우리의 주적이 아님을 명백히 밝혔다"면서 "남조선군이 우리 국가를 반대하는 그 어떤 군사행동을 취하지 않는다면 우리의 공격 대상이 되지 않는다는 것"이라고 설명했다. 2016년 5월의 당 대회에서도 북한 핵은 오로지 미국을 겨냥한 것이었다. 2021년 1월 11일 김정은 국무위원장은 '국방발전대회' 기념연설에서 "우리의 주적은 전쟁 그 자체이지 남조선이나 미국, 특정한 그 어느 국가나 세력이 아니다"라고 밝혔다. 이 때까지만 해도 북한은 '전쟁 주적론'을 폈다.

윤석열 정부의 등장 이후 북한의 '전쟁 주적론'이 '남한 주적론'으로 바뀌었다. 2023년 1월 1일 발표한 북한노동당 제8기 제6차 전원회의 보도에서 남한은 '명백한 적'으로 명시됐다. 이에 앞서 2022년 12월 26-31일 진행된 당 전원회의에서 김정은 당 총서기는 2022년의 정세를 평가하고 2023년 사업계획을 제시하면서 "우리 국가를 '주적'으로 규제하고, 우리의 명백한 적으로 다가선 현 상황은 전술핵무기 다량생산의 중요성과 필요성을 부각시켜주고, 핵탄보유량을 기하급수적으로 늘일 것을 요구하고 있다"고 언급했다.

남한이 북한을 '주적'으로 명시하듯, 북한도 남한을 '명백한 적'으로 간주할 뿐만 아니라 그동안 남측보다는 미국 견제용이라고 강조해온 핵무기에 대해서도 남측을 겨냥한 '전술핵' 증강을 중요하게 제기한 것이다. 김여정 부부장은 2022년 11월 24일자 담화에서 "문재인이 해먹을 때만 해도 적어도 서울이 우리의 과녁은 아니었다"고 말했다. 김정은 위원장은 2022년 정세와 관련해 "미국은 2022년에 들어와 각종 핵타격수단을을 남조선에 상시적인 배치수준으로 자주 들이면서 우리 공화국에 대한 군사적 압박 수위를 최대한 끌어올리는 한편, 일본, 남조선과의 3각 공조 실현을 본격으로 추진하면서 '동맹강화'의 간판 밑에 '아시아판 나토'와 같은 새로운 군사블럭을 형성하는 데 골몰하고 있다"고 평가했다.24) 이어 북한에서는 '한반도 두 국가론'이 제기됐다.

2024년 1월 개최된 북한 최고인민회의 연설에서 김정은 위원장은 약 80년간 지속돼온 남북관계사에 종언을 고하고, 한반도 두 국가론에 기초한 대남정책의 근본적 전환을 선언했다. 또한 김 위원장은 북한 역사에서 '통일', '화해', '동족'이라는 개념 자체를 완전히 제거할 것을 지시했다. 통일, 평화, 민족 개념의 사실상 포기선언이다.

김 위원장은 2023년 12월 26-30일 당 전원회의 결정문에서 남북관계에 대해 "적대적인 두 개의 국가관계이며 전쟁 중에 있는 두 개의 교전국가간 관계"라고 규정하고, "일단 전쟁이 우리 앞의 현실로 다가온다면....전쟁은 대한민국이라는 실체를 끝나게 만들 것"이라고 밝혔다. 김 위원장은 전원회의에서 '하나의 민족, 하나의 국가, 두 개 제도'에 기초한 북한의 고려연방제와 상반되는 "흡수통일, 체제통일을 국책으로 정한 대한민국"과는 통일이 성사될 수 없다고 선언했다. 이어 김 위원장은 남북관계가 동족관계, 동질관계가 아니라고 규정했다.

2024년 1월 개최된 최고인민위원회에서는 북한 헌법에 규정된 '자주, 평화통일, 민족대단결'이라는 표현들이 삭제되어야 한다고 주장했다. 김일성 주석 이래 금과옥조처럼 여기던 7·4 공동성명 기본정신과 김정일 위원장 시기 채택한 '조국통일 3대 헌장'의 폐기를 지시한 셈이다. 기존 연방제 방식의 통일에 대한 명백한 포기선언이다. 김여정 부부장은 이 해 1월 2일 담화에서 '평화통일'을 환상으로 규정하며, "우리 군대의 군사활동에 다시 날개가 달리게 되었다"고 주장했다. 남북관계가 한반도 전쟁 시기로 돌아간 셈이며, 남북 간에 더 이상 평화공존

---

24) <통일뉴스> 2023년 1월 3일치.

이 불가능하다고 선언한 셈이다.

　북한이 2국가론을 취하게 된 국내외 배경은 무엇일까. 북한이 사실상 핵무기 보유국으로 전략국가가 되었다고는 하나, 불안정한 안보 환경과 절대적인 국력의 열세 상황에서 체제 안정이 필요하며 그 핵심은 안정적인 후계체제 구축이다. 그런 점에서 북한 핵 우위에 대한 한·미의 상쇄전략에 대처하고 특수관계론에 따른 남한의 내정간섭을 회피하면서 장기적으로 안정적인 정권유지를 위해 정치체제 전환을 추진하려고 하는 것으로 보인다. 국가·인민의 안전을 영원히 담보할 수 있는 법적 토대 마련, 각급 인민회의 대의원 선거의 경쟁방식 도입과 '지방발전 20×10 정책'을 통한 나름의 빈부격차 해소 노력 등 정치체제 전환을 위해 정권의 정당성을 확보함으로써 장기적으로 타이나 전전 일본 방식의 입헌군주제를 실현해 나가려는 것으로 예상된다는 분석도 있다.25)

　"제발 좀 서로 의식하지 말며 살았으면 하는 것이 간절한 소원"이라고 말한 김여정 당 부부장의 담화(2022.8)는 북한이 정치체제 전환을 위해 남측 간섭을 원천적으로 차단하고 싶다는 북한의 필요성 측면에서 주목된다. 북한이 2024년 들어 한국 드라마나 영화를 보거나 K팝을 듣는 주민들에게 '죽음'을 운운하며 사상 단속을 강화하고 나선 것도 같은 맥락으로 보인다. 북한전문매체 <데일리NK>의 보도에 따르면, 함경북도의 한 소식통은 북한 당국이 한국의 체제나 사상, 문화 등을 선전하는 영화와 드라마, 뉴스 등을 시청·유포하거나 은폐하고 유언비어를 퍼뜨려 민심을 소란하게 할 경우 이유 여하를 막론하고 강하게 처벌하라는 내용의 방침 지시문을 당 간부들에게 전달했다. 북한은 2020년 12월 한국 드라마, 음악 등의 시청·유포를 금지하는 '반동사상문화

---

25) 평화재단, 〔현안진단〕 제319호, 「2023년 평가와 2024년 전망」 참조.

비난법'을 제정한 바 있다.26) 북한의 국제정세관과 국제 역학관계 인식 및 북한 내부의 사정 등을 종합적으로 바라보는 새로운 인식의 패러다임이 필요한 것으로 보인다.

그러나 윤석열 정부는 오로지 힘에 의한 평화를 강조하며, 비핵화 절대론과 확장억지 강화에 몰두해왔다. 윤석열 대통령은 2023년 7월 <에이피통신>과의 인터뷰에서 강력한 힘과 억제력을 통한 평화가 가장 확실하고 믿을 수 있는 평화라고 말했다. 신원식 국방장관도 여러 공개 석상에서 힘을 바탕으로 한 응징과 억제가 곧 평화라고 강조한다. 윤석열 정부의 확장억제론은 「워싱턴선언」으로 나타났다.

한국과 미국은 2023년 4월 26일 한미상호방위조약 체결 70주년을 맞아 북한에 대한 확장억제를 획기적으로 강화하는 「워싱턴선언」을 채택했다. 「워싱턴선언」은 한·미 정상차원에서 확장억제 운영방안을 적시한 최초의 합의문으로서 양국 최고 리더십의 확장억제에 대한 강력한 의지를 보여주는 것이었다. 「워싱턴선언」은 확장억제 실행력을 질적으로 제고하는 전환점이 됐다. 이로써 한·미 군사동맹은 핵무기를 포함하는 새로운 패러다임의 군사동맹으로 진화하게 됐다.

「워싱턴선언」에 따라 창설된 한·미 핵협의그룹(NCG)은 북한 핵·미사일 위협에 대응한 동맹 간 정보 공유, 공동 기획, 공동 실행 및 협의 체계를 더욱 강화시켜 확장억제의 실행력을 높여나갈 것이다. 한·미 간 북핵 관련 정보공유 범위를 확대하고, 모든 북핵 위협 상황에 대비할 수 있도록 맞춤형 억제전략을 가동할 것이다. 또한 정례적으로 확장억세 수난 운용연습(TTX)과 핵 대응 도상연습(TTS)을 실시하고, 한반도 인근 전략자산의 전개 빈도와 강도를 확대해 상시 배치에 준하는 효과를 발휘하도록 하겠다는 것이다.

---

26) <서울신문 나우뉴스> 2024년 1월 10일치.

이에 따라 미국은 향후 예정된 전략핵잠수함의 한국 기항 등 한국에 대한 미국 전략자산의 정례적 가시성을 한층 증진시키게 된다. 미 일간지 <월스트리트저널(WSJ)>은 미국이 40년 만에 처음으로 한국에 최대 규모의 오하이오급 전략핵잠수함을 파견한다고 보도했다. 이에 대한 대가로 국제비확산체제의 초석인 핵확산금지조약(NPT)상 의무에 대한 한국의 공약을 준수하기로 해 사실상 자체 핵무기 개발을 추진하지 않겠다는 의사를 명문화했다. 또한 주한미군의 전술핵 재배치, 한·미 간 핵 공유도 하지 않기로 했다.

한국 대통령실은 「워싱턴선언」에 대해 "사실상 미국과의 핵공유"라고 평가했으나, 에드 케이건 미 백악관 국가안전보장회의 NSC동아시아 오세아니아 담당 선임 국장은 이와 관련 "직설적으로 말하겠다. '사실상 핵공유'로 보지는 않는다"고 답변했다. 「워싱턴선언」에서 북한의 핵 공격시 핵 보복을 의무화하는 핵우산을 명시하지 않았으며, 북한의 핵공격시에는 한·미 정상 간의 협의로 대신한다.

「워싱턴선언」 발표 후 한·미 연합훈련은 폭증했다. 2024년 초부터 2월 24일까지 50일 동안 한·미 연합훈련이 무려 45일간 진행됐다. 미국의 한반도에 대한 전략자산 전개의 빈도도 높아지게 됐다. 로이드 오스틴 미 국방장관은 2023년 11월 13일 서울에서 열린 한미안보협의회(SCM) 후 공동기자회견에서 "「워싱턴선언」엔 한반도에 대한 미 전략자산 전개의 빈도를 높이겠다는 내용이 담겨 있다"며 "그 약속을 지키기 위해 최근 미 전략핵잠수함(SSBN)이 부산에 기항했고, 전략폭격기가 한반도에 착륙했으며, 또 다른 항모도 곧 한반도에 올 예정"이라고 밝혔다.27) 북한이 매우 예민하게 반응하는 미 전략자산을 동원한 한·미 연합훈련의 대폭적인 증가는 북한과의 우발적 군사적 충돌과 전쟁 위

---

27) <월간조선> 2023년 11월 21일치.

기의 위험성을 배제할 수 없다.

2023년 8월 캠프 데이비드 한·미·일 정상회담을 거치며 3국 연합훈련도 빈번해졌다. 이 해 10월 한·미·일 연합해상훈련과 연합공중훈련이 진행됐다. 한·미·일은 '캠프 데이비드 선언'으로 3국 연합훈련 정례화에 합의한 바 있다.

윤석열 대통령은 2024년 신년사에서 '한국형 3축 체계'를 더욱 강력히 구축하고, '증강된 한미 확장억제 체제'를 완성할 것이라고 밝혔다. 3축 체계란 북한의 핵·미사일 발사 움직임에 선제적으로 타격하는 킬체인, 북한 미사일을 공중에서 탐지·요격하는 한국형 미사일방어(KAMD), 북한 핵·미사일 공격 시 보복하는 대량응징보복(KMPR)을 말한다. 이 발언은 북한을 선제타격하고 한반도에서 핵전쟁을 벌이겠다는 오판을 불러일으킬 소지가 있다.

한반도 전쟁 이후 한반도는 여러 번의 전쟁 위기를 겪었다. 1968년의 1·21 사태와 푸에블로호 나포 사건, 1976년의 판문점 나무 자르기 사건, 1994년 미국의 북한 영변 핵시설에 대한 폭격 검토, 그리고 1917년의 핵 위기 등으로 전쟁 위기는 계속 이어졌다. 영국 <파이낸셜타임즈> 서울지국장 크리스챤 데이비스는 2023년 1월 16일 기고 칼럼 '한반도 전쟁준비의 교훈'에서 "(한반도 전쟁이 터지면) 내가 실제로 생존할 가능성이 0보다 약간 높다는 것을 알게 됐다"고 밝혔다. 데이비스에 따르면, 어느 서방 외교관은 한반도에서 분쟁이 발생했을 때 자국민들을 대피시키기 위해 어떤 준비를 했느냐는 질문에 "걱정할 필요가 없다"며 "(전쟁이) 시작됐다는 것을 알기도 전에 모두 끝날 것"이라고 답했다. 개전 초기 양국에 무기 공격이 집중돼 절멸적인 피해가 나올 것이라는 뜻이다.[28]

---

28) <아시아경제> 2023년 1월 17일치.

미국의 한반도 문제 전문가 로버트 미국 미들베리국제연구소 연구원과 세계적인 핵물리학자인 시그프리드 헤커 스탠퍼드대 명예교수는 2024년 1월 북한 전문매체 38노스에 실은 공동기고문에서 한국과 미국이 억제력의 신화에 빠져있다고 강조했다. 기고문은 "한·미는 철통같은 억제력을 강조하는 등 북한 정권의 완전한 파괴를 공언하지만, 그런 믿음은 치명적일 수 있다"고 지적했다. 기고문은 "한반도 상황이 한반도 전쟁 이후 어느 때보다 위험하다"며 전쟁이 발발하면 "한·미가 승리하더라도 결과는 무의미할 것"이라면서 "헐벗고 무한한 잔해는 눈이 볼 수 있는 한 끝까지 뻗어있을 것"이기 때문이라고 주장했다. 전쟁에서 이기기보다는 전쟁을 피하는 것이 상책이다. 핵전쟁으로 인한 핵 지옥의 실체는 상상의 차원을 초월하는 것이기 때문이다.

라. 핵 지옥의 실체

인류는 태초 이래로 수많은 재난과 재앙을 겪어왔다. 그러나 그 어느 것도 핵전쟁의 악몽과는 비교가 될 수 없다. 재래식 전쟁에서는 최악의 경우라도 한 민족이나 국가의 패망 또는 시대의 종말에 불과했지만, 핵전쟁이 가져다 줄 결과는 곧 인류, 문화 모든 것의 종말을 의미하며, 그 참상은 지금까지 경험해보지 못했던 지옥의 실체로 드러날 것이다.

1945년 8월 6일과 9일 일본 히로시마와 나가사끼에 미국의 전폭기 B-29기가 투하한 원자폭탄의 폭발로 벌어진 참상은 소돔과 고모라처럼 순식간에 초토화된 지옥 그 자체였다. 원폭의 위력은 히로시마형이 12.5kt, 나가사끼형이 22kt으로 알려졌다. 원폭은 수백미터 상공에서 100만분의 1초 사이에 폭발해 폭심으로부터 1km 이내의 시가지가 일순 폐허로 변해버렸다. 히로시마에서는 원폭이 570m 상공에서 폭발해 시내의 어느 곳에 있던 사람에게도 폭발의 섬광이 목격됐다.

특이한 것은 모두가 섬광을 본 순간, 섬광 이외의 다른 것을 기억하지 못하고 있다는 사실이다. 원폭이 폭발한 순간, 인간의 기억에 남을 수 없을 만큼 빠른 속도로 무엇인가 발생한 것이었다. 문자 그대로 눈으로도 포착하지 못하는 사이에 벌어진 순간의 파괴였다. 참극은 인간의 인식의 공백기에 벌어졌으며, 피폭자들은 파괴가 된 후에야 비로소 상황을 알 수 있을 뿐이었다.

피폭자들이 정신을 차렸을 때는 피부가 타버려 축 늘어져 있거나, 수십 미터 날아가 있었거나, 붕괴된 집에 깔려있었다. 유리 파편을 뒤집어썼거나 날아온 나뭇가지에 상처를 입었다. 폭심지 부근에서는 엄청난 고열을 받아 순간적으로 기체화하여 증발해 버렸다. 어떤 콘크리트 통에는 인간의 흔적만이 남아있었다.

인류 역사상 처음으로 히로시마에 미국의 원폭 공격이 가해진 다음날, <뉴욕타임즈>는 사설에서 "인류와 문명은 인간의 정치적 사고에 혁명이 이루어질 경우만 살아남을 수 있다"고 지적했다.[29]

증언

○ 레슬리 나까지마(원폭 투하 16일 후 히로시마를 방문, 목격 기사를 쓴 하와이 태생 일본인 기자)

"1945년 8월 22일 최초의 원자탄 세례를 받은 히로시마에 열차 편으로 도착한 나는 처절한 파괴의 모습에 말문을 닫고 말았다. 나는 히로시마에 살고 있던 어머니를 보기 위해 되돌아 왔으나 폭삭 주저앉은 빌딩과 폐허 더미를 보고는 어머니가 살아 있으리라는 희망을 포기했다.

일본 서부지방에서 가장 컸던 히로시마 역도 콘크리트 플랫폼과 벽돌 벽의 잔해만 보일 뿐 형체를 찾아볼 수 없었다. 나는 거리를 거닐면

---

29) 정상모 외 5명, 『핵과 한반도-반핵운동의 논리』, 도서출판 아침(1985년 5월 30일), 45-46쪽.

서 파괴의 참상을 실감할 수 있었다. 백화점과 은행 등 큰 건물들은 모조리 납작하게 주저앉았다."

○ 히로시마의 日詰和子

"폭심지에서 750m의 후꾸야 백화점 앞을 걸어가다 날려가 노상에서 정신을 잃었다. 섬광을 느낀 순간, 강한 충격을 받았다. 그 충격의 순간은 기억이 없다…. 짧은 침묵이 히로시마를 덮었다. 이윽고 그 침묵을 넘기고 살아남은 사람들이 꿈틀거리기 시작했다."30)

히로시마와 나가사끼에 투하된 원폭으로 23만 여 명이 사망한 것으로 추정되고 있지만, 원폭으로 인한 전체 사망자 수는 정확하게 밝혀지지 않고 있다. 수십만 여명이 부상을 입었으며, 수많은 사람들이 원폭 후유증을 앓고 있다. 일본의 원수폭 피해자 단체 협의회에서는 30여만 명이 폭사했으며, 약 40만 명이 원폭 후유증의 고통을 겪고 있다고 주장한다.31)

정확한 사망자 수의 확인이 어려운 것은 우선 피폭 직전의 인구에 관한 정확한 자료가 없는데다가 그런 자료마저 원폭으로 상당량이 소실돼 버렸기 때문이다. 또한 형체도 없이 증발해버렸거나 바다로 유실된 유체나 한 가족이 전멸한 사례도 있어 확인할 방법이 없다. 도피한 피폭자 중에서도 사망자가 속출했지만, 혼란의 와중에 이를 정확하게 파악할 수도 없었을 것이다. 여기에다 조사를 담당해야 할 행정기관도 파괴된 상태였다.

일본 정부의 공식 자료에 의하면, 당시 히로시마 주민 42만 명 가운데 38%인 16만 명이 사망했다. 나가사끼에서는 주민 27만 여명 가운

---

30) 池山重朗, 『핵전쟁 3분전』, 일본평론사(1984), 12쪽.
31) 일본원수폭피해자단체협의회가 1984년 7월 30일 발표한 「피해자요구조사」.

데 27%인 7만 3천 8백여 명이 즉사했다. 이 가운데 한국인이 얼마나 죽었는지에 대한 정확한 통계는 알 수 없다.

단지 피폭 한 해전인 1944년 일본 정부가 조사한 한국인 수가 히로시마에 8만1천8백63명, 나가사끼에 5만9천5백73명이었다는 통계가 있을 뿐이다. 한국원폭피해자협회는 전체 한국인 수의 절반 가량이 죽었을 것으로 추정한다. 한국교회 여성연합회에서는 히로시마에서 7만 명, 나가사끼에서 3만 명 정도가 피폭을 당했으며, 피폭자 10만 여 명 중 절반인 5만여 명이 피폭 당시 사망했고, 5만여 명은 중화상 등의 부상을 입은 것으로 추산했다. 이들 중 해방과 함께 귀국한 4만 3천여 명은 원폭의 후유증으로 대부분 사망하고, 생존한 피폭자 수는 약 2만여 명으로 알려졌다.

분명한 것은 미국의 원폭 투하로 인한 피해가 일본인 다음으로 한국인이 많았다는 사실이다. 중요한 것은 이들 한국인들이 당시 지원병이나 학도병 또는 강제 징용 등으로 전쟁 터로 끌려 나갔거나 혹은 종군위안부로 갔다가 원자폭탄에 피폭됐다는 사실이다. 그러나 이들은 피폭의 1차적 책임이 있는 일본 정부로부터 치료는 물론 피해 보상조차 받지 못했다. 더구나 한국 정부조차도 적절한 생활이나 의료 대책의 마련 없이 한국인 피폭자의 피해 보상 청구권을 외면한 채 경제적으로나 사회적으로 이들을 방치했다.

태평양 전쟁을 일으킨 일본은 전쟁 수행에 소요되는 막대한 물자와 인력을 공출과 징병, 징용의 이름으로 한반도에서 착취해갔다. 인력만 해도 1938-1945년의 기간에 약 6백만 명을 투입했다. 그러나 한일 국교 정상화 이후 한국인 민간청구권 자금으로 받은 액수는 3억 불에 불과했으며, 그나마 원폭피해자에 대한 항목은 아예 없었다.

1968년 8월 9일 <동아일보> 사설은 이에 대해 이렇게 지적하고 있다.

"우리 동포 안에 그런 원자병이 있게 되었느냐를 따진다면, 일본의 징용, 미국의 원폭 투하가 무엇보다도 먼저 꼽혀야 한다. 그런데도 일본이나 미국은 공식적으로 어떤 보탬도 우리에게 준 것이 없고, 우리 스스로 멍하게 지내왔다…. 무엇보다도 먼저 문제가 되는 것은 우리 정부의 태도이다. 이 문제는 지난 번 한일협정에 어떤 형식으로든 거론되었어야 할 것이라는 비난을 받아 마땅하다는 의미에서 사할린 교포 문제 이상의 것이었다."

일본의 식민지 정책에 의해 토지를 강탈당하고 어쩔 수 없이 생계를 위해, 아니면 강제 징용으로 히로시마에 온 한국인들은 소외와 차별의 피지배 생활을 영위해오다 피폭을 당했다. 문제는 이들 피폭자들이 피폭 후에도 차별적으로 외면 혹은 방치됐으며, 심지어는 사망한 후에도 한국인의 사체와 유골은 무관심하게 방기되거나 적절한 조치 없이 소멸되는 등 무시와 냉대의 대상으로 전락했다.

<아사히저널>의 「원폭을 생각한다」는 특집의 「피폭 한국인의 유골은 입다문 채」라는 이시무레 미찌꼬(石牟禮道子)의 르뽀다.[32] 이시무레는 나가사끼의 성효원(誠孝院)에 방치돼 있는 유골 154라는 숫자는 일본 민족이 한민족에 끼친 짚어볼 수도 없는 죄과의 통계학적 한 핵(核)이라고 지적하면서 경북 의성군 의성읍 출신의 박수룡씨의 증언을 아래와 같이 인용하고 있다.

"미쓰비시 조선소에 끌려온 한국인이 3천 명을 넘었어. 미쓰비시 병기에도 4천 명인데 이게 전멸이야. 판자집에 개, 돼지같이 수용돼 있다가 당했지. 먹는 것은 돼지에게 주는 비지였는데 역시 인간이어서 도망치게 마련이야. 그래 도망쳐 산 사람이 있었지. 피폭 당시 나는 요행히 방공호 속에 있었기에 살아남았지만, 판자집 속에 있었던 친구들은 어

---

[32] <아사히저널>, 1968년 8월 11일치, 정상모 앞의 책, 55쪽에서 재인용.

떻게 되었는지 알겠지." 그의 증언은 계속됐다. "정신대라고 해서 끌려온 16-17세 한국 처녀들도 알몸으로 타 죽었지. 부모가 봤더라면…. 한국 처녀들은 한 사람도 살아남지 못했고, 1만 명가량의 한국인이 한꺼번에 바싹 타 죽었어…."

히로시마에서 살았다는 정용분(1919년생) 여인은 둘째 아들과 딸을 데리고 나왔다가 피폭됐다. 폭풍에 휘말려 강물에 띄운 뗏목 위로 떨어져 등에 업고 있던 아들은 죽고 딸은 폭사했다. "꼭 죽을 줄 알았지. 그 상처의 고통은 말할 수도 없어. 차라리 죽어졌으면 싶었지. 대개는 나의 수족을 보면 놀라버리지. 인간의 것이 아니야. 바로 악마의 것이야."

일본인 피폭자들은 원폭피해자 의료법, 원폭피해자 조치법 등의 특별법에 따라 건강 관리, 의료, 보건, 장례비 등을 일본 정부로부터 받았을 뿐만 아니라 세계에서 유일한 원폭 피해국가라는 이유로 국제적인 관심을 받아 많은 지원을 받았다.

그러나 일본 정부는 그들로 인해 희생된 한국인 피폭자들은 피해 보상은커녕 치료조차 해주지 않았다. 한국 정부로부터도 외면을 당한 한국인 피폭자들은 '죽음의 선고'와도 같은 불치의 원자병 환자로서 병고와 빈곤으로 죽어가거나 겨우 연명을 하며 한 맺힌 나날을 보내야 했다. 피폭자들은 원폭 후유증에 따른 각종 질환, 신체적인 능력의 부족으로 정상적인 사회생활을 영위하기 어렵게 됐고, 이와 함께 사회로부터의 냉대와 외면, 소외, 그리고 빈곤의 악순환을 숙명적으로 받아들이지 않을 수 없게 됐다. "일본 정부로부터 보상을 받을 때까지 장례를 치르지 말라"는 유언을 남기며 한 많은 일생을 마친 어느 피폭자의 절규는 한국인 피폭자들의 수난을 그대로 대변하는 것이다.

사례1

○ 이남수(서울시 성동구 옥수동, 1975년 3월 4일 55세로 사망)

이남수씨는 23세 때인 1943년 고향인 전북 정읍 신태인에서 강제징용을 당해 일본 구례 해군기지의 측량요원으로 일하다가 1945년 8월 6일 히로시마 역전 폭심지에서 700m 떨어진 지점에서 피폭됐다. 1960년경 피폭 증세가 나타나 복통을 앓다가 창자와 위를 절단하는 등 온갖 치료를 받았으나 별 효과가 없었다. 치료비로 가산을 탕진하고, 가족들의 생계는 부인의 노점 행상으로 근근히 꾸려갔다.

당뇨병 증세와 전신 마비 끝에 1975년 숨진 이씨는 "징용으로 일본에 끌려가 맞았는데도 단 한 번도 일본에서 치료를 받지 못했다. 단 한 번만이라도 일본에 가서 치료를 받았던들 이렇게 분하지는 않겠다"면서 "내가 죽거든 시체를 일본 대사관에 옮겨 진사와 보상을 받을 때까지 묻지 말라"는 유언을 남겼다.

숨진 이씨의 죽음에 대해 피폭자들은 이씨의 장례식에서 성명을 발표, "원자탄을 투하한 미국 정부, 우리를 사지에 끌어넣은 일본 정부, 그리고 한일회담으로 모든 문제를 마무리지은 우리 정부가 피폭자 문제를 책임져야 하는데도 서로 책임을 전가하고, 어느 누가 고린 돈 한 푼 약 한 첩 던져주지 않았다… 이 순간에도 죽어가고 있고, 또 앞으로 죽어 갈 우리 피폭자들은 이대로 있어야 하는가"라고 절규하면서 한일 양국의 당국자에게 엄중하게 항의, 보상을 요구했다.

사례2

○ 신선숙(서울시 성북구 삼선동 1통1반)

신씨의 남편 강대선씨는 19세에 징용당해 히로시마로 끌려가 무기 운반을 하다가 원폭을 겪었다. 피폭 당시에는 몸에 상처 하나 입지 않앗지만, 방사능에 오염됐다. 해방 후 귀국했는데 몸이 아프기 시작했다.

신씨는 19살 때 강씨와 결혼했다. 결혼식 날 강씨는 겉으로는 건강한 모습이었다. 결혼 후 남편은 병원을 자주 찾고 약을 먹었으나 원폭병임을 알게 된 것은 결혼 10년 쯤 된 어느 날이었다. "당신 남편은 원자병을 앓고 있으니 건강해지는 것을 단념하라"고 의사가 귀뜸해주어 비로소 알았다. 남편의 병이 원자병이라는 것을 알았을 때는 기둥 뿌리 하나 남기지 않고 모두 팔아치워 남은 것은 아이들 뿐이었다. 신씨는 남편과 아이들을 데리고 완주 어느 깊은 산골짜기로 들어가 흙집을 짓고 숨어 살다시피 했다.

남편의 병은 더욱 악화돼 가슴이 참지 못할 만큼 아플 때는 온몸을 던지고 머리를 들이받아 흙집의 벽이 몇 차례나 무너지기도 했다. 9년이 지나 남편의 병을 고칠만한 약이 발명됐을지도 모른다는 생각이 들어 고향으로 돌아왔다. 고향 사람들의 서명을 받아 탄원서를 낸 끝에 국립의료원의 진찰을 받을 수 있었다.

그러나 의사와 간호원들은 남편의 썩은 사지를 보고는 잘 들여다 보지도 않았다. "못 고친다"는 의사들을 붙들고 마구 떼를 쓰다가 수위들에게 떠밀려 병원에서 쫓겨 나왔다. 그 후 20여일 만에 남편 강씨는 끝내 눈을 감았다. 신씨는 아이들을 친정집에 맡겨놓고 서울로 올라와 용산시장에서 냉차장사를 시작했으나 슬픈 생각만 들어 시장 바닥에 주저앉아 하루에도 몇 번씩 눈물만 흘렸다.[33]

원폭의 피해는 1대에만 그치지 않고 후손들에게까지 염색체의 이상을 초래한다는 학설과 이에 따른 연구 결과는 피폭자들의 고통을 더욱 가중시키며 원폭 후유증의 심각성을 일깨워 준다. 1922년 마라는 방사선 유전학의 기초가 되는 '마라의 법칙'을 발견했다. 방사선의 양에 비

---

33) <한국일보> 1981년 8월 8일치.

례하여 돌연변이가 발생한다는 실험 결과로 자연적인 돌연변이율의 150배나 된다는 것이다. 마라는 이밖에 방사선으로 일어난 돌연변이의 성질은 원상으로 되돌아가지 않으며, 돌연변이는 퇴행성으로 개체의 생명력을 약화시키는 경우가 거의 100%라고 보고했다.[34] 한양대 백용균 교수팀도 제5회 한국유전자학회에서 「원폭 피해자 및 자손의 염색체 분석결과의 고찰」이라는 논문을 발표, 원폭에 의한 염색체 이상이 그 자손에서도 나타난다고 밝혔다.

사례2 (〈조선일보〉, 1973년 12월 15일)

정학용(鄭學용, 54세)씨는 마차로 타르를 운반하다 피폭됐는데 말은 죽고, 그는 얼굴과 목에 화상을 입고 귀국했다. 1968년 그에게서 태어난 네 살 난 쌍둥이가 있는데 그 중 한 아이의 양쪽 눈이 하얗게 멀어오기 시작했다. 실명해가는 아들을 두고 부모는 자기들이 무슨 죄를 지었기에 자식들에게까지 원폭의 죄를 물려야 하느냐고 울었다.

한반도에서나 어느 곳에서나 결코 일어나서는 안 될 핵 지옥의 사례들이다. 핵전쟁을 게임처럼 거론하는 것 자체가 매우 위험한 발상이다. 히로시마 원폭 투하 다음 날 〈뉴욕타임스〉가 지적한 대로 진정한 평화를 위한 근본적인 발상과 사고의 전환이 절실하다.

---

34) 森永晴彦, 「放射能を 考える」, 講談社(1984), 77쪽.

3. 한반도 평화의 과제

가. 한반도 위기와 적대적 공생체제의 부활

한반도에서 여러 번의 전쟁 위기가 있었지만, 대부분 협상을 통해 전면적인 전쟁으로 번지지는 않았다. 전면전 가능성을 억제하는 요인이나 변수가 존재하기 때문이다. 첫째는, 한반도의 긴장 고조에 따른 경제적 영향이다. 장기적인 남북 관계 악화와 군사적 긴장의 고조가 경제 부문에 악영향으로 작용할 수밖에 없다. 경제적인 피해는 북한보다 남한이 더 크다는 점에서 정세 관리를 위한 노력이 작동될 필요성이 제기된다.

둘째는, 한반도 정세에 관한 한·미 양국의 인식과 입장의 차이다. 미국은 러시아와 우크라이나 전쟁의 출구를 찾지 못하고, 중동 전선이 넓어지고, 타이완 해협의 긴장도 유지되는 상황에서 미국의 한반도 정세의 악화가 부담스러울 수 있다. 실질적으로 한국의 전시작전권을 행사하는 미국이 한반도의 긴장 고조를 원하지 않을 경우, 미국의 이런 입장이 한반도 정세 관리에 긍정적일 수 있다. 실제로 2010년 북한이 연평도를 포격했을 때 대응 과정에서 확전을 조절했던 것은 이명박 정부가 아니라 미국이었다. 미국이 조절했기 때문에 확전으로 확대되지 않았다는 것이다.35)

---

35) 2024년 2월 16일 리영희 재단이 '무너진 남북관계와 위기의 한반도, 어떻게 보고 어떻게 대응할 것인가'를 주제로 주관한 좌담회에 참석한 김연철 전 통

"윤석열 정부가 국내 정치적 위기를 타개하기 위해 미국 정부에게 국지전을 허용해 달라고 요청했다"는 얘기도 나온다. 2023년 1월 20일 '유용화의 뉴스코멘터리(서울의 소리)'에 출연한 김용민 평화나무 이사장은 "자신이 알고 있는 경제전문가의 전언"이라고 밝히고, "윤석열 정권이 만약 한국에서 전쟁이나 비상 상황이 발생하게 되면, 국내의 비판세력, 반대세력이 입을 닫게 되는 일이 발생하게 된다"고 설명했다. 윤석열 대통령은 후보 시절 북한을 향해 '선제타격론'을 주장했으며, 2022년 12월 28일 북한의 무인기 침범 시에도 "북한의 어떤 도발에도 확실하게 응징하고 보복하라. 그게 북한의 도발을 억제할 수 있는 가장 강력한 수단이다. 북한에 핵이 있다고 두려워하거나 주저하지 말라"고 강조한 바 있다.

윤석열 정권이 기회만 되면 북한과 국지전을 벌여 자신의 정권 보위에 정략적으로 전쟁을 활용할 수도 있다는 우려가 나오는 이유다.36) 전시작전권을 행사하는 미국이 이런 우려를 해소해주는 측면이 있는 셈이다. 그럼에도 우발적 충돌이 벌어졌을 때 확전을 피하려는 미국의 확고한 의지가 제한전쟁의 수위를 결정하게 되므로 한국이 정작 자신의 운명이 관련된 안보문제에 선택권이 별로 없다는 점을 주목하지 않을 수 없다.

대체로 남북 간 전면전보다는 군사적 긴장이 높은 상태가 장기간 지속될 가능성이 높다는 예측이 많다. 그럼에도 군사적 긴장으로 인한 우발적 충돌의 위험성도 많다. 그 이유로는 첫째, 남북 간의 충돌을 막아줄 완충공간이 사라졌다는 점이다. 2018년 9·19 군사합의의 파기로 비

일부 장관은 "핵심은 전시작전통제권이 한국에 없다는 데 있다"며 "세계적으로 두 개의 전쟁을 치르고 있는 미국 입장에서 한반도에서의 군사적 충돌을 용인할 수 있나?"라고 반문했다. <프레시안> 2024년 2월 21일치.

36) <국민뉴스> 2023년 1월 23일치.

무장지대는 다시 중무장지대로 복귀했고, 서해의 긴장도 높아졌다. 대화퇴 어장을 비롯한 예상하지 못한 공간에서의 분쟁 가능성도 존재한다.

둘째, 남북 간의 소통 채널이 존재하지 않는다는 점이다. 남북관계 악화로 핫라인이 작동하지 않고, 일상적인 군사 당국의 대화도 멈췄다. 1971년 남북 직통 전화가 개통된 이후 처음으로 모든 수준의 대화가 완전히 단절됐다. 이전에 가장 오랫동안 대화가 단절된 적은 1980년 8월부터 1984년 4월까지 약 3년 8개월이었다. 2018년 12월 남북 체육 분과 회담이후 대화가 끊겨 재개될 가능성이 보이지 않는다. 대부분의 전쟁이 오해에서 비롯되고, 의도가 아니라 의도하지 않은 결과라는 점에서 매우 위험한 국면이다.

셋째, 협상의 가능성이 존재하지 않는다는 점이다. 우발적인 충돌의 가능성이 높은 위기 국면은 협상 국면으로 전환해야 수습된다. 그러나 작금의 한반도 위기가 과거와 다른 것은 협상의 가능성이 존재하지 않는다는 점이다. 미국 역시 북한과의 협상이 국내 정치적으로 효용가치가 낮으므로 외교적으로 움직일 가능성도 별로 없다. 상당 기간 한반도 정세의 긴장이 높아질 수밖에 없다.

근본적인 문제는 남북 간의 '강대강' 적대적 대결 기조다. 남북 모두에서 '통일'이 사라진 건 처음이다. 남한의 통일부에 해당하는 북한의 '조국평화통일위원회'는 2019년 8월의 '남북대화 중단'을 선언한 담화 이후 휴업 중이고, 위원장도 공석이다. 윤석열 정부도 마찬가지다. 인사와 조직 개편을 통해 사실상의 통일부 폐지에 착수했다.

윤석열 정부는 남북 간 적대적 대결을 불러일으킬 수밖에 없는 흡수통일론인 '자유주의 통일론'을 추구하고 나섰다. 김영호 통일부 장관은 2024년 3월 13일 '제1차 수요포럼'에서 "'자유와 인권이라는 보편의 가치를 확장하는 것이 바로 통일'이라는 (윤석열 대통령의) 3·1절 기념사의 핵심 메시지에 입각해 새 통일담론을 정립해 나갈 것"이라고 밝혔다. '자유주의 통일론'에 따른 "자유의 북진정책"을 펴겠다는 것이다.

한국의 보수주의자들이 '자유민주주의'를 주장하지만, 사실상 자유민주주의를 허울로 한 반공 독재를 선호한다. 성장과 안보 특히 반공을 위해서라면, 얼마든지 자유민주주의 이념과 가치를 제한하거나 억압할 수 있다는 인식을 갖고 있기 때문이다. 이들은 민족과 국가 이익의 입장에서 미국을 비판하거나 분배, 민족 간 교류, 협력, 통일 등을 주장하는 사람이나 단체를 모두 '종북'으로 몰아 매도한다. 이들이 보기에 민족의 자주성과 평화를 지향하는 자주세력도 '종북'의 범주에 속한다.

북한 김정은 체제에서 '통일의 실종', '민족의 실종'은 그만큼 남북관계가 적대적으로 악화된 것을 반영한 것이다. 김정일 체제까지는 민족을 강조했으나 김정은 체제에서는 국가를 강조한다. 김정은 체제가 국가를 강조하는 노래를 보급하고, 국가 상징을 만들고, 국가 체육을 강조하는 '국가 제일주의'는 통일론과 충돌한다. 남북 관계가 악화하면서, 통일론으로서의 민족 담론도 사라졌다. '우리민족끼리'라는 말이 사라진 지 오래다.

분단체제에서 남한의 보수세력은 자주 통일 논의를 국내 정치적으로 악용했다. 박정희 정부는 7·4 남북공동성명을 유신체제 추진의 명분으로 삼았고, 김영삼 정부는 대북 정책을 보수 결집의 기회로 활용했다. 이명박 정부에 이어 윤석열 정부는 대북 적대 정책의 기조에 따라 '흡수 통일론'을 내세우며 보수의 결집을 추구했다.

북한의 2개 국가론, 국경선 획정, 전쟁관(戰爭觀) 등도 체제의 결속과 안정을 도모하려는 것으로 보인다. 김정은 위원장이 당 전원회의(2023, 12, 26-30) 결정문에서 남북관계에 대해 "적대적인 두 개의 교전국가 간 관계"로 재규정하고, "일단 전쟁이 우리 앞의 현실로 다가온다면 전쟁은 대한민국이라는 실체를 끔찍하게 괴멸시키고 끝나게 만들 것"이라고 밝힌 것은 체제 결속을 위한 의도로 분석된다. 북한이 '반동사상문화비난법'에 따라 한국 드라마나 영화를 보거나 K팝을 듣는 주민들에게 '죽음'을 운운하며 사상 단속에 나선 것도 체제 결속을 강화하기 위한 것이다. 남북한이 2022년 이후 상호 적대적 대결과 적대감의 고취로 체제의 결속, 안정과 권력의 유지, 강화를 꾀함에 따라 한반도에 적대적 공생체제가 다시 부활하고 있는 것이다.

과거 남북한의 전략적 목표는 '흡수통일'이었다. 북한은 무력통일을 위해 전쟁을 일으켰다. 무력통일이 좌절되자 통일전선전략에 의한 혁명통일 전략으로 바꿨지만, 이것도 사실상 무력통일과 같은 맥락이다. 남한도 전쟁 이후 현실적 가능성을 무시한 채 북진통일론을 추구했다. 이런 남북한의 전략은 필연적으로 남북 간의 적대적 대결관계를 빚을 수밖에 없었고, 적대적 대결관계는 작용-반작용의 악순환을 거듭했다. 이로 인해 남북 간의 적대적 감정은 한없이 악화됐다.

남북한이 상호 적대적 대결로 체제 결속과 자신의 권력 유지 강화를 위해 악용하는 적대적 공생체제가 생긴 것은 1972년 7·4 남북공동성명이 그 계기였다. 성명이 발표되자 일반 국민들은 4반세기 동안 갈라졌던 조국이 하나로 통일될 날이 머지않은 것처럼 느꼈고, 남북 교류와 왕래에 대한 기대와 흥분으로 설렜다. 박정희 대통령은 '평화적 통일의 지향'과 '총력체제의 구축'이라는 명분을 내세워 '10·17 대통령 특별선언'을 발표했다. '10월 유신'에 따라 박정희 대통령의 영구집권이 가능한 유신공화국이 등장했다. 공교롭게도 유신헌법이 공표되고 박정희가 제8대 대통령으로 취임한 날인 12월 27일 북한에서는 최고인민회의 제5기 1차회의를 통해 새 헌법인 '조선민주주의 인민공화국 사회주의 헌법'을 제정하고, 국가권력 구조를 주석 중심으로 재편했다.

7·4 남북공동성명 이후 남북한 양쪽에서 일어난 '정치적 대변화'가 남북 당국자들 간의 어떤 사전 조정이나 밀약에 의한 것인지는 알 길이

없다. 어떻든 남북한 모두 화해와 협력을 위한 노력을 진지하게 지속적으로 기울이지 않았으며, 남북 문제를 명분 삼아 절대적인 독재권력의 확립을 꾀했다. 통일을 상징적으로 내세운 대화국면에서 남북한은 절대적인 권력독점체계를 확립하고 있었으며, 그 권력의 이념적 차이는 세계 어느 민족이나 국가간의 차이보다 심한 것이었다.

7·4 남북공동성명에 따른 대화의 공생관계에서 새 헌법의 제정으로 절대적 권력체계를 구축한 남북한의 권력자들은 남북 간 적대적 대결을 통한 지배권력의 강화, 즉 적대적 공생을 모색했다. 지배권력에 대한 저항세력의 도전에 수반되는 정치적 갈등의 해소와 반대세력의 제거를 위한 명분으로 남북의 적대적 대결은 가장 유효하게 내세울 상황적 조건을 만들어 주었다. 남북대화가 공식적으로 단절된 1973년 8월 18일부터 남북 간 적대적 대결을 통한 공생시대가 전개됐다.

적대적 공생체제에서 벗어나 평화적 공생의 노력이 시작된 것은 1998년 2월 김대중 정부부터다. 2000년 6·15 남북정상회담을 계기로 남북회담이 정례화되고 다양해졌다. 남북 간의 화해와 교류, 협력 사업도 활발해졌다. 노무현 정부의 평화와 번영 정책에서 주목되는 것은 남북 간 군사문제의 진전이다. 2007년 10월 4일 남북정상회담에서 군사적 긴장 완화와 평화의 제도화를 위한 협력, 특히 서해평화협력특별지대 설치에 합의한 것은 의미가 크다.

그러나 이명박 정부는 김대중 정부의 「6·15 공동선언」과 노무현 정부의 「10·4 정상선언」을 모두 부정했다. 이명박 정부의 대북정책은 한마디로 평화적 공생체제에서 적대적 공생체제로의 복귀였다. 이명박 정부는 강경 대 강경의 '전쟁 불사론'과 '한판 붙자'식의 군사주의로만 일관했다. 남북의 적대적 대결은 한층 심화됐고, 긴장 고조와 전쟁 위기가 극단으로 치달았다. 급기야는 전면적 확대의 위험성도 배제할 수 없었던 '연평도 사태'가 터졌다. 2017년 박근혜 정부 때에는 일촉즉발의 한반도 전쟁 위기가 벌어졌다. 문재인 정부 때 2018년 2월 평창동계올림픽을 계기로 조성된 '서울의 봄' 이후 평화적 공생이 진행됐으나, 보수적인 윤석열 정부가 적대적 공생체제를 다시 부활시켰다.

지난 냉전 기간 한반도의 분단과 군사적 긴장 및 위기를 '전략적 자산(Strategic Asset)'으로 삼아 기득권을 누려온 한국과 미국, 일본의 보수 냉전세력은 '서울의 봄'으로 전개되는 한반도 평화의 움직임에 딴죽을 걸고, 문제점을 거론하며 시비를 걸었다. 북한에 대한 미국과 일본의 적대적 공조는 2018년 2월 '하노이 정상회담'을 '하노이 노딜'로 만드는 데 결정적인 역할을 했다. 적대적 공생체제를 위한 한·미·일 보수세력의 국제적 공조가 한반도 평화를 가로막고 있는 것이다.

나. 정전협정체제의 평화체제 전환

한반도의 진정한 평화를 위한 한반도 평화체제 구축은 정전협정체제를 항구적인 평화체제로 전환하는 것을 의미한다. 즉 한반도 평화체제는 한반도에서 정전상태의 불안정한 상황을 해소시키고, 전쟁의 발발 가능성을 제거함으로써 남북한 공존의 틀을 마련하는 것을 목표로 한다. 이를 위해서는 남북 간의 긴장 완화, 군비 통제, 평화협정 체결, 평화체제의 보장 등의 제도적 절차와 장치가 뒷받침되어야 한다. 한반도 평화체제 구축 구상은 남북한과 미국의 3자 평화협정 체결로 완성되는 것을 의미한다. 한반도 평화체제는 한반도의 비핵화 실현 뿐만 아니라 남북한과 주변 4강과의 관계 재정립을 통한 한반도 및 동북아의 냉전질서를 완전히 해체하는 작업과 긴밀하게 관련될 수밖에 없다.

정전체제는 한반도의 군사적 긴장과 위기가 지속될 수밖에 없는 냉전체제 유지의 핵심 기제다. 따라서 남북 간 대결구도의 정전체제는 분단의 해소와 평화의 지향을 불가능하게 만드는 장애물이었다. 이런 정전체제를 종결하기 위해서는 평화협정이 체결되어야 한다. 정전협정의 평화협정으로의 전환은 한반도 평화체제의 제도적 핵심인 것이다.

정전협정을 대체하는 개념으로서의 평화협정의 개념은 1972년 1월 10일 일본 <요미우리> 신문과의 회견에서 북한 김일성 주석에 의해 처음 제기됐다. 회견에서 김일성은 "조선에서 긴장상태를 해소하기 위해서는 무엇보다도 조선정전협정을 남북 사이의 평화협정으로 바꾸는 것이 필요하다"고 제안했다. 당시 제안은 북미 평화협정이 아니라 남북 평화협정이었다. 그 취지도 남북 간에 평화협정을 맺어 한반도 전쟁을 공식적으로 종결시킴으로써 주한미군을 철수시킬 여건을 조성하자는 것이다. 이는 과거 1960년대 선(先) 미군철수, 후(後) 남북평화협정 체결이 1970년대 들어서면서 선(先) 남북평화협정 체결, 후(後) 미군 철수로 바뀐 것이다. 1973년 3월 15일 남북조절위원회 제2차 회의에서 박성철 부총리는 남북군축 및 미군철수와 함께 "북남 평화협정을 체결하여 모든 것을 담보하여 상대방에 대해 무력을 행사하지 않을 것을 내외에 선포하자"고 제안했다.

그러나 북한은 1974년 3월 25일 허담 부총리의 제안을 통해 선(先) 남북평화협정에서 북미평화협정으로 입장을 바꾸었다. 북한의 입장이 바뀐 이유는 무엇인가. 북한이 남북 간의 평화협정 체결을 주장한 목적은 남북 간의 전쟁상태 종결을 통한 주한미군의 주둔 근거를 없앤다는 것이었다. 그러나 유엔 안보리 결의에 의해 만들어진 유엔사를 없애지 않으면 주한미군의 철수는 불가능하다고 판단한 북한은 북미평화협정 체결로 방향을 선회한 것이다. 북한의 입장 변화에서 보듯 평화협정은 당사자인 북한과 미국의 평화협정 뿐만 아니라 한반도 전쟁의 당사자인 남북한 간의 평화협정 문제를 동시에 포함하고 있다. 그렇다면 북미평화협정 체결을 주장하는 북한의 입장에 대한 남한의 입장은 무엇인가?

한국 정부의 입장 또한 북한의 입장 변화에 맞서 진화를 거듭해왔다. 박정희 정부 시기 북한의 주한미군 철수를 전제로 한 남북 간의 평화협정 제의에 대해 박정희 대통령은 1974년 6월 18일 연두기자회견에서 '남북불가침협정 체결'로 응답했다. 이후 1975년 10월 21일 유엔 총회에서 김동조 외무장관은 "정전협정의 효력 유지를 조건으로 유엔사 해체"에 동의를 표명했다. 1976년 5월 13일 박동진 외무장관은 남북한 당사자 해결 원칙에 입각한 정전협정 대체방안 모색을 제안했다.

한국 정부가 공식적으로 처음 남북 평화협정 체결을 제안한 것은 1988년 10월 18일 노태우 대통령이 제43차 유엔 총회 연설에서 정전협정을 항구적인 평화체제로 대체할 용의가 있다고 밝힌 후, 1990년 8월 15일 경축사에서 남북 평화협정 체결을 공식 제안한 때였다. 이어 1992년 남북기본합의서 5조에서 남과 북은 현 정전상태를 남북 사이의 공고한 평화상태로 전환시키기 위해 공동으로 노력한다고 합의했다. 김영삼 대통령도 1995년 8월 15일 한반도 평화체제 구축을 위한 3대 원칙으로 남북 당사자 해결, 남북합의서 존중, 관련국의 협조와 뒷받침을 제안했다.

한국 정부가 남북 간의 평화협정 체결을 보다 정책적 차원에서 고려하기 시작한 것은 김대중·노무현 정부 시기였다. 남북 간 화해·협력의 구도를 정착시키기 위한 법적 제도적 장치의 한 방법으로서 한반도 평화협정 체결을 추진했다. 김대중 대통령은 1999년 5월 <CNN>과의 회견에서 정전체제를 남북 간 평화체제로 전환하는 것을 한반도 냉전구조 해체의 과제로 제시했다.[37]

미국의 평화협정과 평화체제에 대한 입장은 2005년 '9·19 공동성명'에서 찾을 수 있다. 당시 미국은 "한반도의 항구적인 평화체제에 대한

---

37) 이승열, 앞의 책, 20-20쪽.

협상"을 가질 것에 합의함으로써 처음으로 평화협정과 평화체제에 대한 공식적인 입장을 밝혔다. 이어 2006년 11월 하노이 APEC 정상회담에서 부시 미국 대통령은 북한과의 한반도 전쟁 '종전선언(an official end to the Korean War)' 검토를 언급했다. 북·미 간 전쟁상태를 청산하기 위해 평화협정 가능성을 열어둔 것이다.

일본의 경우, 한반도 평화체제 구축이 일본의 '정상국가화'를 저해하는 방향으로 나아가는 것에 대해 우려한다. 한반도 평화체제 구축이 지역 안보협력 수준에서 이루어지는 것이라고 볼 때, 주변국들이 일본의 평화국가 추구를 요청한다면 일본의 정상국가화가 요원해질 수 있다. 특히 북한의 핵 위협을 빌미로 한 '전략적 자산'이 사라질 경우, 군사대국화를 지향하는 일본의 전략이 근본적인 차질을 빚게 될 것이기 때문이다.

근본적인 문제는 북한과 미국이 평화협정에 대해 극명한 시각차를 보인다는 점이다. 북한은 미국이 선(先) 평화협정을 맺어 적대시 정책을 포기하지 않는 한, 절대 핵을 포기할 수 없다는 입장이다. 미국은 북한의 선(先) 비핵화를 하지 않으면, 결코 평화협정을 체결할 수 없다는 것이다. 2007년 노무현 정부가 3자 혹은 4자회담을 통한 정전선언 구상을 발표했을 때 당시 버시바우 주한 미국대사는 종전선언 또는 평화체제 논의의 선결조건은 북한 핵무기와 핵 프로그램의 완전하고 검증 가능한 폐기라고 밝혔다. 평화협정이나 한반도 평화체제 문제에서 비핵화는 가장 핵심적인 구성요소인 것이다.

그렇다면, 비핵화는 평화협정의 어느 단계에서 이루어져야 하는가? 여기에는 두 가지 논란이 존재한다. 첫째, 평화협정을 비핵화의 추진과정에서 맺을 수 있다는 주장이다. 이 주장의 논거는 평화협정을 한반도 비핵화와 군사적 긴장이 완전히 해소된 이후에 추진하는 것이 아니라, 오히려 비핵화와 냉전구조 해체를 촉진하기 위한 수단으로 활용하는 전략이라는 관점이다. 정치적·군사적 신뢰구축을 통해 평화 분위기가 충분히 갖춰지지 않았을 경우에도 비핵화의 추진과정에서 평화협정 체결이 가능한 상황이 오면, 이를 조기에 실현하자는 것이다. 즉, 평화협정의 조기 체결을 통해 남북관계를 법적으로 규정함으로써 남북 간에 평화상태를 회복하고, 이를 바탕으로 정치·군사적 신뢰를 더욱 공고히 하자는 구상이다.

둘째, 평화협정이 곧 종전이기 때문에 평화협정 체결과 종전선언은 비핵화의 마지막 단계에서 가능하다는 입장이다. 지난 2006년 11월 부시 미국 대통령은 한미 정상회담에서 한반도 평화협정에 대한 미국의 입장을 밝혔다. 미국은 "북한이 핵을 포기하면 전쟁종결을 선언하고, 평화조약을 맺을 수 있다"는 것이다. 결국 미국은 북핵 문제 해결, 즉 비핵화를 실현하기 위한 수단으로서 한반도 평화협정을 활용하고자 했다.

2018년 4월 27일 "더 이상 전쟁은 없다"고 판문점 남북 정상회담에서 종전선언을 한 문재인 대통령은 이 해 9월 20일 평화협정과 관련해 "평화협정이 이루어질 때까지 유엔사와 주한미군 문제는 전혀 영향을 받지 않는다"고 말했다. 문 대통령은 "주한미군 문제는 한미동맹에 의해 주둔하고 있는 것이기 때문에 종전선언, 평화협정과는 무관하게 한미동맹 결정에 달려 있는 것"이라며 "그런 점에 대해 김 위원장도 동의한 것"이라고 밝혔다.[38]

문제의 핵심은 한반도 비핵화와 평화협정, 평화체제에 대한 북한과 미국, 이의 엄연한 당사자인 남한의 진정한 의지와 노력이다. 북한에 대해 미국은 그동안 "잘못된 행동에 보상은 없다"며 '북한의 선(先) 핵 포기'라는 기치 아래 오로지 대북 압박·제재에 매진해 왔지만, 그 결과

---

38) <뉴스1> 2018년 9월 20일치.

는 2017년 11월 북한의 핵무력 완성 선언에 이르도록 한 북핵 문제의 악화였다. 편승전략에 따라 미국과의 관계 정상화로 체제 안정과 발전을 도모하려고 했던 북한도 미국에 대한 실망이 돌이킬 수 없을 정도로 크다.

북한의 한 당국자는 제1차 북핵 위기를 수습한 제네바 협정의 파기와 관련해 2002년 11월 평양의 초대소 토론에서 "북한이 1994년 이래 6년 동안 아무런 결과 없이 미국에 끌려다닌 결과 최악의 전력 사정과 에너지 산업 중단이 초래됐다"고 미국 책임론을 거론했다. 그는 "제네바 북·미 합의 이행 과정을 통해 충분하게 미국의 두 얼굴을 보았기 때문에 평양은 최고조의 반미 감정 속에 제2의 고난의 행군이라는 결사항전 태세를 갖추고 있다"고 강조했다. 그는 "어떠한 무력 위협 흔적도 없고, 국제관계를 발전시키고 있는 북한을 미국이 세계지배 전략에 따라 자의적으로 짓밟고 압박하고 있다"고 미국을 비난했다. 미국의 대북 불신 이상으로 평양은 워싱턴을 믿지 못한다.[39]

북한의 대미 불신은 2008년 미국의 북한에 대한 테러지원국 해제 문제로 인한 '김정일 쇼크'에서 더욱 증폭됐다. 북한의 불신은 2019년 2월 '하노이 노딜' 이후 한계점에 이르렀다. 김정은 위원장이 기차를 타고 하노이까지 2박 3일 4000km를 달려갔으나 빈손으로 귀국하는 결과로 끝났다. 김 위원장은 북미정상회담에서 영변 핵시설의 완전한 불가역적 폐기 등 비밀의 카드를 내놓았으나 결렬됐을 뿐만 아니라 회담 후 트럼프 대통령이 약속한 한미연합훈련을 중단하지 않고, 종전선언과 제재완화도 없던 일이 돼버렸다. 마침내 북한은 미국에게 '새로운 계산법'을 요구하며 미국과의 대화를 거부하고, 북미 관계는 '강 대 강' 대

---

39) 이창주. <월간중앙> 2003년 6월호 〔북한 내부의 전략과 시각〕 미국의 선제 공격과 체제 붕괴를 막을 수 있는 유일한 수단.

치국면으로 접어들었다.

한반도 평화체제는 전쟁의 당사자인 남북한의 정전상태를 종료한다는 점에서 평화협정의 당사자는 남북한이 되어야 한다. 한반도 평화체제는 남북기본합의서에 명시된 대로 남북한 교류협력의 확대와 군사적 신뢰구축을 통한 평화정착이어야 할 것이므로 남북한이 당사자로서 문제의 해결을 주도해야 할 것이다. 평화체제의 출발점은 남북관계의 안정과 발전에서 비롯되기 때문이다.

한반도 평화는 동북아의 안정 및 평화와 불가분의 관계를 갖는 국제적 사안이다. 그러므로 남북한은 물론 동북아 지역의 안보구조라는 거시적인 틀에서 평화의 제도화가 필요하다. 따라서 평화협정의 당사자는 남북으로 하고, 이를 국제적으로 보장하기 위해 정전협정 체결국인 미국과 중국을 포함하는 2+2 방식의 4자회담을 통해 평화협정의 원칙과 방향 등에 대한 합의를 도출해야 할 것이다. 4자회담의 결과를 바탕으로 평화협정이 체결되면 평화협정의 이행을 관리할 국제적인 평화보장 관리기구가 설치, 운영됨으로써 한반도의 항구적인 평화정착을 도모하게 될 것이다.[40]

이와 관련해 2005년 9·19 공동성명이 한반도 평화체제 논의의 출발점이 될 수 있다. 공동성명은 6자회담 참가국이 동북아의 항구적인 평화와 안정을 위한 공동노력을 공약하면서 "직접 관련 당사국들은 적절한 별도 포럼에서 한반도의 영구적인 평화체제에 관한 협상을 가질 것"에 합의했다. 2007년 '2·13 합의'에서도 9·19 공동성명에서 합의한 한반도 평화체제에 관한 협상을 재확인했다.

문제는 그동안 한반도 평화가 진전되지 않고, 긴장과 위기의 악순환

---

40) 김용현, 「한반도 평화체제 구축과 남북관계」, 『동향과 전망』통권66호(2006년 봄호), 198쪽.

이 반복되는 것은 평화협정, 평화체제 등과 같은 제도적 장치에 대한 아이디어의 결핍이나 불안정성에 기인하는 것이 아니라는 점이다. 그 원인은 남북한을 비롯한 이해 당사국들이 냉전적인 구조와 상황 속에서 자국의 안보와 이익을 우선시하는 현실주의 입장에 치중함으로써 모두가 만족하는 평화에 대한 합의를 이끌어내지 못한 때문이다. 또한 합의가 이루어지더라도 이행이 되지 못하기 때문이다. 제도와 협정의 문제가 아니라 평화공존과 번영이라는 정치적 의지의 진정성이 부족한 데 그 원인이 있는 것이다.

한반도의 적대적인 정전체제를 청산하고, 평화협정 체결을 포함한 한반도 평화체제를 실현하기 위해서는 당사자인 남북한의 평화 의지가 무엇보다도 중요하다. 자칫 잘못하면 한반도의 운명이 미국과 중국의 전략적 구도나 국제적인 종속에 휩쓸려 불행한 역사를 반복할 수 있기 때문이다. 특히 냉전에 이어 신냉전을 주도하며 정전협정체제를 오히려 강화하려는 미국의 패권전략은 한반도 평화체제의 실현과 충돌할 수 있다는 점에서 이를 어떻게 해야할지 근본적인 과제라고 할 수 있다.

다. 평화주권 확립과 피스버스시대의 과제

국제정세는 자국의 이익을 다투며 파편화된 세계질서 하에서 새로운 진영화가 진행되는 가운데 지구 곳곳에서 다양한 갈등과 충돌로 인한 불확실성과 위험성이 갈수록 증대될 것으로 보인다. 이미 우크라이나 전쟁이 벌어지고 있고, 여기에 더해 이스라엘-하마스 전쟁, 타이완 해협-남중국해의 긴장, 한반도의 위기감 고조 등이 불확실성과 위험성을 가중시켰다. 근본적인 문제는 신냉전 진영화 추세의 심화다.

미·중 전략경쟁은 정치와 경제, 이념과 체제 등 거의 모든 면에서 적대적 경쟁관계가 지속될 전망이다. 트럼프 행정부 시기부터 시작된 미·중 전략경쟁은 무역 및 관세전쟁으로 시작됐지만, 이로부터 가치와 체제, 첨단기술 분야까지 전방위적으로 확산되는 총체적 대결 국면으로 치닫고 있다. 바이든 미 행정부는 '동맹과 함께 하는 중국 견제'를 외교의 핵심으로 삼고, '인권과 민주의 이념'을 중심으로 동맹의 결집 강화에 나섰다. 2021년 9월 13일 미국을 비롯한 주요 7개국 정상들은 '타이완 해협의 평화와 안정'을 언급하며 민주주의 국가의 결속을 강조했다. 여기에다 러시아의 우크라이나 전격 침공은 서구사회의 단합된 대응을 불러일으킴으로써 세계질서가 빠르게 민주주의 대 권위주의 체제의 대립 구도로 재편되는 양상이다.

미·중 간 패권경쟁이 심해지면서 두 나라의 한국에 대한 양자 간의 선택 요구가 갈수록 강해질 가능성이 크다. 제로섬 관점에서 서로 간의 관계를 규정하고 있는 미·중은 한국이 어느 한 쪽에 가까이 가길 원하지 않을 것이다. 이는 두 세력 간의 균형 추가 무너지는 것을 의미한다.

이런 점에서 미국과 서구를 중심으로 한 글로벌 웨스트(Global West), 중·러를 중심으로 한 글로벌 이스트(Global West)와 함께 세계를 삼분(三分)하고 있는, 인도와 브라질 및 중간지대의 나머지 다양한 비서구 발전도상 국가들을 포함하는 글로벌 사우스(Global South)를 주목할 필요가 있다. 국제사회에서 정치적 영향력을 높이면서 자국의 이익을 확보함으로써 서구로부터 전략적 자율성을 수호하려는 '글로벌 사우스' 국가들이 부상하고 있기 때문이다.

냉전 시기 미국과 소련에 속하지 않은 국가들은 제3세계(the third world)로 일컬어졌다. 이들은 1955년 비동맹운동(Non-Aligned Movement)을 결성하고, 1961년 제1차 베오그라드회의에서 비동맹운동을 설립했다. 1964년에는 유엔에서 G77이라는 이해집단을 설립해 자신을 "유엔에서 가장 큰, 개발도상국 정부 간 조직으로, 남방국가들이 공동 협상 역량을 강화할 수 있는 수단을 제공한다"라고 정의했다. 비동맹운동은 모든 나라가 상대국의 사회경제체제와 상관없이 서로 공존하며, 민족해방을 지지하고, 냉전 상황에서 강대국의 군사동맹에 참여하지 않는, 그리고 독자적 정책을 추구하기 위한 신생 독립국가들의 국제기구였다.

그러나 비동맹운동은 대의에도 불구하고 태생적 한계를 갖고 있었다. 참가국들 대다수가 식민지 경험을 제외하면 동질성이 거의 없는 아시아, 아프리카, 라틴아메리카의 신생 국가들이었기 때문이다. 게다가 이들은 냉전 강대국과 복잡한 이해관계에 놓여 있어 단일대오를 형성할 수 없었다. 무엇보다도 미국 중심의 세계자본주의체제에서 비동맹운동의 주장은 관철되기 어려웠다. 비동맹운동은 태생적 한계와 세계자본주의의 막강한 힘 때문에 1970년대 초부터 점차 약화됐다.

2020년대 이후 지정학적 충돌 현상이 벌어지면서 이들 국가들이 '글로벌 사우스'를 자처하며 정치적 중요성을 가진 집단으로 새롭게 국제정치에 등장하게 됐다. 미·중 전략경쟁의 구도에서 러·우 전쟁 발발을 계기로 '글로벌 사우스' 국가들의 존재감이 드러나게 된 것이다. 러시아의 우크라이나 침공 당시 미국 중심의 서구 국가들은 전 세계가 △ 불가침, △ 주권, △ 인권 등 보편적 가치를 바탕으로 한 공동대응을 기대했다. 그러나 기대와 달리 '글로벌 사우스' 국가들은 △ 비난 결의안 기권, △ 난민 수용 거부, △ 러시아에 무기 공급 등 개별적으로 대응했다. 이들은 러시아에 대한 제재 채택을 거부하고 오히려 일부는 러시아와의 교역을 늘려 서방의 대러시아 제재 효과를 크게 약화시켰다.

세계 경제와 인구 측면에서 빠르게 비중을 높여가고 있는 '글로벌 사우스'의 전략적 위상이 커졌다. 국제질서가 신흥 강대국에 의해 도전받고, 민족국가의 역할이 점차 강화되는 추세도 나타난다. 중국은 국제질서가 미국을 비롯한 서방 중심으로 흘러가고 있다고 비판하고, 진정한

다자주의를 강조하는 차원에서 '글로벌 사우스' 문제에 접근하고 있다. '글로벌 사우스' 국가들의 경제적 성장 잠재력, 세력화 및 국제질서에서의 영향력 등을 고려할 때 우리의 미래와 관련된 전략을 세우고 계획적으로 접근할 필요가 있다.

'글로벌 사우스'는 미국이 주도해온 자유주의 국제질서가 배타적이고 이중적이라고 본다.[41] 한국의 입장에서 미국은 동북아의 안정자인가에 대한 근본적인 문제의 성찰이 불가피하다. 1990년대 이래 한반도의 위기 상황을 되돌아보면, 미국을 결코 동북아의 '안정자'로 평가할 수 없다는 객관적 사례들이 확인되기 때문이다. 탈냉전 시대 한반도 전쟁 위기는 북한이 주도한 것이 아니라, 미국이 주도해왔다는 분석이 나온다.

90년대 한반도의 전쟁 위기를 보면, 91-92년 120일 전투시나리오와 이종구 국방장관의 '엔테베작전' 언급 등 '제2의 한국전 위기', 94년 6월의 북한 영변 폭격시나리오, 엉터리 미국의 인공위성 사진으로 북한이 핵무기를 개발한다고 단정짓고, 모의 핵폭탄 BDU-38로 핵전쟁 실습연습까지 벌였던 98-99년 금창리 핵위기, 99년의 1차 서해교전, 2002년 부시의 북한 '악의 축' 전쟁 위협[42], 2002년 2차 서해교전, 또 2003년 제2차 핵위기로 인한 한반도 전쟁위기, 2017년 트럼프의 전쟁 기도로 인한 위기 등 무려 9번에 이른다. 이 가운데 서해교전을 제외한 일곱 번은 미국이 전쟁 위기를 주도한 것이었다. 두 번에 걸친 서해교전은 우발적이었지만, 미국이 주도한 위기는 모두 계획적이고 의도적이었다. 북한이 전쟁 위기를 주도한다는 논지는 바로 허위임이 드러난다.[43]

---

41) 이상현, 「2024년 국제정세 전망」, 『정세와 정책(세종연구소)』 2024년 1월호 (통권 370호).

42) 임동원, 「한반도 안보정세와 남북관계 전망」 [미래전략] 13회 포럼 (2002/04/20, 매경미디어센터).

미국은 한국과 함께 북한을 상대로 세계 최대 규모의 군사훈련을 해마다 수차례 실시하고 있다. 북한이 핵무기를 보유하고 있다고 하지만, 군사력을 포함한 전쟁수행 능력은 세계 36위로 평가된다. 이에 반해 한국은 세계 5위, 미국은 압도적인 세계 1위다.

세계 최대의 군사동맹체는 회원국이 32개국에 달하는 북대서양조약기구 나토다. 나토가 2024년 1월부터 5월까지 실시한 연합훈련의 규모는 어느 정도일까? 나토에 따르면, 훈련 참가 병력 수는 약 9만명, 항공모함과 구축함을 포함한 함정 50여 척, 80여 대의 전투기·헬리콥터·무인기, 133대의 전차·장갑차 등이다. 2016년 3월 한미연합훈련에 참가한 병력 수는 총 34만 명이었다. 병력 수만 놓고 보면, 냉전 종식 이후 최대 규모라는 나토 훈련의 5배에 육박한다. 윤석열 정부 이후 확대해 온 한미연합훈련에는 유엔사령부의 전력공여국 가운데 12개국이 참여했다. 그야말로 세계 최대의 규모다.

미국은 1975년 나토와 바르샤바조약기구의 헬싱키 협정의 이행으로 군사훈련이 대폭 축소됨에 따라 대규모의 군사훈련을 할 수 없게 되자 1976년부터 세계 최대 규모의 연합훈련을 한반도 인근에서 시작했다. 그 이유는 무엇일까. 한국만큼 최적의 훈련장을 찾을 수 없기 때문이다. 한미연합훈련과 관련한 질문에 대해 "우리는 군사태세 유지를 위해 훈련과 연습의 가치를 인식하고 있고, 한반도보다 더 중요한 장소도 없다"고 미국 국방부는 답변한다. 1년 단위로 순환배치를 하는 미군에게 한반도만큼이나 실전에 가까운 군사훈련을 할 수 있는 장소도 마땅치 않다는 의미의 답변이다.[44]

---

43) 정세진, 「한반도 평화와 한미 북미관계」, 『한인미주이민 100주년 한미동맹 50주년기념 국제한민족재단 세미나』논문집 121쪽.

44) 정욱식, 「'초밀집' 한반도에서 매년 세계 최대 규모 군사훈련이 실시된다」, <프레시안> 2024년 3월 5일치.

윤석열 정부는 "정상화"라는 명분을 걸고 한미연합훈련과 한·미·일 연합훈련을 확대·강화하는 데 매진해왔다. 미국도 이를 십분 활용하고 나섰다. 한반도는 세계 최대 규모의 국제군사훈련장, 나아가 한반도·국제전쟁 위기의 화약고가 돼 버렸다.

화약고가 전면전으로 폭발하는 사태가 결코 일어나지 않도록 해야겠지만, 남북관계가 '강 대 강'으로 악화되면서 잃어버리는 기회비용의 손실이 어마어마하다는 사실을 주목해야 한다. 중·장기적으로 봤을 때 국가경쟁력이 떨어질 수밖에 없고, 그 결과 미국, 일본, 타이완, 중국, 러시아 등 한반도를 둘러싼 주변 국가들이 이득을 챙기게 될 것이다. 남북한, 한민족의 쇠락, 궁극적으로는 민족의 공멸을 초래할 전쟁을 막기 위한 평화의 노력이 절실하고 시급한 과제다.

한반도 전쟁이 터지면 핵전쟁으로 확산될 위험성이 높아 한민족 전체가 절멸의 위협에 노출될 수밖에 없다. 한민족의 생존과 발전 문제가 걸린 한반도 비핵화 등 평화와 관련한 객관적인 사례들을 보면, 미국은 실현불가능한 비현실적인 조건을 내걸며 평화를 위한 진정성을 보이지 않았을 뿐만 아니라 주요 고비마다 북핵 및 전쟁 위기를 조성한 것으로 드러난다. 이는 미국이 북핵 문제로 인한 한반도의 군사적 긴장과 위기를 중국에 대한 포위 및 신냉전 주도를 위한 패권전략의 전략적 자산으로 활용하려는 의도에서 비롯된 것으로 분석된다. 결론적으로 한반도 평화의 문제는 한민족의 생존·발전 전략과 진정한 평화로의 현상변경을 바라지 않는 미국의 패권전략과의 충돌이라고 인식하지 않을 수 없다.

따라서 한반도 평화의 주체는 오로지 한민족일 수밖에 없다. 한반도 평화의 문제인 북한 핵 문제에서 한국 정부는 북·미 간 중재자 지위를 자처해 스스로를 제3자로 객체화하는 오류를 범했다. 북핵 문제를 비롯해 한반도 평화의 문제의 해결을 적극적으로 주도하는 당사자로서

당당하게 나서야 한다.

"남북한은 평화협정을 체결하여 서로에 대한 무력의 사용을 포기하고, 모든 분야에서 관계를 정상화하는 길로 나아가야 합니다" 노태우 대통령이 1991년 9월 유엔 총회 연설에서 강조한 대목이다. "새로운 항구적 평화체제를 추구하는 것은 남북한이 주도해야 한다" 김영삼 대통령이 1996년 4월 제주에서 빌 클린턴 미국 대통령과 공동으로 발표한 내용이다. 한반도의 평화를 위한 주체로서 남북한, 한민족의 주권적 행사를 통한 주도적 노력을 강조한 것이다.

건듯하면 전쟁 위기가 터지는 한반도 평화의 최우선 과제는 한민족 생존의 평화다. 그 다음 단계가 남북한 한민족 공영(共榮)의 평화다. 마지막 단계로 한민족 통일의 평화가 이루어져야 할 것이다. 이런 한반도 한민족의 평화를 실현해 나가기 위해서는 민족 역량의 결집이 절대적인 전제다. 결집된 역량이 충분하게 뒷받침되어야만 평화주권, 민족주권을 외부의 도전에 맞서 성공적으로 행사할 수 있기 때문이다. 평화민족을 주체로 한 평화민족주의가 요구되는 이유다.

한반도 평화를 실현하기 위해서는 한민족의 평화주권, 민족주권의 확립이 선행되어야 할 것이다. 확립된 주권을 바탕으로 미국 패권을 따르는 일방적 추종에서 벗어나 냉전형 한미동맹을 한국 헌법의 기본이념인 평화주의의 방향으로 진화시키는 노력이 있어야 할 것이다. 이와 병행하여 미·중 전략경쟁 구도의 국제질서에서 완충지대로서 새로운 세력으로 부상하는 '글로벌 사우스'와의 평화적 협력관계의 창출을 통해 평화의 비전을 추구할 필요가 있다. 한국이 인도와 브라질 등 주요 '글로벌 사우스' 국가들에 접근해 미·중 패권경쟁 구도에서 평화를 위한 공동대응의 파트너를 최대한 확대 및 강화해가는 전략이 중요하기 때문이다.

강대국 위주의 세계질서가 마침내 인류의 평화를 위협하고 파괴하는 단계에 이르렀다. 핵보유국인 강대국들은 서로 패권경쟁을 벌이면서 비핵국에게 자기 쪽으로의 줄서기를 강요하고 이들을 희생양으로 삼으려고 한다. '신냉전' 시대에서 희생양이 되지 않으려면 강대국들의 논리에 함몰되지 않고 진정한 평화를 지향하는 새로운 평화의 세계질서를 구축하지 않으면 안 된다.

인류의 평화와 번영을 보장하는 세계평화 안보 질서와 체제 구축을 통해 냉전에 이어 다시 구축되려는 '신냉전 시대'가 아닌, 평화(peace)의 세계(universe), '피스버스(peaceverse) 시대'를 지향하는 지혜와 노력이 필요하다. 어느 누구도, 국가도, 전쟁과 같은 직접적인 물리적 폭력은 물론, 개인의 자질과 능력의 발전을 저해하는 간접적 폭력인 구조적, 문화적 폭력으로부터 벗어나 인간다운 삶을 보다 자유롭고 풍요하게 영위할 수 있도록 보장하는 '평화헌장'이 요구된다. '평화헌장'을 바탕으로 한 '세계평화 체제'를 구현하기 위해서는 온갖 폭력으로부터 자유로운 '평화지대'를 만들어 전 세계로 확장시킬 평화네트워크 형성을 통한 평화연대운동을 전개할 필요가 있을 것이다. 평화주권, 민족주권의 확립을 바탕으로 평화민족주의를 지향하면서 진정한 세계평화체제의 실현을 주도함으로써 항구적인 한반도 평화체제를 확립시킬 필요가 있다.

허수아비와 그림자 권력
대한민국의 주권은 미국으로부터 나온다

초판 제1쇄 펴낸날 : 2024. 8. 10.

지은이 : 정 상 모
펴낸이 : 김 철 미
펴낸곳 : 백산서당

등록 : 제10-42(1979.12.29)
주소 : 서울 은평구 통일로 885(갈현동, 준빌딩 3층)
전화 : 02)2268-0012(代)
팩스 : 02)2268-0048
이메일 : bshj@chol.com

※ 저작권자와의 협의 아래 인지는 생략합니다.

값 32,000원

ⓒ 정상모

ISBN 978-89-7327-859-6 03340